智山勧学会編

葬送儀礼と現代社会

青史出版

発刊によせて

真言宗長者
真言宗智山派管長
総本山智積院化主第七十一世
大僧正　小　峰　一　允

このたび智山勧学会による「葬送儀礼と現代社会」と題する研究成果が刊行されますことは、ひとり真言宗智山派のみならず現代社会に於てもまことに喜ばしいことと同慶に堪えません。

凡そ宗教にとっては、生死の問題は最も重要なテーマであります。これは仏教就中即身成仏を目指す真言密教においても同様であります。生前における葬儀ともいうべき結縁灌頂は、この成仏の感動を生きながらにして体験することであり、已灌頂の人はもとより、縁なくして入壇できなかった人々に、遅まきながら行うのが葬儀である、ともいえるでしょう。従って葬送儀礼はその重要課題の一つであり、またその形式も内容も時代と共に変化していることはいうまでもありません。

これらをふまえて、この平成の時代において改めて根本的に問い直し、葬送儀礼を再確認し、一つの総括ともいうべきものをまとめることは、次への段階即ち現代の葬儀を意義あらしむるものとしても必要不可欠のことであります。今回は智山派のみならず、仏教各宗における葬送の現状をも明らかにすることによって、わが智山派における現在の葬儀のあり方を改めて確認することとなり、あるべき葬儀の形と心を把握しようとするものであり、人間救済のための大切な事業となることでありましょう。

わが智山勧学会は、創設以来多くの学匠を輩出し、大いなる研究成果を残してきました。その流れを更に大きく深くするためにも、この書物が裨益するところが大であると信じます。それは弘法大師の説かれた曼荼羅思想や即身成仏思想に叶うものであるからであります。

この書物が一人でも多くの人々に読まれることを念じつつ、また宗祖大師への報恩謝徳の一つとなることを期しています。

目次

Ⅰ　日本人と葬送儀礼

一　葬式仏教の誕生

松尾剛次

ここでは、葬礼文化と日本仏教との関係、死体の扱い方の歴史的変化などに注目しながら、いわゆる葬式仏教の成立の意味というものを再考したいと考えております。

二〇一一年の三月十一日から二年以上経ちましたけれども、東日本を襲ったマグニチュード九という大地震と大津波によりまして、行方不明者を含めて一万九千人弱もの尊い命が失われました。私は、これほど近代化したわけですから、地震にも万全な方策が講じられていると信じていたんですけれども、十メートルを超えるような防潮堤をも軽々と超える黒い津波の映像などを見ますと、自然の圧倒的な力の大きさと人間の無力さというものを感じさせられました。

ただ、私の住む山形地域は三月十一日は一日中停電でありましたので、そうした事情すら全く入ってきませんでした。私の部屋は本に埋もれておりますので、整理の悪いこともあって、わが研究室は、震度四の地震だったんですが、本が一斉に落ちてしまいました。そのうちの一冊が、私のコンピューターにぶつかりまして、貴重な写真資料データなどを失うという被害がありましたけれども、家族とか家を失うといった甚大な被害を被られた方を思えば、ほんのかすり傷程度にすぎないわけであります。

この二年の間に、道路などのがれきは撤去され、再建もようやく進んできましたけれども、東京電力の福島原子力発電所の状況が示しますように、完全復旧にはいまだ遠い状況であります。山形県内には、最大時には一万三千人の福島県からの避難者がいましたが、二〇一三年の一月現在においても九千六百人もの避難者がいるほどであります。私も、そういう方々のための子ども寺子屋大学というのに協力しておりまして、土か日には山大生他の協力を得て避難している子どもさんたちの就学の援助というようなことを行っておりますけれども、まだまだですね。そういう方々の要望が絶えないくらい、たくさんの避難の方が山形にはいるわけであります。

この東日本大震災によって、人的にもあるいは物的にも多くの物が失われましたけれども、日本仏教史を専門とする私にとって、一筋の希望と言えるものがなかったわけではありません。宗教者、とりわけ仏教者に対する人々の眼差しが大きく変わったように思えることであります。大震災以前は「葬式は要らない」というようなフレーズが大流行するなど、葬式をむねとする、葬式仏教と言われるような現在の日本仏教の僧侶に対しての眼差しは厳しいものがあったわけであります。日本仏教はそういう葬式仏教と揶揄されるほど、僧侶たちが……もちろん努力している方はいらっしゃるわけですが、一般的にはその厳しい眼差しが寄せられていたわけであります。

ところが震災が起こり、あまりにも多くの死者が出たということもあって、火葬できない多くの遺体が出ますと、遺族は、一早い火葬と丁重な葬式を求めました。仏壇や位牌、墓塔など、また寺院すらも流されて破損し、信者さんたちが手を合わせて祈る対象もなくなったということもありまして、段ボール紙などで製作された便宜的な位牌を配る教団が出たほどであります。葬式仏教の存在意義が大いに見直されたことは間違いありません。

さらに重要なことは、仏教界あげての物質的、経済的、精神的な支援がなされたことであります。とりわけ夫や妻、子ども、祖父母など家族を失って、悲しみにくれる人々の悩みに耳を傾けるようなお坊さんたちが出てきた。これまでの僧侶の有り様と異なる活動がなされるようになった点であります。数多くの僧侶、僧侶だけではありませんけれども、宗教者たちが、物質的な支援のみならず、被災者の悲しみに寄り添い、その苦悩に耳を傾ける活動を行うようになった点は、大震災が日本仏教にもたらした一光明と言えるのではないかとも思います。そうした活動が大震災後という非常時の一時的な活動で終わって欲しくはないものであります。

ところで、先ほども少し言いましたが、葬式仏教の意味というものは、日本の仏教者、特に僧侶の皆さんが、葬式と法事にかまけて人々の救済願望に応えていないと、そういうことを揶揄する言葉であります。実際普通の人が寺に行くというのは、葬式か法事の時だけのことが多いわけであります。しかし私は、この講演を通して、葬式仏教に新たな意義を見出していただき、その価値の大きさに光を当てたいと考えております。

少し前置きが長くなりましたが、本題に入りたいと思います。

まず、葬送の四様式と四元素説についてお話しします。一九九四年の五月……ちょっと古いんですが、新聞を見ていまして、山梨県のある町で起こったある事件の記事が興味を惹きました。すなわち、身元不明者の死体、仮にAさんとしますが、それを町の負担で火葬にしたところ、あとでAさんがイスラム教徒のイラン人であることがわかりました。そこで大使館に連絡をして、骨を引き取りに来てもらおうとしましたところ、イラン大使館員は、町が町の負担でお金を出して火葬をしてくれたと、そういうことに感謝するどころか、強硬に抗議をしたのです。冗談ですけれども、「そんな骨などいらん」と言ったのではないかとか……イスラム教では、火葬というものは、その人を地獄に落とすための行為であり、おそらく、イスラム教式ではなく仏教式の葬送儀礼しか行われなかったということが問題の一つであったのでしょうけれども、イスラム教では火葬にするというのは、かなり重い病気であるとか、あるいは宗教的にも良くないことをした人が火葬されるようでありまして、そういう罪もないAさんを勝手に火葬にしたというのはけしからんというわけであります。

そこには、葬送をめぐるイスラム教徒と現在の日本の葬送慣行の相違というものが端的に表れておりまして、下手をすれば、国際的な問題化しかねないような事件であったと言えます。

このことは、葬送の仕方に、その人やその人の信ずる宗教の他界観、死後どこへ行くのかというものが表されているということを顕わにした事件であり、葬送儀礼の持つ意味に鈍感になっている日本社会に警鐘を鳴らしたものともとれます。最近は、私の住む山形市でも外国人を目にする機会が増えましたけれども、やはり彼らの宗教にも注意する必要があるわけであります。

このように、葬送の有り様は死生観や他界観と大いに関係するのですけれども、ここでは葬送、死体処理の代表的なやり方の四つのパターンにまず注目しておきます。スライドにあげましたが、葬送の基本的なパターンというのは、死体を土に埋める、土葬ですね。あるいは火で燃やす、火葬ですね。あるいは川や海に流す、水葬。あるいは鳥に食べさせたりする、木に吊るして……木の枝にお棺を置いて、鳥とかに食べてもらうというような、鳥葬。それは宗教学の方では空葬と言ったりしますけれども、そういう四つがあります。最近では火葬骨をロケットで宇宙に飛ばす宇宙葬というのがありますけれども、それも一応空葬の一つに入れておきたいと思います。

もちろん、火葬と土葬を組み合わせるとか、水葬を組み合わせたものもあるわけですけれども、また、火葬といっても、日本では死体をバーナーの火で燃やして焼骨にして、その焼骨を骨壺に入れるわけでありますけれども、韓国などでは、焼骨を砕いて粉にするそうです。骨のままだと気持ちが悪いということだそうですけれども……ですから火葬もまたいろいろバリエーションがあるわけであります。

そういうバリエーションがあるんですけれども、それはさておきまして、この四つの葬法は、実に、土と火と水と空気の四元素説と一致しているのが注目されるわけであります。四元素説、万物は水でできているとか、火でできているとか、あの四元素説であります。私が高校生の頃、こうした四元素説を習ったんですけれども、よくわかりませんでした。しかし、大学で宗教学を勉強しますと、それが存在論と関わるということがだんだんわかってきたわけであります。存在論というのは皆さんご存知のように、我々がどこから来てどこへ帰っていくのか、についての論理であります。

ですから、四元素説と葬法の四つが一致するというのもけっして偶然ではなく、まさに葬送の有り様というものはそうした存在論と密接な関係があると考えられます。我々も、よく土に帰っていくと言ったりしますけれども、なぜ我々が土に帰っていくのか。まさに、帰っていくとはそこから来たからということが逆にあるわけであります。つまり、それは無意識でありますけれども、火葬の背景には火から生まれ、火に帰っていくというような無意識的な考えがあったでしょうし、土葬には土から生まれ土に帰っていくという考えがかつてはあったのであろうと。我々はそういうふうに自覚化していませんけれども、そういうことがあるのであろうと考えられます。

もっとも、最近の葬式事情というのは、非常に大きな変化の兆しがあります。寺院での仏教式の葬式を拒否して火葬骨を海や川などに散骨する自然葬なども盛んであります。

二〇〇三年に訪問しましたロンドンの創価学会の本部で、タップローというところがあるんですけれども、それは今日の資料の写真1です。ここの真福寺もお寺のイメージとちょっと違って、ビルという感じですが、この写真の1は創価学会のイギリス本部、タップローコートという城跡で、まさにお城であります。ものすごく巨大なお城を買い取っています。その敷地内の果樹の根元に骨を撒いているそうです。日蓮宗の系譜につながるようなそういう創価学会も、自然葬的なやり方を取り入れているわけであります。

写真1
創価学会イギリス本部 Taplow court、城跡を購入し、復元したもの

ところで、キリスト教も葬式に従事するわけです。教会の地下に巨大な墓地があるような場合が多々あります。しかし、神父と牧師の仕事の主要なものは、洗礼と結婚式と葬式の三つであります。英語でハッチ、マッチ、ディスパッチという……音が良いんですけれども、要するに洗礼と結婚式と葬式の三つであって、葬式従事が主とはなっていない。

たとえば、ほぼ東京くらいの物価のロンドンでは、少し古い話ですけれど二〇〇二年時点で牧師の葬式の従事料というのが七二ポンド、現在の円に直せば一万一〇〇〇円ぐらいであります。それは全国で一律だと言っておりました。しかも都会で収入が多いと給料は減らすということになっている、と。つまり牧師が地方に行きたがらなくなりますよね。ですからそういうことがないようにしているんだと。それで、イギリス全土一律に七二ポンドになっているわけであります。日本の僧侶たちが、いかに葬式に依存しているか、ということになるわけであります。

ただ、考えようによってはちょっと違って……アメリカもですが、十分の一と言いますね、収入の十分の一を、今は義務ではないんですけれども、信者は教会に納めなければいけないんです。聞いたらだいたい七%ぐらいじゃないかと言っていましたけれど。それでも、けっこうな額を毎月納めているわけですから、考えてみると、僧侶の主たる収入は葬式だとすると、牧師や神父さんたちのほうが総額的にはとっているかもしれないわけではあります。

とにかく、葬式に日本の僧侶たちが非常に比重を置いているということは、その生活の基盤が葬式にあるということが言えるのではないかと思います。

現在、日本の僧侶といいますと葬式に従事すると思われがちでありますけれども、アジアではどうかというのを少し見ておきたいと思います。アジアのほうでは、必ずしも僧侶たち、仏教者たちが葬式をやるものというふうにはなっていないわけであります。逆に中国や韓国において、葬式に関与するというのは例外的であると言って良いかもしれません。中国や韓国においては檀家制度のようなものがなくて、仏教は日本ほど葬送には関与していません。それらの国ではこれまで、儒教者や道教者、あるいはシャーマンたちが葬儀を行ってきたわけであります。

私は、二〇〇七年から二〇〇九年にかけて、もう亡くなりましたけれども中村生雄先生とか、井上治代先生らと一緒に、韓国、中国の供養文化の比較研究を行いましたが、その成果を少し紹介しておきます。韓国の場合、二〇〇七年現在で、キリスト教徒が三五%、仏教徒が二五%であります。二〇〇七年時点においてもうすでに、キリスト教徒の方が増えております。で、葬儀は、儒教式がやはり中心でありました。ただ、儒教では、親の体を焼くという火葬は親不孝であるというので、土葬が普通であったわけであります。韓国に行かれたことがある方はご存知だと思うんですけれども、いたるところに墓地が目立っております。墓地が国土の一％に達したわけです。それはソウル市の一・六倍の広さになります。ですから、土葬用の土地不足というのを背景にしまして、二〇〇一年に火葬を奨励する法改正が行われています。現在では火葬率が、五割を超えるようになったと言っておりました。また、自宅で死ぬよりも病院で死ぬことが多くなった、と。で、アパート住まいの人が多くて、家で伝統的な儒教式の葬儀ができなくなっている、とも。そういうことで、韓国における儒教式の葬儀も大きく変容を遂げてきております。伝統的な韓国の葬儀には、儒教式とシャーマン式の二種類があります。

儒教は、実は清浄な死者の葬儀をやるものとなっています。清浄死者というのはどういうことかというと、だいたい六〇歳くらいまで生きて、跡継ぎがいて、自宅で死ぬ場合です。自殺とか殺されるとか、そういうようなことがない正常な死者の葬儀を儒教が行うことになっています。

それに対して、シャーマンの方は異常死者の葬儀を担当するという住み分けができているようであります。最近は女優さんが自殺するとか、あるいはこの間北朝鮮によって、船が魚雷で沈められたらしく、若者が「戦死」をすると、そういうのは異常な死とされまして、儒教式を基本的にはやってはいけないことになっているようです。

そういう違いがあるものですから、シャーマンの、韓国語ではムーダンというんですけれども、シャーマンによる葬儀というのがけっこう今も行われているわけであります。

ではこうした儒教祭祀ではどういうふうなことをやっているのか、と言いますと、写真の2を見ていただければわかるんですけれども、中央のなにかかぶっている人が施主です。杖を持つのが普通であります。その姿は罪人《つみびと》の姿だそうです。十四世紀末の朝鮮王朝成立以後、朱子学においてもっとも重要視されたのが孝というものでありまして、人は親から無償の命を受け、償っても償えないような罪を負っていると。ですから、喪主たちは罪人の服装をしているということでありました。

韓国での葬式は三日間にわたって行われるのですが、ちなみに、夫を亡くされた奥様は大変で、三日間弔問客を迎えるたびに泣くのが常識というふうです。死体置き場には冷蔵庫があり、奥のほうに大きめのがあったので、「あれはなんですか」と聞きましたらね、「いやあ、太った人用だ」と言われました。写真3は納骨堂です。ちょっとこう窓越しに撮っていますが、骨のアパートみたいなもので、そこに夫婦で入っています。二〇〇七年現在、韓国では土葬が急激に減って、土葬と火葬の割合は五〇%ぐらいになったわけですけれども、火葬骨を夫婦でそこに入れるということになっているわけであります。

写真2

私が驚かされたのは、ソウル市のユートピア墓園というところに行ったんですけれども、なんと、ソウル大学卒業者専用の納骨堂があったんです。よく韓国社会というのは学歴社会だと

写真３

写真４

写真５

いわれるんですけれども、日本だと死んだらそういう学歴とかいろんなものはもう無に帰すというイメージがあるんですが、死後にも学歴を持って行こうというのは、まさに葬礼というその場所において葬礼の有り様というのが現世の縮図であるということですね、そういうことを思い知らされる機会でありました。余談が長くなってすみません。

　夫婦の納骨堂に話しをもどしますと、ワン区画に夫婦で二つ、ワン区画に二個の骨壺が入るようになっています。どちらか生きていると一方だけということになるんですけれど、ちゃんとそういうふうになっていました。

　次に中国であります。現代中国の葬儀事情をちょっと見ますと、中国と言っても、本当に地域差が大きくて、一般化するのはとても難しいわけであります。今日は華中を中心にみていきます。華中の地域の中心都市、武漢のお墓であります（写真４）。これは、二〇〇九年の十一月に国立武漢大学に行った時に、武漢の葬礼文化の調査を行って、公営墓地で撮ったものであります。これは先ほども言った韓国にもある納骨アパートみたいなものです。これも夫婦で入るようになっているわけです。

で、こっちは墓地です（資料の写真5）。こっちは少しお金が高くなるわけであります。先ほどのアパート式のほうは、だいたい安いところでは二万四千円。高いところは四万五千円。地面に作る普通の墓は二五万から三十万円。けっこう中国も葬式にお金をかけているわけであります。武漢では、特に僧侶や牧師、神父を呼ぶことはほとんどまれであると。で、葬祭場と火葬場が一緒になったのが殯儀館《ヒンギカン》という火葬場です。葬礼の行列も行われます。日本も昔は、行列が大事だったのですけれども。白いものをかぶっているのは死を象徴しています（写真6参照）。中国は爆竹が好きですので、中国の人たちはこういう感じで死者を送るのです（写真7参照）。

写真6

写真7

（私の見た）火葬場では無宗教式の葬儀を行っていました。本当に簡単な式でした。火葬場の偉い人と思われる方が故人の死を悼む文を読んで、友人とか家族が弔辞を述べるだけの、宗教色の全くないような葬式でありました。参加される方も普段着でして親族の人は黒い腕章をします。黒い腕章をしているというので葬儀であるということがわかるわけでありますす（写真8参照）。

写真８

あるいは一方、上海の作家かなにかは、その書かれた本と夫婦の彫像まである墓を作っておられる。上海ではものすごくお金がかかるんです。夫婦で入るのは一緒です。市長さんとか政治家とか、そういう方のお墓もこんな感じで、とんでもないくらい高額なお金がかかると言っておりました。

アパートタイプの墓も上海にあります。上海は人口が多く、何十万の人が毎年死ぬわけですから、本当にそういう意味では葬儀ビジネスというのが行われているわけです。

写真の9とか10を見てください。これは上海のお寺なんですけれども、最近の中国の新しい傾向として、お坊さんたちが葬送に関与して……これ（写真10）は地蔵盆の供養札なんですけれど、こういうふうにいろんな死者の冥福を祈る様式が増えているのであります。だんだん葬儀にも関与しようとしているようにはなっ

写真9

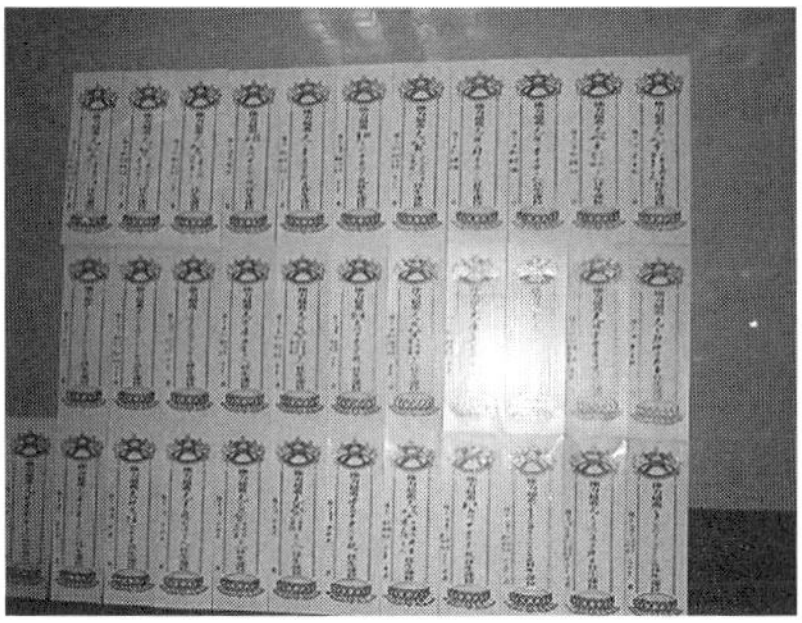
写真10

ているようですけれども、日本の仏教のような姿ではない。

現在、日本の僧侶といえばまさに葬式に従事するというのが第一と思われがちですが、そもそも釈迦は自分の死に際して葬儀に関わるなと弟子に命じました。中国、韓国の例でも、基本的には仏教は葬式と結びついていないわけであります。では、日本の仏教は葬式に組織としていつごろから関与するようになったのか、というのを少しこれから見ていきたいと思います。

日本の古代の葬式、葬送を考える上で、五体不具の穢というのがあります。たとえば、貴族の邸宅に、犬が死体の一部を啣えて運ぶ記事、五体不具の穢の記事が、古代の貴族の日記にはしばしば見られます。つまり、犬がその辺に捨てられていた死体の手とか足とかを運ぶことがあったのです。

この五体不具というのは、現代の五体不具とは関係ありません。死穢、死の穢れの一種であります。死穢というのは死体に触れたり、葬送、会葬、墓の発掘などに携わったために生ずる穢れで、死体に触れた人は三十日間、体の一部が欠けた五体不具の死体の場合は七日間、神事や参内などを忌み慎むことになっていたわけです。死体の残存状況によって、穢れを忌む日数が異なっていく。ですから全体が揃った死体があれば、穢れを忌む期間は三十日だったわけです。体の一部しかない場合は七日で、それを五体不具の穢というわけであります。

図　餓鬼草子

この五体不具の穢の記事が古代の貴族の日記に多く見れるということから、実は、かなり死体の遺棄とか、あるいは風葬が一般的であったと考えられているわけであります。『餓鬼草子』では、お棺の中の死体を犬が食べているとか（図の2）、ちょっとグロテスクなものではございますけれど、こういう感じ、つまり墓地に死体がそのまま置かれたり（図の7）、少しお金のある人はお棺に入れてくれるのでしょう（図の2）。そうじゃない人はむしろで包まれて持ってこられる。あるいは少しお金持ちの人は、ちゃんとした火葬にして五輪の塔（図の6）に、あるいは土まんじゅう（図の3・4・5）に。こういう『餓鬼草子』等から、風葬、死体がそのまま放っておかれたりすることもしばしばあったということがわかっています。五体不具という、犬が死体の一部を持って家の近くに来るというのは、やはり死体がその辺になければ起こらないわけですから、特に行き倒れの死者とか、孤独な貧しい人は誰も葬送してくれる人がいないためにこういうことが起こったわけでしょう。

もちろん、当時も、捨てられていた死体というものを、平安京、京都では検非違使、一種の警察の配下の者が、河原などに運んでいたわけです。中世などでは、河原は処刑の場所としてしばしば史料に見えますけれども、殺された武士は河原に捨てるということも多かったわけです。

京都における発掘調査の進展というのがありまして、平安時代から鎌倉時代の河川の流路の、あるいは道路の側溝から、骨がたくさん見つかるようになりました。昔の道路の側溝から出てきた骨は、やはり捨てられたんだろうと考えられています。しかも牛や馬の骨と一緒に出土している場合が多い。ですからあまり葬送意識というものを伴っていないのではないかと考えられています。

弘長二年、一二六二年の二月二十日付の「鎌倉幕府法」によりますと、鎌倉では、病者や孤児、あるいは死屍などを、道のそば、側溝の場合もあったと思いますが、に捨てることが禁じられています。私が学生の頃は、鎌倉では、病者とか孤児、あるいは死体を捨ててはいけないというふうになっていたのだから、捨てられていなかった、というふうに解釈されてきたんですが、でも考えてみますと、何々してはいけないという命令が、しばしば出ているということは、やっていたということ、守られてなかったということでしょう。ですから、最近では、どうも逆に、道路のそういうところには、死体がゴロンと捨てられていたんじゃないか、と考えられるようになりました。「何々してはいけない」ということは、要するにかなりあったんだろうというふうに想定されています。

実際鎌倉で、牛や馬の骨は大き目の溝からいくらでも見つかっている。また、若宮大路の側溝からも十歳くらいの少年の男子の頭骨が見つかっている。ですからかなり捨てたんではないか、捨てられていたんではないかと考えられています。とりわけ、鎌倉では由比ヶ浜が河原の役割を果たしていたようで、由比ヶ浜からは遺棄、あるいは埋葬された人骨が大量に見つかっております。由比ヶ浜南遺跡という遺跡からは四千体近い遺骨が出ています。ちょうど発掘が行われた頃はバブル期でありまして、高級マンションが建てられたんです。ですから由比ヶ浜の辺りの、サーフィンとか海水浴とかで賑わう、あの高級マンションは実は墓の上に建っているということになります。

また調べていきますと、使用人を、死にそうになると死ぬ前に家の外に出すということが古くから行われていました。八一三年、弘仁四年六月一日には、「天下の人は皆隷僕を持っているが、これが病になるとすぐさま露辺に出し、看病する人もいないまま餓死させてしまう」として、これが禁止されています。禁止されているということは、多分そういうことがよくあったんですね。実際、『続日本紀』の八三五年、承和二年十二月三日条では、小野峯守という人が大宰大弐だった時に続命院という施設を建てて病人を収容したとあります。それまでは、家主が死人を憚って死にそうな病人を追い出した。ですから、道路で凍え死にする者が多かったのです。

『今昔物語集』でも、病になった女の童を主人が外に出していますけれども、この場合は食物を付けています。つまり、死ぬ前に外に出す場合は、むしろとか食物を与えるというのが院政期の京都では普通だったのではないかと考えられています。

特に門の死体、皆さんご存知でしょうけれども、『羅生門』の基になったような話です。摂津国から上京した盗人が、人目を避けるために羅生門の上層に登ると、若い女の死体の髪を探る老婆がいた。女は老婆の主人だったのだが、死んで葬式する人もいないので、ここに置いた。髪があまりに長いので抜き取ってかつらにしようと思った、というわけです。盗人は、死人の着ていた衣と老婆の衣と抜き取った髪を奪って逃げたという、凄惨な話であります。この話から、羅生門の上層には死人の骸骨が多かったということが推測されますが、死体を門の上に置いたということがわかるわけです。

要するに、庶民の間では死体の遺棄とか風葬が一般的であったと考えられています。他方、貴族はどうであるかというと、きちんとした葬法を行う。その場合は、土葬と火葬が多かったわけです。史料を見ますと、火葬が「世の常の様」と出てきます。十一世紀の貴族社会では火葬は世の常の様であった、つまり一般的であったようであります。

たとえば、藤原長家の妻が一〇二五年、万寿二年の八月二十六日に死産の後死んだんですけれども、長家は世の常の様、すなわち火葬で葬るのは哀れに思え、土葬にしたといいます。ですから、その死体を焼く、火葬を嫌がる人もいて、土葬の例も貴族では多かったようです。

しかし注目すべきことには、これは勝田至さんという人が言っているんですけれども、一二二〇年代には五体不具の穢の史料が急激に減少すると。つまり、一二二〇年代に庶民の間でも死体遺棄が減少したと。史料に五体不具の穢の話が急激に出なくなる。それはなぜなんだろうか。勝田さんはその理由を、蓮台野といったような大規模な共同墓地ができたからで、葬送に従事する清水坂の非人の組織化があったと、そういう意見を述べておられます。つまり、共同墓地が成立して、そこに、坂の非人が死体を運ぶことによって、遺棄の死体が減少したというわけであります。

なお、ここで言う非人というのは、乞食や墓掘りなどに従事した人々のことで、江戸時代の身分としての非人とは異なっています。そういう人たちが組織化されてこういう死体を扱う、と。勝田さんの説の当否は別として、一二二〇年代に死体の遺棄が減少したということは確かなんだろう、と思います。

じゃあなぜか。鎌倉仏教の誕生、そして境内墓地の成立というのが重要な背景であったと、私は考えています。まさにそれと連動して起きた結果として、つまり鎌倉仏教が成立した、組織化できた、それがまた連動して大規模な共同墓地としての成長と非人の組織化があると考えております。

実は、この鎌倉仏教の成立以前の僧侶と葬送との関係を考える上で、次のような話が注目されます。『今昔物語集』の巻二十八、第十七の話ですけれども、藤原道長の御読経師を務めた僧侶が、興福寺の僧でしょうか、毒キノコを食べて死んだ。その際、哀れに思った道長から葬料、葬式料を賜って立派な葬式をしてもらった。それを聞いた同じような道長の御読経僧の一人である東大寺の何某は、恥をみなくて済んだのは羨ましいことだが、自分などが死んだら大路に捨てられてしまうだろう、と言ったというのです。

すなわち、奈良興福寺や東大寺の僧侶ですら、有力な僧でなければ仲間に葬送してもらえなかった。まだ生きているうちに、死にそうになると寺外に連れ出されて、共同墓地に連れて行かれて終わりだったということです。奈良だと般若寺、般若寺の南にそういう土地があったようですけれども、そういうところに捨てられたかもしれない。

じゃあなぜそんなことがあったのかと言いますと、当時の僧侶というのは、基本的に官僧であったからであります、官僚僧ともいいます。官僧たちは死穢の忌避の義務があって、実は葬式の従事というのが、大いに憚られたわけであります。この官僧というのは、天皇から、鎮護国家の祈禱の資格を認められた僧侶たちで、僧正・僧都・律師といったような僧官、法位・法眼・法橋といった僧位を有するお坊さんであります。官僧たちは、衣食住の保障といった特権を有する一方、種々の制約を有していた。その制約の一つに穢れ忌避があったわけであります。

私も、山形大学に務めていますが某政権の時に、突然、官僚身分を奪われて、特殊法人、準公務員にされてしまいました。準公務員でありますので、今でも制約があるのですが、特に公務員の頃は、こういう講演会に行くのはいちいち教授会の許可を得るとか、なかなか面倒だったんですけれども、特殊法人になった途端に、給料はあまり上がらなくなったけれど、その代わりにどんどん行け、山形大学の名前を広めろと言う。手の平を返したような感じなんです。ですから、やはり官僧たちというのはある意味いろんな制約があったわけであります。その制約の一つとして、穢れ忌避というのがあったようであります。穢れと言っても、何を穢れとするかというのは、人によっても地域によっても時代によっても異なるわけです。

そこで、古代の穢れを規定した早い史料である『延喜式』、十世紀、九二七年に完成して、九六七年に施行されたわけですが、それによりますと、日本古代における穢れには、人の死・産、出産も穢れとされていたんです。家畜の死・産、肉食、改葬、流産、懐妊、あるいは月のこと、女性の生理ですけれども、失火、火事、埋葬などが挙げられています。火事が穢れだというのは、いかにも観念的な規定だというのがよくわかりますけれども、火事も穢れを発生させることだったんです。

特に中心となるのは、人間の死穢と産穢です。あと、家畜、馬・牛・羊・犬・豚・鶏の六畜の死穢と産穢。失火の穢れ。それらのうち、やはり人間の死穢がもっとも重いものとされ、穢れの消滅する期間、謹慎期間が三十日、特に葬儀の日から数えるともっとも長かったわけであります。家畜の死穢は五日、産穢は三日であり、失火の場合は七日で、肉食の穢《え》は三日であったとされています。

先程、葬儀の日からと言いましたけれども、その日数をいつから起算したかとなりますと、『延喜式』では葬儀の日を起算日とする、と。しかし現実には、死んだ日を起点にするのが一般的であったようです。

では、いつをもって死とするかが問題となるわけですが、中世の史料では、息が途切れた時とする、息が止まった時が死んだ時と一般的には考えられていたようであります。今は脳死……いつを死とするのかというのが、問題が大きいわけです。

さらに重要なのは、穢れは基本的に伝染すると考えられていたことです。死穢を例に挙げますと、甲なる人物が死体のある場所に留まり、そのあとで乙なる人物の家に行くと、乙の家の人々が皆死穢に触れたことになる。しかも、甲と乙の死穢の差はまったくなかった、と。だんだん薄れていくように思うんですが、そうじゃない。そう考えていたようです。ですから、甲も乙も同じく死穢に触れたとされて、三十日間の謹慎が義務付けられた。

また、失火の穢れ、火事による穢れの場合は、もともとは伝染すると考えられていたんですけれども、伝染しないとされるようになる。伝染するとどういうことが起こったかと言いますと、火事があっても、その失火の穢れに触れるわけですから、消火に誰も来ない。消そうとして火事現場に駆けつけると、失火の穢れということになるわけですから、それは困るというので、実は九六三年、応和三年以来、伝染しないとされた、という。いかにも観念的な穢れ感ということがよくわかるわけであります。

それでは、白骨はどうかというと、どうも穢れたものとはされていなかったようであります。発見された骨が湿気を帯びていると、三十日以内の骨であるから白骨とは言えないので穢れではないか、とか、そういう記事がたくさんいろんな記録に見えるわけであります。逆に言いますと、白骨であれば、完全な乾いた白骨であれば、穢れとはされなかった、ということです。

また、橋や道路のようなオープンなスペースに人や動物の死体などがあった場合にはどうかというと、そうした道路や橋などの開放された空間に死体があって、そこを官吏や官僧が通っても穢れることはなかった、と。すなわち、家の中とか部屋の中といった閉じた空間では、穢れが伝染すると考えられていたのです。とりわけ死体は穢れているとされて、死穢を避けるということは、官僧の重要な義務であった。ですから、僧侶であったとしても、支援者のいない人は死にそうになると寺外に捨てられるということが一般的であったわけです。

官僧が穢れに触れることを、触穢と言いますけれども、いかに恐れていたか。産穢の例でありますけれども、後堀河天皇の中宮の竴子の皇子出産に際して、安産祈願の為に招かれた成真僧都というお坊さんが、触穢を恐れて、修法が終わる以前に逃げ出したといいます。一二三一年、寛喜三年二月十二日のことですけれど、竴子が一条室町邸で、のちの四条天皇を出産したんです。まさに陣痛が始まって出産が始まろうとしたその時に、男の子の安産祈願の為の普賢延命法の伴僧の一人であった成真僧都は、触穢を憚る禁忌のゆえにと、突然、修法が終わる以前にも関わらず逃げ出したというわけです。

そういう出産の穢れなどをいかに嫌がっている人がいたかということがわかります。いくら皇子誕生の安産祈願をして褒美をもらっても謹慎するのは嫌だという感じでしょう。ですから、普通の人のお葬式をやってくれるわけがないという、そんな感じがよくわかります。ただ、他の僧は、産穢というのは出産以降に発生して伝染すると考えていたようで、他の僧侶たちから、成真はちょっと早すぎる、時宜に反しているということで非難されています。が、産穢というのを恐れていたということがわかる例であります。

官僧たちがそうした穢れを忌避した理由の一つに、官僧が神事に関わるようになったということがあります。穢れの規定、先ほどの穢れの規定というのは、神社に関わる規定を定めた『延喜式』の臨時祭《りんじさい》に規定されていますように、神事こそ、穢れを最も忌避したと考えられるわけです。だんだん、十世紀以来、神仏習合が進んできまして、官僧たちによる神前読経というのも行われるようになり、官僧たちは穢れ忌避が強く求められたんですね。

ところが、死にそうになったらまだ生きているうちに捨てられるのは困るというので、官僧集団の中に結社を結んで、葬送共同体を形成する人たちが現れている。それが二十五三昧会の集団なんです。その二十五三昧会というのは、比叡山横川の源信僧都が、寛和二年、九八六年に組織した念仏の結社で、二十五人の結衆で構成され、この結衆は、極楽に往生できるよう助け合い、阿弥陀の縁日である毎月十五日の夕べに集まって、念仏三昧を誦修するように定めた、というのです。結衆の務めとして、往生院という別所を建てて、結衆が病気になったらそこに移し、香花、幡、天蓋に囲まれて死ぬことができるようにする、と。それから結衆の墓所を定めて花台廟と名付け、卒塔婆を建てて陀羅尼をこめ、結衆が死んだら三日以内にここに葬ると。結衆が協力して死者を葬送し、終夜念仏し遺骨を埋めてその周りで念仏を施し、一緒に帰るなど、葬送に関する規定を定めていました。

このような葬送協力に関する規定はこれ以前には例を見ないものでありました。大事な点は、「世俗の諱を憚りて、もって存生の契りに違えることなかれ」、つまり世俗の禁忌を顧慮せずに、葬送協力しよう、と宣言していることです。天台宗のお坊さんたちも官僧でありましたから、仲間が死んでも「済まないなあ……」と墓場に死体を置いて、さようならというのが多かったんです。それはあまりにみじめだということで、皆で葬送共同体を作ろうと、そういう話になったわけです。

繰り返しますが、死穢を不可避とする葬式に関与すると、一定期間、鎮護国家の法会に参加したり、神事に関わることを憚らざるを得ないなどの種々の制約があった。ですから、死穢を恐れるあまりに、死にかけた貧しき孤独な僧侶や、非血縁の使用人は、邸外に連れ出され、ひどい場合には道端や河原などに遺棄されることがしばしばあった、と。このように死穢を典型例とする穢れを避けることは、古代・中世の人々、特に官人、あるいは官僚僧、官僧にとっては重要関心事であった、と。要するに、死体がどう見られていたかというと、まさに穢れた存在であったのです。

ところが、平安時代の末から鎌倉時代にかけては、葬式、葬送を望む庶民の話が説話集にしばしば見えるようになってきます。

一例だけ挙げておきますけれども、たとえば『発心集』、鎌倉前期の成立ですが、僧侶が日枝神社に百日参拝の願をかけた。しかし八十日目の参拝の途中で、亡くなった母親の葬送ができずに泣いている独り身の女性に出会った。哀れに思って葬送してやったあとで、穢れを憚りつつ日枝神社を参拝したところ、日枝神が現れて、なんとお前は慈悲が深いのだと、参拝を認めたという話です。すなわち、葬式を望む人の存在と、慈悲の為に、穢れを憚らずに葬式を行う僧侶の存在、いわば慈悲の為に穢れ忌避のタブーを犯す僧侶が出現してきたということがわかるのであります。

まさにそうした願いに応え、組織として葬送に従事し、教団を形成したのが、私は鎌倉新仏教と考えています。あえて言いたいんですけれども、葬送を行ったのは鎌倉仏教の僧侶、私の概念では遁世僧というのですけれども、遁世僧であると言いたいわけです

注目すべきことは、いわゆる鎌倉新仏教のみならず、従来は旧仏教の改革派と言われてきた僧侶たちも遁世僧と呼ばれていたわけでありまして、この遁世僧たちが、実は葬送を積極的に組織として行った。重要な

点は、組織として行うということであります。個々にやる人はいたわけですけれども、それを組織として、穢れを憚ることなくやるような人たちが出てくる。

当時、官僧の身分を離脱して仏道修行に励むことは、史料上、遁世と呼ばれました、世を逃れるといいますね。遁世というのは、本来出家して僧侶になること、要するに古代でいえば官僧になること、俗世を離れることを意味したはずでした。しかし、だんだん、九世紀末になってくると、皇族や貴族の子弟が多数官僧世界に入って、俗界での力が官僧世界の出世などを規定するようになってくる。まさに出世間ではなくて、もう一つの世俗世界になっていきます。そのため遁世というのは、官僧世界を離脱して仏道修行に励むことを意味するようになりました。

この遁世した僧侶、すなわち遁世僧たちは、私の僧で、官僧であることを辞めた人たちですけれども、鎌倉時代のめざましい活躍をした仏教の中核的担い手たちのほとんどは、この官僧身分から離脱した遁僧であったんです。のちには、遁世僧が有力になって認められてくると、官僧にならなくても、そういう教団に入るということが遁世僧というふうに呼ばれるようになっています。

浄土宗の祖師法然さんも、真宗の祖師親鸞さんも、日蓮宗の祖師日蓮さんも、道元さんも栄西さんも、皆遁世僧であったわけですが、旧仏教の改革派とされた叡尊さんら律僧も遁世僧であったのです。律僧というのは、従来はあまり注目されず軽視されてきたわけですけれども、戒律を重視し、成仏するために戒律護持をすすめた教団のことであります。この律僧も遁世僧であったわけであります。

この遁世僧たちによってまさに葬式が組織として担われ、また日本的な死生観というのが広まりだしていきます。極楽世界や兜率天の浄土等新しい独自な日本仏教的な死生観が広まっていくわけであります。

写真 11　伊勢弘正寺の五輪塔

写真 12　忍性骨蔵器
（国〔文化庁保管〕蔵）

写真 13　東北大学植物園板碑

特に、遁世僧たちは葬式や法事を担いました。要するに葬式に組織として取り組んだ結果、だんだん、十三仏事などの法事を整備していきます。それから、死の芸術の担い手にもなります。要するにお墓、五輪塔等も作られるようになりました。五つの石を積んでいるので五輪塔といいます。写真11は高さが三・四メートルもある、非常に巨大なものでありま す。伊勢の、まさに伊勢神宮のすぐ側にあります。これくらいのものですと、重要文化財級なんですが、全く知られていなかったのです。

これは、西大寺様式で、鎌倉末から南北朝期初期に造られたものです。伊勢の弘正寺というのが奈良の西大寺の末寺として、伊勢神宮の神宮寺の一つとして、伊勢神宮を支えた巨大寺院だったのです。そこにある五輪塔なのですが、全く無視されてきたわけであります。

奈良の西大寺の叡尊塔という五輪塔も高さが三・四メートルあり、とても巨大で先程と同じ高さなんです。あるいは宇治の十三重層塔は日本最大最古の石塔です。高さが約十五メートルもあり、これも叡尊教団が作ったものといわれています。写真13は東北大学植物園の板碑です。これも三メートルを超えるような非常に大きなものであります。仙台から結構離れた石巻から、石を運んできたと言われます。

このような五輪の塔とか層塔とか、まさに死の芸術の担い手になっているわけであります。極楽寺には三メートルある忍性さんの五輪塔があり、その下から骨蔵器が出てまいりました。大和郡山市、額安寺の忍性さんの五輪塔でもその下から骨蔵器が出てきました（資料の写真12）。竹林寺の方からも出てまいりました。後で言いますけれども、三つの場所に分骨する。忍性さんの骨は三か所に、ゆかりの地に分骨されたのですが、その先生である叡尊さんの骨も、必ずや三つに分骨されたはずなんです。私は先ほど言った伊勢弘正寺の五輪塔というのは、まさに叡尊さんの墓であると推測しています。

なぜかというと、西大寺の墓と高さが同じなんです。昔の人は、師よりも大きい墓などは建てないという原則がありまして、忍性さんより高い、まさに西大寺の墓と全く同じ、三・四メートルですから。しかも、伊勢弘正寺の開山は叡尊さんだと言われるんです。もう一つは京都の葉室の浄住寺にもあったはずだと推測しています。今はもちろん無いですけれども。葉室の浄住寺と伊勢弘正寺と奈良西大寺が叡尊さんの三つの墓所であろうと推測しております。

骨蔵器、あるいは墓所、そういったものは、まさに死の芸術と言ってもいいです。そういうものを作りだした。

また重要なのは死体感の変化です。穢れた存在である死体がそうではなくなっていく。念仏系は、仏として死体に対する考え方が変わってくる。また、遁世僧教団が組織として葬送を担う、それが大事なポイントなんです。それ以前ももちろんやってはいたわけです。それは例外的であったし、死穢という問題があった。

天皇や特別な人、特別な場合ではやってはいたわけです。しかし遁世僧教団は、まさに組織として取り組んだ。特に一三〇五年、嘉元三年を画期として、天皇の葬送も、遁世僧の教団が一手に担うようになってきます。もちろん親鸞さんは「父母の孝養のためとて一返にても念仏したることいまださぶらわず」と言って、追善の仏事を否定したんですが、その弟子たちは葬送に従事していくんです。

結論的な言い方をすれば、まさにここに、組織として教団として葬送を執り行う、葬式仏教が誕生したと私は考えています。

現在日本で行われている追善行事というのは、初七日とか二七日とか、七回忌とか、そういう十三仏事がメインであります。もちろんそれに十七回忌とか二十三回忌とか五十回忌と百回忌と、どんどんどんどん法事が増えております。ところが中国仏教の追善行事というのは、十で終わっていた。三回忌までの十仏事で完了していたわけです。その根拠の一つになったのが、十王信仰であったんですが、日本では、地蔵十王経というのに基づいて十三仏事を生み出している。地蔵十王経というのは、インド撰述とされてきたけれども、実は平安末から鎌倉時代にかけて我が国で作成されたようです。つまり十三仏事を広めていったのもまさに遁世僧の人たちであったのです。

次に、遁世僧と死穢との関わりを見ていきましょう。先ほどから繰り返し言っているように、官僧たちは、死穢を恐れていた。しかも触穢もあり、穢れというのはそれに触れると伝染すると考えられていた。官僧は神仏習合の進展によって神前に奉仕するようになり、死穢というのはますます厳禁になったわけです。

ところが、先ほど言いましたが叡尊さんをいわば祖師とする律僧たちは、戒律護持を進める一方で、葬式に積極的に関与しています。さらには石清水八幡宮の神前での祈禱とか、あるいは叡尊自身が伊勢神宮に参って祈禱したりしたのです。

官僧は、神事従事などを理由に葬式従事を避けたのに、律僧たちは穢れに関与したのはなぜか、ということですけれども、その理由を考える上で、覚乗という、西大寺十一代長老の逸話があります。覚乗さんは、一三六三年正月に亡くなったということになっていて、西大寺長老としての在任期間はわずか七十五日でした。三重県の伊勢の安濃津円明寺が活動の拠点でありました。伊勢は、伊勢神宮のお膝下ですので、廃仏毀釈以後、明治以来、仏教の展開と寺院の展開が、かなり無視されてきているんですけれども、実は叡尊教団というのは、伊勢において大変大きな役割を果たしていたのです。津の整備、安濃津一帯も叡尊教団が整備を行うとか、伊勢神宮の勧進、伊勢神宮の遷宮に際しての費用などを、多分弘正寺が勧進をして集めたり、あるいは、葬送にも関わっていたんだろうと推測しています。

その叡尊教団の覚乗さんについての興味深い史料があります。ある日彼は、伊勢神宮のご神体を見たいと、彼の円明寺から伊勢神宮に百日間参拝する誓いを立てた。ところが、結願の日になって、斎宮の領地を通り過ぎた時に旅人の死者に出くわした。その死者の関係者から引導を頼まれ、葬送の導師を務めた。その後、宮川のほとりに到達したところ、一老翁が出てきて、あなたは今葬送を行ったではないか、死穢に汚染されているのに、神宮に参拝しようとするのか、どういうことですか、と言ったというんです。それに対して彼は、次のように答えています。「清浄の戒は汚染なし」。それなのに、末世に相応していったん円明寺に帰れというのか、と。そうした問答が終わらないうちに白衣の童子がどこからともなく現れて歌を詠み、「これからは円明寺から来る者は穢れなきものとする」と言って消えたというんです。

官僧の場合には葬送に関与した者が神事に携わるためには、三十日間謹慎する必要があったわけですが、律僧の場合は「清浄の戒は汚染なし」。律僧たちは一応建前として厳しい戒律を守っていることになっていますから、汚染しない、穢れに触れても、彼らが護持している戒律が鎧となってはね返すというわけです。そういう話をしています。

子どもと老翁というのは、神の現れとされますので、まさに厳しい戒律を守り続けていた律僧たちが、戒律護持と社会的な救済活動の一つである葬送従事とのはざまで、戒律を守ることをどのように考えていたかということを端的に示しているわけであります。

しかも大事な点は、円明寺から来たのならばという点です。覚乗さんだけじゃなくて、皆良いよと言っている。要するに律僧集団全体に対して、穢れに触れても、伊勢神宮に来て良いよという。清浄の戒は汚染なしというそういう論理というのは、まさに叡尊教団が、葬送に従事するために、穢れに関わる活動を行うことを可能にする論理であったわけであります。穢れを操作できる論理を持っていた、という、とても大事な話であろうと思います。

中世以来、死穢のみならず、穢れの極にあったとされるのは、実はらい病患者であったんです。らい病というのは古来、東西を問わず恐れられてきたわけですけれども、らい病患者をも、特に忍性さんは救済しました。非人として差別され、穢れた存在とされたらい病患者の救済も、当然穢れを恐れない、先程の論理で行っていたわけであります。

マザー・テレサ女史がらい病患者救済で有名ですが、もうすでにプロミンというらい病の、ハンセン氏病の特効薬が見つかって以後の救済活動です。それに比して、忍性さんたちの活動というのは、鎌倉時代でありまして、まだ特効薬が見つかっていない時に行ったというのは、非常に画期的なことであったわけであります。しかも教団として、日本全国で行っております。それは、穢れを超える、操作可能とする論理というものが、彼らの支えになっていたということは大いに注目すべきであろうと思います。

さらに叡尊教団たちは、斎戒衆を組織化していく。もともと斎戒衆は僧侶になる過程の一つだったんです。たとえば、忍性さんのお父さんが斎戒衆であったと。俗人で教団に帰依して、いろんな奉仕をする人の意味だったんです。だんだんそれが、下級僧として独立していき、そういう人たちによって、葬送とか非人救済活動といった穢れに関わる行事の実務を専門的に行わせることになっていきます。

斎戒衆とは、言わば俗人と律僧の間の立場であったわけです。なかなか戒律では、お金を扱ったりできませんので、斎戒衆が必要であったわけであります。斎戒衆の存在は律僧たちが組織として穢れに関わることをやろうとする集団であった、ということを示しているわけであります。

それでは、律僧たちの特質は何かと言えば、まさになぜそういうことが可能だったかと言えば、官僧を辞めたということ、官僧から遁世することによって、自由になったことです。逆に言いますと、官僧は衣食住の保障があったわけですけれども、遁世してなくなった。だからこそ、様々な民衆救済活動を通して収入を得なければならない、そういう必然性も背景にはあったのでしょう。

山形大学も特殊法人化したことによって、我々の研究費がどんどん学生に使われるようになっております。まさに学生を集めろというんです。つまり私立大学化ということを、身に沁みて感じさせられております。遁世したことで衣食住の保障がなくなったということは、様々な活動を行う理由の一つであったんでしょうね。

往生人に穢なし、これも挙げておきましょう。死穢をものともせずに葬送に従事したといえば、他の遁世僧の教団もいたわけです。念仏僧です。つまり浄土宗系の人たちはどうであったかと言いますと、浄土宗の人たちも、たとえば、源信の『往生要集』の臨終行事というのがあります。それによりますと、死を覚悟した念仏者は、往生院に送られて念仏僧に看取られながら死を迎えると。それはまさに先に話しました二十五三昧という念仏結社の僧・俗の往生の作法のテキストとして、大きな影響力を持ったわけです。そういうのを踏まえながら、法然教団のような念仏教団も成立する。そういう葬送従事を通して、信者を獲得しようとする運動にもなっていたわけであります。

念仏僧たちは、死穢とか死体をどう考えていたのか。そこにおいて重要なのは「往生人に穢れなし、死穢なし」ということです。中世において、死去に際しまして、紫雲たなびき、良い匂いがして、来迎者の音楽が聞こえるといった瑞祥があった人は極楽往生をしたと考えられていたわけであります。すなわち往生した人には、死穢がないと考えられていたわけです。一二七九年、弘安二年の正月、万阿弥陀仏という念仏僧が、丹生山の往生人河田入道を拝し、その家で着座までした。死体のある家の中で着座すると、死穢に染まると普通は考えられていたんですが、万阿弥陀仏は、その場で見知らぬ人から「往生人に穢れなし」と教えられたという。ところが、飯高政所蔵人の下人国秀という者が、万阿弥陀仏に会って、その数日後に伊勢神宮に参拝したことから、仮殿遷宮中の神宮が死穢に染まってしまったという事件が起こった。後半の話は、清浄の戒は汚染なしという論理を認めた伊勢神宮が、往生人に穢れなしという論理の方は認めなかったという点は注目されます。伊勢神宮に、叡尊さんたちは多額の金額を寄付していたので、それが大きかったかもしれませんせん、そのへんはわかりませんけれども。

でも、在地の人々は往生人に穢れなしという論理を意識し、万阿弥陀仏という念仏僧もそれを信じていたということがわかるわけであります。

ですから、法然上人絵伝とか、親鸞聖人絵伝などの祖師絵伝には、弟子のみならず数多くの非血縁の在家の信者らが集まり、死を悼むということが行われているシーンが描かれていますけれど、まさに死に際して、紫雲たなびき異香がにおうという奇瑞を伴って、極楽往生したと信じていましたので、穢れはなかったと考えられていたのです。

往生人に死穢なしという考えはとても重要ということになります。と申しますのも、法然以前においては、極楽往生できる人は善きことをした数少ない人々に限られていた。ところが法然以後は、念仏を唱えれば原則的に念仏往生人となったわけであります。すなわち法然上人は、南無阿弥陀仏と唱えることは往生の為の唯一の正しい行であり、それをすれば誰でも往生できると説いたわけでありますから、念仏者は原理的には極楽往生できる、死穢がない、ということになります。死穢に関する考え方が大きく変わってきたわけであります。

このような論理が、死穢をものともせずに、念仏をすすめながら葬儀に従事するということを可能にした、と考えられるわけであります。時宗の僧侶も葬送儀礼に非常に重要な役割を果たしていきますけれども、そういうことと関係するのであろうと思います。

それから、遁世僧のもう一つの雄であった禅僧たちも、葬送に従事しています。幕府、将軍の葬送などもやっていきます。ただなかなか史料的に、どういう論理でやっていたかというのはまだわかっていないんですけれども、彼らも死穢を恐れずにやっていたのは確かです。「このごろはやるもの」、二条河原の落書に禅律僧が批判されたりしていますけれども、禅律僧、禅僧や律僧たちは、葬送の面においても非常に重要な役割を果たしていたということは強調してもしきれないわけです。

もう一つ、巨大石塔と弥勒信仰という話を少ししておきたいと思います。先ほど皆さんにお見せしました伊勢の弘正寺の巨大な石塔や、二メートルを超えるものは全国に、鎌倉時代のものとされるのは七〇例ぐらいあります。そのうちの六〇例ぐらいは確実に叡尊教団が作ったと考えられています、西大寺様式です。こういう巨大で、しかも安山岩と花崗岩という非常に硬い石で造られているので残りが良いわけです。これがもし砂岩とかで造っていれば、だめなんですけれども、非常に硬い石を使っているので残っているわけであります。

では、なぜそういう巨大な石塔を彼らは造っていくのか。あるいは阿弥陀信仰系も、先ほども見せましたが巨大な板碑を造っていくわけです。

先ほどお見せしたように、東北大学植物園にある板碑とか、弘正寺の五輪塔のように、十三世紀の後期から十四世紀には、巨大な五輪塔や板碑が数多く造られています。もちろん、その造立の背景に弥勒信仰とか阿弥陀信仰があったということは良く言われております。ただ、五輪塔の方は、あまり注目されていません。板碑の方は阿弥陀信仰によって造られたということは良く言われています。皆さんも阿弥陀信仰が何であるかということは良くご存知だと思います。

末法思想が、このころ流行っていくわけですが、ちょうど一〇五二年には末法に入るとされました。釈迦のいない末法時代において、西方極楽世界を主催する阿弥陀仏の救済というのが期待されて、こういう板碑などが造られたというわけです。

ただ、実は弥勒信仰もとても盛んであったということを今日は少し強調したいです。この弥勒信仰というのは、皆さんご存知だと思うんですけれども、弥勒は、お釈迦さんが死んでから仏となると定まっている、つまり釈迦に次いで仏となることが定まっている人であります。兜率天というところで修行をして、五十六億七千万年後にこの世に下生し、仏として下生し、三回法華経の法会を開く、法華経を説法する。それを竜華三会というわけです。最初の説法で九十六億の衆生を救い、二回目に九十四億、三回目の説法で九十二億の衆生を救うというわけです。そういう三回の説法があるということをまず記憶しておいてください。

我々が死後ただちに兜率天に行くというのが、兜率天の上生信仰です。一方、五十七億七千万年後の未来の世に、弥勒の三会に会いたいという信仰が、弥勒下生信仰と呼ばれております。たとえば、先ほどの忍性さんの骨蔵器には（写真12）銘文がありまして、要するに忍性さんの遺言ですが、三つに墓をとどめおいた、と。一つは極楽寺であり、一つは竹林寺であり、一つは額安寺である。銅製の壺に入れて、その墓所に納め一心に霊を励まし、遥かなる到来の三会を期した。この三会というのは、まさに竜華三会で、つまり兜率天から五十六億七千万年後に弥勒が仏として下生する、その三会を待つというわけです。

なぜ忍性さんは三か所に埋めたかというと、結論を言えば、三会を意識しているからです。つまり、五十六億七千万年後という途方もない歳月で墓が無くなってしまうかもしれない。だから、安全の為に、「保険」をかけて三つに分けたのです。硬い石の墓と銅製の骨壺、当時としては永遠に五十六億七千万年もつであろうと期待をしていたわけです。まさに巨大石塔を建てたということの背景には、この五十六億七千万年という途方もない年月を経過しても墓がわかるように、弥勒仏が下りてきた時に、「あっ、あそこに忍性の墓があるな」とか、「あそこに叡尊の墓があるな」ということがわかるように、そういう気持ちを持っていたというふうに考えられるわけであります。

それからもう一つ、阿弥陀信仰と弥勒信仰というのは、ともすれば別々の信仰のように思われがちなんですが、そうではないんです。弥勒信仰は、東アジア世界において非常に盛んで、日本においても古代以来盛んだったようであります。ソウルの国立博物館にある弥勒仏は、日本のものとそっくりですよね。バーミヤンの大仏は今は壊されてしまいましたが弥勒大仏だと言われています。だいたいアジアの大仏というと、この弥勒仏が多いそうです。

阿弥陀信仰と弥勒信仰の関係ですが、藤原道長が一〇〇七年、寛弘四年の八月に金峰山に参詣して、経筒を埋納したんです。この中には、実は阿弥陀経もあれば弥勒経もあって、道長はどう考えていたかというと、まず極楽に行きたいと。そして、極楽で五十六億七千万年待って、弥勒下生の際には弥勒によって救済されたいと願っていたんです。阿弥陀信仰と弥勒信仰というと対立しているように見えるんですけれど、道長さんにとってはまず当面極楽に行って、そこで五十六億七千万年待って、今度は弥勒下生の時に救われたいというのです。

弥勒信仰と阿弥陀信仰は実はミックスされていたわけです。まさに法然さんや親鸞さんが批判したのはそこにあったんです。「弥勒とは関係ない、阿弥陀さんのおかげだ」という、そういうところが重要な意味を持つんですけれど、巨大な板碑を建てる必要があったというのも、弥勒信仰との対抗、影響もあるのでしょう。

なぜ巨大な石塔があるのか。六尺塔という一メーター八〇センチぐらいある塔はたくさんあります。二メートル以上に限ると七〇例ぐらいなんですけれど、そういうものを叡尊教団が造った背景には弥勒信仰がある、ということであります。

以上、葬式と宗教との関係をお話しさせていただきました。鎌倉新仏教については、私は遁世僧の仏教が鎌倉新仏教であると考えています。仏教と言いますと、葬式をやるものと考えられがちですが、実は必ずしもそうではなかった。十世紀以来、仏教式の葬式がだんだん定着して、官僧たちが天皇・貴族の葬送に従事するということもあるんだけれども、組織として行うのは遁世僧の教団が成立してからであります。組織として一斉に行うようになる。そこには官僧たちには穢れの忌避というのがあるのに対して、遁世僧はそれから自由であったという話をしてきました。

官僧たちの袈裟、典型的な袈裟は白衣《びゃくえ》という白だったんです。それに対して遁世僧は黒衣《こくえ》であったと。まさに穢れを象徴、シンボリックに表すような、そういう穢れとともにあるというような自覚を表している。袈裟の色にも遁世僧が組織として葬式など穢れに関わることをものともしないということが示されていると考えています。

遁世僧は組織として活動していましたので、天皇・貴族の葬式も一手に遁世僧に任せていく。当時律宗の一派であった京都の泉涌寺は、天皇家の墓所として栄えていくわけであります。実にですね、延暦寺、東大寺といった官僧の系統をひく寺は、本当につい最近まで葬送を行わなかったのです。すなわち、葬式仏教と言われるのは、遁世僧たちが多数派になったということを表しています。そういう意味で葬式仏教と言われるのは僧侶たちが葬式や年忌の法事、墓地の管理などにかまけて、現在を悩みながら生きている人たちの救済願望に応える努力をしていないようにみえる、ということに対する批判でありますけれども、しかし翻って考えてみますと、葬式をきちんと僧侶の方が行ってくださるということは、まさに誕生と並ぶ死という一大画期を、荘重かつ厳粛に過ごしたいという人間の願いに応えていることは間違いないわけであります。インターチェンジのゴミ箱に切断された死体があったりしますけれど、誰だってそういうことは願ってないわけであります。やはりきちんとした葬式をしてもらいたい。葬式仏教はまさに人間の根源的な願いに応えて成立したものであって、そういうことを僧侶の方も認識していただきたいと思っています。

附　内容及び参考文献などは、拙著『葬式仏教の誕生』（平凡社新書、二〇一一年）に詳しい。

また、「らい病」は差別語であるが、前近代においてらい病の中に重篤な皮膚病も含まれており、ハンセン病と言い換えることはできないので、本稿で使用したが、不当な差別を助長する意図はない点をお断りしておきたい。

二　葬儀習慣の変化と個人化

村　上　興　匡

私は元々宗教学で葬儀の研究をやっておりましたが、現在、教育人間学というようなところにおりまして、死生学との関連で、いのちの教育とかいのちの倫理とかというような講義を中心的にやらせていただいております。

そのような関係もありまして、葬儀につきましてはあまり深い研究をここ数年やっておりませんが、これまでの研究の成果と最近の傾向というようなものをまとめるような形で今日はお話をさせていただきたい、というふうに思います。

もう一つ、私は天台宗の僧侶でございまして、そのご縁もありまして大正大学で仕事させていただいております。まあ、そういうような観点から、ちょっと今日のお話の中で、天台宗のほうでどのようなことを葬儀について考えているか、天台宗でというより、天台宗の中で私がどういうようなことを考えているかということも加えてお話をさせていただければと思います。

研究大会にお招きいただきまして、大変光栄に存じます。ありがとうございます。よろしくお願いいたします。

それでは、「葬儀慣習の変化と個人化」というタイトルでお話をさせていただきたいと思います。まず、はじめに、最近の傾向を特徴的に表すようなものとして、二つの事柄についてお話をさせていただきたいと思います。

一つ目は、「千の風になって」という歌が、非常に流行るというようなことがありました。紅白歌合戦で紹介されて、そのあとオリコンチャートで二年連続で一位になるということがありました。「私のお墓の前で泣かないでください。私はそこにはいません。私は千の風になって大空を吹き渡っています」というのが、その歌の歌詞です。この歌がヒットした時に、これは墓を否定するような、そういう歌ではないかということで、ちょっと仏教界でも話題になったと思います。

もう一つは、「おくりびと」という映画です。これは、青木新門という人の『納棺夫日記』という本がありまして、それを原作にして作られた映画だと言われております。青木新門さんの『納棺夫日記』が紹介された時も、仏教界ではかなり話題になったのですけれども、この「おくりびと」がいろんな賞をもらったというようなことがあって、社会の葬儀や葬祭業者のイメージに対してかなり大きな影響を与えたということがあろうかと思います。

この二つのことというのが、今日お話しすることと若干関わっておりますので、まあこれを枕にお話をさせていただきたいと思います。

「はじめに」のところの一番最初のセクションとして、「現代日本人と死後の世界」というようなタイトルをつけさせていただきました。宗教学のほうでは、宗教意識調査というようなものを基にした研究が行われております。日本人の宗教意識として非常に特徴的だと言われるのは、二点あります。一つは、「あなたは特定の宗教を信じていますか」という質問をすると、日本人では「イエス」と答える人は平均して三割未満しかいないということです。これは、一九六〇年ぐらいから、新聞社の調査でも、もしくは国の統計調査機関で統計数理研究所が、日本人の国民性調査というようなものをやっておりますけれども、これでも、「宗教を信じていますか」という質問に「イエス」と答える人は三割程度しかいません。

同じような調査は国際的にも行われておりますけれども、たとえば世界価値観調査が、何年かに一遍、そのヨーロッパの国々とかアメリカとか、そういうような国々、アジアの国々、そういうようなところを合わせて行われますけれども、ほとんどの国では五十％以上の人が宗教を信じていると答えます。アメリカとかだと八割ぐらいの人が宗教を信じている、インドとかだとほぼ全員が宗教を信じているという答えが出ます。で、この五〇％以上の国々というのはすべて資本主義の国です。五〇％から三〇％ぐらいの人が肯定である国には、イギリスとかフランス、あとはハンガリーとかが入る。資本主義の国と元共産主義の国というのがそこに入るわけですね。

で、三割から三割以下というようなところには、日本を除いては、元共産主義の国以外は入りません。そういう意味では、日本人が宗教を信じていない、信じる人の数が少ないというのは、非常に特異的なことだというふうに言うことができます。

その一方で、私、文化庁の宗務課に勤めていたことがありまして、その時に『宗教年鑑』という宗教法人についての統計資料を作っておりました。この『宗教年鑑』には各宗派、宗教団体の教師数とか、宗教施設数とかというようなものと一緒に、宗教の信者数というのが載せられています。宗教の信者数、合計というのが、だいたい二億人を超えるんですね。で、これはヨーロッパの人から見ると非常に奇妙なことに見える。私、文化庁の宗務課にいた時に、イギリスの宗教社会学の先生から「日本人の宗教信者についての統計資料はないか」と言われて、自分がちょうど作っていた『宗教年鑑』の信者数の資料をお渡ししました。怒られました。政府がこんな水増し資料を公刊して良いのか、と言われるんですね。日本の人口は一億三千ぐらいです。何で二億になるんだというふうに言われるわけですね。

で、この時に私が何とお答えしたかというと、「先生、これ間違っておりません。これはのべ人数です」というふうに申し上げたわけです。

『宗教年鑑』の信者数というのは各宗教団体が申告をします。たとえば、仏教寺院の場合は、檀家になっている人の数が基本的には信者数として報告されるわけです。神社の側では氏子数と考えられる数字が申告されます。ですから当然氏子であると同時に檀家である人というのはダブルカウントされてしまうというようなことになるので、むしろ倍にならないのがおかしいというようなことなのでした。

一方では、宗教を信じていないと言いながら、多くの宗教団体に所属をしているように見える、多くの宗教活動に参加をしているように見える。正月には神社に初詣に行って、お彼岸とお盆にはお寺のお墓にお参りに行って、クリスマスにはキリスト教の教会に行く。生まれると初宮参り、七五三には神社に行くけれども、結婚式はキリスト教で行う。死んだらば、最近はだいぶ数が減ってきたと言われておりますけれども、仏式でお葬式を行う。多重参加、多重所属というのが日本人の宗教の特色だというふうに宗教学では言われております。

また一方で、じゃあ日本人は科学的だから、宗教のような形而上学的なものというのは信仰しないのか、というようなこともありますが、聞き方をですね、「あなたは霊魂の存在を信じますか」という形に変えると逆転するんですね。七割の人が、霊魂の存在を信じていると言われます。多くの統計資料で、宗教や神の存在は信じていないけれども、霊魂の存在は信じる。それが宗教学ではだいたい一九八〇年からあとぐらいの日本人の傾向だというふうに言われています。

それ以前だと、たとえば狐が憑くということが信じられていたのですが、八〇年、九〇年以降はですね、狐というのはめったに人に憑かなくなって、水子の霊が憑いたりするようになるわけですね。動物よりは人が怖い、神様よりは人が怖い、という、そういう傾向がみられます。

そういう傾向がある中で、人は死んだら灰になる、これは物理学的には真実ですけれども、それを信じている、信じられるという人がどれだけいるか。表面上は「僕は信じている」というふうに言うかもしれないけれども、自分の親が灰になるとか、自分の子どもが灰になるとかいう時には、それは単なる灰ではない、というような反応を示す人の方が多いのではないかと思います。

死んだらどうなるか、というようなことでいいますと、たとえば私、いのちの教育というようなことを大学で教えておりますけれども、いのちの教育がなぜ必要かという理由として、小中学生が死ぬというようなことをちゃんと理解できていないということが、言われることがあります。

たとえば、佐世保で女の子が同級生を殺してしまった事件というのがありました。小学校の六年生なので、ちゃんとした裁判にはならなかったのですが、弁護士が接見したんですね。その時に、「何でこんなことをしたのかわからない。麗美ちゃん(被害者)に会って謝りたい」と加害者の女の子が言ったので、弁護士はびっくりしたわけです。この子は同級生を殺したけれども、殺したという事実をちゃんと認識できていないのではないかと思ったわけです。それで、精神鑑定にかけられて、この子は情緒的な人との間のコミュニケーションの能力が充分発達していないという診断を受けたわけです。

それを受けて長崎の教育委員会は、人は死んだら生き返らないということがちゃんとわかっているかどうかということについて、小学生と中学生に対して、アンケート調査をやりました。そうするというと、だいたい二割の子どもが、「人が死んでも生き返る」というふうに思っているということがわかったんですね。

皆さんは、この二割を多いというふうにお考えでしょうか、少ないとお考えでしょうか。実は、同様の調査というのが東京でも行われておりまして、日本女子大の中村先生という方が、東京都の小学校で調査をした時には、「人は死んでも生き返ることがある」三三％、「人は死んでも生き返る時と生き返らない時がある」三三％、「人は死んだら生き返らない」三一％、残りは無回答、というようなデータとなりました。つまり、三分の二の生徒は、人が死んだらば、もう生き返らないんだ、ということがちゃんと理解できていない、ということになったわけです。

よく、自殺をする人が「人生をリセットする」というふうに言います。この「リセットする」という考え方は、当然死んだ後に、もう一度生き返ることができるということであるわけです。こういうお話を大正大学の研究会でお話しさせていただいた時に、それは仏教の六道輪廻の思想が影響しているのではないか、というふうに言われたことがあります。しかし、これは逆だと思います。六道輪廻のお話というのは、その人間として生まれるということが非常に稀有である。その稀有な機会というのを精一杯活用して、その成仏できるように努力をしなければいけない、そういう教えだと思います。「リセットする」ということは、リセットしたら主人公はもう一度主人公として復活ができるということが前提になっておりますので、これはむしろ六道輪廻の考え方の真逆の考え方ということになると思います。

現代の日本人にとって、その死のイメージというのはこのように現実の世界と強い連続性があるように考えられているにもかかわらず、深くは考えられていないというのが現状ではないか、と思います。

二番目のテーマです。葬儀というは、誰のために行うのでしょう。いろんな考え方というのがあると思います。葬儀批判に対する反対論を立てる時に現在、有力なものが二つあると思います。たとえばあの世や成仏、冥福すなわち死後の幸福など、そういうものをとりあえず無視をして、葬儀の意味というものを考えるとすると、この二つになるということなんですけれども、一つは死んでいく者のための儀礼であるということです。死というようなものをあらかじめ考えさせることによって、その人が死を受け入れやすくする、こういうのを「死の準備教育」、「デス・エデュケーション」と言います。いのちの教育なども、死を意識させることによって、生の意味を考えさせるという意味もあるのですから、デス・エデュケーションの一部と言えないこともありません。

二番目は、遺族のための儀礼です。遺族というのは、近親者を亡くした時には非常に悲しい状態になります。これは人間だけではありません。たとえば、ペットロスというのがあります。自分に非常に身近な存在であるペットというのがいなくなった時に、眠れなくなったり、ご飯を食べられなくなったりします。自分と密接につながっている命というのが失われた時に、人間は自分自身の命も脅かされることになるということなんだろうと思います。

で、葬儀を行うということは、それを社会的にケアしたり処理をしたりすることだと考えられます。こうしたことは「グリーフ・ケア」とか「モーニング」、「喪の仕事」というふうに言われたりします。この二つについてはこのあと話の出る、宗教学者で、私の先輩にあたる島田裕巳という人が『戒名』という本を書かれた時にも、葬儀の必要性として、このデス・エデュケーションとグリーフ・ケアを中心的に反論が挙げられたと思います。

島田さんは最近また、『葬式は、要らない』という本を書かれまして、これが何万部も売れるということがありました。で、この本が出た時に、反論書がすぐに二冊出ました。一冊が一条直也という人の『葬式は必要！』という本ですね。一条直也という人は、互助会の会長をしている人です。もう一冊は、橋爪謙一郎という人の『お父さん、「葬式はいらない」って言わないで』という本です。両方とも一般の人向けということを意識してということだと思いますけれども、新書で出されています。この二冊は、一方は双葉新書、もう一つは小学館新書から出ています。これらは、それぞれ先ほど言ったデス・エデュケーションと、グリーフ・ケアということを一般人向けに分かりやすく書いてある本と考えることができます。

一条さんの本についている帯には、「葬式は人生の卒業式」というふうに書いてあります。これは、死というようなものを一人称の死として考えているということです。葬式を死の最終表現と考えるというのは、故人その人のための葬式である、という考え方になると思います。

二番目の橋爪謙一郎さんという人は、この人はエンバーマーの人ですね、遺体をきれいに修復をして、外に対して見られるようにする。最近エンゼルケアというようなことが言われます。看護師さんが、死んだ後に遺体にお化粧してくれる。医療行為ではないんですね、死んでいるわけですから。医療行為ではないんですけれども、それをやることによって、患者の家族の心のケアとしての役割がある。そう考えると、エンバーミングもエンゼルケアも遺族に対するケアと考えることができます。

これは大切な「あなた」の死、自分自身にとって大切な「あなた」が死んだということに対して対処する、というやり方になります。これは二人称（「あなた」）の死というふうに言います。一人称、二人称、三人称の死というのは、フランスの哲学者でジャンケレビッチという人が、死には三つある、ということを言っているわけです。日本だと養老孟司さんとかですね、柳田邦男さんとかが引いてお話をされているので、聞いたことのある方もいらっしゃるかもしれません。

では、一人称、二人称というのは社会から見た場合に、どういうような関係でしょうか?自分自身、もしくは自分の周りの大切な人というのは、プライベートな関係です。社会にとってどうであるかということではなくて、その人個人やその周りの人々にとってどうであるかということになります。そういう意味では葬儀は私化している、公的な性格というようなものというのをなくしているというのが現在の、非常に特徴的な側面であると思います。

三番目として、それでは死というのはタブーでなくなったのかということです。死について語られるようになった。それまでは死はタブーだから語れなかった。そうでしょうか? 仏教では、親族が集まって湯灌をするという習慣が非常に昔からあります。江戸時代ぐらいからあります。この時は、死について非常に親族間で語るわけですね。むしろ、死が語られなくなるのは、そうした伝統的な人間関係の中で死が処理されなくなってきてからだと言えます。

たとえば、「千の風になって」という歌は、もともとは英語の詩です。この詩がいつできたかということに関しては諸説いろいろあるのですが、一番有力な説としては、アメリカで、ある主婦が、友人を慰めるために作った詩である、と言われています。その友人は共産圏からの亡命者で、母国で母親が死んだ知らせを受けた。しかし、自分は帰ってお母さんの弔いをすることができない、と悲しんでいた時に、この詩を贈って慰めたと言われています。

その英詩を新井満という人が翻訳し、曲をつけたのですけれども、その動機となったのは、彼の幼なじみにあたる人の奥さんが若くしてガンで亡くなったのだけれども、自分はその友人にうまく慰めの言葉をかけることができなかったということがある。その奥さんは環境運動とかに参加するような活発な方で、その知り合いの人々がつくった追悼文集の中に、この「千の風になって」の詩があった。で、その詩を見て、この詩に曲をつけて、歌にして贈れば、その幼なじみの彼を慰めることができるだろうと考えて作られたのが、紅白歌合戦で歌われた「千の風になって」という曲であるわけです。

で、ＣＤの付いた詩の本が出たのですが、その読者カードを集めて書かれた本が出されました。その中では、近しい人を亡くした人を、お慰めをするためにこのＣＤを買って贈りました。自分自身が父親を亡くして、非常に悲しんでいた時に、このＣＤのおかげで癒されました、そういうような投書が非常に多かったということです。

つまり、この「千の風になって」という歌は、非常に流行りましたけれども、その流行った動機の一つとしては、その歌を贈る、歌を聴くというようなことによって、自分自身の死の悲しみを紛らわせたり、慰めたり、友人にお悔やみを言う代わりにその曲が使われていたということが、考えられるわけです。

また、先ほど「おくりびと」というのは青木新門さんの原作だというような話をしましたけれども、青木新門さんが映画公開後、いろんなところで講演をされています。その中で、「私はあの映画は途中までしか参加をしていません。」というようなことを言っておられます。それはなぜかというと、青木新門さんにとって〝おくりびと〟というのは家族のことなのだそうです。家族が死んだ自分の家族をあの世に送り出す、というような意味での〝おくりびと〟だったわけですけれども、あの映画は途中からちょっと性格が変わってしまって、おくりびとイコール葬儀社の人、非常にきれいな所作でですね、死者を送り出してくれる、納棺をしてくれる人が〝おくりびと〟であるというような形に変わってしまったのだそうです。

公開後、エンジャパンという人材派遣の会社で葬儀社を希望する人の数が増えたりとか、葬儀の会場に葬儀社の人がくると「おくりびとさん来たよ」と言われたりするというような話が聞かれました。おくりびとイコール葬儀社、葬儀社のイメージ上昇というようなことがあったわけです。

本来、死者を送り出すというのは誰の仕事でしょうか？多分、仲間の仕事です。仲間の中で一番中核的な者というのは、家族ではないか、というふうに思います。家族がやるべき仕事というのを、近代社会の中では専門家に任せるような形になっています。

遺体の体をきれいに整える、遺体に死装束を着せる、遺体を運んで埋葬する、こういった事柄というのは、民俗学では死の穢れに触れる仕事だと考えられています。この死の穢れに触れる仕事は、従来の民俗社会では、親族、血縁の仕事だと考えられるわけですけれども、現代社会では専門家に任せられる形になっています。

それは、昔であればそうした遺族をサポートする村のしくみであったり、親戚のしくみであったりというものが充分あったのが、現在は遺族が一つの家族として孤立をしてしまっていて、それを経済的な力でサポートをする、雇用関係でサポートをする、サービスの売買でサポートをするという形に変わってきているということだと思います。

同時に、サービスということですから、顧客の要求に合わせてサービスの内容が多様化してくるというのが、特に都市部における葬儀の多様化ということの一つの原因ではないかと考えられるわけです。

ちょっと前置きがだいぶ長くなりましたが、こういったことをですね、分析するために、個人化というような見方で、葬儀慣習の変化というのを見てみたい、と思います。

この個人化というのは一つではありません。二つの段階で進んでいると私は考えております。全国的にみて、一九六〇年代から七〇年代にかけての時期に、葬式の方法としては土葬から火葬、葬式の補助としては葬式組から葬儀社、葬式の儀礼の形としては野辺送りから告別式、という形の変化が起きています。これによって、もともとの葬式では地域社会の中の行事として葬儀が行われていたわけですけれども、それが個々の家、個々の家族の儀礼という形に変わっていく変化が起きたのではないか、と思います。

こうした変化を後押しした社会的な状況としては、生活様式の都市化、ということがあると思います。その原因の一つは、人口移動です。郡部と都市部の人口比は一九五〇年の朝鮮戦争が始まる前には、都市部三割、郡部七割というふうに言われていました。これが、高度経済成長期が一旦終息をした七〇年になりますと、郡部三割、都市部七割に逆転したといわれています。

もう一つ重要なことは、職業選択の自由です。職業選択の自由と葬儀がどう関わるのかということですけれども、これは家制度という面で非常に深く関わります。親と子どもが同じ職業に就くとは限らなくなりました。家というのは、一つには血族を繋げていく集団ですが、同時に家産を持っている経営主体であると考えられます。それが、職業選択の自由があたりまえになり、サラリーマンが多数派となると、家産の持つ意味が非常に小さくなっていきます。

三つ目は、職住の分離です。それまでは稲作農業だとすると、それぞれの家はただ家族の家ではなくて、同業者の共同体としての性格を持っています。たとえば稲作では、水利が非常に重要になりますが、仮に水争いをするためには、一定地域が、まあ村よりももうちょっと狭い地域かもしれませんが、団結をして、自分たちの水利権を護っていく必要があります。村の中での家々は、同業種共同体の中の家の代表という側面を持っていたと思われるわけですが、そうした地域のまとまりが、都市化によって住む場所と職場が分かれてしまうと、壊れていくということがあります。

この三つのことによって、地域共同体の中から家が分離をしていくということが、ここでいう最初の個人化です。

二番目の個人化として考えられるのは、一九九〇年代以降、まあ年号で言いますと、平成になってから後以降の話です。これ以降の葬儀の風潮というのは、死後の自己決定、という言葉で特徴づけられます。

自分自身は仏教を信じていない、神様も信じていないから、葬式はいらないというようなことを言った人たちがいました。日本安楽死協会の初代会長の太田典礼さんを代表として、葬式無用論というのが、一九八〇年頃に出されています。自身の無宗教から葬式無用を主張するのは、この頃はまだ一般的な意見ではありませんでした。そういう意見を言う人々、葬式の自己決定ということを言い出したのは、医師の人たちなわけですけれども、これが一九九〇年くらいからは、一般の人たちも自己決定というようなことを言うようになります。

ここで葬儀は人生の最終表現とされるようになっていきます。一条直也さんが言うような、「人生の卒業式」という考え方です。だから子どもにもできるだけ迷惑をかけない。自分の葬儀の費用というのは自分で用意をする。自分が入るお墓というのも自分で用意をするというのが、一九九〇年代の葬儀の特徴ということになります。これはどちらかというと、家というのが壊れていく、少子高齢化ということによって、高齢者が自立をする、子どもの数が減るというようなことが、大きく影響しているというふうに考えられます。

全体の見通しとしては、こういうような見通しで考えておりまして、それを裏付けるような形で、この後詳しくお話をさせていただきたいと思います。

「1、祖先祭祀、葬儀慣習の成立とその都市化による変容」、第一の個人化ですね。伝統的な葬儀慣習というのは、江戸時代に成立したと考えることができます。これは、竹田聴洲先生が本で書かれていることなんですけれども、現在、葬祭に関わっているような多くの地方寺院というのは、室町の末期、応仁の乱の頃から江戸の初期、諸宗寺院法度が出される時期の間に創建されている、と言われます。この時期は、地方レベルでは、郷村と言われている、現在の村の基本になるような形が成立した時期でした。郷村が成立をして、個々の家が土地を家の財産として持って代々継承するしくみが、この時期に成立をした、というふうに考えられます。家産というのは、先祖から継承されるものですから、家の中で先祖に対する祭祀を行うということが起こります。

また、同じ時期に、江戸幕府が成立しますので、それまで自由に諸国を遊行していた宗教者の定着政策がとられるようになります。これによって、墓寺と寺墓と言われる変化が起こります。墓地の中にある往生院などのお堂に遊行聖が住み着くようになって、お寺化していくというような方向性(墓寺)。今まではお墓を持っていなかったようなお寺が、お墓を作る、お墓を持つ寺になっていく、寺墓というような方向性が出てくる。で、現在の檀家制度の基本というのがこの時期に成立をした、と考えることができるわけです。そうすると、この檀家というのは、寺院内の墓地に墓を持つ信者の集団というのが基本的性格だ、ということになります。

これが江戸から明治にかけて、ずっと、家と墓と寺を結びつける一つの非常に太いパイプになっていたと考えられます。これに、その先ほどご説明をいたしました、第一の個人化、すなわち都市化によって最初のゆらぎが与えられることになるということです。

戦後になりますと、葬儀慣習が変化していく。都市的な生活様式の普及による変化です。中心儀礼が葬列から告別式に、葬儀執行補助が葬式組から葬祭業者に、葬法が土葬から火葬に変化をする。葬列から告別式への変化は、自分たちが自分たちの仲間をあの世に送り出すという儀礼が、葬列の儀礼であり、告別式は、自分が知っている人が家族を亡くしたので、そこに対して弔問する儀礼であると考えると葬儀の意味が変化をしている、と考えることができます。

変化の要因として都市化によって職住分離が起きて、職場の人たちというのが必ずしも同一地域に住んでいないというような状況が生まれたためというふうに考えられます。

そういうような形で、地域にとっての葬儀の意味づけというのが薄れてくると、葬儀の執行補助の多くの部分を地域社会に頼るということができなくなります。代わりに発達をするのが、金銭によって葬儀の執行を補助するような、葬祭業者の発達ということです。

また、三番目の話としては、火葬というのはまず都市において発達をするんですね。それは埋葬する土地というようなものを節約をするというようなこと、伝染病等を防ぐという意味で、土葬に比べて火葬のほうが衛生的である、という都市的な考え方があるので、都市化によって土葬から火葬への変化というのが起きます。

で、次に「2、都市における葬儀慣習の変容と葬祭業の展開」というお話です。

こうした変化というのは、地方よりも先に都市部で起きています。ここで取り上げましたのは、特に東京の事例ですので、もしかするというと、大阪とか京都とかでは若干違った状況というのがあるかもしれません。都市における葬儀慣習の変容ということに関しては、明治の初期に葬具の賃貸業というのが、成立をします。明治期、団団珍聞（まるまるちんぶん）という新聞雑誌がありまして、そこでは、新しく葬具の賃貸をする会社ができた、今まで葬具を実際は買っていたのでたくさん費用がかかったけれども、低廉な形で葬具を貸し出すことができるようになったということが書かれています。最初の葬祭業というのは、葬式にかかる費用を少なくする目的で作り出された、というふうに認識をされているわけです。

なぜそういうことが必要だったかということですけれども、それは、江戸時代には、派手な葬儀というのはお金があってもできなかったわけですね。江戸時代には、繰り返し繰り返し、葬儀に多くの費用をかける、分不相応な葬儀を行うということを禁止する触書が出されています。それが明治維新になって、身分の差別というものに対して、江戸に比べれば規制がゆるくなったところで、もともとは平民出の者も大掛かりな葬儀を行うようになった、というわけです。

団団珍聞には、東京葬儀社というものが明治十九年に神田の鎌倉町にできた。葬儀にかかる費用というのを低廉化する目的なんだということが書かれています。

それと同時に、これは井上章一さんという人が、『霊柩車の誕生』という本の中で盛んに書かれていますけれども、葬列がスペクタクル化する、ということが起きてきます。葬儀に一種の見栄を張るというようなことが行われるようになって、身分に応じた江戸時代の葬儀から、葬儀の飾りとか葬儀の費用というのが、著しく派手になるということが起きてきます。

もっとも大掛かりな葬儀が流行っていたのは明治二十年代ぐらいだと考えられます。平出鏗二郎という人が、明治三十二年に『東京風俗史』という本を書いています。この本は文庫本とかにもなっている本なので、もしかすると、もうすでにご覧になった方もいらっしゃるかと思うのですけれども、その中に、当時の葬儀についての記述もありまして、江戸で行われていた葬式の葬具が紹介されています。

ここにあるのが、輿と言われているようなもので、この中に寝棺すなわち寝た状態で入れる棺というのを入れます。ただ、当時では、寝棺というのは非常に身分の高い人でないと使えないもので、同じような輿としては、これもちょっとおみこしみたいな形になっていますけれども、横よりも縦のほうが長い輿があります。立棺を載せる輿になります。その立方体の形のお棺にちょうどあぐらをかいて座らせるような形、対角線に膝がくるような形に中で座らせて入れるような棺になります。で、この立棺を入れる輿（アゲ輿）の中に入れて運ぶことになります。

地方ですと、一九七〇年ぐらいまでは、いろんな地域でこういう葬列を飾る提灯だとかですね、龍頭《たつがしら》と言われている龍の頭を描かれたようなもので、棺の前後をはさんで行列をするというようなことがやられていました。明治三十年ぐらいまで、盛んに東京都ではこの葬列というようなものが行われていました。

村落の葬儀がその地域の家々、隣組と言われていたり、葬式組と言われていたりするような人たちによって企画実行されていたのと同じように、この時代では、東京の都市であっても、地域の家々が企画実行に主体的な役割を果たしていたと考えることができます。

葬列では、陸尺人足と言われる重いものを担ぐ人たちと、平人と言われる提灯とか生花とか軽いものを持つ人たちがいたと言われています。

これは仏教式の葬列の様子ですけれども、ここに贈った人の名前が付いている花があってですね、それを肩にかけて担いでいるという形です。ここにいる、ちょっと法被を着て、他の人と違うような人が、葬列の親方と言われる人で、この人が全体の指揮を執る形になります。お坊さんが人力車に乗って後ろに来ています。さらに後ろのほうに、龍頭が写っています。後尾の籠は放鳥籠といって、中に鳩とか雀とか入っています。

葬式の時にはまず亡くなった人の家で、出棺式をやりまして、葬列を組んでお寺まで行く。で、お寺でその葬列の飾り物を檀の周りに飾って、そこで葬儀式をやる。で、偉い人の場合には一緒に告別式をやる場合もあるというようなことです。

今、祭壇というのは非常にデコラティブというかですね、飾りを多く用いますけれども、この飾りは、もともとは葬列の飾りが祭壇の飾りとして集まっていったものと考えることができます。

今でもお葬式の時に親戚や知人が花輪とか生花を、葬儀社に頼んで祭壇の周りに飾りますけれども、それと同じようなことが、葬列を飾るために行われていたということです。

当時の葬祭業者の業務としては、葬列を飾り共同体の外側に対して葬式を公に表すということが、メインの仕事だったと言われています。

葬式では、弁当とか菓子とかのふるまいが行われていて、当時の貧しい人たちは、お葬式があると聞くと、その弁当とかお菓子とかをもらいに行ったということがあったと言われています。おともらい稼ぎというふうに言われるわけです。葬式を行うというようなことが、その人の社会的地位を表に表す、大きな葬式をやるというのは、その人が社会的に意味のある人だったということを表すという側面があったということです。

公に表す性格があったというようなことですね。

葬祭業者の仕事というのは、葬儀を飾ったり、葬儀人足を手配したり、花輪とかですね、生花とかですね、放鳥籠とかですね、そういう葬具を用意したりということなので、対社会的な行為としての葬儀というようなものを引き受ける部分というのが、この時代の葬儀社の仕事だった。その人の死を公に表現するということが、この時代の葬儀社の仕事だったということです。

明治の頃はまだ葬儀というものはプライベートなものではありませんでしたが、この後葬列論争というのが都新聞とかで行われていきます。葬儀はプライベートかプライベートではないか、ということが議論されます。人の死というのは、社会全体で悲しむべきものだという考え方というのは、葬儀を公で考える考え方です。それに対して、都新聞の中で、葬列反対論を唱えた人というのは、人の死であっても、その死は個人の死であるから、そのために公の公道を占有することは許されない、と主張します。そういう議論が、大正ぐらいからですね、盛んに行われるようになります。

議論が始まることによって、特に、社会的影響力のある人、大掛かりな葬式をするような人が、葬列をしなくなる、ということが起きてきます。葬列が衰退をすることの原因として、東京市内の交通事情が変化し、だいたい明治の二十年とかぐらいから、交通事故の記事が増えてゆくということがあります。往来の行き来が、量もスピードも非常に上がってくるというようなことです。

もう一つは、明治二十三年ぐらいに、市内での土葬というのが禁止になります。そうするというと、葬列を組んで土葬をするためには、市内ではなくて、東京の郊外にまで葬列を組んで行く形になります。だんだん葬列に参加しないで、途中は市電に乗って、葬儀式のほうにだけ参加をするというような人が増えてくる。

そうすると、葬列をやることの意味というものがあまりなくなって、特に富裕層から葬列離れというのが、明治三十年ぐらいから起きたというふうに言われています。

新聞記者だった秋山安三郎という人が『下町今昔』というエッセイ集を出していますが、この中で「塩釜」という文章を書いています。塩釜というのは、葬式の時に配られるお菓子なのですけれども、「昔は葬式の時には菓子を配った。どんなに貧乏でも塩釜といわれるような小さい菓子は配ったもんだ。そうした菓子を配るという習慣を十年ぐらい前に止めた」という記述が、昭和十年に書かれた『下町今昔』にあります。そのことから、昭和初期の頃から、葬儀のふるまいというのが非常に簡略化をされて、葬列を組む代わりに自宅で告別式を行うというような形式が一般化したと考えることができるわけです。

最初に告別式をやったのが、ルソーの『社会契約論』を『民約論』という形で漢訳をした中江兆民という思想家です。この人は、明治三十四年に亡くなり最初に告別式をやりました。板垣退助は、中江兆民と仲が良かったわけですけれども、兆民は死ぬ時に、自分は無宗教式でやる、葬式なんかやらない、ということを言います。しかし奥さんはやっぱり葬式をやりたいというふうに思うわけですね。で、間に入った板垣退助が「葬式をしないということは心情としてはわかるけれども、人情としては葬式やったほうが良いから、どうか」と話をします。それでも普通の仏式の葬儀なんてやらない、と言って中江兆民は死にます。で、死んだ後に、まったく何もしないわけにはいかないので、告別式という名前で、中江兆民の教えた学生とか、一緒に仕事をした仲間とかが集まって、詩を詠んだり、弔辞を述べたりというような、僧侶を呼ばない葬式というのをやったのが最初の告別式だというふうに記録に残っております。

この後、新聞記事とかを見ますと、いわゆる弁護士であるとか裁判官であるとか、中江兆民の影響を強く受けていると思われる人たちが、告別式を、東京でやっています。でそれは、どちらかというと本葬ではなくて、地方から出てきた人が東京で仲間に向けて告別式をやって、遺体を地元に戻して仏式の葬儀をやるというのが、どうやら一般的だったと記事を見ると推察されるわけです。

大正期に、葬儀の簡素化という話と、新しい告別式形式の葬儀というのが並行して出てくる。この時に、葬儀補助の役割というのが、親戚や近隣から葬祭業者に移行します。つまり、葬列がなくなったことによって、葬祭業者は仕事を奪われるわけですね。今までは、葬列を組んだり、葬式を飾ったりする、葬式を華美にするという方向性というのが、葬祭業者の仕事であったのにそれがなくなってくる。そこで、親戚や地域が葬式の補助をしなくなるのにかわって喪家を手伝う、サポートするような形に業務の内容を変えていきます。これによって、共同体的な送り出し儀礼が、家個別の弔問を受ける儀礼へと、東京においては大正時代に変化をしている、と考えることができます。

葬儀というものが、私的な儀礼となって、式の規模が縮小するとともに葬式を公にする要素が減少するということが、この明治末から大正にかけての時期に起こる。で、昭和の初期にはもう戦争が始まりますので、統制経済になり、葬儀全般、あまり大掛かりに行われなくなります。その一方で戦死者を顕彰する、お国のために死んだ人というのを顕彰するというような意味で、故人を顕彰する葬儀という形が出てくる。位の高い戒名と位牌代わりの写真というのが使われるようになるのが、昭和初期から後、ということです。

昭和三十年代以降になって、高度経済成長期になると、大掛かりな告別式というのが復活をしてきます。告別式が復活をしてくることの一要因としては、今までは社葬をやらなかったような小さい会社の社長の葬儀が社葬で行われるようになるのです。これは何故かというと、戦後創設された会社の場合、その信用を支えているのは社長個人である場合が多いわけです。で、社長がいなくなると、同時に会社全体が信用を失ってしまいかねない。その社葬を行うというのは、社長個人の葬式ではなくて、その会社の代表者が交代するというのを表す儀礼でもあったわけです。ある意味、家的な葬儀というものが、会社という近代的な組織によって行われる形をとって現れてきているのが、この昭和三十年代以降の小さい会社の社葬の流行であると考えられます。

こうした社葬は大掛かりな告別式で行われますし、そうした葬儀というのは最初は、いわゆる帝都典礼とかの大きな葬儀社に任される形になります。帝都典礼にしろ、公益社にしろ、現在大手の葬祭業者と言われているような業者は、こうした社葬を多く引き受ける形で、業績を伸ばしてきたといえます。

一方で、会社というような形で「家」がまとまっていないような場合には、それぞれの人は雇われる、サラリーマンという形でいるわけですので、「家」の葬儀という側面は、ある意味弱くなっていきます。

たとえば、喪主は妻であって、会葬者はその亡くなった人の子どもたちというような形をとる傾向は、一九七〇年代以降、だんだん増えてくることになります。これなぜかというと、亡くなった故人自体が、偉いわけではないんですね。たとえば、「一杯のかけそば」という話が二十年ほど前に流行りました。貧乏な家で育ったんだけれども、子どもたちは、今は立派に医者になったり会社の社長になったりというような、そういうストーリーです。こういう状況の中で、人が亡くなる。まあお母さんでもお父さんでもいいですけれども、そういう人が亡くなるというと、その当時は、亡くなった人自身を知らなくても、亡くなった人の息子を知っていれば、お葬式に参加するというのがあった。親父の葬式を挙げて初めて一人前になる、という考え方がありますけれども、そういう考え方をすると、その人が一人前になったことを見届ける、そういう意味で、死んだ人ではなくて、死んだ人の息子、一人しかいなければその人が喪主になりますけれども、その人の関係者が会葬するということがあったわけです。そうだとすると、兄弟がたくさんいて、必ずしも長男の関係者ばかりではない。次男、三男がいて、それぞれみんな「一杯のかけそば」のように医者になったり、会社の社長になったりしていれば、代表者はそうでない人、故人の妻が喪主というような形になるということが、考えられるわけです。

家累代の先祖を祀るということが、祖先祭祀とか先祖祭祀ということの基本形だと考えられるわけですけれども、こういう形で子どもがそれぞれ分かれてしまった状態で葬儀が行われる場合には、葬式の意義というものが先祖の祀りというよりは、自分の知っている近親者、最初のお話をしました二人称の死ですね。二人称の死を体験した人に、弔問するというような儀礼、それを主目的とするような儀礼、つまり先祖祭祀ではなくて、死者儀礼に変化をする。こういうのを供養主義とよびます。一九八三年に日本の葬儀の研究をしているアメリカの人類学者のR・J・スミスという人がおりますが、供養主義を「メモリアリズム」と呼んでいます。故人を、記念する行為として葬式というのを行っている、ということです。

こうした変化、地域の中から家が独立していくことによって、葬式やその社会の中での死の意味が変化するということが、私が申し上げている、第一の個人化というようなことである、と言いたいわけです。

次に、それでは一九九〇年代以降の変化というのについて見ていきたいと思います。

「3、自己表現としての葬儀(現代的状況:第二の個人化)」と書かせていただきました。第二の個人化を引き起こしている主たる原因は、一つは高齢化です。高齢化によって、葬儀を取り巻く環境というのが変化をしてきている。

これは、年齢の三区分による人口割合の推移を表した図です。厚生労働省の年金政策というのは、これを基にして立てられていると言われておりますけれども、特殊出生率、つまり一人の女性が一生の間に生む子どもの数を、一・三九で計算したのがこの図になります。で、これを見ますと年少人口というのはどんどん下がっていって、だいたい二〇三〇年ぐらいに、一定割合、全体の一〇％という形で落ち着く形になります。生産人口と言われている、十五歳から六十四歳、いわゆる年金を支える年代ですけれども、この年代の割合というのが、一九九〇年ぐらいには七〇％あったのが、二〇五〇年に一番低くなり、だいたい五五％くらいになる。一人の人が、ほぼ一人の非生産人口、つまり年寄りかもしくは子どもを支えるという形になるということです。

老年人口は二〇五〇年に一番多くなりまして、六十五歳以上の人口が全体の三〇％になる。その中でも、七十五歳以上の人口というのが、二〇％近く、一七％ぐらいになるという予想が出ています。

世の中には様々な予想がありますが、一番確実に当たるのが、人口統計による予想だと言われています。その世代が進んでも新しく生まれるということがないからですね。外から移民を入れるというようなこと、社会増があるということを考えれば別ですが、今一歳の人口というのは、十年後の十一歳の人口より小さい数字にはなり得ないですね。途中で死ぬことはあっても、細胞分裂して二人になったりすることはないわけですから。人口統計というのはそういう意味ではかなり予想しやすい。死亡率が幾つで、現在の人口が幾つだから、何年後には何歳の人口が幾つになるということは、非常に予想しやすい。外れることがあまりないということになります。

こういう状態になると、年間死者の大部分は六十五歳以上の高齢者になります。これも色んなところで出てくる統計資料なんですけれども、死亡数及び死亡率の年次推移を表しています。白いところが、七十五歳以上の死者ですね。ちょっと見にくくなっていますけれども、灰色のところは六十五歳から七十四歳、黒い部分が十五歳から六十四歳です。平成十一年現在で一年で亡くなる人の数はだいたい百万人ぐらいですね。九十八万二千二十人、約百万人ぐらいの死者のうちの、ほぼ半分ぐらいは七十五歳以上で死んでいるというのが、今の状況ということです。

死亡率というのは、戦後年々下がってきて、昭和五十四年に最低になってから、今は徐々に上がってきているわけですけれども、死亡率が下がったのは、医学が進歩したからですね。特に見ていただければわかるように、〇から十四歳の死亡率というのが、この時期に大きく減っているんですね。乳幼児の死亡率が下がったことによって、平均寿命が上がったという側面があります。

それで、昭和五十四年以降は、むしろ死亡率は上がってきている。それは当然で、どんなに医学が進歩しても、人間を死なくすることはできないからです。

一時期、新聞記事では、これからたくさんの人が死ぬ、だから葬祭業というのは非常に有利だ、儲かるんだ、というような説が出ました。これについては、当の葬祭業は少なくともそういうふうには思っていません。なぜでしょうか。

葬儀の費用というのは、年金と非常に似ているんですね。自分が用意するにしろ、子どもの世代が支えるにしろ、その人たちの人数が増えたとしても、年金が減ったり、支える人の経済力が下がったりすれば、葬儀にかかる費用というのは、相対として低くなります。低くなった状態で死亡数が増えるということは、同じ金額の中から、たくさんの葬式を出すということになるので、むしろ葬式の費用というのは低廉化せざるを得ない、安くならざるを得ないというような、そういうことが予想できます。葬儀社は、今ではちゃんとマーケティングとかもやりますので、そういう予想というのが一九九〇年ぐらいから内部の報告書の中では書かれています。

老年世代は、経済的にも精神的にも子ども世代から独立傾向を強めている。これまでの人口動向と葬儀との関係というのを見るというと、昭和四十二年というのが年間死亡者数が減少から増加に転じた時期なんですけれども、この時期に最初の葬式無用論という話というのが出てきている。葬儀費用というのが、余計にかかるであろうというのが前提の上で、葬式の費用というのを安くしなければいけないというようなことが、新聞等の紙上に出てくるということですね。

平成元年頃というのは、先ほど申し上げたように、初めて七十五歳以上の死者数が半数を超えた時期なんですけれども、このぐらいの頃から自然葬、死後の自己決定権などというような議論が出てくる。ちょうど同じぐらいの時期から終末期医療をどこで諦めるかというような議論も盛んに出てきて、スパゲッティ症候群などが話題となったということがあります。死ぬ前に意識もないのに管につながれてしまっているような状態というのが長く続く。自分は延命治療は希望しません、自分の葬式は宗教式の葬式を希望しません、という議論がセットになって出てくる。

リビングウィルという考え方がありますけれども、自分が意識がなくなった時に、自分の治療をどうするかということを、あらかじめ遺言の形で遺すというのがリビングウィルですけれども、それと同じようなことを葬式に対しても求めるというようなことが、この平成元年ぐらいから起きているということですね。

この平成以降の葬儀改革運動をみると、四つの特徴的なものを挙げることができます。一つ、継承者のいない人間のお墓の問題ということです。「女の碑の会」というのがあります。これは、この会には家族のない女性が入るんですけれども、亡くなった時に遺骨でもって骨仏を作る。死んだ後も骨仏をお参りしてくれる人によって祭祀を受けることができる。

同じように、葬られる人たちがグループを作るというような意味では、東京都の巣鴨にあります巣鴨功徳院、今、リスシステムというプレ＝ニード（死ぬ前からの世話）もやっていますけれども、ここで「もやいの会」というようなものが作られています。これも、従来の家的なつながりでは、自分の祭祀というのが行われないような人たちというのが、同葬共同体を作って同じお墓に入るというようなことを考えるわけです。

もう一つが、散骨とかスキャタリングとかというような形で、骨を撒いてしまってその人のお墓を作らないという考え方です。代表的なのが、自然葬をすすめている、「葬送の自由をすすめる会」です。ここは今NPOになって、骨を撒くための場所まで確保しています。ただ、この散骨運動というのは世間で広がっているほどにはここで言うような意味はない、とも考えられます。というのは、散骨する時に全骨散葬というのはほとんどないですね。散骨する時にはお墓は一部で作って、一部分骨をしたお骨を散骨するというようなものが多いわけです。むしろ、たとえば東京都の霊園とかで、スキャタリングスペースというのがありますので、そういうところに撒いてしまうような運動のほうが、「葬送の自由をすすめる会」に比べれば、無墓制というものには近いです。

三番目としては、ウィルバンクというのが話題になりました。これは、自分の葬儀のやり方というのを遺言ノートに書いて、その本人の葬儀プランとして実現をしてもらうというようなことです。東京大学の社会学の先生で上野千鶴子先生という先生がいらっしゃいます。『スカートの下の劇場』などというですね、ちょっと過激なフェミニズムの本を書かれて話題になったりした先生ですけれども、この先生が、最近『おひとりさまの老後』というような本を書かれています。この本は、上野先生自身が単身者でいらっしゃるので、自分のこれからの人生とか、死んでいく死に方を考えて書かれている本です。その中で、おひとりさまがどういうふうに死んだら良いかということの中の一つとして、一人で死んでもすぐに発見されるように、緊密な人間関係を築いておくこととか、遺された人が困らないように、要らないものをあらかじめ始末しておくこととかと並んで、自分の希望する葬式の仕方は、遺言の形で書いておくこと、というのが挙げられています。そういう意味では、このウィルバンクの考え方に、上野先生は賛同されているということだと思います。

四番目としては、手作りの葬儀を仲間同士で実現しようとするような運動があります。これは、業者がやるような、いわゆる大量生産的な葬式ではなく、手作りの葬式というのをやる運動というふうに考えられます。

この、平成元年周辺で始まった新しい運動というのをまとめると、どういう特徴があるかと考えると、これは基本的に他者をどう葬るかではなくて、自分自身がどう葬られたいかを問題にするような運動であった、と考えられます。自己表現としての葬儀の問題というようなことですね。

こうした傾向というのは、最近の葬儀に関する調査の中でも、現れています。これも本当はもうちょっと新しいデータがあるのですが、私の方でデータ化するのをちょっと怠ってまして古いデータで申し訳ありません。日本消費者協会というところが、葬儀についてのアンケート調査というのを何年かに一度やっていまして、その葬儀費用についてのデータを取り上げたものです。こうして見ると、地域によって葬儀にかかる費用というのがかなり違うというのがわかります。一九九二年から一九九九年まで葬儀費用を比較してみると、多くの地域で、安いところは高くなっている、高いところは安くなっているということが起きているのがわかります。

北関東（関東A）はちょっと変わっているんですが、寺院費用が大きく減っているんですが、これはお葬式をお寺ではなくて葬祭場で行う傾向が強くなって、寺院費用が下がっているということがあります。おしなべて、安いところは上がって、高いところは下がるというような傾向がある。四国とか、いくつか特殊なところがありますけれども、葬儀費用というのが、平準化している、地域差が解消される傾向があるということです。で、もう一つは、自宅での葬儀が減少して、葬祭場、葬祭センターとか斎場とかって言われているところの、葬儀が増えているということですね。

で、二番目はですね、東京都の生活局というところが、『葬儀に関わる費用等調査報告書』というのを出していますが、葬式についての考えという項目を見ると、葬式は故人とのお別れをする慣習的なものだと考える人が、若年、壮年に多い。葬式を出す側、自分の親を葬式で出す側とか、出している人の葬式に参加をする人たちは、社会的な慣習として葬式に参加をしているということです。そして、それに対して、老年では、葬式というのは故人の冥福を祈る宗教的なものだ、と考える方というのが多い、ということです。

一番最初に、日本人は宗教を信じる割合が三割ぐらいで非常に低いというお話をしましたけれども、実は年齢的にかなり差があります。宗教を信じていますか、というようなデータを統計数理研究所で年齢別に分けてみると、二十代の頃は一〇％以下です。自分が宗教をもっているという人というのは。それがだんだん年齢が上がるにしたがって増加していって、八十歳ぐらいになると七割ぐらいの人が宗教を信じている、という形に変化をします。これは、昔の人が迷信深くて、今の人が科学主義だということではありません。一九六〇年の頃から一九九〇年の頃まで、年齢別のデータというのを並べると、ほぼ重なるんですね。一九六〇年の時に二十代だった人というのは、一九九〇年の時には三十年経っていますから五十歳になっているはずなんですけれども、五十歳になれば五十歳になったで、一九六〇年の時と同じようにだいたい半分ぐらいの人が、宗教を信じるようになる、ということです。

まあそういう傾向が葬儀についても表れている。葬式をしてもらう側、自分の葬式をやる側は宗教的なものだと考えているけれども、葬式を行う側の人たちというのは、宗教的なものだと思っていないということがグラフに表れているわけですね。このへんは、十年後もそうかどうかというのは、合わせて調査をしてみないと、まあわかりません。

で、葬式についての規模についてなんですけれども、十三年に家族の葬式というのをどう行うかというと、だいたい半分ぐらいの人は自分の親の葬式というのは、親しい人とこぢんまりと行いたい、というふうに考えていました。お金はかかっても人並みに行いたいという人は四〇％、社会的儀礼だと考えるとお金はかかっても人並みにというふうになるのですけれども、これが自分の葬式という話になるというと、お葬式は行ってほしくない、ただ火葬して埋葬だけしてくれればいいという人が、一三・八％になる。

一三・八％というとピンとこないかもしれませんが、七人に一人です。七人に一人の人は、自分の葬式はやらなくてもいい、と思っている。親しい人とこぢんまりというのも、親の葬式の時には五割ぐらいでしたけれども、自分の葬式では六割近くになっています。多少はお金がかかっても人並みになんていうのは、行ってほしくないよりも数が少ないです。一二・六％というような数字になってしまうわけです。葬儀を出す側として、人並みの葬儀を出すべきであるという社会的圧力が比較的裕福な人ほど高い。その一方で、自分自身の葬儀に対しては大きく行ってほしくないという人が増えているということです。

次に、これはお墓をめぐる意識調査ですけれども、同じように先ほどの消費者協会の調査によるものですが、たとえば一九九二年の時の葬式の印象です。これは先ほど申し上げた島田裕巳さんの『戒名』という本が出たぐらいの頃です。この頃一番問題になる葬儀の印象というのがこの部分、葬式はお金がかかり過ぎる、お金をかけないほうがいい、質素にするほうがいい、世間体や見栄にこだわりすぎるというようなそういう意見が多かったわけです。特に葬儀費用が高いと言われているような首都圏(関東B)では、もっと質素にという意見はもう三割切っているわけです。二八・一%。代わりに何が増えているかというと、形式的過ぎるという意見が、二〇〇〇年ぐらいには非常に多かった、というわけです。

なぜこういう意識になるかというと、必ずしも参列する人が亡くなっている人を知らないわけです。そうすると、たとえばお父さんが亡くなった時の奥さんの立場からすると、息子の関係者だからといって、お父さんのことを知らない人がたくさん葬式に来てくれるのは、申し訳ないし、形式的になって心がこもっていないから嫌だ、という考え方になりがちです。

今では、葬儀に参加する人の数というのは、首都圏では減少していると言われています。私は群馬の高崎の寺の出身なんですけれども、群馬県の高崎で、私が学生の頃、今から二十年ぐらい前には葬式の会葬者数では、二百名から三百名というのはそれほど多いほうではありませんでした。比較的普通なほうでした。現在、高崎で行われている葬儀では、六十名いたら多いほうです。五十人とか四十人ぐらいが普通の家の葬儀という感じになっています。

これまで葬儀社が持っているセレモニーホールで行われることが多かったんですけれども、セレモニーホールでやるのには集まる数が少ないので、お寺の本堂でお葬式をやらせてくれという希望が、ここ数年は増えてきています。

葬式に参加をする人の数というのが減っている理由としては、知っている人のお葬式に出る人が減っているからです。知っている人のお葬式に出るということは、先ほどグラフで見ていただきましたように七十五歳になってから死ぬわけですから、七十五歳の直接知っている人の数というのは、非常に少なくなって、結果として親戚とその他少数の知り合いが集まるという形の葬儀になってしまう、ということです。

お墓をめぐる意識調査ということで、平成十五年に東北大学の鈴木岩弓先生を中心にしてやった中で、先ほどの東京都の調査の検証の調査をやりました。私もそれに参加をさせていただいたんですけれども、自分が希望する葬式の規模というのでは、質素な葬儀を希望する人が約四割、人並みの葬儀を希望する人が二割、葬式をしないという人はわずか五・五％でした。これはですね、地域によって様々です。葬式をしないという割合が高いのは、首都圏です。先ほど七人に一人が葬式をしないというような意見を持っているという話をしましたが、その平成十五年に全国から行った調査の中でも、東京都の部分だけ取り出すと、自分の葬儀に関してやはり七人に一人の人が葬式をしないというふうに答えています。で、まあここまでが、第二の個人化ということに関して、私がお話ししたい内容ということになります。

では、こうした状況というのが、寺檀制度に、どういう影響を与える可能性があるかということです。ポイントは三つあります。現在の寺院の大部分は先ほど申し上げた応仁の乱から諸宗寺院法度の間の期間に作られたということ。幕末以降成立した新宗教というのは、人口密集地に教会があるけれども、寺院はそうではないということですね。三番目としては、少子高齢化というのは、近年、悪化はすることはあっても、あまり良くはなっていない、ということです。

平成十七年に特殊出生率というのは一・二六になったんですね。まだ去年のデータが出ていないと思いますので、一昨年のデータを見ると一・三七で、だいぶ改善しているように見えます。しかしグラフにしてみると、こういうグラフになります。赤で書かれているのが出生率ですね。出生率は先ほどのお話のように、ここ四年ぐらい連続してちょっと上がっているように見えます。上がっているように見えるのは何故か。生まれる数は減っている。出生率が上がっているのは、女性の人口、つまり子どもを生む人口が減っているからです。女性の数が減るほうが、生まれてくる数が減るのよりも多いから、割り算をする時に分母の減りのほうが多いので、出生率が上がったように見えるということです。ということで、少子高齢化というのが、表面的な数字ほどは改善されてないということですね。そこで、このグラフを見てください。これは、将来推計人口という政府の機関が出した人口統計で、二〇〇〇年を一とした時に、二〇一五年の人口はどうなるかというのを表した地図です。多くの地域がですね、緑色になっています。緑色というのは人口が八〇％まで減る、若干減るという地域になります。色が冷たくなればなるほど、減る率が高くて、山間部地域というのが紫色になっている地域が多いけれども、赤い地域はほとんどない、という形になります。

これは、二〇一五ですから、あと五年後ぐらいという話です。人口というのが減少するという話なんですけれども、こちらはほとんど真っ青になりますけれども、これは三〇年です。二〇五〇年が人口の比率が一番悪くなる時期だと言われていますけれども、三〇年の時点でもこれだけ紫色や水色が多くなってしまうわけですね。

この将来人口推計と、天台宗の寺院の分布を掛け合わせてみるということをやったのが、4の2のところです。まあ、表のほうを見ていただくと、二〇一四年に六〇％以上減るというふうに言われている地域にある寺院は一つだけです。八〇％から六〇％ぐらいまで減ると言われている地域にある寺院の数というのは、一一九です。八〇％まで減ると言われている地域にあるのは、一千七百三十九で、二〇％まで増えると言われている地域にあるのは、一千百十五。二〇％以上増えるという地域にある、そういう幸いなお寺も三十三あります。

これが、三〇年になるというと六〇％以上減ると言われている地域にあるお寺の数が、八十三。六十から八十減ると言われている地域にあるお寺が七百九十一。八十から百減ると言われているようなところというのが、一千四百十二。

七百ぐらいの寺院では増える地域にあるわけで、合わせて、四分の一ぐらいの寺院では増える可能性があるんですけれども、四分の三の寺院がある地域では人口が減る。多くの寺院がある地域では二割から三割、人口が減少するというふうに考えられるわけです。

人口が減少するということは、それは檀家数がそれよりも減る可能性があるということですね。よその地域から借り入れをする、よその地域まで檀家を広げるということができるかもしれませんけれども、その分よその地域では減るということになります。

でも、これはどちらかというといい数字なんですね。市町村で言うと、全体の四割の市町村は、八〇％以上六〇％、二〇三〇年には人口が減少するということになります。

どうして私が天台宗寺院でこんなことをやったのかというと、こういう調査をもうちょっと正確にお金をかけてやってらっしゃるのが、浄土宗の総合研究所の武田道生先生です。今は淑徳大学で准教授をされていますけれども、国内開教のための地理情報システムというのを作っていて、まあ天台宗で講師としてお呼びして、そのシステムを見せていただいたんですけれども、私のやつは人口推計にただ当てはめているだけですが、もうちょっと詳しく、市町村ごとの人口将来予測に寺院の位置というのを当てはめています。

これは、方法論としてはそんなに珍しいことではありません。いわゆるコンビニエンスストアなどが新しく出店する時には必ず使うマーケティングの基礎資料のようなものです。でも、そういうものは仏教ではなかなかできない。少子高齢化というのが、葬儀に大きな影響を与えるということは明らかなんですけれども、それを予想するようなしくみを持っている、そういうことを始めるというのが、浄土宗さんぐらいしかやってない。もしかすると、智山派の伝法院さんでもやってらっしゃって、外には秘密なのかもしれませんけれども、そういうようなことが、少なくとも天台宗ではできない状況になっています。

それはなぜかというと、寺院のあり方というのが、やはり一国一城の主という形になっているので、宗派が全体として統制をとるというのが、難しいというようなことがあるのではないかというふうに思います。

寺院と信者のアンバランスを解消する方法としては、信者の移動に対してお寺がくっついていくという方法もあって、伝統的にそういうようなことをやってらっしゃるのが、浄土真宗本願寺派です。ここでは、教学伝道センターというのが、信者が移動した際元のお寺と新しく移動したところのお寺のつなぎみたいなことをやってらっしゃるというふうに聞きました。

だいぶ、予定していたより時間を超過しているので、まとめさせていただきます。

まとめとしては、まず第一に葬儀変化の全体的な傾向として、都市における変化が地方における変化に先行するという傾向が見られる。少子高齢化や生活様式の均一化というようなものが、都市で起こると、それがマスコミによって情報伝達されて、地方にも広がるということがあります。まあ、最初の都市化が次の都市化の呼び水になる、という傾向があるということですね。

次に、葬式の印象の変化です。葬儀費用が高額である、という印象から形式的である、という印象に変化をしている。これは、葬る側と葬られる側の意識のギャップというのが原因だと思います。葬る側の多くは、死者と直接関係のない義理とか形式的な形での参加というのが少なくとも地方では行われていました。これが、都市では行われなくなってきています。葬式というのは死んだ人のための儀礼だから、遺族の関係者が本人を知らなければ葬式に参加をしなくなっているということですね。

で、それに合わせて葬祭業者のほうのサービスというのも変わってきています。最近たとえば結婚式と同じように、スクリーンがあって、そこに亡くなった人の思い出のシーンなどをたくさん流すということをやっているのを見たことのある方もいらっしゃると思うんですけれども、あれはその人個人の人生最後の表現として葬式をやっているということの典型的な例だというふうに思います。人生の卒業式ですね。その人はこういう一生を送ってきました、というようなことです。

こうしたやりかたをしていると、社会的儀礼としての拘束力というのは、弱体化して、現在行われているように、何でもありみたいな形での葬儀の多様化という現象が起きます。これは、都市化とか核家族化とか遺族の高齢化というのが関係している。その結果葬儀というのが社会的な儀礼ではなくて、遺族と故人のための私の儀礼というような形に変化をしている。

この自己表現としての葬儀の変化を第二の個人化というふうに考えると、これは必ずしも良いことばかりではありません。私的になるというと、死にゆく者が孤立をする。またそれを送り出す遺族というものも孤立をする。葬儀全体が孤立をするというようなことが起きます。

二〇一〇年ですから去年ですか、去年の正月に無縁社会、無縁死、三万二千人の衝撃という、NHKスペシャルの番組がありました。これは、孤独死をする人が二〇〇九年時点で三万二千人いるということですね。で、自殺者の数が三万人と言われていますから、ほぼ同数の人が孤独死をしている。年間百万人死ぬって考えると、約三パーセントの人がですね、孤独死をしているというようなことです。この三万人という数字は、十年間で約二倍のペースで上がってきたものです。この無縁社会の番組に対して、年寄りだけでなくて、若い人たちからも、それは他人事ではないというような意見がかなり多く出てきたんですね。それは、現在生涯未婚率というのが上昇しているからです。二〇三〇年時点で、男性の生涯未婚率というのが、三三%女性は二五%になるというふうに言われています。三三%というのは、三人に一人です。二五%というのは、四人に一人です。こういった人たちが、ずっと生涯家族を持たずに亡くなる可能性というのがあります。

そういったことが、少子化の原因になっていると考えられるわけですが、こういう人たちが七十五歳以上で死ぬという状況になってくると、孤独死のような死に方が必然的に増加をしていくことになると思います。現在では葬儀というのは社会的意味付けというのが希薄化しています。そういった現象というのが、いわゆる直葬、仏教儀礼をやらずに火葬のみ行うというようなものの増加を引き起こしているのではないか、というふうに考えられます。

首都圏では一説によると全体の三割ぐらいが伝統的な仏教儀礼を行わないという意味での、広い意味での直葬となっている、と言われています。そこで、まあ結果として一人で死ぬ、さびしい死の増加というようなことが起きます。そこでは、死というのは個人の死であって、死に際して自分の子どもも含めてですね、他人に迷惑をかけない。さっきの『おひとりさまの老後』の中で出てきた物を捨てるなんていうのは、一昨年ぐらいからちょっと話題になっている「断捨離」、物を捨てることによって心が晴れやかになる、そういう話とか、終活ですね、死ぬ前に周りの人に迷惑をかけないように、物を整理するというような話になります。

死を社会関係の中に取り戻すというようなことが、今では求められているのではないかな、というふうに思います。

だいぶ時間を超過して、残りわずかになってしまいましたが、これでお話を終わらせていただきます。ありがとうございました。

質疑応答

司会――先生のほうから葬儀の話、特に今までの葬儀の変遷を個人化……二つの個人化という観点から丁寧に説明していただいて、そして最後には第二の個人化がもたらす少なからぬ問題点というのも指摘していただいたところです。先生のほうから、このようなお話ですので、皆さんの積極的なご意見ですとかそういったものをお聞きしたいというふうに伺っていますので、時間はありませんが、多少延長してでも、皆さん方から積極的な質問をお受けしたいと思いますので、どなたか質問等おありでしたら、挙手の上お願いいたします。

質問者――興味深い発表でありがとうございます。私たちもこの今後の傾向というと寂しいもの……そのとおりだと思うんですけれども、そうすると最後のほうで言われた、死を社会関係の中に取り戻す……死の公性の回復とか、そういうものがどうやったら具体的に道筋としてできるのか。あるいはそれにどう既成仏教や寺院が関わっていけるのか。もしお考えがありましたら、お聞かせください。

村上――はい。たとえば個人プレーでやるやり方と、何て言うか宗派としてチームプレーでやるやり方と、二つやり方があると思います。たとえばボランティアでですね、孤独死した人のところに行って葬儀をしたりお墓の世話をやる人たちがぼちぼち出始めているんですね。

これまで、亡くなった総数の九五％の人は仏式で葬式をやっていた。これは自主的にやっていたのか社会的に強制されていたのかはここでは問わないとしても、仏教界側が仏式の葬式をやって初めて成仏できるんだということを表に主張するのだとするなら、人的、経済的に、仏式の葬儀を挙げられない人に対して、何らかのサポートの体制を作る必要があると思います。

そうしたことを、現在はチームプレーではなくて、まあ葬送支援ネットワークの中下大樹さんとか、そういう人たちが、個人的にやっているような形になっているんですけれども、これを宗派としてある程度できるような形を作っていくというのが、結果として社会に対して、社会に仏教式の葬式というのが必要なんだ、それをやるということが心の平安をもたらすんだ、ということを訴えかける一つの手段になると思います。

また、それをやらずに、仏式でお葬式をやるのは当然だけれども、お金がないとできないよね、という状況のままにしておくと、お金がないんだからうちは仏式でやらないよね、という人たちが、今は首都圏で三割と言われていますけれども、過半数を過ぎるようになると、さらに急激に減少して多分かなり熱心なファンでないと、仏式葬儀をやらなくなるという状況が生まれる可能性があって、ちょっと問題なのではないかと、個人的に僕は思っています。

司会――そのほか、どなたかいらっしゃいますでしょうか。

質問者――今おっしゃったことというのは確かに有効なことかもしれませんけれども、最後先生がご指摘になったような、死を社会関係の中に取り戻すこととか、死の公性を回復することとは、ちょっと意味合いが違いますよね。この最後の死の公性を、今の現代社会において、どういうふうに取り戻していったら良いのか、その部分についてもう少しお話しいただけないでしょうか。

村上――はい。ちょっと私のほうで言葉足らずというかですね、意識が先にいってしまったんですけれども、私が先ほど申し上げたように考えるのは、現在起きている無縁死という状況を今のままにしておくと、仏式葬儀をめぐる枠組みからやっぱり外れてしまう人が増えるんじゃないかなというふうに思うからです。

現在は、死ぬというのは自分のことであったり、自分の家族のことであったりするわけですけれども、たとえば三人に一人、家族を持たなかったり、四人に一人がまったく家族を持たなくなった状況になると、全体の死者の三割とか無縁死が出てくる可能性があるわけですね。そうすると、自分でもないし、自分の家族でもない人間なんだけど、自分のアパートの隣で人が死んでいるとか、自分のマンションの隣で死んでいるとか、自分の街の中で死んでいるという状況が出てくるというふうに考えられるわけです。

これ死ぬことだけじゃなくて、たとえば七十五歳になってくると、社会的に孤立している形で生きていくというのが、非常に難しいわけですね。

たとえば今問題になっていることとしては、買い物難民なんていうことがあります。社会全部効率化みたいな話でもって、商店の多数が大店舗になってしまって、車がないと買いに行けない。今までお年寄りは、近くまでだからカートを押して行けば自分の食料が買えたんだけれど、行く距離が二倍、三倍になってしまう。そうするというと、カップ麺とかしか買えない。重い大根とか、かぼちゃとかは買わないで、軽いものだけ食べているから、栄養失調になるという話は、今都市でかなりの地域で出てきて問題となっているということがあります。

だから、そういう意味では、個人主義中心でもって戦後の社会を進歩させてきたわけですけれども、家族がここまで壊れてきてしまうというと、個人主義というのをそのままの形では維持できなくなってきていると思うんです。で、個人主義の基本になっているのは、自立ということです。個人の権利とか個人の自由というのは、自我というのがしっかりしている状態で初めて成立するわけですけれども、その自我というのを支えるためには生活能力であったりとか一定の意識能力であるとかというのが必要であるわけなんですけれども、たとえば今問題になっているもう一つのものとしては、成年後見制度というのがありますよね。お年寄が二人で住んでいるというと、そこに銀行が来て「この株いいですよ」と言って、買わせる。ちゃんと説明をして、納得をしていただいて買ってもらっています。だけど、そこで説明をしているのをきちんと理解するだけの能力というのが、相手にあるかどうかというのは、現状の枠組みの中だと問題にされないわけです。

そういう意味では、社会の中で孤立しているというのは死ぬ時だけの話じゃなくて、生きている時も含めての話なので、社会全体でそういう孤立している人たちというのを、ネットワークの中につなぎなおすみたいなことをするこことは、これからの福祉ということでは、非常に重要なことだと思います。

で、そういうことをする場合に、どういうような団体が非常に有効かというと、公共機関がやるのはなかなか難しいですね。個人がやるということになると、今、民生委員のなり手がものすごく減っているという話があります。だから、生老病死を全部ひっくるめて世話をするというかですね、地域の人的なコミュニケーションを作り直すみたいなことをするというようなことを、箱物である神社とか、箱物であるお寺とかというのはできるんじゃないか。やる気になればですね、できるんじゃないかというのがあって、その延長として、葬儀費用とか、そういう先ほど申し上げた話というのが繋がってくると僕は考えているので、葬儀の話だけでかつての状況を取り戻すのが正しいことだから、取り戻すようにって、たとえば政治的に働きかけをしても、一般の人たちというのは多分聞いてくれない。

お寺というのはこんなに役に立つし、お寺のやっていることというのはこういう意味があるというのを、死ぬことも生きることもひっくるめて、外に対して示した上で、その共同性みたいなものを作り直すみたいなことが、価値があるんだよということを、外に対して訴えかけていくというようなことを、やったほうが良い。その中の一部として、葬儀としてやるんだったら、先ほどの話のようなことが有効ということです。ちょっと、はしょりすぎました。

司会――他にどなたかいらっしゃいますか。

質問者――私も寺院の住職をしておりまして、先生の今日のお話はすべて、うなづけることでございます。

村上――ありがとうございます。

質問者――家が崩壊するなんていうのは、住職ですと目の当たりにありありと見えてくる現象で、どうなるのだという不安があります。それから、今、質問に答えたことも、大賛成ですね。私のところ、上野の駅前なのです。戦争で焼けなかったために、年寄りばっかり住んでいるのですね。台東区で一番年寄りが住んでいる場所なのです。やっぱり、孤独死……去年の統計で、七月一ヶ月で二十四人の変死がありました。ですから、三万人どころじゃないかもしれない、現実は。

やっぱり、老人会とか組織が動いているのですが、結局お互いに顔を見合わせるということで、私の寺を使って定期的に集まる。それともう一つ、なんか住み方っていうのかな、現代人の生活の仕方というか、そのへんに大きな反省を求める意見が出てこないか。一人で住んでいると、絶対孤独死が目に見えていることですから、そういうことに何か良い提言とかないものでしょうか。

村上――はい、ありがとうございます。このへんは、葬式の話とだいぶ離れてきてしまうんですけれども、たとえばドイツとかですと、老人付きアパートというのがあります。老人がいて、その老人を世話するというほどでもないんですけれども、何か危ないことがないように見守るみたいなことをする代わりに、安く家を貸すというような、しくみがあるというふうに聞いています。

たとえば大正大学では、今福祉のほうでもそうだと思いますし、NCCというネクストコミュニティコースというような、積極的に地域の現場に出て行くコースがあるんですけれども、そうしたコースでは、大学を中心として学生を街の中に派遣することによって、そういう絆を回復していく可能性をさぐるということをやられているようです。

なので、特に東京だと、地方から出てこられる方というのもたくさんいるわけで、地震の後でやっぱりかなり景気も悪くなっています。うちの大学、特に私の所属する専攻とかでも、経済的理由で退学される方がかなりいるんですね。まあそういう意味では、そういう人たちのサポートをしつつ、それが地域の福祉にも役に立つというような、まあお寺だけでなくて大学のほうも人と人をつなげていくような、そういうことを積極的にやっていく必要がある。

「個人主義」やその結果としての「自己責任」というのは、人と人の関係を切る言葉です。伝統的な仏教のあり方というのは切ることではなくて、つなげることのほうがむしろ大事なように思います。

ほとんどお答えになっていないと思いますけれども、申し訳ございません。

司会——もし他に質問がないようでしたら、時間も超過いたしましたので、これで講演のほうは終了させていただきたいと思います。

村上先生におかれましては、長時間にわたりどうもありがとうございました。

三　霊と肉と骨
――現代日本人の死者観念――

鈴　木　岩　弓

みなさまがたは、葬送儀礼をめぐって何年にもわたって共同研究を続けていらっしゃるということですが、私の関心領域も、葬送習俗や死生観など、死の問題があります。そういうことで今回お招きいただいたのだと思います。ご期待に応えることができると良いのですが、まずはお話しを始めることに致します。

近頃私は、自分の専門を「宗教民俗学」と名乗っており、とりわけ死の問題を大きなテーマとしております。死の問題というのは生きている人間にとって絶対紛れも無くいずれ訪れてくる問題ですし、そういう意味で言いますと、時間空間を超えて必ず起こってくる、人間にとって非常に当たり前の問題であるわけです。とするなら死に対する対応の仕方、いわば死の文化というものが、地域ごとに生み出されてきたことになります。私はある意味、文化論的に死の問題を研究していると言うことができます。

今日はそうしたところから出てくる問題について、考えていることをお話ししたいと思います。葬送儀礼を思い出してみると、私がいつも気になっていることがあります。それはいわば「火葬場の〝ドラマ〟」とでも言うようなことです。本日は宗教者の方たちが集まられている訳ですので、みなさまご経験がおありかと思いますが、火葬前の最後のお別れの際には涙、涙になることが結構多いとしても、それが火葬が済んでお骨になって出てきた時には、何か皆ホッとした、もう終ってしまったのだと何となく安堵したような雰囲気が漂うことが多いのではないでしょうか。この点、私が知っている僧侶の方たちに伺った時にも同様の言い方をされておりました。

で、さらに言いますと、これ私事ですけれども、先週の金曜日、火葬場に行ったんです私も。というのは我が家で飼っていた十八歳と二ヶ月十八日のワンコが亡くなってしまって……。ここでみなさま方からは、犬に「亡くなった」って言うなよと言われるかもしれませんが、ペットといえ十八年付き合った我が娘なものですから、私にとっては「亡くなってしまった」んですよね。で、亡くなる前の最後の一月くらいは寝付いちゃったので、その間に終わった後をどうしようかと、遺体処理の問題を思案しておりました。仙台市営のペット斎場だとゴミ焼却炉の施設と共にあるのですが、最終的にそこではない民間のペット専用の火葬場へ行ってきました。先週の金曜日の午前中ですね。

そこで、やっぱり最後のお別れをしたわけです。まあ、涙を流すっていうほどではなかったのですが遺体をペット用の火葬炉に入れる最後の時は、やっぱりちょっと、「あぁっ」という感極まった気持ちがありました。で、そこで小一時間して骨になった我が娘を見た時はですね、やっぱりなんか……こういうふうになっちゃったんだ、というようなちょっとした諦めというか、吹っ切りと言いますか、そういう意味で泣くというよりも、ホッとしたどこか安堵感を伴った気持ちになった記憶があります。つまり、これは私のあくまで個人的な経験ですけれども、近しいペットが亡くなった時の火葬前と火葬後の違いにおいても、私が今まで経験した人間の火葬前、火葬後と全く共通する、大きな断絶があるように感じております。

そこで、「死者の手がかり」ということをちょっと考えてみたいと思うのですが、そもそも我々は生者として生きてはいるけれども、現実には生者とだけの付き合いじゃなくて、死者との付き合いも併せて生活していることが普通です。たとえばお墓参りとか、お盆だとか、そういう行為を考えれば、死者の存在が生者にとってたいへん重要なものであることがわかります。しかし翻って、その死者の手がかりってなんだろうと思うと考えてしまいます。ちょっと思いつきに挙げただけでも、遺体だとか焼骨だとか、墓、位牌、遺影、遺品、まあいろんなものが死者をシンボライズするものとしてあげられます。で、こういういろいろな死者のシンボルが「死者」として我々の周りにあって、それがある意味では、時間とともにその関係を変化させながら我々と対峙している、ということが言えるのではないかと思います。

そういう中で今日のお話しでは「霊と肉と骨」ということに注目しようと思います。その理由は、今回の東日本大震災の時にいろいろ感じたことなんですけれども、いったい今の日本人は死者、もっと言えば「あり得べき死者」ですね、死者というのはこうあるべきだというところで、どのような姿を考えているんだろうか、という点に関心が出てきたためです、

具体的に言えば、東日本大震災に際して宮城県ではやむなく土葬を、土葬という遺体処理の方法を一部で選択したわけです。これは一種の事件とも言え、現代日本において土葬を積極的に選択したということ、これ考えさせられるところがありましたので、これを切り口に現代日本人のもつ死者観念を考えてみたいと思います。皆様方がずっと継続的に研究されている「葬送儀礼をめぐって」というテーマに即していうならば、葬送儀礼そのものというよりは、葬送儀礼を行う基盤にある人々の死者観念ですね、そういう儀礼の前提となる観念の問題を考えさせていただくことになります。

まず最初にこれはよく言われる話だと思いますけれども、我々人間を考えるに際して、「霊肉二分論」で

考えるという、こういう考え方がしばしばなされてきたかと思います。つまり、生者というのは霊魂と肉体が一つになってできている。それが死ぬことによって霊魂と肉体が決定的に分離してしまう。その際霊魂は不滅だけれども、肉体は滅んでいってしまう、といった考え方です。

「タマヨバイ」というコトバがあります。この語は一種の民俗語彙ですけれども、死者が出た際、死というのが、霊魂が身体から出て身体への帰り道が分からなくなっている状態だと解釈し、屋根などに上がって「〇〇、帰ってこ〜い」などとその名前を呼ぶ習俗です。夢というのもこれに近いように考えられ、肉体から霊魂が離れ、いろいろなことを経験して身体に帰って来る。身体を離れていた時の経験を思い出すのが夢である、というような言い方も聞かれます。まあそうした考え方に立つと、人が亡くなった時も肉体から霊魂が離れてしまう、離れてしまってその後帰って来ないというのが死、死の決定的な特徴と考えられてきたわけです。ですから、帰って来ない霊魂を迎えるために「きっと道を間違えちゃったんだろう」ということで、霊魂を迎える習俗として、こうしたタマヨバイ習俗が生まれたものと考えられています。

死んだ人の霊魂というのは、何かの間違いでどこかに行っちゃったのだから、身体に戻すために呼び掛けるということですね。こうした習俗は今でも聞くことができますが、その背後には霊肉二分論的思考があるということになるのだと思います。

霊肉二分論を異文化で考えると、例えば中国の魂魄という言い方、魂と魄で精神と肉体という二分法に則っております。また皆様方のご専門にも近い、古代インドのアートマンの話なんかは、転生しながら幾度も生き続けるといった考え方、魂と肉体とを分ける考え方が根底にあるのだと思います。またエジプトのミイラを作るというのは、肉体に霊魂が戻ってくるということを期待するための方策という言い方が成り立つの

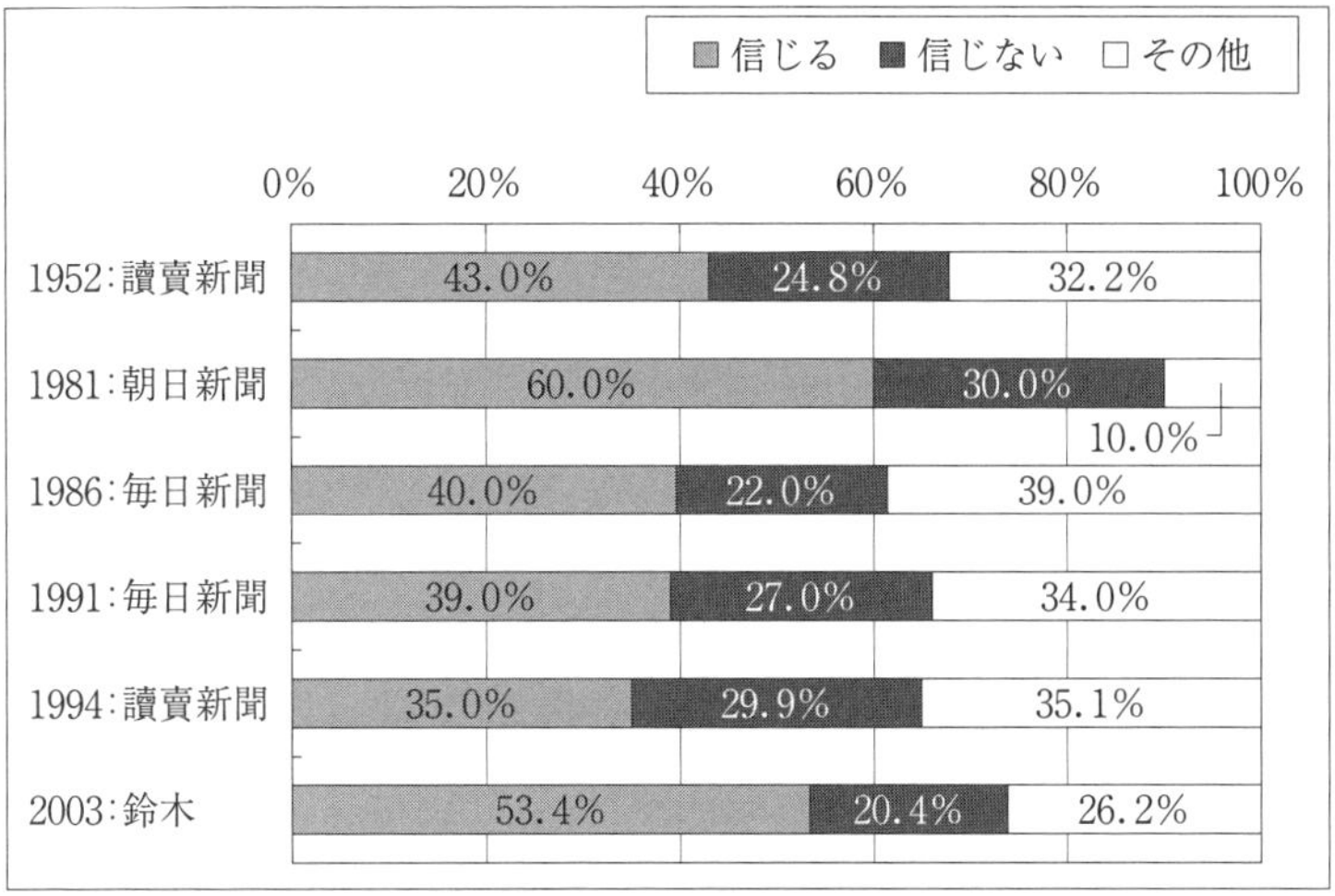

〈図1〉　死後霊魂の存在

だと思います。

そういう意味で言うと、「霊肉二分論」というのは、昔から世界中に広くあるというふうに考えてよろしいのではないかと思います。

じゃ、これが今の日本でどうなっているのかということを考えるために、こんなグラフ〈図1〉を出してみました。これは、いろんな新聞社が死後霊魂の存在についての質問をしているものを寄せ集めたものです。一九五二年に読売新聞がやって以来ですね、九四年の読売新聞、さらにその下の二〇〇三年の鈴木って書いてあるのは、私が科学研究費をもらって全国調査した時のものです。この時の全国調査は私の方で質問文などを考えたものを、調査会社に委託して実施したものです。

このグラフを見ていただくとおわかりかと思いますが、まず死後の霊魂の存在を「信じる」というのが薄い網かけです。「信じない」というのが濃い網かけです。でまあ「その他」、この「その他」が曲者なのですけれども、これが白色になっています。ここからどう読んだら良いかということですね。

「信じる」と言っているのが、四三、六〇、四〇、三九、三五、五三・四％ってなっています。だから「信じる」は常に、だいたい四〇％くらい以上かなという感じがあるのですけれど、「その他」が三二、一〇、三九、三四、三五、二六％となっています。これが多いということを考えると、実はこれ社会調査を行う上で、正直な気持ちが聞けるか否かという面倒な問題が出てきます。被調査者は、答えにくい問題には正直に答えないという傾向がよく見られる話です。

で、これを逆に読みます。逆に読むと「死後霊魂なんてあり得ない、そんなことあるものか」って否定している人がどれだけいるかとなります。一九五二年は二四・八、以後三〇、二二、二七、二九・九そして二〇・四％。このように否定する人は、精神的にかなり強い人だと思います。死後霊魂の有無を問われてビシッと否定できる人です。ここからは、そのようにビシッと否定できる人が、わが国には二〇から三〇％ほど常にいることが明らかになります。つまり死後霊魂の存在を肯定的に信じる人がどれぐらいいるかというと、ちょっと言いづらい。こういう質問に対し「霊が存在する」と回答すると、いかにも学がないように、迷信深いように思われる、と思ってしまうのです。いろいろ他者の目を気にしてしまい、自分は実は死後の霊魂を信じているにも関わらず、「いやあ、わかんないですね」とか、「そういうこともあるかもしれないですね」と、何か微妙な返答が増えてしまいます。そこでここからは、日本人の多くは、多分半分、あるいは半分よりちょっと多いくらいの人たちは、「肯定している」あるいは「期待している」と言ったものも混ぜて、死後の霊魂の存在を「否定してはいない」と言って良いのだと思います。

もしも、こうした死後霊魂の存在を認めないということになると、お墓参りに行くとか交通事故で亡くなった人の慰霊碑のところで手を合わすとかいう行為に意味が見いだせないことになります。死後霊魂の存在を認めて……認めるからこそ、いろいろな習俗が生まれ、死をめぐる文化が生じてきたと言えるのではないかと思います。

さあ、それでちょっと図式化すると〈図2〉、生者というのは霊魂と肉体からできていると考える。このあたり、『源氏物語』などにも出てくる生き霊というようなかたちで考えたら、生者の霊魂というのもまたこれも曲者であるわけです。しかしまあ今日は、そういう所まで話は広げず、生者は霊魂と肉体でできているよと考えます。ここで、死という一つの分かれ目が来るわけですね。すると死ぬとどうなるかということが問題になりますが、生者は霊魂＋肉体、これはくっついて一体になるものだというふうに一応考えます。夢などを見て離れることもあるけれど一応くっついています。

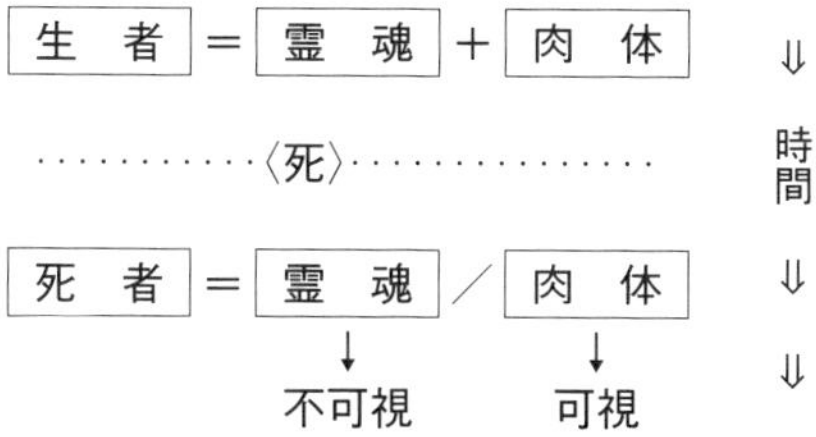

〈図2〉 生者の構造／死者の構造

ところが、死を迎えることで大きな断絶ができるわけです。くっついていた霊魂と肉体がこれを契機に分かれてしまう。分かれてしまった時に、結局、霊魂というのは不可視の世界で霊魂は見えない。それに対して、肉体は可視。つまりここの差ですね、人が亡くなった時点で、目に見えない存在としての霊魂と、目に見える存在としての肉体というものに分かれるということから、死者の姿がスタートすることになるわけです。だから、ある意味では、肉体というのはいずれ朽ちてしまい、これは消滅するもので、可視的なものは消滅してしまうということです。それに対して、霊魂は不可視ですけれども、目に見えないがゆえに、これは一応永遠につながるというふうに考える、不滅であるというふうに考えられているのではないかと思います。

死を契機に、霊魂と肉体に別れて不可視の部分と可視の部分が、死後しばらくは並存する。そして最終的には霊魂のみが残って一元化されていくと考えればよいのでしょう。霊肉二分論を時間の流れで見てみると、このように理解したら良いかと思います。

さあ、そういう脈絡の中で、今日は「霊と肉と骨」と、とりわけこちらの肉体、可視の肉体の部分の処置ということを、東日本大震災においてなされた遺体処理の問題に注目し、そこを切り口にお話をしてみたいと思います。

実は東日本大震災の時に、先ほどお話ししましたように、被災三県のうちで宮城県のみ、土葬が採用されました。このことをお話しする前段階として、まずは東日本大震災全体をちょっと振り返ることからお話ししたいと思います。

東日本大震災をどう総括するかということは、東日本大震災がまだ現在進行形のことだと思っている私には、ちょっと難しいところがあります。ただ、簡単にまとめると、この震災は想定外の三要素が絡んで構成されていると考えて良いと思います。一つは、国内観測史上最大のマグニチュード九・〇という大きな地震、これが想定外の一つ目です。次に二つ目が、遡上高が四〇メートルに及ぶ大津波。これもまさに想定外の話で、どちらもこれは想定外な自然現象だったわけです。けれども、それに加えて一つ人為的なものが問題になる。津波で制御不能となった原発事故という、これもまあ結果として「想定外」という言葉が使われた部分になるわけです。

特に原発事故に関しては、福島県の海側へ行くと、宮城県、岩手県とやっぱりちょっと違う、すごく〝重たい〟ところがある部分ではないかと思います。もちろん、東北地方は全般に原発の影響は受けてはいます。

ただ福島県の場合は、それが先行きが見えないままに、桁はずれに大きくなっているという意味で、他の二県のように簡単には「復興」という言葉が使えないもどかしさが含まれていると思います。

こうした「想定外」で構成される今回の震災ですが、では被害がどうなっているかというと、実はこの発表のために調べてびっくりしました。最新の死亡者総数は、二〇一二年五月九日のものですが、以下のようになります。死者総数一万五八五八人、そのうちで宮城県内の死者総数は九五一六人。私はこうした発表のたびに随時、警察庁のデータをインターネットで調べて最新版を入手していたのですが、昨日の五月十七日現在、これ五月九日から更新されていないのですね。つまり、新たな死者がもう増えなくなってきたということなのでしょう。二月頃と比べ、死亡者数が数人増えたくらいですね。つまり現段階では、もう死者数の状況把握は、ほぼできてしまったということなのかなとも思います。

さあそれで見ますと、死者の総数が一万五八五八人。これは大変多い数になるわけですけれども、これを宮城県の死者だけに絞って見ますと、宮城県では九五一六人亡くなりました。この数を、もう少し客観化する意味から宮城県の年間死亡者数と比較してみます。宮城県では、このところ二万人ぐらい亡くなっています。一年間に二万ぐらいです。皆さんご存知かと思いますけれども、日本では現在、年間一二〇万ほどの人が亡くなっています。これは仙台市の人口ほどの数で、日本では一年間に仙台市の住民ほどの数の人々が亡くなっていることになります。

宮城県の年間死者数は、平成二十年が二万五七一名、平成二十一年が二万九二七人なんですが、それが昨年は三万四七人となっておりました。三月十一日の地震が起こった日から、厳密にはその数日後までのうちに、九五一六人が亡くなってしまい、つまり毎年約二万人の死者が出ていた宮城県において、地震・津波で四割増しの死者が出たと言うことになります。今後宮城県の統計表を見ていく時、二〇一一年の死亡者が例年より一万人近く多いという数値は、これから地震・津波があったことを思い出させるデータになっていくのではないかと思います。

東日本大震災に際して、多くの方が亡くなったということを我々は経験しています。私がおります東北大の宗教学研究室では、幸い学生はみな無事でしたが、東北大学全体では二人の学生が亡くなりました。この数は、大学の規模からすると少ないことなのですが、経済学部と農学部の学生各一人、さらに四月からの新入学予定者が一人亡くなったということでした。つまり、東北大学関連としては三人犠牲者が出たということで、九千人以上も亡くなっている宮城県にしては意外に少ないようです。京都大学のカール・ベッカー教授からは京大生はもっと多く亡くなっていると伺っています。

とはいえ私の知り合いでも亡くなった方がいますし、家族を亡くしたという方は数多くいます。その中には家族を複数亡くして、天涯孤独になったという方もいらっしゃいます。そういう意味で言うと、東日本大震災時の死というのは、やっぱり相当なストレス、まあストレスマグニチュードというスケールもあるようですけれども、家族の死というのは非常に大きな衝撃を与えるものだったのではないかと思います。

今回の震災はまず、自然災害によってもたらされた死、ということです。寝込んで死を迎えるというと、まだ何か多少そういう予想もでき、心の準備もできることだと思うのですけれども、災害死は段階的な死ではないわけです。今いた人が、次の瞬間にいなくなっているというわけですので。

そうなると死に対する準備ができていない。これは遺された人が身近な死に対する準備をできないという場合だけではなく、恐らく亡くなっていく人ご自身も自分が死ぬということを意識する間もないままに亡くなって行ったのではないでしょうか。いわゆるsudden deathということになるのでしょう。

そのために当然のことと思うのですけれども、その死は遺された人にとっては心残りとか後悔とか悔いという、一言で言えば、「負い目」を感じることになります。「何で自分だけ残ってしまったんだ」「何で手を離してしまったんだ」、そういった話は被災地にはものすごくあるのですね。「津波で手をつないで逃げていたのだけれど、自分が手を離してしまったのが原因でおばあちゃんは死んでしまったんだ」といった、生きている人が自分を責めるような話を聞くことがよくあります。

だから、東日本大震災の時に起こった死というのは、遺された人にとっても相当大きな痛手になる、時には負い目となるような死であったわけです。

そうした死を迎えていく中、遺体処理が実はすごく重要なことになりました。これまさに、震災の後の時系列をずっと振り返っていただいたらよくわかるかと思います。多分、震災の被災地から遠くにいらっしゃった方たちのほうが、震災直後の情報をお持ちだったかと思います。早い話、私は津波があんなにすごかったと知ったのは、電気が通った震災三日後からのことです。

で、今回の東日本大震災時の遺体処理に関わる問題点がいくつかあるわけですけれども、それをちょっと列挙します。そもそも、遺体の数が多い。まあ先ほど言いましたように、宮城県で通常生じる死者数と比べて圧倒的に多い数の遺体が、三・一一直後の短期間に集中してしまったということです。これはやっぱり非常に多くの面で、通常のルーチンワークができない問題を引き起こすもとになったわけです。宮城県でもそうですが、今の日本では人が亡くなると火葬にすることが圧倒的に多いわけです。しかし被災地の火葬場の対応能力には限界があったため、問題が起こったわけです。被災地の火葬場がどういうものかというと、海辺の被災地の中でも津波でひどくやられたようなところの火葬場の多くは、もとから規模が小さいものが大半です。炉自体が二つ三つしかないとか、また旧式のものをだましだまし使っているとか、通常の需要が都市部に比べて少ないので、小規模な能力しかなかったということが一つです。

次に、そうした火葬炉が、震災によって壊れてしまうなどして機能停止あるいは機能縮小となったわけです。そしてさらに言うと、物理的に壊れたわけではないのですが、燃料不足のために稼働不能あるいは機能縮小になることも起こったわけです。

そして遺体が見つかってもその遺体の傷みに対して、被災地ではなかなか対応ができなかったということがあります。つまり、そもそも発見が遅かったため、見つかったご遺体の傷みが進んでいたと言うことが一つ。そしてせっかく発見されても、火葬を待つ間、ドライアイスで冷やすなどして腐敗を抑えるような、ご遺体を保存するための、通常だったら当たり前にできる方法が物不足でなかなかできず、腐敗の進行が妨げられなかったということもあるわけです。

そうなったところで、実は三月十四日の時点で国が、埋火葬許可の特例措置を通知してきました。これは皆様方ご存知のように、「墓地埋葬等に関する法律」、略して「墓埋法」という法律の運用に関する通達でした。遺体処理をしていく際には、この「墓埋法」に則った規定があるわけですけれども、今回の震災に際しては、その法律を弾力的に運用するということを国が決めたわけで、その最初の通達が、三月十四日だったということになります。

実はこの動向には前段があるのです。大量の死者が出ているために、通常の火葬場での処理ではとうてい不可能だということを最初に問題視したのは、恐らく宮城県なのですけれど、そうした流れはまず、三月十一日の深夜というか十二日の未明に始まった南三陸町からの問い合わせに端を発するようです。皆様方も聞かれたことがあるかと思いますが、「大津波警報が発令されています」とアナウンスされていた女性が亡くなった町です。あそこに佐藤仁という町長がいて、例の防災対策庁舎屋上のアンテナの一番先に摑まって、僅かの人と共に助かったけれども、そのビルは津波に襲われ、三階建ての屋上に避難したその他の人たちは大半が流されてしまったというところです。その佐藤仁町長から宮城県のほうに問い合わせが来たのだそうです。つまり、ものすごい数の遺体がある、と。明らかに通常の火葬をすることは無理だから、土葬を認めてほしい。そういった話を宮城県庁の方に問い合わせて来たのが三月十一日の深夜というか、三月十二日の未明だったのです。それでその問い合わせを整理して、今度は宮城県が厚生労働省のほうへ尋ねるかたちで出したのですが、最終的に返答が出てきたのが三月十四日のことであったようです。関連する通達などについてまとめてみると、以下のようになります。

①三月十四日　「平成23年(2011年)東北地方太平洋沖地震」の発生を受けた墓地、埋葬等に関する法律に基づく埋火葬許可の特例措置について

〔厚生労働省健康局生活衛生課長から各都道府県衛生主管部(局)長宛て〕

②三月十五日　平成23年東北地方太平洋沖地震の発生を受けた死体取扱いの留意事項について(通達)

〔警察庁刑事局捜査第一課長・同刑事企画課長から各管区警察局広域調整担当部長など宛て〕

③三月十六日　平成23年東北地方太平洋沖地震による犠牲者のご遺体の取扱いについて

〔宮城県警察本部長から市町村長の皆様宛て〕

④三月十七日　墓地、埋葬等に関する法律に基づく埋火葬の特例措置について(通知)

［宮城県環境生活部長から関係市町村長宛て］

「墓埋法」に関する〝特例措置〟というのが、続けざまにいろいろなところから出されたわけです。

こうして通例の遺体処理を法律通りに守っていくことが、なかなか厳しい状況下、死体見分にあたり、身元確認に必要な最小限の作業にとどめ、遺体処理の迅速化に努めることになったわけです。

以上のような措置を契機に、宮城県では土葬採用という話が始動することになるわけです。つまり震災の起こった三月十一日から十日後、三月二十一日になりますと、九つの市と町が火葬以外に土葬を積極的に採用することとして、その準備を進めることになりました。仙台市、東松島市、気仙沼市、石巻市、名取市、南三陸町、女川町、山元町、亘理町の九つの市町です。この時には、仙台市の名前もあがっています。その通りなのですが、仙台市は最終的に土葬に踏み切ることはしませんでした。仙台市には、葛岡墓園という仙台市内で二番目に古い市営墓地があるのですが、その墓園内の空き地を掘って、一旦は土葬の準備はしておりました。それは私も確認したのですけれども、掘って遺体を土葬できるようにはしたのだけれども、結局使わなかった。つまり、仙台市はどうにか火葬が対応できたのですね。このように土葬の決定はしたものの、採用には及ばなかったところもあるわけです。

そうして三月二十一日、震災があって一〇日後に初めて宮城県下で土葬がなされました。場所は気仙沼市の大島で、ここは気仙沼湾に浮かぶ島です。その島は、フェリーじゃないと行き来できません。島の中には火葬場がない。ということで、遺体処理を島の中でやるしかない、という決断になって、三月二十一日、ここで宮城県下で最初に、震災に関わる緊急避難としての土葬をやりました。これが、三月二十一日のことになります。

そして、これを皮切りにいろいろなところで土葬をやるようになります。四月二十四日までに六市町で土葬に踏み切り、一九〇〇体が処理されました。この六市町は、東松島市、気仙沼市、石巻市、女川町、山元町、亘理町になります。そうして宮城県全体でなされた土葬は、最終的に二一〇八体に及びました。

具体的な話として東松島市の事例で言いますと、ここでは三月二十二日、気仙沼大島で土葬が始まった翌日から土葬が始まりました。最終的に土葬にされたのは、三六九体でした。東松島市というのは、日本三景で有名な松島の東隣りにある、ブルーインパルスのいる自衛隊の松島基地のある石巻寄りの地域です。この辺りは津波被害が大きく、仙台石巻間のＪＲ石巻線は直撃を受け、ここで途切れてしまいました。

ここでは、焼却処分場跡地に集団墓地を作りました。緊急避難的に突然、市や町において墓を作らなきゃいけないというのは、大きな問題です。墓地、通常の市営墓地で対応できなかった場合、どの公共地を埋葬地にするかということは簡単には決められない問題であったわけですが、東松島市の場合は焼却処分場跡地に作るということになりました。

どのように作ったかというと、長さ一〇〇メートル、幅二・五メートルの穴をまず重機で二列掘りました。ここ東松島市の場合は、ベニヤ板を間に立ててその両側に鉄の棒を立ててベニヤ板を隔壁として立つようにし、その間の区画にお棺を納めるというかたちにしました。ここでは、埋葬する際の一応の約束事として、この埋葬は一時的なものである。そして二年以内に遺体を火葬にする、という予定を含んで土葬の採用に踏み切ったわけです。

こうして宮城県内各地で始まった土葬ですが、その動向の展開を見ていた私には、とても驚いたことが起こりました。現代日本では、条例などで規制されている地域はあるものの、一般には土葬すること自体違法ではなく、私にとっては全然違和感のなかったことでした。つまり火葬炉が使えなきゃ土葬するしかないと思っていましたので、緊急避難的な土葬の採用は、ある程度予想されたことであったわけです。

ところが現実には、今回土葬した各地では、あっという間に改葬の動きが出てきたのです。まず四月十六日には、女川町で県内最初の改葬が行われました。この町の土葬開始は三月二十四日です。つまり、三月二十四日から考えると、だいたい三週間ぐらいで、土葬にした棺を掘り出しているわけです。その時の遺体の状況を想像すると、どういう状態かおわかりになるかと思いますが、仕事に従事された方にとっては大変なことだったと思います。この町では六月十日、四月十六日以来の改葬がすべて完了し、最終的に二四一体の改葬がなされました。

そしてさらに、亘理町でも五月十九日に改葬が開始され、三体掘り出して火葬にし、五月二十三日に葬儀が出されました。同じく仙南の、亘理町の南隣にあります宮城県で海側最南端にある山元町では、六月一日から改葬が開始されました。この町では町内の寺院の敷地内に土葬場所を決めておりましたが、家の墓地へ引き取りたい、つまり家には墓地があるのに、震災直後に火葬ができず、やむを得ず土葬にしたので、そのままにしておくのは不憫であるということで、納骨するために引き取ったわけです。

こうした改葬は、大変なことだったと思われます。今挙げた亘理町でも、お寺の敷地に土葬したのですけれども、当初狭い敷地にどれだけのご遺体を入れるかよくわからず、一体でも多く入るようにと、お棺とお棺との間に障壁を入れなかったのです。ベニヤ板無しでお棺同士くっつけるかたちで並べて埋めたわけです。そうした状態の場所を、埋めてから三週間とか一月とか経って掘り出したわけです。これはもう、想像をはるかに超えているのではないかと思いますが、ともかく、お棺自体が必ずしも形を留めてはいない状態であったそうです。ですから、これを掘り出すというご苦労が大変なことで、葬儀屋さんでやったところもあるし、場合によっては行政の方が、そういう担当をされたということで、大変な仕事をされていたようです。つまり、一旦埋めたお棺は水分を吸ってしまっており、もう使えないわけです。またご遺体自体はもうドロドロになっているので、紙おむつとかでくるんで入棺したとか、あるいはお棺自体の内側をビニールで保護してそこに入れたという話も聞きます。そうなると最後のお別れでお顔を拝見するなどと言うことは無理な相談で、お棺を火葬場へ持って行って、それで遺族の方が立ち会うかたちで火葬することになりました。つまり改葬自体は、土葬にしたご遺体の掘り出しというのがまず第一段階。そして掘り出した後に火葬にする。その二段階をして改葬が終わるわけです。つまり、改葬に際しては、掘り出すという作業と、火葬をするという作業の二種の作業を続けて行ったことになります。

改葬が可能となった理由は何かと言うと、決定的に言えることはまず、火葬待ちの遺体が数少なくなったということがあります。これは、そもそも新規発見の遺体が少なくなってきたということでもあります。確かに見つかる遺体は震災直後に比べ、時間経過と共にずっと減ってきたわけです。ですから、新規発見の遺体が少なくなってきたということが、火葬待ちの遺体数を減少させる一つの理由です。そしてさらに、四月以降、東京都とか秋田県など、他県で火葬の受け入れをしたというのが大きな力になりました。最終的に二一三二体……つまり二一〇八体が土葬になったわけですが、それよりも少し多い数のご遺体が他府県の火葬場でもって荼毘に付されたというわけです。こうしたことで時間が経っていくうち、県内の火葬場の処理能力も復旧してきたので、改葬することが可能になってきたというわけです。

で、改葬となったわけですけれど、こうした動向の背後には、遺族の方々のニーズがありました。つまり、

〈表1〉　土葬採用地域の改葬実施時期

2011.11.21 現在

土葬実施市町名	仮埋葬(土葬)				改　葬	
	埋葬地数	御遺体数	開始日	完了日	開始日	完了日
石巻市	7	993	3月23日	4月25日	5月　8日	8月17日
気仙沼市	2	228	3月21日	4月26日	5月　5日	11月19日
東松島市	1	369	3月22日	6月　8日	5月　9日	10月10日
亘理町	3	123	3月23日	4月14日	6月　1日	6月23日
山元町	1	154	3月26日	5月31日	6月　1日	6月16日
女川町	1	241	3月24日	5月10日	4月16日	6月10日
計	15	2,108				

宮城県 環境生活部 食と暮らしの安全推進課食品企画班調べ

行政は改葬をこんなに早い段階に実施するつもりはなかったのです。さきほどちらっと示しましたように、土葬する際の予定としては二年を目途に掘り出して改葬するという話だったので、こんな早くに改葬することになるとは考えてなかったはずなんですね、行政は。

このように急いで改葬をしなくちゃいけなくなった理由は、どうも遺族の方々の持っている土葬を忌避しなくちゃいけない、火葬にしてもらわなくちゃいけない、という価値観にあったようで、この点に充分留意しなければならないと思います。

そうした改葬が具体的に何件行われたかというのが、〈表1〉です。ここには、十一月二十一日現在と書いてあります。十一月二十一日現在、つまり宮城県で改葬が全部終わったのはその数日前、気仙沼市の完了日である十一月十九日で、十一月十九日をもって震災に関連して宮城県で土葬にされたご遺体は全て改葬されました。

最終的な数で言いますと二一〇八体。一番多いのが石巻市で九九三体、次に多い東松島市が三六九体ですね。埋葬地も石巻市が一番多くて七ヶ所、亘理町は三ヶ所です。

行政用語として、今回は「土葬」ではなく「仮埋葬(土葬)」って書き方をしています。この言葉の使い方からして、土葬はあくまでも仮の埋葬なんだという認識がなされた言葉であることがわかると思うのですけれども、仮埋葬の開始は前述のように気仙沼市が一番早く、三月二十一日の大島がスタートです。他の町や市の土葬は二十三、二十二、二十三、二十六、二十四日。つまり土葬を始めたのは、この六市町ともだいたい同じ頃で、三月下旬から始まったということになります。

次に、完了日です。完了日は、一番早いのが亘理町の四月十四日。そして、四月二十五、四月二十六、五月十日、五月三十一日、最後に東松島市の六月八日ということになります。

宮城県では、二ヶ月半ほどの時間をかけて、ご遺体を土葬にするという作業が各地で行われたわけです。しかし実はその横の「改葬欄」を見ていただくと、これまたすごいことがわかってきます。改葬を最初に始めたのはどこかというと女川町で、もう四月十六日に改葬を開始しているのですね、四月十六日。あと、五月八、五、九、六月一日なんてところから始まるのですが、この改葬開始日を、同じ町の土葬終了日と重ね合わせていただくと興味深いことがわかります。石巻市と気仙沼市は四月に土葬を終えて五月から改葬しているということです。山元町の場合、五月三十一日まで土葬をして、その翌日の六月一日から今度は改葬を始めています。ところが東松島市の場合、改葬が始まったのは五月九日なのですが、土葬が最後に終わったのは六月八日なのです。また女川町は、改葬開始が四月十六日なのに、土葬完了が五月十日。つまり、一方で土葬しながら、一方で改葬している町があるというわけなのです。

こうした真逆の行動が、同一町内において同時に行われてきたのには理由があったと思いますが、私はその背後には、まさに現代日本人の死者観念に通じる問題が潜んでいたのではないかと思っております。

まずそれに関連して、行政の当初の思惑と遺族の方々の想いとの間に、実はすごい差があったんだということを、ちょっと押さえておきたいと思います。つまり亘理町では、土葬をする際、遺族の生活が落ち着くまで二年間は改葬しない、と決定していたのです。ところが時間経過と共に火葬場に余裕が出てきて遺族からの改葬を望む声も高まってきた、ということなんです。つまり、そもそも土葬する時点から、これは二年間はこのままだというつもりで行政はやってきていたのです。この点、宮城県が各市町村に出した文書にも二年ということが明記されています。

気仙沼市の場合は、そもそも土葬は正式な埋葬だ、仮埋葬ではないのだという認識で話を進めておりました。土葬は「仮」ではなくて正式な埋葬と決め、市のグラウンドにある土葬場所を市営墓地として認定したのです、気仙沼市は、そこまでやったのです。被災して墓地が流された遺族もあり、一時的な埋葬地ではなく、お墓としてずっと使えるように配慮した、ということを言っているのです。ところが、こうした対応を考えていた気仙沼市でも、土葬地からの改葬が十一月十九日をもってすべて完了していたわけです。

こうしたご遺族の感情に基づくご遺体に対する対応は、行政の思惑とは全然違うわけです。そもそも二年間改葬しないという時、二年間というのは言い換えるならば三回忌になります。この三回忌までは埋めたままにしておこう、というのはいろいろな意味があると思うのですけれども、ご遺体自体のことで考えると、ご遺体は土にかえって、肉の部分がほぼなくなっているであろうという目論見だったと思うわけです。行政としてもまさか、埋めて二週間後にご遺体を掘り出すとは思っていなかったのではないでしょうか。

そういうかたちでやろうとした行政の予定通りにならなかったというのが、まさに庶民の……一般の人々、市民たちの身近な死者に対する願いと見なすことが出来ると思います。

ここで多少言い訳をしておかなければなりませんが、今日お話していることは、原則的に、積極的な意味での聞き取り調査はしていません。とても今、そうしたことを被災地でできるような状態じゃないと思っています。ここでのお話しの資料は、行政サイドで提供された統計資料や新聞記事と、先ほどご紹介の中でありましたように、現在私も加わっておりますカフェ・デ・モンクという移動傾聴喫茶の折りなどに、たまたま聞けたことがその根拠づけの資料となっています。カフェ・デ・モンクでのお話というのは、こちらが聞きたいことを調査のために伺うのではなく、被災者の方々の胸の内にあることを、われわれは聴き方に徹してともかく自由に語ってもらおうという態度でやっております。だから私は、調査らしい調査として、体系的に情報収集してきたわけではないのです。傾聴の機会などにたまたま聞こえてきた話などが情報源の大半だと言えるでしょう。特に新聞に関しましては、裏を取る意味で、私が集めた情報と重なっているようなものを根拠づけに挙げてあります。

そこで、土葬開始直後の新聞を見てみましょう。『河北新報』というのは東北地方のブロック紙で、本社が仙台にあります。

遺族からは「何とか火葬してあげたい」と悲痛な声が上がる。〔『河北新報』3/23〕

いつかきちんと火葬して納骨したい。〔『河北新報』3/26〕

それが、改葬した後の新聞に出てくる経験者の発言としては、

「やっとお骨にできる」とほっとした表情で話した。〔asahi. com 5/2〕

「お盆前にお骨にしてあげられて良かった。」〔『朝日新聞』8/12〕

となるのです。後の方の「お盆」っていうのは初盆にあたる昨年のお盆のことです。「新盆の時までに、お骨にしてあげられてよかった」、というまあこういう言い方が、改葬をした直後の発言として聞こえてく

るわけです。

以上の記事からは、被災地の人々の持っている土葬に対する意識としては、人々がそれを何とか忌避したいと考えている感覚が窺えると思います。そしてさらに言えば、今回身内を土葬にせざるを得なかった人々の認識としては、そうした行動様式をとってしまった、どこか後ろめたさが拭いきれなかったことが明らかになるわけです。

その理由は、近年やらない、すなわち「異常なこと」だと言うわけです。しかしこれは後でお示ししますが、今の宮城県でも土葬はあります。年にごく僅か、数件から数十件ではあるのですが、やられています。ただこれを統計上の数値からいうなら、宮城県は一〇〇パーセント火葬県であるのです。そのため、土葬は普通はやらない、今時人が亡くなって土葬にするなんてまずやらないよ、という認識が強いわけなのです。逆に言うなら現代人の多くは、遺体は焼くものだという、そういう認識をもっているわけです。だから、自分の親族が焼かれなかったということは、こんな不憫なことはないと考えるわけです。普通は焼かれるのが当たり前なのに、うちのおじいちゃんは焼かれなかった、たとえばそう思うわけです。焼かれない遺体は不憫であるから、何とかしなければいけない、何とかそれを忌避しなければいけない。万が一土葬にしたら、少しでも早く火葬にしてあげなければいけない、という思いが強いわけです。

それからもう一つ。土葬の墓は一時的だ、という考え方ですね。これあくまで一時的、緊急避難でしょうがなくてやったんだ、と思っているわけです。なぜならば、本当は火葬して焼骨をお墓に埋めたいけれど、火葬場が使えない、お墓が津波をかぶって墓として機能していないといった状況に直面してしまったのです。とはいえ遺体の処理は引き伸ばしにすることができない、ということでやむを得ないままに土葬にしたんだ、という言い方もありました。まさにこれが、先ほど申し上げた行政の方で言う「仮埋葬」という言葉です。「仮埋葬（土葬）」という、あくまで土葬は仮だという意識があるわけです。

さらに、もう一つよく聞かれる理由があります。これは間違いなのですけれど、土葬は法律で禁止されているという言う方、これはよく言われます。これはそんなことないですよね、先ほども少しいいましたように、土葬は何も法律で禁止されてはいません。もちろん、市の条例とかでいろいろ制約がある場合があるけれど、その制約さえ満たしていればちゃんとできるわけで、犯罪じゃないわけです。だからこれはちょっとした誤解なのですけれども、「うちのおじいちゃん土葬にしちゃったよ。これは悪いことなんだ、法律違反なんだ」と勝手に思っていらっしゃる方もいらっしゃったわけです。つまり、土葬は正式の埋葬じゃないという考え方が、確とした根拠があるのではないのですが、何となくそういう考えが一般の人々の背後に流れているのです。

その意味で今回の土葬の採用は、本当に緊急避難のためであったのです。その背後には、遺族の苦渋の決断があったと言って良いと思います。土葬はそのままにしておくと遺体のままで、これは忌避すべきことである。火葬をして焼骨にすることこそが、良いことなのだというか、安定した状態なんだということを、匂わせていることとかと思います。

だから私は、今回、土葬のままにすることなく直ちに改葬し出したことが、すごい驚きだったのです。三、四〇年前は土葬が当たり前だったはずなのに、なんで今頃になってこんなこと言ってるんだろう、というのが率直な気持ちだったわけです。私自身、大学院ぐらいから「死」に関する研究を非常に重要なテーマだと考えていました。実際、宗教研究の中で大事な話だし、死を切り口に見ていくと、いろんなテーマが出てくると理解しており、学生時代からそういう方面の研究を始めていました。そういう時に、四〇年ぐらい前に、調査に行って、威勢の良いおばあちゃんたちから、次のようなことを聞きました。「嫌だね、火葬なんて。死んでまで熱い思いなんてさせられたくないよ」と言って、「私は絶対土葬だよ」と。実はこのような物言いは、一人ならず聞いているのです。ちょっと前まで、このように火葬なんてやってたまるか、という言い方をなさるお年寄りがいっぱいいました。だから土葬をすることは、そんな突拍子もない話じゃなかったんですよね。たぶんそのようなことを言っていた方々はもう、既に土の中にいらっしゃるのかも知れません。その意味で今回、「何でここまで嫌がるのだろう」という、そういう素朴な疑問があったわけです。

そもそも火葬が普及してきたのはいつ頃からのことなのだろうか。この点を知る意味から、『厚生労働省大臣官房統計情報部衛生行政業務報告』という資料を用いて、宮城県における火葬率の変化を確認してみましょう。本書は毎年刊行されていますが、この中から火葬数が明らかになり、火葬率を計算することができるのです。これを元に計算して、火葬率の変化の全国と宮城県の推移をまとめると次のグラフになります。〈図3〉は、一九六七年から二〇〇九年までの変化です。直線部分が全国の火葬の普及を示すグラフです。この直線の変化を説明しますと、全国で言うと一九六七年当時は七五％ぐらいが火葬だったのですね。その当時、破線の宮城県は五七％ぐらいです。この頃、宮城県では火葬は半分ちょっと超えるくらいしかやっていなかったんですね。

それが、これご覧なっていただくとわかるんですけれど、宮城県はグングンと上がって、一九七〇年代の半ば頃、この頃になると九〇％近くなります。まあ多少の動きはあるにしても、一九八五年、八〇年代半ばぐらいになると、もうほぼ一〇〇％火葬となります。

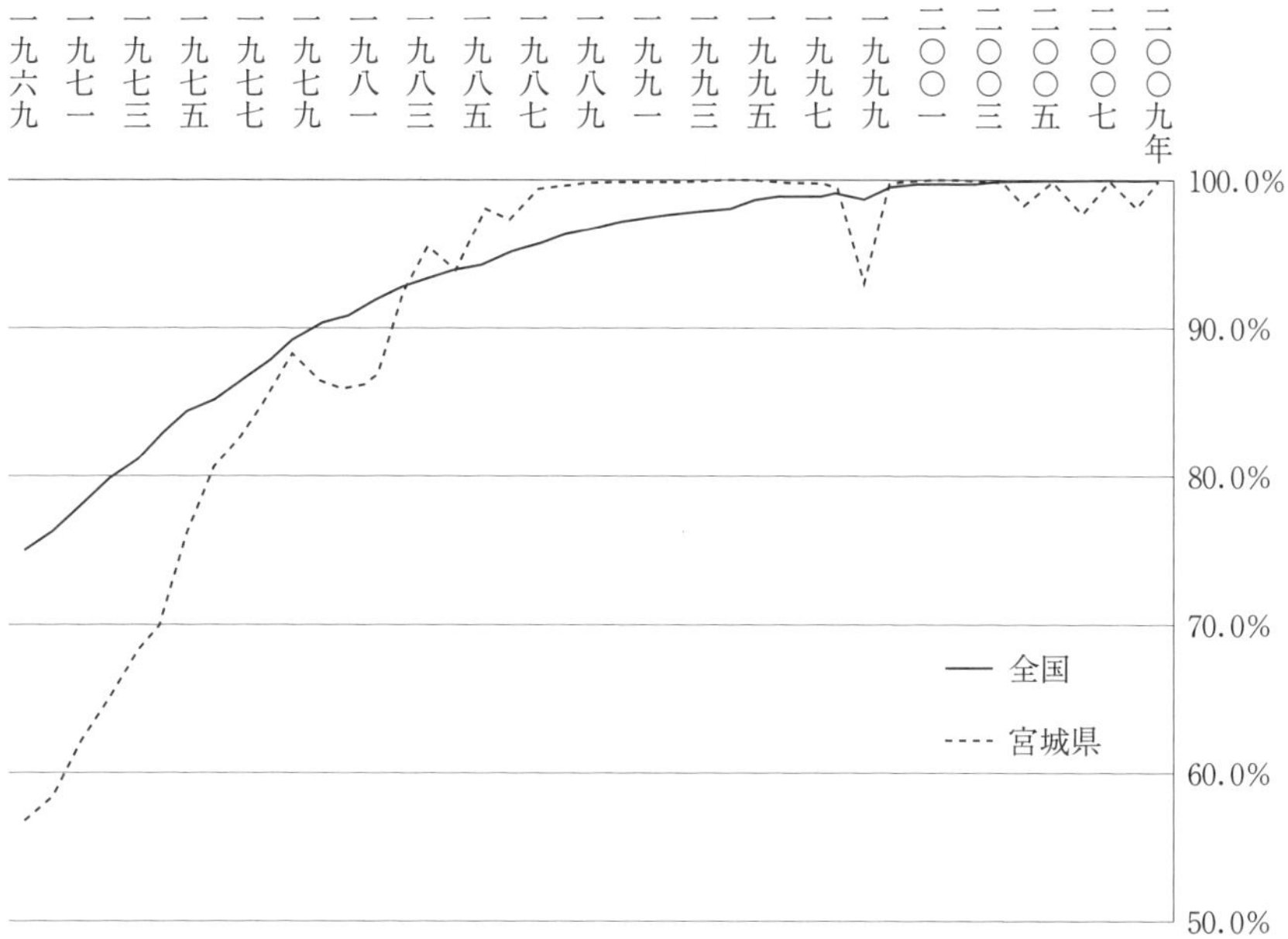

〈図３〉　火葬率の変化

（大臣官房統計情報部『衛生行政業務報告』より鈴木岩弓作成）

一九八〇年代の半ばぐらいに火葬がほぼ一〇〇％となった宮城県では、その後ほぼ火葬一〇〇％時代を突き進んでいると言って良いと思います。

さあ、このへんをまとめて言うとどうなるのかということですが、宮城県の火葬率の変化からしますと、一九六七年は五六・七％だった。それが徐々に徐々に増えていったのですけれど、そもそも火葬が普及していく過程においては、まず「野焼き」という言い方の時代がありました。「野焼き」というのは、あまりきちっとした設備ではないけれども、木をくべて焼くような、簡便な遺体の焼き場での火葬のことです。こうした場所が点々とあったのです。それが近代的な火葬場になるのは、それよりずっと後になるわけです。一言で火葬と言っても、こういう違いがあってそれが変化してきたわけですけれども、火葬受容の急上昇期が、宮城県の場合だいたい一九八〇年代初め頃までで、はじめは全国平均より低かった火葬率が、あっと言う間に全国平均を抜いて百%時代に入っていったということなのです。

その意味で、宮城県の火葬はかなり急速な普及であったと言って良いと思います。火葬率一〇〇%時代というのは、宮城県においては一九八〇年代半ば以後起こってきた、そういうトレンドであるというふうに言えるかと思います。そうなってくると、一九八〇年代半ば以降の宮城県においては、人が亡くなったら火葬にする、これが当たり前の話になるのでしょう。これが県民の「常識」になってしまっているわけです。そうしてくると、火葬にしないことは、常識に反したちょっと辛い話になってくるわけです。

では火葬が普及したことには、どのような意味があるのでしょうか。この点を、以下宮城県の文化を中心に解釈してみたいと思います。

土葬時代の葬儀というのは、皆様方全国からいらしているので、いろいろな習俗がおありかと思いますけれども、葬儀全体の運営を考えた場合、とりわけ土葬のための穴掘りというのは、どこでも皆が嫌がる非常に大変な仕事だったと言えると思います。ですから、多くのところでは、金持ちか貧乏かなどと言った別なく、穴掘り役目の順番が決まっていて、次の葬式では誰が穴を掘るかというローテーションが決められていることが多かったようです。

そうしたシステムは、一般に地域の相互扶助組織がやっていたと思います。東北地方だと、「契約講」とか「六親講」、「死に組」などと、地域によっていろいろな呼び方があります。

で、こういう組織の仕事のうち、火葬が普及してくると穴掘りは要らなくなっちゃうわけです。そのたびに墓穴を掘るのではなく、カロートを設けた墓が一般的になります。穴掘りが要らなくなることの背後に、火葬場という専門施設が登場することにより、葬送習俗における契約講の役割縮小が現われてきたわけです。

そしてさらに言うと、ちょうど一九八〇年代以降だと、社会変動の波を受けて、生業、自分の家の職業がどんどん、どんどん変わってきました。つまり農村部であったところも、そこの息子たちは次々に家を出て、農業離れが促進されるようになり、場合によると昼夜逆転で夜働いたりする人も出てくる。つまり定住稲作農耕民として、皆が同じように農業をやっていたような時代の習俗がすっかりできなくなったのです。人が多様なタイプの生活をするようになることで、地域社会の紐帯が緩んでしまうことが、同時並行的に起こっていたのではないかと思うのです。

そうして、葬儀の担い手が契約講ではなくて、葬儀社という専門業者に任される流れが徐々に顕著になってきました。つまり、契約講の人たちを集めて、そこにお願いして葬儀を出すというよりは、葬儀屋さんにすべて任せてお金で解決しちゃったほうが簡単で良い、迷惑掛けなくて良いという、そういう価値観が浸透してきたということがあるかと思います。へたな義理よりもお金、といった考え方ですね。

そうした潮流か、日本では葬式専門の業者数が急速に増えてきました。これをちょっと宮城県で調べたのが、〈図4〉のグラフになります。

これは宮城県にある葬儀社が、いったいいつ創業されたかということで、この資料は私がかつて郵送調査で調べた結果です。見ていただくとおわかりになるのですが、古いところは十九世紀にできているんですけれども、とりわけ多くなってきたのが、だいたいこの六〇年代半ば以降から……、数が密になってくるのは、一九六〇年代の後半からです。ここからずっと増えて、とりわけ九五年から九九年は一六軒も増えたということです。

この頃、確か九十年代の終わりに、私は「二十一世紀の墓制の行方」という、国際シンポジウムを開きま

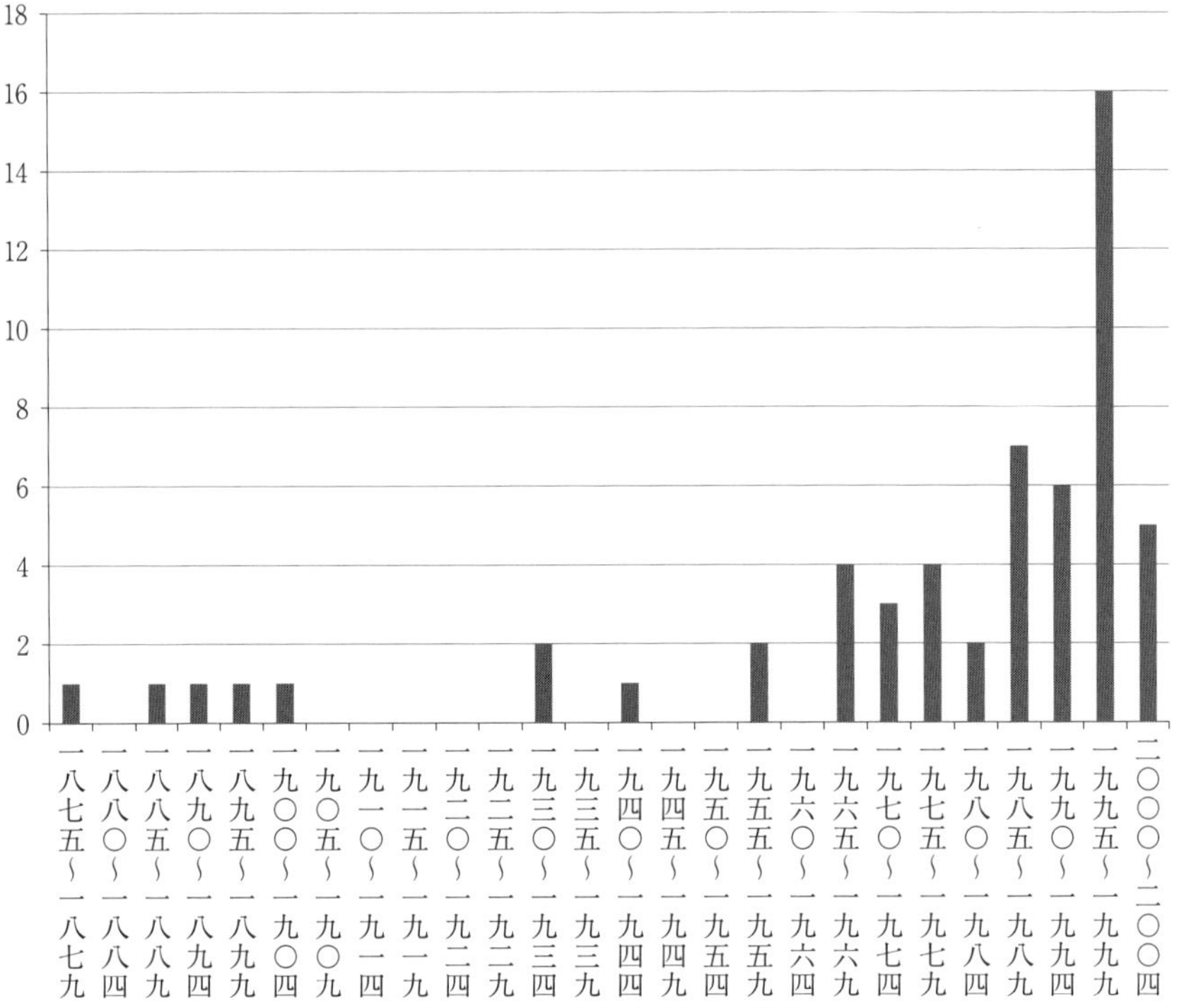

〈図4〉　宮城県内葬儀社の創業年

した。その時、懇親会をやったらいろんな業界の人が来ていたのですけれども、その中にJRの人が来ていたのですね。JRの人が来ていたのを意外に思い、「なんでJRの方が参加されたのですか？」と聞いてしまいました。すると「まもなくJRも葬送関係にも進出しようと考えていて、上司から是非このシンポジウムを聞くように言われてきたんですよ」と言われて、びっくりしました。確かに葬祭産業にもう既にJAが参入していましたし、地域生協などもやっていました。もとは葬祭産業と無縁の業界が、葬祭業に参入する現象が既にたくさん起こっていた、そういう時代ではあったと思うのです。

　このへんを簡単にまとめて言うなら、専門業者の参入が六〇年代から増加して、八〇年代後半には急増していったということです、宮城県では。で、この動きは、ある意味じゃ契約講が衰退したことと、ちょうど逆方向の動きになる……反比例しているということだと思うのですね。

さらに、これは後で言うことになるのですが、九〇年代以降になると、自宅葬から会館葬へという動きが顕著になってきます。つまり、九〇年代以降になると、葬祭業者のほうが自分で葬祭会館、フューネラルホールなど、そういった葬儀専門施設を作っていくという流れが出てきます。宮城県では、だいたい九〇年代以降になるかと思うのですが。

つまり一九八〇年代後半の日本、特に宮城県においては、土葬から火葬へという流れが出てくるわけで、この後に火葬一〇〇％時代を迎えるわけですけれど、そこでさらに契約講から葬儀社へというかたちで、葬儀をメインに運営する人たちが、地域の人たちから葬儀屋さんといった専門職にシフトしてきました。葬儀に当たっては、葬儀社、専門業者がイニシアティブをとるというふうに変わっていったということです。もちろん、契約講はすっかりなくなったわけではなく、今も機能しているところがありますが、イニシアティブを握っているのは、葬儀屋さん……葬祭業者であるという、そういうかたちに変化が確認されると言えると思います。

今述べたのが火葬普及の第一の影響です。もう一つは、これは私自身が前から調べていることと併せて考えてみたことなのですが、火葬が普及したということとの意味についてです。その一つが、宮城県……あるいは宮城県だけではなくて東北地方にある程度広く普及している習俗の問題です。

〈図5〉は、『宮城の冠婚葬祭Q&A』という、冠婚葬祭のハウトゥ本からとった資料です。そこには、宮城の葬儀の過程が図示されています。皆さん方の中には、これを見て「何だ、これ」と思われた方がいらっ

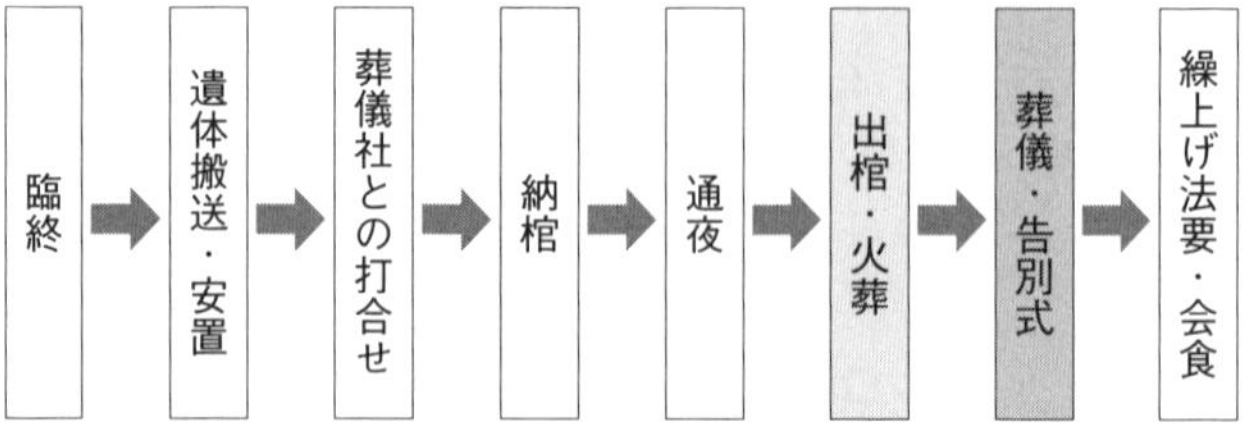

『宮城の冠婚葬祭Ｑ＆Ａ』プレスアート，2007 年

〈図 5〉　宮城県における葬儀の過程

しゃるかもしれません。この地域では、人が亡くなった後、お通夜をした翌日に出棺・火葬をし、火葬場から帰ってきた後に葬儀・告別式をして、それから繰上げ法要をして会食する、こういう流れです。

　これは、ハウトゥ本に書いてあるくらいですから、宮城県ではまず当たり前なスタイルです。火葬をした後、葬儀・告別式をする、こういう形式ですね。これ、地域によってはこんなこと全然なくて、お葬式にはちゃんとご遺体があって、葬儀が終わった後に出棺して火葬するという流れの地域の方も多いかと思います。宮城県で葬式に出た方が、遠くから自分がわざわざ来たのに、死者のお顔を拝見しようと思ったら骨になっていた。何で自分が来るのを待ってくれなかったんだって、けんかになるようなことがあるようです。つまり、このあたりがまさに文化の違いなのです。宮城県じゃこの進め方が当たり前だから、葬式の時には骨になっているのですけれども、そうじゃない地域の人は非常に怒るわけです。

　遺体を荼毘に付した後に葬儀・告別式を行うという習俗を、一般に「骨葬」と言っています。これを行う地域では、葬儀・告別式の時の祭壇には、ご遺体はなく、焼骨が置かれているわけです。

　しかしさらに調べてみますと、骨葬習俗は全国的に広く分布しています。長野や四国、九州にだってあります。全国的に散在しているのですが、東北地方にはことさら濃い分布が見られるということです。

　私は、さっきお示ししたような冠婚葬祭のハウトゥ本を、各県毎に集めています。多くは地元の新聞社や放送局が出版しているのですが、大変興味深いものがあります。本当は、全国を歩き回って調査したいのですけれど、次善の手としてハウトゥ本を集めています。そうした本を読むと、「我が県の葬送習俗の特徴こそ骨葬だ」といったことが書いてあるのは、青森県や宮城県など、東北地方に顕著にみられる特徴です。何かいかにも、これこそが俺たちの県の独自なところだぞといったふうに、書いてあります。で、この習俗があるということが、土葬を忌避する方向に作用しているのではないかというのが私の意見であります。これは私が東北地方の葬送業者に実施した郵送調査の結果です。調査の中ではいろいろなことを聞いたのですけど、その〈図6〉にお示しいたしましたこの地図、黒いところは、九〇％以上骨葬するという地域です。これは私がのうちの一つは、「お宅の会社で扱う葬儀のうちに」、骨葬という言葉は使わなかったのですけれど、「葬儀・告別式より前に骨にすることがありますか」、ということを聞いたのです。そしてさらに、「あるなら、それを何と呼びますか」、そして「それをするのはお宅のお客さんの何％ぐらいですか」と、あくまでも感覚的なものですけれど、伺いました。その答えをそのまま尊重しますと、九〇％以上というのが、一番濃いところです。この地域がいわゆる骨葬地域です。視点を変えるなら、今回の被災地は、とりわけ津波でやられた三陸地方は、ほぼ九〇％骨葬を当たり前にやってきたところだというふうに言えるのではないかと思います。

骨葬の薄い地域は、福島県の相馬地方、会津地方、それから山形県の庄内地方がちょっと薄いかなという感じがします。

よくよく考えれば、骨葬って火葬が普及してからじゃないと、起こり得ない習俗なのです。土葬の時代に骨葬って有り得ないわけで。あくまで、火葬をしてからじゃないと骨葬は出てこないわけですが、そういう

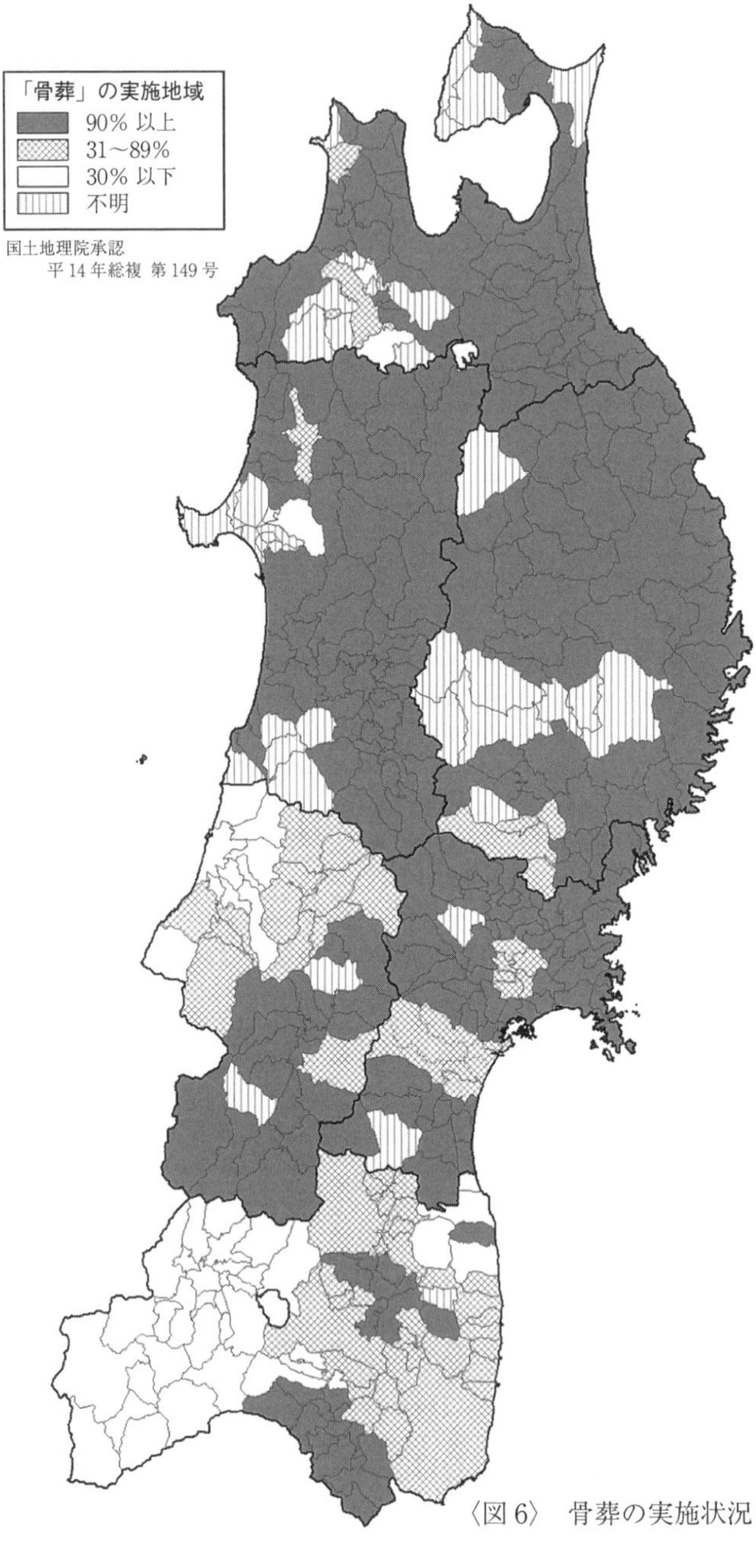
「骨葬」の実施地域
90% 以上
31～89%
30% 以下
不明
国土地理院承認
平 14 年総複 第 149 号

〈図 6〉　骨葬の実施状況

習俗が黒く塗られた地域に色濃くあるわけです。

じゃあ、その骨葬って、どのような意識でやられているのでしょうか。葬儀屋さんへの調査結果からは、遺体に対する不浄観に触れる理解が強い傾向が見出せます。

つまり、自宅葬から会館葬へ移ってきたのが一九九〇年代以降のことで葬儀社のほうで、故人のご自宅へ行ってお葬式を出すというよりも、もうフューネラルホール、葬送会館などといったものを作って会館葬でやろう、という動きが非常に強くなった。こうした理由としては、自宅があまり広くないとか、利便性だとか、あるいは自宅で葬儀をやると契約講の人々を動かしますから、契約講の人に面倒を掛けたくないと言った理由から、会館葬にシフトしていった流れが見いだせます。

どうもこうした動きに伴って、新たなタブーの感覚が表面化してきたように思われます。皆様方にもこれは是非伺いたいのですけれど、寺院で寺院葬を行う際には、執行する時の条件があるようですね。どうも、全てのところで言得ることかどうかわかりませんが、会館葬や寺院葬では会場への「ナマボトケ」の搬入は許されない、と言われるところが、この地域にはあるようです。「ナマボトケ」とは何ですか、と疑問に思われた方もいらっしゃることと思います。実はこのナマボトケという単語は、ご遺体のことです。ご遺体をナマボトケと呼んでですね、ナマボトケには死のケガレがついていると理解されているのです。ですから、ナマボトケを会館に運び入れることはやめてほしい、といった言い方をする葬祭会館があるようです。同じことは、お寺でもあると聞きます。そうした言説の根拠は、ナマボトケは不浄だから、というわけです。逆に言いますと、骨葬だったら問題はないと言うのです。骨葬、つまり焼骨を持ち込むなら許す、なぜならそれはケガレていないから。このように、焼骨を持ち込むことは許すけれども、ナマボトケはダメだっていう感覚が当該地域ではよく見られるようです。

骨葬地域で一つ言えるのは、骨は清浄だけど肉は不浄である、そういう考え方が共通に持たれていることです。骨になれば清らかだけれど、肉体はちょっとね……という、何かそういう微妙な心持ちがあるということなのです。

そうなってくると、さらに考えなくちゃいけないことが出てきます。それは、骨葬が行われる理由は何か、ということです。

そこで、ちょっと骨葬をする場合の納骨時期を調べてみました。その結果が、〈表2〉です。国立歴史民俗博物館というのは、千葉県の佐倉市にある博物館ですけれども、ここで、『死・葬送・墓制資料集成』という報告書を、新谷尚紀先生が中心になって作られました。地域の葬送墓制に関する資料を全国的に集めて、全部で四巻本の大部な資料集を作ったのです。そのうち、今お見せするのは東日本に相当する部分の成果の一部から、私が作成した葬儀の流れです。この資料集では、同一地域における葬式を、三十年前の時点と調査した時点の二通り事例として採りあげ、その変化を記述してある点で、大変に興味深い企画となっております。同じ地域から異なる時代の記録が採られているわけで、あたかもタイムマシンで時代を行き来することができるような感じで、全国各地の葬送墓制の実態の記録がいっぱい集められておりました。そうした資料を私が整理して東日本の葬送習俗次第をまとめてみると、こんなことがわかってきました。

この経過を見て最初に言えることとは、火葬を葬儀に先立って行う骨葬地域では、葬儀の日と納骨をする日がほぼ同じだということです。上からいきます。下北の東通では葬式四日目、納骨四日目。次に八戸は葬式五日目、納骨五日目。宮古は五日目、五日目。……全部、葬儀の日に納骨しているのですね。関東に目を移

〈表 2〉　東日本の葬送習俗次第における火葬の位置

地域	次第						時期
青森県下北郡東通村	入棺(2)	火葬(3)	通夜(3)	葬式(4)	葬列(4)	納骨(4)	H8
青森県八戸市	入棺(2)	火葬(3)	通夜(3)	葬式(5)	葬列(5)	納骨(5)	H1
岩手県宮古市	入棺(2)	火葬(3)	通夜(4)	葬式(5)	葬列(5)	納骨(5)	S40
岩手県宮古市	入棺(1)	火葬(2)	通夜(3)	葬儀(4)	葬列(4)	納骨(4)	H4
宮城県牡鹿郡女川町出島	入棺	火葬(2)	通夜(4)	葬儀(5)	葬列	納骨(5)	H8
山形県東置賜郡高畠町時沢	通夜(2)	入棺(2)	火葬(2)	葬儀(3)		納骨(3)	S46
山形県東置賜郡高畠町時沢	通夜(1)	入棺(1)	火葬(2)	葬儀(5)			H9
福島県相馬市大坪	入棺(3)	通夜(3)	火葬(4)	葬儀(4)	葬列(4)	納骨(4)	H10
栃木県大田原市若草町	入棺(2)	通夜(2)	葬儀(3)	火葬(3)		納骨(35)	S9
埼玉県所沢市北野	入棺(2)	通夜(2)	葬儀(3)	火葬(3)		納骨(49)	S28
千葉県松戸市	入棺(2)	通夜(2)	火葬(3)	葬儀(3)	野辺送り(3)	納骨(3)	H6
東京日野市宮	入棺(2)	通夜(2)	葬式(3)	火葬(3)		納骨(3)	H6
神奈川県大和市深見	通夜(2)	入棺(3)	葬儀(3)	火葬(3)		納骨(7)	H2
長野県長野市安茂里	通夜	入棺(2)	葬儀 or 火葬(3)			納骨(3)	S35
長野県長野市安茂里	入棺(2)	通夜(2)	火葬(3)	葬儀(3)		納骨(49)	H6
新潟県佐渡郡相川町関	念仏(1)	入棺(2)	通夜(2)	葬儀(3)	火葬(3)	納骨(7)	S36
新潟県佐渡郡相川町関	念仏(1)	入棺(2)	通夜(3)	葬儀(4)	火葬(4)	納骨(7)	H7
新潟県上越市	入棺(2)	通夜(2)	葬儀(3)	火葬(3)		納骨	S40
新潟県上越市	入棺(2)	通夜(2)	葬式(3)	火葬(3)		納骨	H5
静岡県裾野市富沢	入棺(3)	通夜(3)	火葬(4)	葬儀(4)	野辺送り(4)	納骨(4)	S40
静岡県裾野市富沢	入棺(1)	通夜(2)	火葬(3)	葬儀(3)	野辺送り(3)	納骨(3)	H5
静岡県磐田郡佐久間町	通夜(1)	入棺(2)	葬儀(2)	火葬(2)		納骨	S61
石川県七尾市	入棺(2)	通夜(2)	葬儀(3)	火葬(3)		納骨(一周忌 or 三周忌)	S33
石川県七尾市	入棺(2)	通夜(2)	葬儀(3)	火葬(3)			H9

国立歴史民俗博物館『死・葬送・墓制資料集成』東日本編 1・2 より鈴木作成
(　)内の数字は死亡以後の日数

しても、千葉県松戸も三日目、三日目ですよね。で、静岡県裾野は四日目、四日目、三日目、三日目。全て同じ日に納骨されていることが明らかになります。

ところが、骨葬ではないところです。葬儀が三日目で、そのあと同日に火葬、納骨は七日目、三十五日あるいは四十九日目というところ、さらには一周忌っていうところまであります。一周忌もしくは三周忌というのは、これ七尾市ですね。つまり、ここから読み取れることで言うと、骨葬地域は、まず葬儀当日に納骨を完了するのです。これが、一体どういう意味をもつかということです。葬儀後に火葬をやるところは、四十九日の納骨が多かったりもするのだけど、つまり土葬時代、土葬をする時は葬儀は遺体埋葬で終わるわけです、土葬による葬式の遺体埋葬という部分、骨葬地域ではおそらくこれがそのまま生きているのだと思われます。遺体を埋葬することによって葬儀が終了するという、そういう土葬時代の習俗の考え方と非常に近いものがあるのではないか。つまり葬送儀礼の終了は、納骨で終わりであるという意識が窺えるということです。

さらに言うと、焼骨の納骨をすることで、死者として完成していると考えているのではないか、と私は思うわけです。逆に言うと、そういう地域においては現代、土葬された遺体というのは完全な死者とは認識されていないのです。だから、土葬を採用することがほとんど無くなった現代において、土葬にされた死者は完全な死者じゃない、と考えちゃうわけです。

このあたり、私がこのところ引っかかっていることなのですけれども、一旦土葬したにも関わらず、できる限り急いで改葬したという震災時に見られた宮城県の事態は、そういう価値観を前提に考えますと十分理解できることのように思われます。

「遺体」と「焼骨」、まあ「肉」と「骨」って考えても良いと思うのですけれども、死者に対する認識を考えると、土葬では死者はご遺体、ある意味「肉」なのですね。ところが火葬では死者は焼骨となっているわけですから、「骨」になるわけです。この両者の認識の違いが、遺体と焼骨という対比もできますけれど、これが先ほどのナマボトケの言い方からすると、「不浄」と「清浄」という対比にもなる。そしてもう少し言うと、土葬されたご遺体というのは、まだ最終的に土に還るまでの「経過点」でしかない、というのに対して、骨になれば「終着点」である。その意味で土葬は「不安定」であるが、火葬は「安定」であるというそういう対比にも通じるのではないでしょうか。ですから、これは感情的なものですけれども、土葬に対しては嫌悪感を持って受け止められるのに対して、骨になった場合は親近感、これ最初に申し上げた火葬場から骨が出てきた時の何となくホッとしたような安堵感というのですか、そこにも通じるようなところがあるのではないかな……と考えております。

さあそれで、そのへんをちょっと図式化してみたのが〈表3〉です。まだちょっとあまり良くないので、さらにバージョンアップしたいと考えておりますが、とりあえず現段階ということでお含みおき下さい。

時間が経っていくと、死者は「肉」の部分と「骨」の部分とでまず考える。これが可視化されたところです。これは、目に見えるわけです。霊魂はちょっと置いといてですね。で、「火葬」では、肉体は死亡確認後「火葬」にされますから、あとは「葬儀」、「納骨」というふうに進むわけです。「土葬」の場合は肉体で死亡確認した後「土葬」にして、そのあと骨になるかどうか、このあたり普通は見ることはないですよね。沖縄の場合のような二次葬を行う改葬文化のあるところは、死後七年、一三年後などに掘り出すといったことをやりますけれど、一般には「土葬」をしたところは埋めたらそれっきりです。多分、お棺の中の空間が

〈表3〉　土葬復活からみる死者観念

時間	死者	火葬	土葬	仮埋葬	ケガレ	（死者としての完成度）
↓		死亡確認	死亡確認	死亡確認	高	低
	肉				↓	
			土葬	土葬		
				発掘		
	骨	火葬		火葬		
		葬儀		葬儀		
		納骨		納骨		
					低	高

つぶれたりするから、微妙に傾いた墓石が林立するといった墓地風景になっちゃったりはするけれども、墓を開けて骨を再度出すということはしないので、ここで終わっちゃいます。

それに対して、「仮埋葬（土葬）」ということが今回あったわけですけれど、「死亡確認」して「土葬」して、それをわざわざ発掘して「火葬」し、そして「葬儀」をして「納骨」するということがあったわけです。今回、緊急避難的になされた「仮埋葬（土葬）」があっと言う間に「改葬」された〝事件〟には、ケガレに対する認識が作用していたように考えられます。身近な死者を、少しでもケガレの薄いところへ向わせたいという気持ちが、人々を改葬へ走らせたものと考えられます。つまり、死者としてのあり得べき姿は、まず骨になっていなければいけない、というのが骨葬地域の基本的な考え方なわけなのです。

さらに言うと、今回の場合は骨になっても納骨できないケースが数多くあるわけです。墓が壊れて使えないとか、原発の影響で墓地まで行けないなどの理由からですね。こうした人々のたっての願いは、焼骨を納骨して、漸く一段落と考える考え方が被災地では一般的であったように思われます。

たとえば、福島の南相馬市へ行くと、警戒地域で入っちゃいけないところから一キロぐらいのところに岩屋寺という曹洞宗の寺院があります。そのお寺には、警戒地域内に自宅のある方々の関係者の遺骨が骨箱に入ったまま、本堂にいっぱい並んでいるのです。厳密に考えるとそういう状態も、本当は安定した死者じゃないと考えられます。本来なら、骨を墓に埋納したところで葬儀が終了するという意識がありますので。

また今回の震災における死者の扱いについては、さまざまなレベルが見られました。そもそも行方不明のままであるという方も多々いらっしゃいます。遺体がないので生死不明と言うことになるわけで、こうした場合、長い期間行方不明のその人の生死を、一体いつ、どのように判断すべきか、ということがとても難しい問題となります。そのため、そういう方が近くにいらっしゃる同じく親族を亡くした方の中には、「うちは遺体が出てきただけでも良かった」と考える方がしばしば見られます。「遺体が出てきたなら火葬をする」、「火葬が済んだら葬儀を出す」、「葬儀が済んだら納骨する」、こうした段階を踏むことができるからです。ある意味で、死者が死者として安定化していくためのステップを踏める分幸せであると考えるのでしょう。その背後には、どうも死者としての不安定な状態は、ケガレた状態として忌避すべきとする考え方があるように思います。

さて、今まではどちらかというとミクロな話をしてきたのですけれども、もうちょっとそれをマクロな視点から考える問題をお伝えすることで、最後にしたいと思います。

伝統的な日本社会における死者というのは、一般にはイエで祀る死者です。これ、柳田國男が「先祖」を規定する時に、「先祖とはその家で祀るのでなければ、他のどこでも祀られることのない死者の霊である」と定義することに通じることです。つまり、先祖とは、子孫の家でしか祀られないのです。だから、そのイエで祀られなかったら、「無縁様」になるしかない、そういう存在なわけです。イエの先祖というものを考える時、こうした信仰は日本人の信仰の根本的な部分を形成しているのではないかと思います。自分のイエのご先祖様は大変重要で、緊急事態に直面した際、位牌を持って逃げるという話はよくあります。そしてイエの先祖というのは普通、亡くなった後、葬儀や法事を繰り返し、弔い上げと称して三十三回忌とか五十回忌の弔い上げを過ぎることで、先祖代々として無個性の霊の塊として祀られるようになると考えられています。

柳田國男は先祖代々になると「祖霊」と言って、まあよく「祖霊神学」なんていう言い方で揶揄されたりもするわけですけれど、祀られ、それが神的存在になると考えます。例えば、鈴木タロベイという人がいたとすると、三十三回忌で弔い上げを済ますと、その後タロベイの法事はしなくなります。しかし鈴木家先祖代々の霊になるから、ジロベイさんの十三回忌をやる時に先祖代々の位牌も併せて祀ることで、タロベイ個人の名前は忘れられるけれども、タロベイの霊魂も混ざっている鈴木家先祖代々を祀るんで、タロベイも祀ったことになるわけです。このシステムって、すごくいい加減だけれど、すごく良いシステムだと思うのです。そうしたかたちで、先祖の個人名などが忘れられても、結局は先祖代々を祀ることですべての先祖を祀っていくことになる。子孫たちがズボラにしていても全く問題とならない、大変に都合の良いシステムが今までずっとできていたと思います。

死んだ直後は死のケガレが濃いため、初七日から二七日、三七日……七七日って、死んだ直後にはことさら密に儀礼がありますよね。密に儀礼があるのは、ケガレてしまった霊を、しかもその霊自身がどう死んでいいかわからない、死にたてのホヤホヤの霊を周りの生き残った人たちが一生懸命バックアップするかたちで、安定させるために儀礼を行うのです。そうした儀礼を繰り返すことで、時間が経つと共にだんだん安定してくるから、百ヶ日が過ぎ、一周忌、三回忌など、儀礼の間隔自体が次第に間遠になって来るのです。そうしてケガレが薄くなり、すっかりケガレがとれちゃうと、最終的には神的存在になるのだというわけです。

伊豆諸島の事例では……私は行ったことがないので本で読んだ請け売りですけれども、人が亡くなってお位牌を作りますが、亡くなって間もなくは仏壇の下のほうに置いてある。それが法事をするたびに、だんだん仏壇内の上の棚に上がってきて、三十三回忌になると、仏壇の上に吊ってある神棚に位牌を乗っけちゃうんだそうです。こうした習俗は、まさに象徴的ですよね。神棚の上に乗せられた位牌は、紛れもないカミですよね、一種のね。もとは死者だけど、法事を繰り返すうちに清らかになったから、だんだんと高いところに上ってきちゃうわけです。その結果、ホトケだったのがカミに変わってしまう。まさに柳田國男なんかは大喜びするだろうなというような事例だと思うのですけれど、神的存在になる。まあ柳田の場合、それが氏神になるというところまで言うわけですけれどね、そうした考え方に通じるものかな……と思うわけです。

で、そういう時に、私自身が今回の震災ですごく気になったのは、先祖祭祀の危機ということです。被災者のお宅は自宅がすべて流出しちゃえばもうどうしようもないのは勿論ですけれど、特に仙台平野より南の方は、リアスじゃないので、津波が来たのですがそれ程高くなく、だいたい建物の一階だけがやられたところがたくさん見られました。建物の一階がやられるというのはどういうことかというと、普通仏壇は一階にあるわけです。だから、仏壇が流され、仏壇の中に入っていた位牌、過去帳、遺影がなくなっちゃうわけです。そういうことが自宅であるわけです。

で、同じことが、被災者の檀那寺においても同様に見られ、本堂がやられちゃうわけです。宮城県の場合、宗派にもよると思いますが本堂の後ろのほうに「位牌堂」と称して、檀家各戸の位牌が安置されている部屋があるわけです。本堂が流失して浸水すると、寺で保管していた過去帳や、同じく一階にある位牌堂の位牌とかが全部流失しちゃうということが起こったわけです。そしてさらに、お寺や地区内にあった墓地も、津波を受けて墓石が倒壊し、さらには津波ってすごいですね、焼骨が入っていた墓石下の地下部分のカロートの中を全部洗い流してしまったのです。そうすると、焼骨が全部流れることになるわけです。

こうした一連の出来事をまとめて考えてみると、先祖のシンボルが全く無くなっちゃうのです。自分の父親、母親の戒名を覚えているという人は多いかもしれないけれど、じいちゃん、ばあちゃん、ひいじいちゃん、ひいばあちゃんって、われわれはすべての先祖の戒名を覚えてはいないのではないかと思います。そうするとこれから、自分の家の系譜自体が、わからなくなる、そういう先祖祭祀の危機的な状況が起こっている地域もあるということを、私は気にしているところです。

つまり、先祖のシンボルがなくなるから、個別死者の記憶が震災を契機になくなるのです。私はこのことを心配して、仙台空港のすぐ南の岩沼市に行った際、地元の方に伺ってみました。ここは津波で寺が流出し、墓石もみな流されるような被害のあった地域です。先日伺った際、「ご先祖さんの名前やその系譜はわかりますか」ってお聞きしたのです。そうしたら何と、震災直後に地区の人たちが区長さんの号令で集まって、何をしたと思いますか。墓石の脇に立っている墓誌を集めに行ったというのです。その地区の墓にはほとんど、墓誌が建っていたのですね。そこでそれを、一〇〇メートル以上流されていたって言いましたけれども、墓誌を地区総ぐるみで捜索に歩き、見つけるとそれを元の墓地脇にまとめて集めるということを、やったのだそうです。そこへ行って我が家の墓誌とわかると、それを確保して、現在行われている墓の再建に活かしているようです。先日行った時、まだいくつもどこのだかわからない墓誌がありましたけれど、行くたびにその数は少なくなっています。墓誌の発見に留意したことは大変賢いことです。墓誌には先祖の名前などが石に彫ってありますからね。これを通じて先祖との系譜を再構築することは、充分に可能であった訳です。しかしこうしたことをすべての地区がやったわけではありません。墓誌がなかった、そもそも作ってなかった、流れちゃって見つからないなどといったところでは、先祖や先祖に関わる系譜の手がかりはないわけです。

つまりこういうことです。この〈写真1〉のように津波によって建物の一階がやられちゃうんですね。二階は残っていても一階がやられちゃうと、そこに入っていたはずの仏壇やその中の位牌・遺影・過去帳、全部流れちゃうわけです。そうすると、もうどこに行ったかわからない。まあそういう中で、いろいろ奇跡的な話も聞くのですけれどね。お位牌が行方不明になっていた石巻市の方から聞いたお話では、お母さんの位牌はビックリしたことに、仏壇の下の引き戸の中に入っていたそうです。元は仏壇の中に飾ってあったはずなのに。それも震災前にはその引き戸は閉まっていた。ところがその中に入った状態で位牌が見つかった、という奇跡みたいなことが聞かれます。この場合、お父さんの位牌は隣の部屋まで飛んでいたとのことで、なんかお

〈写真1〉 一階が流された民家

母さんは生前きちんとした方だったから、やっぱり亡くなってからもそうやって子どもたちに迷惑かけないようにしたんだろうって言うのです。

まあ、そういうふうにして残っていればいいですよ、残らないところがいっぱいあるわけです。〈写真2〉は浄土宗のお寺ですけれども、ここ壊滅的にやられているのです。本堂は、すっかりやられているんですよね。かろうじて少しお位牌が残っていますけれども。

このお寺の脇には墓地があります。〈写真3〉です。四百基くらい多分あったんじゃないかなと思うのですけれども、全部ひっくり返ってます。ぱっと見ですね、棹石が直立していた墓は二ヶ所くらいで……直立と言っても当然前後左右に動いていますけれども。他は皆ひっくり返っています。

〈写真2〉　津波で被災した寺院の本堂内部

それで、これです。これカロートです。カロートに花が入っているということは、多分このお宅の関係者が供えたのでしょう。津波の後に墓地にやって来たらカロートが開いてしまい、中に埋納されていた骨が全部流出したってわけです。何も残っていない、ヘドロがカサカサに乾燥したところに、花が置かれています。

津波で流された墓地の多くでは、骨が散らばっている光景を見ることがしばしばあります。そうした骨は、どなたのものかわからないまま、そのままになっているところもあり、まとめて一ヶ所に集められているところもあります。こうなってしまった骨は、恐らく最終的にはまとめて合葬するしかないのでしょう、誰の骨か分別することが不可能ですから。まあそういうかたちで、先祖祭祀の流れの中から、イエに関連していた死者の一部が外れていくことになるのだと思います。

つまり、仏壇、寺、墓といった先祖との接点としてあった場所が津波で流されたことにより、イエの先祖がもうわからない、今後そういう話になる可能性のあるところが出てきたということです。だ

〈写真3〉　津波で倒壊した寺院墓地

〈写真4〉　洗い流されたカロート内部

から予想される動向としては、イエの死者一般に関して言うと、今の人から見て三代前の人とか四代前の人とかというのは、三十三回忌などの弔い上げが来ると祖霊化するはずなんですけれど、手がかりがもうわからないとなると、もっと短期間のうちに「先祖代々」にする可能性が出てきます。つまり具体的個人の位牌ではなく、「〇家先祖代々」という位牌を作っちゃうというのが一番手っ取り早いわけですね。私のやっている被災者支援活動でも、未使用のお位牌を入手したので、欲しい方に持って行ってもらっています。被災地の方たち、位牌を流出してしまったので代わりに新しい位牌がほしいって言う人、結構多いんですよね。そういう方たちが持っていかれると、イエの先祖をまとめて「先祖代々」などと書くことになるようです。

だから、本当だったら個人の戒名が書かれて個別に供養されるはずの年代の死者であっても、全部先祖代々になっちゃって、そういうかたちで、脱個性化が促進され、個性がすっかり忘れられちゃうケースも出てきているということだと思います。そのかわり、本当に自分にとって大事な死者との関係は負い目がすごく強いですから、死者の個性を何とか維持して、それは記憶していこうということ、そういうことを思っていらっしゃる方が、今、とても多いです。つまり、一人の人が、この世で重なった自分にとってすごく大事な死者と、ちょっと前のイエの系譜に連なるこの世では重ならなかった人とで、大きな差が出てくるのです。

つまり、そうなると、これまでのイエ意識に根ざしたイエ中心的な先祖の観念が、ego-centeredって、まあ自己を中心とするネットワーク内の死者観念の中で形成されるという方向へ、今後とりわけ被災地の中で進んでいかざるを得ないこととして示されているように感じています。

こうした私の推測はともかく、死者に対する今後の扱いがどのように展開するかは、日本文化の中で死者をどう祀るかということを考える上ですごく重要な動向を提供するものと思っています。

最後に、あまりよい図ではないのですが、まとめをお示ししたいと思います。人は死ぬと、「霊魂」と「遺体」に分かれるわけですけれど、霊魂というのはどちらかと言うと清らかだと考えるのです。でも死にたての場合はまあ神道的には荒御霊になったりするということで、まだちょっと怖い存在。それでも時間経過と共に徐々に死のケガレが薄まり、白くなってきれいな存在になってくると理解されているように思います。

それに対して、火葬をすると骨なんですけれども、ここは真白ではなくてちょっとグレーじゃないかなと思うのです。そのグレーが弔い上げを過ぎるようなところまでくると、徐々に白く変わってきて、あとはここは真っ白けという、非常にピュアな清浄なかたちになってくる。で、土葬の場合は最初は肉なんで、もう少しここは黒っぽい。非常にまだケガレた感じで黒っぽい感じ、それが時間経過と共にグレーっぽくなり、これが徐々にきれいになって、弔い上げを過ぎると、だいたいきれいになっていくことになります。

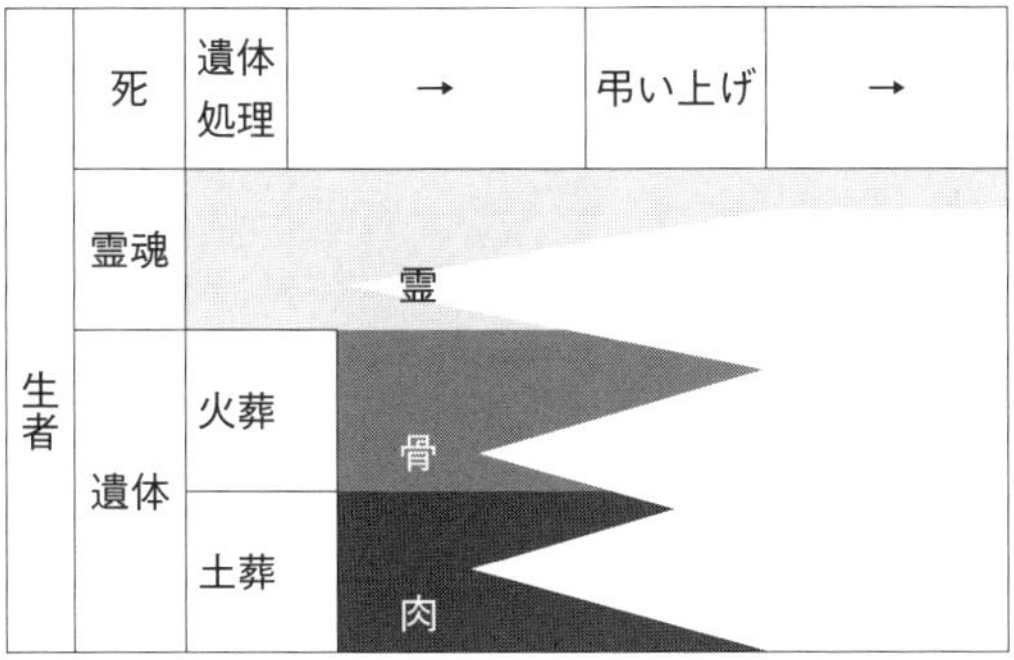

〈図7〉 ま と め

我々が、法事を五十回忌、せいぜい五十回忌で弔い上げを止めている理由は、百回忌やろうとしたら、記憶にその人のことが留められている百回忌への参加者は、おそらく百十歳くらいになっています。百回忌の対象となる人とこの世で重なるなどというのは、なかなか難しいことであるので、やる必要がないというか、実質的ではないのでやらない。そういう意味で言うと、五十回忌ぐらいだったら、たとえば六十歳の時に、ああ私が十歳の時に亡くなった……っていうようなかたちで想いが通じるわけですよね。

そういうことで「弔い上げ」という、個人の追善供養をする機会にリミットを設ける考え方が、重要になると思うのです。だから我々生きている人間にとって、だいたい五十年ぐらい前に亡くなった人ぐらいまでの思いが一つの段階を作っているように思われます。こうした線を引くことができることで、それより前に亡くなった人たちって、どうもだいたい一緒くたに皆匿名性の中にまとめられていく。そういう意味で言うと、柳田國男の祖霊、弔い上げ後には祖霊という抽象体に合体していくという考え方は、話としてはおもしろいのかなと思うとともに、それ以前にこれまでの日本の慣行として、「弔い上げ」というシステムが創出されてきたという点が大変興味深く思います。

本日は、霊と肉と骨という観点から日本人の死者観念について、お話しいたしました。一言で申し上げれば、これまで良く指摘されてきた「霊肉二分論」は、それはそれで興味深いのですが、日本人の信仰習俗を見ていく場合、それに加えて「骨」といった観点にも留意することが必要になるのではないかという、私が今考えているまだ半熟な意見をご披露いたしました。今後このラインに沿って、議論をもう少し深めていきたいと考えているところです。予定通りにお話しでき、質問時間に食い込まずに済みました。後はご質問やご意見を承って、いろいろとご指導いただこうと思います。

質疑応答

司会――鈴木先生からは、東日本大震災時の遺体処理、改葬という状況を通じて見えてきた死者観念の変容について、を中心にお話いただきました。

今、先生から言われたように、まだ十分以上時間がございます。せっかくの機会ですので、質問を受け付けたいと思います。挙手をして、どうぞよろしくお願いいたします。いかがでしょうか。

質問者――大正大学の吉田と申します。今日は本当に大事な話を詳細にお話しいただきまして、ありがとうございました。非常に大事な問題ですけれども、質問を一つ伺いたいんですが、土葬を忌避するというところに、ケガレとかそういうところが出てくるわけですけれど、骨と肉というか……いうかたちでのご指摘があったんですけれども、その……それだけなのかな。それだけで土葬を改葬したのか、というふうに考えますと、やっぱり改葬をした中には、もちろん火葬ということを希望したんでしょうけれど、火葬ということは、どういうふうに……宗教儀礼によって、たとえば戒名を付けるとかですね、そういう個々の亡くなった人に対する宗教儀礼というものが今まで行われてきたわけでありまして、そのことがやはりできないと、まあ白木の位牌は作ったかもしれないけれども、これは戒名じゃなくて、名前かあるいは不明というようなかたちでしかできない、ということはあるし、また個々の遺体というものが自分の墓地に埋葬されないというか、皆同じに埋葬されちゃってですね、でそこに何らかの宗教儀礼がなされていない、ということに対する不満と言いますか、これでは浮かばれない、という気持ちが当然あったかと思うんですね。

ですから、土葬を忌避したというだけじゃなくて、そういう土葬というかたちでしか埋葬されないということに対する大きな不満と言いますか、癒しがそこで行われなかったということは当然あるわけでございまして、そのへんはやはり……何と言いますか、霊というものがただの霊と肉と骨というふうに分かれているんだけれども、しかし霊というものは慰霊されるわけです。しかも自分の家族が……自分のところの住職にやってもらいたいという、そういうことがあって、おそらく今日のお話のような結果が出たと思うんでございますけれども、やはりそういう意味で、宗教というものの根本がそこに含まれているのではないか、というふうに考えまして……そのへんをお聞きしたいと……。

鈴木――はい。ありがとうございます。あの……えーっとおっしゃるところ、その通りだと思います。ただ、ですね、たとえば先ほどお見せしましたように気仙沼市の場合は、正式な墓地として土葬地を墓地として認定しようとしているわけです。だから実際、そこへ墓参りなど、……確かに土葬のところですから、かたちは普通の墓地とは違いますけれども、墓参りができないわけではなく、お坊さんもそういうところへ入って読経されたりとか、儀礼面も同様に可能な状況を担保してありました。

ですから、一概に全て同率にはならないことではあると思うので、先生がおっしゃったところのような地域ももちろんおありかと思います。ただ、それが全てとは言えなくて、ただ今おっしゃったように、儀礼ができない、通常の儀礼ができないという場合は、ご指摘の通りになるのだと思います。

また「霊は慰霊されなければいけない」とおっしゃいましたけれども、それはその通りだと思います。ですから、そうしたところへの思いが、もしかしたらものすごく強かったという言い方もできるのかもしれません。

つまり、ご遺体がどういう状態かということを考えるよりも、土の中から早く出したいという思いが強いということが、そういうことに拍車をかけて、十一月の時点でですね、土葬されたご遺体をもう全部出すというようなところまでいっちゃった、というところが一つ。

それと私自身思うのは、全然宗教的じゃない話になって申し訳ないのですけれども、今回の問題、日本人の画一主義的な考え方も作用していると思うのです。つまり近所に住む○さんは土葬にされた彼のおじいちゃんを掘り出して改葬したんだぞ、って聞いた時にですね、よその人がやったのに自分の家がやらないということに対する後ろめたさもあって、よそが掘りだしているのにうちは規定通り二年経つまで待ちますって、そういう選択をすることは、ちょっと先祖に対するというか、亡くなった人に対することでも失礼だと考えるわけです。つまり人の目みたいなものですね、そうした流れも、多分一方ではあったことと思います。これ全然宗教的な話じゃなくて、申し訳ないのですけれども、多分そうしたところ。よそがやったのだからうちも、ってそういう調子でやられたのだと思います。最初にやられた方は、行政にある意味じゃゴリ押ししたところから切り崩していったのではないかと思います。かなり早いところは。ゴリ押ししてでもやってくれたじゃないか、というところがあると、二年なんていう土葬時の約束は、あれは反故にしても良いんだみたいなところも、時間と共に出てきたのだという気はいたします。

ただ、結局は自分の家の墓があった人にとっては自分の家の墓に入れたいという気持ちがあるのは先生おっしゃられた通りで、墓のないところの人たちは、ちょっとそれがどうだったのかわかりませんが、墓のある方は早くにそこへ安定させるようにしたと思います。

今お話された最初の意味は理解できますので、もう少し宗教儀礼としての意味合いにも配慮してみたいと思います。どうもありがとうございます。

質問者――まっ、特にあの仏教の場合はですね、舎利と言ってね、ありますけれども、キリスト教とかは土葬ですよね。これは火葬にするというのはローマ法王庁で、衛生上の問題から火葬を認めたというのは、五〇年くらい前ですよね。それはやはり宗教観の違いというか、亡くなった人が復活するという時に、死んだ時の体で復活するという考え方があるわけですね、キリスト教に。それは、あのイエス・キリストが埋葬されて、それで三日後には復活して天国に行ったという。その時、イエスも……天国に行ったイエスも体には聖痕というのがあって、十字架にかかって、槍で突かれたり釘で打たれた痕が生々しく血が出ているのが、天国に帰ってイエスの体……これはあの向こうの美術館にたくさんそういう絵がある。それはもう全然違うんですね。仏教の場合には、お釈迦さんは火葬にしたわけですね。そういう長い時間の中で、やっぱりお骨というものの聖なるものというそういう考え方というのは、これはあの単に近所がやったから掘るとか、そういう問題とは違って、非常に根本的な考え方が根付いているような気がいたします。

鈴木――ありがとうございました。

まあもちろん、火葬ができる前は土葬だったわけですから、えーっ……あれですが、そういうふうに私は思います。

あのただですね、えーっと、キリスト教、例えば英国国教会の盛んなイギリスの場合は、どんどん火葬が採用され、現在死者の七割ほどは火葬だと言われています。現在もなお火葬が認められないのは、ムスリムです。

実は今回の東日本大震災でも、ムスリムが亡くなっています。これ、あまり知られていないことですけれど、私のところにインドネシアからの留学生がいます。地震直後に彼が、塩釜港に入港している船のインドネシア人船員二人と電話で話しています。その後、津波が来たのですが、そうなって以後は電話に一切出て来ないのだそうです。だから、ほぼ間違いなく亡くなっていて、行方不明になっています。遺体がもしも収容されているとするなら、恐らく焼かれたと思うのです、火葬されたと思います。これはインドネシア人のムスリムにとって大問題になるのです。ムスリムにとっては、死後焼かれることは、受け入れることのできない侮辱なのです。日本で身元不明のご遺体が出てくると、多かれ少なかれ、最終的には火葬にされることになります。今回の震災について語られる際、被災者の中にムスリムが混ざっていたということは表に出ていないことなので、遺体が見つかったとしても身元不明者として火葬にされている可能性が大いにあることになります。場合によると、大きな問題となる火種があるかもしれません。

ただ、ただですね、グローバルに言って、今世の中の流れというのは、火葬へシフトしています。これ一番わかりやすいのは韓国の例なのですけれども、韓国の伝統的宗教は儒教です。儒教でもちょっと前までは、遺体が焼かれるということは、死後辱めを受けるという言い方がなされ忌避されていたのです。どこの社会でも問題になっているのは、土葬にすると幾ばくかの土地を占有するということですね。ですから墓を造ることは、宗教的な問題とか文化的問題とする視点の他に環境問題という側面からも大きな問題となってきます。さらに伝統的な韓国文化によれば、墓を作る時には風水の吉地に作らないといけないのです。南面してちゃんと川を前にもってという、そういう風水思想にあった土地は次第になくなっちゃうわけです。そうすると悪口があって、韓国はいつの間にか、最終的に国中墓だらけになるぞ、みたいな言い方が出てくるようで、それである時、財閥の偉い方が、自分が死んだら火葬にしろ、と言い出し火葬の流れが始まったと言います。大都市だったら今では、火葬が七割ぐらいにまで普及しております。これ、私がちょっと……二五年ぐらい前に調査に行った時に、ソウル市でも火葬炉を作るようになりました。それまでは有り得なかった話なのですよね。儒教的には有り得ないのですけれど、もう価値観がシフトして、火葬が都市部じゃ当たり前になっているのです。

こういった具合で、どうも世の趨勢として、環境問題だとか土地の問題とかいうことが、宗教的な価値観といろいろバランスをとりながら形を変えていっているのだと思います。つまり、さっき申し上げた画一的な人々の志向というところに通じるのは、「社会的価値観」ですね。そういうものが、ちょっと宗教の思想的な価値観を押さえつけている、そういう時代になっているんではないかという気がするんですよね。

ちょっとこのあたり宣伝になりますけれども、七月七日に、大正大学のほうでシンポジウムを開かせていただきます。私のやっている科研の研究チームが、国立歴史民俗博物館と大正大学と手を組んで、「死の文化の変容」という題でやります。その際には、韓国、中国、台湾、日本の現在の死の文化の変容ということが話し会われることになりますが、その中では東アジア各地の葬送墓制の新たな流れについてお話しいただくことになっておりますので、ちょっとそういう方面に関わる新しいニュースも聞けるかなと思います。みなさま、もしよろしければ是非いらしていただけたらと思います。……というか私も参加しますので、大正大学に行かせていただきますので、どうぞお時間ありましたら、ちょっと足を延ばされていただきたいと思います。ありがとうございました。

司会——はい。ええと……そうしましたら、もう一方だけですね、端的にもしご質問があれば、せっかくの機会ですので受け付けますが……。

質問者——はい。

司会——先生、お願いします。

質問者——大変興味深いお話をいただきまして……この「改葬の動き」というところの下のところに、土葬から改葬へ、このデータが載っていますけれども、東京の瑞江という火葬場でですね、三百遺体の火葬をしたんですね。そこに対して行政のほうがですね、実に冷たい態度をとって、宗教者がそこでお経を上げたいと、供養をしたいというのを拒否されましてね、であの門のところ……ようやっとですね……門を入ってすぐのところに簡単な祭壇を開くことができて、そこで各宗のキリスト教も神主さんも宗旨を超えて、供養したことがあるんです。

東北のほうの、こういうことに対しての行政の対応というかな、それはどういうことでしょうか。

鈴木――はい、わかりました。ただ、私が実際に見たのは仙台市だけです。仏教、キリスト教、諸教など、いろいろな宗派宗教の宗教者たちが、斎場に詰めて、ご遺族のご希望に添えるようにボランティアで待機しておりました。宮城県内では他に、県北のほうでも火葬場にお坊さんが詰めていらしたと聞いております。私の知っている曹洞宗のお坊さん方が集まって、海のほうで亡くなった方の火葬を内陸部でして、最後の儀礼をやられていました。

実は今、私は「心の相談室」という宗教者の組織の事務局を東北大の中に開いてその事務局長をやっております。それは神道、仏教、キリスト教、諸教のいろいろな宗教者の方が、被災者の為に、とりわけ宗教的ケアを目指す組織です。われわれ宗教学の教員が、その事務局をやっているのです。つまり、いろいろな宗教が入るので、われわれは宗教者じゃないのですけれど、宗教学者は宗教には多少理解はあるつもりではいますし、国立大学の宗教学だから一番ニュートラルなので、どの宗派の方も入りやすいということで、宗教者の調整をやっています。それが始まったもとが、仙台市葛岡墓園でのお弔いのボランティアなのですが、この活動は仙台市からは四月末までという条件付きで許されていました。そのため、その後の活動拠点として会議の場などは東北大学に場所を移しております。

今「心の相談室」の活動はさまざまに広がりを見せ、カフェ・デ・モンクという慶弔のための移動喫茶や、同名のFM放送、そして今年度の四月からは「実践宗教学寄附講座」という講座を文学研究科内に作っていただきました。以下のURLにサイトを開いておりますので、ご関心おありの方はご覧になっていただきたく思います。http://www.sal.tohoku.ac.jp/kokoro/diary.cgi

特に寄附講座では、宗教者が布教目的じゃなく、超宗派超宗教的に宗教的なケアをするような仕組みが作れないだろうかということを考えまして、そういう専門職としての日本版チャプレン、「臨床宗教師」を養成するシステムの構築を四月から目指しています。そういった種が実は全部、先生がおっしゃったようなお弔いをやった人たちが、自然発生的に集まってそれがちょっと花開いて、ということになります。宮城県は結構、そういった素朴な想いが形を実現してきたのかな……というふうに思います。

司会――はい。まだまだいろいろなご質問があるかと思いますが、時間となりましたので、ここで終了とさせていただきます。

本稿は、二〇一二年五月一八日開催の智山勧学会「第五六回智山教学大会」での講演をもとに加筆訂正したものです。

Ⅱ　各宗における葬送儀礼

一　天台宗における葬儀の意義と実際

勝野隆広

司会――それでは司会を承っております元山と申します。よろしくお願いいたします。

で、早速でございますが、談話会の第一回目になります、この葬儀の問題を取り扱うにあたりまして、まあ現代……もうちょっと古くなってしまいましたが、島田裕巳さんから「葬儀なんかいらない」みたいな感じの本が出まして、それがベストセラーになったという話で、そうした問題を考えるにあたりまして、智山勧学会のほうでも葬儀という問題を改めて考え直してみたほうが良いのではないかということで、企画をさせていただきました。

その企画の第一号として、「天台宗の葬儀の意義と実際」について講演をお願いいたしました。ある意味、無理にお願いいたしました、勝野先生でございます。

現在、大正大学の仏教学部の専任講師を務めておられまして、天台宗の普明寺のご住職でもあられます。先生の経歴も簡単にご紹介させていただきますと、東京理科大学を卒業後、大正大学の大学院に入られまして、その後、副手、それから非常勤講師と進まれ、現在専任講師ということでございます。ご専門は天台教学でございますが、最近は菩薩戒の問題についていくつかのご著書を著されておりますとともに、社会教化といいますか、その教化の問題につきましてもいくつかの論文を発表されております。先ほど本多先生がご紹介しましたとおり、天台教学だけではなく、現代の寺院の問題とか教化の問題についてもご造詣の深い先生でございます。

時間は、約一時間ちょっと、一時間半弱ご講演いただきまして、そのあと質疑に移らせていただきたいと思いますので、よろしくお願いいいたしたいと思います。

では、先生よろしくお願いいいたします。

ただいまご紹介いただきました大正大学の勝野と申します。天台宗に属しておりまして、東京の多摩地区の拝島というところにある普明寺の住職をしております。今日も土曜日ということで、十一時からのご法事を終えてから電車に乗ってまいりましたら、やはりこちらまでちょっと遠くて、到着がギリギリになってしまい申し訳ありませんでした。

こちら真福寺様には、もう十年以上前になると思いますが、一度お伺いさせていただいたことがございます。伝法院の研究施設など立派な機能を備えた建物が東京の一等地にあるのは、すばらしいなと思って見学させていただきました。

今回は、智山談話会という場で、葬儀についてお話をという依頼を受けましたが、葬儀については私も専門ではない……専門ではないということを僧侶の立場で言ってはいけないのですが、「天台宗の」という枠組みを付けたところでしゃべるのは、多少荷が重いかなと思ってはおります。

今日のためにいろいろ準備をしてまいりましたが、調べていけば調べていくほど、奥が深いというか、複雑でわからないことも多々あります。

ただ、今、元山先生からお話がありましたように葬儀に関してはいろいろと社会でも問題視されております。島田先生の本がベストセラーの一位になって新書判で並んでいるということは、それだけの人が関心を持っているという事実を示しているでしょうし、また島田本へのアンサー本の類も出されるなど、葬儀に対する関心は高いようです。

葬儀の問題で批判の対象になっている事柄は、葬儀の費用であったり、戒名の値段であったりとどうも表面上の経済的な問題が多いようです。ただし、葬儀が問われる問題の背景には当然、葬儀の持つ本質はどこにあるのか、またそれを私たち仏教者がどれだけ考え応えているか、ということがあります。まさしく葬儀の意義が問われているということなのでしょう。多分そういったところもあって、智山談話会におかれましても、今回、葬儀ということを取り上げられたんだろうと思っております。

それで、私に与えられましたのは、「天台宗における葬儀の意義と実際」というテーマですが、天台宗の立場で葬儀をどう説明させていただければ良いのか……なかなか簡単ではないと言いますか、うまくお話がまとめられるかどうか心もとないところがありますが、一時間半ばかりお付き合いいただければと思います。

一応、「天台宗の葬儀」ということで、宗として何か葬儀について公にしているものはないかと考えてみると、今はやはりてっとり早いのがネット上での情報です。天台宗の公式ホームページがあって、そこに葬儀についての解説がアップされていたので、それを切り貼りして資料につけさせていただきました。最初に資料の三枚目を見ていただきたいと思います。

天台宗の葬儀ということで、ホームページに載せられております。ここでは二という番号の付いている箇所からコピーしましたが、一の部分では、葬儀が必要な理由が書かれておりまして、資料には出さなかったので読み上げますと、

死は誰にでも訪れることです。生者必滅です。出会いの後には必ず別れがあります。これもまたこの世の真実であります。だからと言って残された者にとって、ぽっかりと空いた穴が埋まるものではありま

せん。その悲しみは愛惜の情が深ければ深いほど大きなものでしょう。しかし嘆いても死者が甦るものではありません。悲しみを越えて送り出さなければなりません。現世安穏、後生善処という言葉があります。私たち衆生の願いを端的に表していると思います。後生は今生（現世）に対する意味で平たく言えば死後の世界のことです。死という避け難い現実に対し、後生もまた安穏であれと祈る心は、死に往く者にもまた残された者にも自然な感情ではないでしょうか。

冒頭にこうした解説がついて、今お配りした二番の天台宗の葬儀の説明に入っております。後生、つまり死後の世界の安穏を祈ることが残された者の自然な感情であり、ここに葬儀の意義があると提示した上で、天台宗の葬儀の次第が説明されております。

お手許のプリントのまず最初に、「司祭を選ぶ必要があります」とか、「菩提寺に連絡して葬儀の日取りを決めます」とか、かなり寺院の立場からの現実的なコメントがありますけれども、枕経・通夜、次に葬儀に関して六項目、葬儀に続いて告別式というかたちの解説がされております。

この説明では枕経と通夜が一括りになっていて、「葬儀に先立ち通夜を行います」あるいは「死後直後に枕経をあげる習慣の地方もあります」とあるように通夜や枕経が全国一律に実施されている事柄ではないということもあって、あいまいな表現になっているのがわかるかと思います。

その通夜の説明では、「通夜の儀式は新霊の浄土への引入を祈ることが中心となります。多くは阿弥陀如来のお迎えを頂戴するお経が唱えられます」とあり、阿弥陀如来をお迎えする、『阿弥陀経』が唱えられるということがここで示されています。

そして、次の葬儀に関してですが、「天台の教えでは衆生は全て仏性を持っており、必ず仏になることができます。そのためには、仏様と縁を結ぶことが大切になります。そのために葬儀にあたり先ず心身ともに仏の弟子になっていただく儀式を行います。その後、仏弟子としてこの世(娑婆世)を離れ、仏の国(浄土)へと向かうことになります」と説明されています。

つまり、一切衆生には仏性がある、その誰もが持っている仏性を開発するのには仏縁を結ぶことが必要であり、儀式としては仏の弟子になるという作法を行い、故人は仏弟子となって浄土へ向かうという、葬儀における一つのストーリーがここで示されています。

このストーリーをどうやって実現化するのかというと、具体的には葬儀において、①身体を清浄にする、②心を清浄にする、そして③戒を授ける(三帰授戒)、そして④戒名、⑤引導・下炬《あこ》、⑥念仏、を行うと解説されるのです。

この細かい点に関しては、後ほど説明させていただきますが、一般の方がこの宗のホームページを読んで、普通に葬儀に参列した時のイメージとうまく繋がるのだろうか、理解してもらえるのだろうかと疑問に思ってしまうというのが率直な感想です。

と言うのも実は、天台宗では葬儀でどのお経を読まなければいけないということが、決まっていません。なので、決まってないところを除いて、葬儀の一番要点になる引導作法と下炬《あこ》のことが、ここでは示されているわけです。天台の葬儀の内容を示しているのですが、果して一般の檀信徒にどれだけ理解してもらえるかなあ……と思ってしまうのです。

先ほど、葬儀について語るのは大変だと思っていると話しましたが、振り返ってみますと実は葬儀における法式作法について私もきちっと習ったというか、これが正しいやり方だと教わり身に付けた覚えがありません。大学でも宗で行っている加行などでも葬儀の方法は教えていないのが現状なのです。

さて、天台宗には『教師必携』という手帳があります。これは、天台宗の教師、つまり僧階をもらった天台宗の僧侶が携帯しなければいけないという手帳です。そこに葬儀式という項目もあるのですが、『教師必携』に出ている解説はここにある数行だけなのです。

ちょっと読みますと、

インドの比丘は在家者の葬式をしなかったが、歴史的な事情で次第に行われるようになった。世尊が父王の育養の恩に報いてその棺を担った故事にならい、父母の長幼の恩に報謝し読経呪願し、あるいは人の世の無常を感じて生命の尊さを知り、此の身において何をなすべきかの道念を助ける為に、仏家は葬式を営むようになった。法名を授与するのは授戒により出家の資格を与え、それによって仏縁を深く結ばしめるのである。葬式に先立つ通夜も元来仏家における葬法に依るもので念誦して夜を明かすのである。遺体を護りながら、故人の一生を回想し、自己の生き方に教訓を受けるのである。

と書かれています。

天台宗の教師としては、葬儀についてこれだけ知っていればとりあえず足りるというような意味だとすると、ちょっと心もとない気がします。というのも、インドではお坊さんは葬式をしない、葬儀には関わらなかったという事実から入ってしまうと、葬儀に対する天台宗僧侶としての位置付けがはっきりしなくなるというか、どちらかというと、葬儀に対して及び腰になってしまう感じがします。インドではしなかったけれども、歴史的な事情で行われるようになってきたと……。葬儀に対するこういったこうしたスタンスがずっと尾を引いて、今現在もあるような気がします。

また、葬儀を行う意義も父母の長幼の恩に報謝してとあり、恩に報いるということが一つ掲げられていますが、あとは人の世の無常を感じ、生命の尊さを知る、そして此の身において何をすべきかということを考えるとあって、やはり今生きている自分が葬儀に際して何を考えるかが重要である指摘されています。しかしながら、葬儀の主役とも言うべき亡くなった人、亡者に対する視点というものが、明示されてはいないのです。こうした点も、天台宗の僧侶がどうも葬儀に対して及び腰になってしまう原因なのでしょう。

天台宗と葬儀との関わり（歴史的展開）

ただし、天台宗と葬儀の関わりを歴史的に見ていくと、こうした対応もある意味致し方ないことであろうというところもわかってまいります。

実は天台宗でも、昨年教学大会を開催した際に、「天台宗の葬儀の意義と意味」というテーマでシンポジウムを行いました。

その時には、今やっている法要はこういうものです、それには現代的なこんな意味があり、過去にはこういうことがありました。と各パネラーにお話ししていただいたのですが、そのなかで歴史に関わる部分が一番わかりづらいというか、史料が出てまいりません。比叡山には多くの高僧が居たわけですが、その人たちの事跡を見ても、葬儀の法要とか次第というようなものはほとんど記録に残っていないのが実情なのです。

①　天台大師智顗の場合

天台宗の場合、まず中国の高祖天台智者大師智顗がいらっしゃり、その教えを日本では伝教大師最澄が広めました。そこでまず、天台大師智顗（五三八〜五九七）の場合について確認してみると、その臨終の様子が

『天台智者大師別伝』と呼ばれる伝記に記されています。

そこには、天台大師の臨終に際しては、「吾が諸の師友、観音に侍従し、皆、来たりて我を迎う」[1]とあり、観世音菩薩とともに自分の師匠や仲間たちが迎えに来たと伝えていて、いわゆる来迎にあずかったようなのです。そして、自ら「人命が終わらんとするには、鐘磬の声を聞かば、其の正念を増す」といって、弟子に鐘を長く久しく気が尽るまで鳴らせと命じています。そして弟子たちには「世間の哭泣、着服、皆、応に為すべからず」と言い残して、「加趺して三宝の名を唱えながら、三昧に入るが如く」入滅されたと伝えています。「世間の哭泣」ですから、当時の中国社会で行われていた泣き叫ぶことや喪服を着用するということは禁じていて、儒教式の服喪の儀礼を拒否しての臨終だったようなのです。

さらに、死後の様子も「加趺安坐し、外に在ること十日、道俗、奔り赴き、焼香散華し、号して繞り泣きて拝す」と、結跏趺坐したまま十日間は外にいて、天台大師の亡くなったことを聞いて僧も信者も集まっては焼香散華し、周りを巡って泣きながら礼拝した、ということです。焼香散華をしたという部分が、残されたものが行った葬送のための儀礼にあたるとみられます。

さらに遺体は龕に納めて埋葬するわけですが、「禅龕の内に入るに即ち汗を流して身に遍し」ということで、生けるがごとく汗を流していたと伝えられております。天台大師の龕は「道俗の弟子が霊儀に侍従し、遺嘱の地に帰る」と、天台山の中にある仏籠峰という峰に納められたのでした。現在も、天台山には真覚寺というお寺があり、天台智者大師の肉身塔と呼ばれる塔がございます。

このように天台大師の伝記の中では、臨終から龕に納められ弟子たちがそれを祀るというところまで記載されています。しかし、これが現行の天台宗の葬儀に直接結びつくのかどうか、なかなか難しいところがあります。

②　伝教大師最澄の場合

では、日本の宗祖の伝教大師最澄の場合はどうかというと、あまり細かいことはわかりませんが、弟子に対して遺した言葉としては、「我が命、久しく存せず。若し我が滅後、皆、服を著すること勿れ[2]」といわれていて、服というのはやはり喪服のことで、天台大師同様に、喪服を着るようなことはしてはいけない。また、「我が為に仏を作る勿れ、我が為に経を写す勿れ、我が志を述べよ。[3]」とも言い残しておりまして、追善のための仏像造立とか、写経はするな。私の願ったことを実現するように努力しなさい、と弟子たちに伝えています。

ただ、最澄の場合には、その遺体は比叡山の東塔の外れの浄土院というところに祀られて、御廟《ごびょう》と呼ばれ比叡山の中ではもっとも清浄な場所として大事にされています。

最澄を継いで天台宗の座主になった先徳方も大勢いらっしゃるわけですが、どの方の伝記もほとんど葬儀に関する記録は残されておりません。

③　慈恵大師良源の場合

ただ、時代が下って良源、元三慈恵大師（九一二～九八五）は、天台宗では非常に霊験がある僧侶として信仰されておりますけれども、良源は亡くなる前、体調が崩れた時に、自分の葬送事というのを書き記していて、非常に細かく規定しております（盧山寺文書「天禄三年五月三日初記没後事　良源」）。

「葬送事、墓地は自ら点ず可し。棺は在世に作るべし。命終三日の内、必ずこれを葬すべし。遺弟子等素服縄帯を著すべからず。」とあって、墓地は自分で場所を決め、そして生きている間にお棺を作る、亡くなったら三日のうちにその中に納めて埋葬する。また弟子たちは、喪服とか荒縄の帯というような、いわゆる服喪のかたちとってはいけないといっています。

さらに入棺とか焼き場所とか、拾骨の時に誰がそこに配置するとかまで細かく記されております。そして石塔について

石卒塔婆、生前に作運を欲す、若し未だ運ばざる前に命終せば、且く仮卒塔婆を立つ。其の下、穴を掘り深さ三四尺計、骨を穴底に置き、上に土を満たすべし。四十九日の内、石卒塔婆を作り、之に立替えるべし。是れ遺弟等、時々に来礼の標示と為すなり。

卒塔婆中、随求大仏頂尊勝光明五字阿弥陀等、真言を安置す。

こんなかたちで、石の塔婆を立てることや、そこに真言を付すということも注目されます。葬送のことはここで終わらずに、さらに四十九日間念仏追福事ということも規定していて、

法華堂　十二僧　御堂に於て三時に懺法を修すべし。

常行堂　十四僧　御堂に於て三時に念佛を行ずべし。

念誦堂　読経僧十人　朝夕二座法華経を転じ、初後夜尊勝真言を念ず。

念誦僧十人　三時に念佛を修すべし。

と、法華堂、常行堂、念誦堂、それぞれのお堂で十二人、あるいは十四人の僧、あるいは読経僧十人とか念誦僧十人というかたちで、人数を決めて、三時に懺法、あるいは念仏を修すべしと追福の法要についても定めています。そして、一七日、三七日、五七日、七七日まで、それぞれのお堂で懺法念仏をすべしと決めており、良源の場合には葬送として、命終から納棺、そして遺体を火葬にして拾骨、それを墓所に納めて塔婆

を立てて四十九日までの追福、そこまでのすべての行事を含めて葬送と捉えていたようです。ただ、これだけ細かく決められていても、現行のような通夜や葬儀など、亡くなってからの法要で何をするかは決められていません。死後から四十九日までの諸事が定められていることと併せて考えると、亡くなって直後の通夜や葬儀などは行われていないか、念頭になかったものと考えて良いのかもしれません。

④ 恵心僧都源信の場合

さて、この良源の弟子の一人、恵心僧都源信（九四二〜一〇一七）は『往生要集』を書いて、日本に地獄のあり様と浄土信仰を植えつけた方として著名でありますが、彼は『往生要集』を記しただけではなくて、当時の僧侶や文人貴族と集まって「二十五三昧会」という組織を作って、実際に極楽往生を願って活動しておりました。

文人貴族の代表は慶滋保胤ですが、二十五人が結縁の衆となって、月一回集まり、臨終に備えて念仏を修すという活動を行っていました。その二十五人の結縁衆が何をするかを記したものが、「二十五三昧式」です。その中には、日ごろから念仏を唱えることも書かれておりますが、もし誰か死者が出た場合には何をするかというところで、光明真言を以て土砂を加持し、亡者の骸に置くということも書かれています。

「二十五三昧式」は九八八年に書かれたもので、これより二年前に「二十五三昧起請」というものも書かれておりまして、そちらにも同様の土砂加持のことが出ております。

光明真言に関しては皆さんよくご存知のことと思いますけれども、「二十五三昧式」の中でどう書かれているかというと、「右念仏の後、別の導師を以て礼盤に著せ令め、五大願を発し、然る後、光明真言を以て土砂を加持すべし。」[4]といい、その理由として『不空羂索神変真言経』から光明真言の功徳が引用されています。

「若し真言を以て土砂に加持すること一百八遍にして、屍骸に置く時、其の亡霊、業の軽重に随ひ、地獄の中に生れ、餓鬼の中に生れ畜生の中に生れ、修羅の中に生れるも、毘盧遮那の威徳力、光明真言の威徳力を以て、苦悩の身を捨て、安楽国に往生し……云々。」光明真言には、亡霊を安楽国に往生させる力があることから、土砂加持を行うのです。

そして土砂加持が終わった後には、五段の礼拝をすべしとして、帰命頂礼大日教主釈迦如来、帰命極楽化主弥陀如来等々と並んでおります。つまり墓地における葬送の儀礼として、五大願を唱え、そして光明真言をもって土砂加持をして、さらに礼拝をするというようなことが行われていたようです。

源信の『往生要集』には臨終行儀についても細かく規定されているので、亡くなりそうになったら、その人をどうやって往生させるのか、亡くなりそうな人の作法だけではなくて、周りの人も協力しながら往生の手助けをする。そして実際に亡くなったら、今度は土砂加持をして、光明真言の力を借りて、往生を遂げさせる。やはり、臨終からずっと一定の流れの中に葬送ということが捉えられていたのだろうと思います。

さて、以上挙げたような葬送に関わる事例は出てくるのですが、いわゆる葬儀に関する事柄は記されておりません。それには、いくつかの理由があるように思います。

平安期の葬儀儀式の記録はほとんど残っておらず、わずかにあるものも天皇・皇族・堂上貴族のもので、しかも葬儀そのものではなく追善廻向に関するものがほとんどである、といわれております。

それは、一つの理由としては国家祭祀における穢れ観念の発達とともに、死穢・血穢を忌避するようになってきた、ということがあります。具体的には、京都の都では墓地も遠ざけられ、遺体は東山麓一帯の鳥辺野で火葬にされたり、あるいは小倉山麓一帯の化野に運ばれて打ち捨てられ、死あるいは遺体をなるべく排除するという状況が京都の都にあったようです。

これは天皇とか堂上貴族が国家祭祀という自分たちの役割を意識すればするほど清浄性というものを確保することに神経を使い、穢れを排除する。その延長で死や遺体を避けるということが起こってくるのですが、天台宗の僧も官僧という立場で鎮護国家の祈願を勤めると、やはり穢れというもの意識し、死穢、血穢を避けることになってきます。

ですから葬儀、別の言い方をすればそれは遺体処理ということになるわけですが、そういった死に直接関わっていくのは三昧僧と呼ばれるような下級の僧侶や、あるいは犬神人、比叡の犬神人と呼ばれる僧侶といえるかどうかも分からないような立場で葬送儀礼に関わっていた者たちがいた。それが中世の姿のようであります。

そして、だいぶあとの時代になりますけれども、足利義満の葬儀の記録などでは、五山の高僧が出仕して鎖龕・起龕や奠湯・奠茶、下炬など、後ほど紹介しますが天台宗でも現在行われているような作法が行なわれ、その後、翌々日には多分天台かあるいは真言の僧が出仕をして、不断光明真言とか理趣三昧とか、あるいは例時を行ったという記録があります。例時というのは、天台の例時作法のお勤めだろうと思います。

禅宗が、元々中国の禅宗の教団内で行われていた葬送儀礼を日本に伝えました。清規といわれる教団の規定で定められた儀礼が日本でも定着してきます。それを天台宗も取り入れて、天台宗式の式次第を構成していって、現代につながるようなのです。

天台僧が庶民の葬儀を執り行うのは室町時代以降、表向きは徳川時代になって檀徒制度が確立してからではないか、と推測されております。

天台は、官僧あるいは貴族仏教という言葉もありますが、国家祭祀に関わり、死穢を忌み嫌い葬儀にはあまり関わっていなかった。逆にいえば、葬送に積極的に関わっていたのは、律宗の僧侶だったり浄土宗の僧侶であったり、禅宗の僧侶であったということです。

特に儀礼としては、宋代、中国では元が勢力を伸ばしてきて中国を統一すると、宋代のお坊さんたちが日本に大勢逃げてくる、禅宗のお坊さんが逃げてきて、彼らが伝えた儀礼、つまり彼らが中国の教団内で葬送儀礼としてやっていたものが日本では定着して、葬儀の主流になっていったようなのです。

ですから、当の天台宗は後追いで、時代が変わり貴族仏教などとは言ってられず庶民との関わりを持つようになりながら、最終的には寺檀制度の下、葬送を営むようになってきます。そのために当時行われていた他宗の儀礼を参考にしながら、天台流に変えて行うようになったというのが、天台宗の葬儀次第の実情のようであります。

現在の天台宗における葬儀次第

それでは、今現在、天台の葬儀次第はどういう形であるのか、どういうことをしなさいと規定されているのかということをご紹介したいと思います。

今現在行われている次第として一番中心になって使われているのが、『天台常用法儀集』という経本であります。

こちらに持ってきましたし、また後ほど、コピーしたものを見ていただきますが、芝金声堂という、天台系の経本を作っている書店から昭和三十三年に刊行されたものです。この法儀集が唯一というか、これより古いものもいくつかありますけれども、一応ここに書かれている内容がベースになって現在の天台宗では葬儀が行われております。

この『天台常用法儀集』は、葬儀編それから回向供養編、それから祈禱その他作法編、声明編とい四編で構成されており、一番最初の葬儀編の中で葬送作法、引導作法、光明供葬送作法という次第が記されております。その葬送作法では、五つの式があると書かれております。

一、剃度式　先辞親偈　次授懺悔文　次授三帰三竟　次誦偈　次授十念

二、誦経式　先護身法　次三礼如来唄　次表白　次無常偈　次四奉請　次阿弥陀経　次念仏　次後唄　次回向

三、引導式　先焼香　次下炬文

四、行列式　松明　洒水　道具　幢幡　香炉　蠟燭　花瓶　位牌　衆僧　鐃鈸　霊供　導師　提燈　棺　供奉

五、三昧式　先導師焼香　次弔辞　次開経偈　次自我偈（焼香）　次光明真言　次念仏　次回向

葬送作法の一番目は剃度式、二番目が誦経式、三番目が引導式、四番目が行列式、五番目が三昧式。葬送作法で五つある、このうちの一つをやれば葬送になるのか、全部やらなければ葬送じゃないのか、ちょっと見ただけでは判りにくい記述になっています。

葬儀と言ってもさまざまな場面があって、亡くなってから連絡をいただき、枕経があったり、通夜があったり、葬儀・告別式があって、火葬があったり、納骨してと、さまざまな場面があり、しかもその地域それぞれによって違いがあります。そういった違いがある中で、ある程度代表的なものをこの時代、昭和三十年代初めに集めて、葬儀と呼ばれる式次第は、一応この五つの要素を持っているとまとめたものなのです。

一番目の剃度式というのは、読んでみてすぐわかるように、頭を剃るということで、普通の僧侶の得度式を簡略にしたかたちをとっています。

二誦経式というのは、阿弥陀経誦経を中心にした次第です。

三引導式が、下炬文を唱えること。それから、四行列式というのはまさしく行列を組んで移動する時の行列の順序。

そして五番目の三昧式ですが、法華三昧をやる時の次第だというのですが、三昧式なので三昧所、つまり墓地での式次第なのかもしれませんが、弔辞が入っていたりして判りづらいのです。ともかく一応この五つの要素を組み合わせることによって、葬儀式が行われるということになります。

それとは別に、引導の作法というのも記されています。

三番目に光明供葬送作法ということで、光明供錫杖という法要次第にのっとってやると、次のような次第になるということが書かれております。

③光明供葬送作法

一、光明供錫杖葬送次第（内引導式）

先　入式場　次　列讃（四智梵語讃）　次　導師登礼盤　次　着座讃（四智漢語讃）　次　法則　次　光明供修法　次　九条錫杖次　随方回向　次　導師降礼盤　次　引導作法　次　誦経　次　親縁者焼香　次　念佛　次　総回向　次　退出式場　次　出棺　次　光明真言　次　引接佛殿

二、龕前作法（露地式）

先　列讃　次　鎖龕・起龕　次　奠湯・奠茶　次　歎徳　次　下炬　次　弔辞　次　法施

この光明供葬送作法においても、実は内引導式と龕前作法という二段組になっています。一番正式に葬儀式を行うとするとこの光明供葬送作法にのっとって行うのが理想的と言われております。

この③光明供葬送作法の光明供錫杖葬送次第について説明すると、これは光明供を修す導師、それと列讃(四智梵語讃)、着座讃(四智漢語讃)、九条錫杖という声明を周囲でお唱えする式衆によって行われる盛大な式次第ということになります。梵語讃、漢語讃が唱えられる中、導師が登礼盤し、漢語讃が終わったあと導師は法則を唱え、その後に光明供の修法を行い、周囲の僧侶は導師の修法を守護するために錫杖という声明曲を唱えます。導師は修法が終わると、礼盤を降りて引導作法を行い、誦経、念仏をして終了となります。

この光明供錫杖葬送次第(内引導式)というのは、本堂なりの建物の中で行われる作法ですが、次の龕前作法は露地において龕前を前にして行う作法で、同じ葬送儀礼でも場面が異なるのです。龕前作法では、また列讃を唱えたあと、鎖龕・起龕、奠湯・奠茶、歎徳、下炬、弔辞、法施を行うという次第になっています。

現在、こうした光明供葬送作法にのっとって、内引導式と龕前作法という形式に完全に分かれてやるというのは稀で、私も見たことがありません。

実際には内引導式と露地式が合体して、引導作法を行ったあと、次の龕前作法に移って、鎖龕・起龕、奠湯・奠茶、歎徳、下炬と行っていくかたちが現代の主流な葬送作法だと思います。

ただ主流と申しましたが、この光明供錫杖の葬送儀礼をやるには、導師が一人、それから最低でも二人の式衆が必要です。

四人も五人も伴僧を伴って葬儀を行うのが普通であるという地域では、光明供錫杖次第で行うのが一般的だともいいますが、東京近郊では、やはり住職一人でお勤めするとなると、この次第では不可能です。まあ、必ず光明供でやらなければいけない。もし式次第の中でできないならば、葬儀の連絡があったら事前に寺で光明供の修法は全部やった上で葬儀に臨むべきだ、とおっしゃる老僧もいたという話を聞いておりますが、現在は光明供による葬送というのは、一般の檀信徒に対しては、あまり行われていないと思います。

では現在、どういう次第なのか、これも本当に一例といいますか、私が自寺でやっているものを例として挙げさせていただきました。

一枕経…………剃度式
二通夜式…………誦経式（例時作法・阿弥陀経読経・五念門）、剃度式
三葬儀式…………誦経式（例時作法・法華懺法）又は光明供錫杖、引導作法、
　　　　　龕前作法（次　歎徳　次　下炬）
四火葬
五繰上げ初七日

亡くなったという連絡があって、時間があれば枕経を行うということになります。枕経では剃度式を行うとされていますが、私自身、ほとんど枕経は行っておりません。

そうしますと、最初に通夜式ということになりますが、通夜式は先ほどの葬送作法の一から五のうちの二番目誦経式に、あるいは一番目の剃度式を行うものというふうに言われていて、その誦経式も阿弥陀経をお唱えする、あるいは阿弥陀経に則った例時作法か、往生浄土ための五念門の経を唱えるかです。基本は阿弥陀経立てのものが行われます。

そして、翌日行われます葬儀式では、今度は例時作法か法華懺法という天台宗の基本的な顕教立ての法要のどちらかを行うか、または光明供錫杖の密教法要が行われます。

そしてその式次第の中に引導作法や龕前作法、歎徳、下炬というものを含めて行います。そして葬儀式が終了後に霊柩車で移動して火葬になり、まあ還骨と呼ぶのでしょうか、骨上げがあり、繰上げの初七日を行うというかたちが都市部における葬儀式の普通であろうかと思います。

例②　一、通夜

二、火葬

葬儀式………誦経式（例時作法・法華懺法）又は光明供錫杖、

葬列（自宅から寺院へ）…………行列式

寺院本堂……引導作法、龕前作法（次　歎徳　次　下炬）

納骨（墓地へ）

三、壇払い（繰上げ初七日）・お斎

次の例②に挙げたのは、自宅で葬儀を行い、その日のうちに納骨までしてしまうというパターンでありま す。通夜は変わりませんが、葬儀に際しては、まず先に朝、火葬にしてしまいます。午前八時くらいに自宅で出棺の式次第を行い、火葬にしたあと、お昼頃から葬儀が行われます。それから葬列を組んで寺に向かいます。これが先ほどの四番にありました行列式です。現在では、ここまで道具が揃わないことも多いですし、この行列式には記入が無い六地蔵や七本塔婆なども含めて行列を組んで、寺の本堂まで行って、そして本堂に遺骨を安置します。そしてご本尊の前で引導作法、龕前作法で歎徳文を読み、下炬を行う。本堂に入る前には庭で三回廻るなどの作法も行います。

本堂での法要が終った後、墓地に移動して納骨です。納骨が終る頃には、自宅の祭壇が片付いている。うちのほうでは「檀払い」などと呼んでいますが、もう一度自宅で繰り上げ初七日のお経をあげたあと、お斎になります。自宅に戻った時にはすでに、お膳やビールが並んでいるようなことが多いわけですけれども。

この例②あたりが、うちの地方で昔から行われていた次第です。元は土葬であった習慣のなかに、火葬の文化が入ってきた。そこで葬儀の次第では、遺体を先に火葬にして、それからあとは土葬時と同じ次第で棺を寺、そして墓地に運んでいく。ただし、土葬の場合には生の遺体は本堂に入れさせない、廊下までで、廊下に棺を置いてそこで引導作法や下炬文を唱えたようです。今はもう火葬ですので、本堂の中までお骨を入れて、そこで作法を行っています。

こういった葬儀儀礼の詳細は、その地域によって次第や作法も異なっているようで、本当に一例ではありますけれども、先ほど示した葬送作法の一番から五番目のどれかを取り入れ組み合わせて、今それぞれで葬儀を行っているということが実際であります。

葬送儀礼に行われる法要

葬儀で使われる法儀ということで、先ほどから名前が出ている光明供、例時作法、それから法華懺法の三つの法要次第を挙げておきました。

天台の場合には、密教立ての法要、それから顕教立ての法要、両方がございます。そして密教の修法として一番よく行われるのは、この①光明供錫杖で、施餓鬼会の際にこの光明供錫杖で法要を行う寺が多いようです。

①光明供（光明供と九条錫杖）

○　前方便

先懺悔偈　次浄三業　次禮佛　次着座　次塗香焼香　次護身法　次加持香水　次灑浄

次加持供物　次拍掌辟除　次去垢　次清浄　次光澤　次祈願

○　正修作法

一、行願分（次表白　次驚覚　次九方便　次発願　次五大願）

二、三昧耶分（次三部三昧耶）

三、成身分（次被甲護身）

四、曼荼羅分

イ結界法（次地結　次金剛牆）

ロ道場荘厳法（次道場観　次如来拳印　次三力偈　次普通供養）

ハ勧請法（次振鈴　次送車輅　次請車輅　次迎請聖衆）

二結護法（次辟除従魔　次示三昧耶　次金剛網　次火院）

供養分（次閼伽　次華座　次善来偈　次重結大界　次五供養［塗香・華鬘・焼香・飲食・燈明］　次普供養　次心略讃　次四智讃）

作業分（次入三摩地　次根本印　次加持珠　次浄珠明　次正念誦［大日真言・佛眼真言・一字金輪・光明真言・三部総呪・諸天総呪］　次還珠　次入三摩地　次根本印　次佛眼部母印）

三摩波多分（次五供養　次普供養　次讃　次閼伽　次振鈴　次回向方便　次随方回向　次解界　次奉送　次迎請聖衆　次三部被甲　次　下座禮佛）

この密教立ての光明供錫杖の法要に対しまして、顕教立てでは例時作法と法華懺法という二つが、天台宗の法要の代表的なものになります。

どちらも、天台大師が四種三昧といいまして、常坐三昧、常行三昧、半行半坐三昧、非行非坐三昧、の行と坐の組み合わせで、さまざまな禅定修行を体系化した中、常行三昧にあたる行法が例時作法です。ただし天台大師が定めたものとは、だいぶ変わっています。円仁が中国の五台山で行われていた念仏、音曲が付いた念仏を導入し、それが比叡山で行われると、その曲が非常に心地良かったのか、山の念仏として都の貴族たちにも知られるようになりました。

基本的には阿弥陀仏を念じながら礼拝し、阿弥陀経を読誦することを中心にした法儀で、次のような次第になっています。

②例時作法

一、伽陀（「衆罪如霜露　恵日能消除　是故応至心　懺悔六情根」普賢観経の懺悔文）

二、三礼

三、七佛通戒偈

四、黄昏偈

五、無常偈

六、六為（施主・国主・三世四恩・尊霊・一切神等・法界衆生の為に三宝を念ずる）

七、法則（追福の為に常行三昧を修し、霊儀が速に苦輪の境を出て、安養浄刹に到るを願う）
八、四奉請（十方如来・釈迦・阿弥陀・観音勢至等を道場に招き散華する）
九、甲念仏（引声念仏）
十、阿弥陀経
十一、甲念仏
十二、合殺（阿弥陀仏と唱え、散華）
十三、廻向（功徳を自他さまざまに廻施し、諸願を満足させる）
十四、後唄（終りの讃嘆の偈、蓮華にまさる清浄な心で稽首礼拝する）
十五、三礼、七佛通戒偈
十六、初夜偈（煩悩深く生死海無辺なるを自覚することを促す偈）
十七、九声念仏（阿弥陀仏を唱える）
十八、大懺悔（至心に懺悔して心身清浄となり、諸仏を恭敬供養する）
十九、五念門（礼拝門・讃歎門・作願門・観察門・廻向門）

六根懺悔の伽陀を唱えたあと、三礼、七仏通戒偈、いくつかの偈文、それから法要の趣旨等述べて、十方如来を勧請して、引声の念仏をお唱えし、阿弥陀経を唱えるというかたちの、基本的には阿弥陀経を中心とした法要になっております。

ただし、この一から十九まで全部お唱えしますと、一時間以上かかるので、前半部分の十四後唄までの場合と、後半の十五から十九だけをお唱えするという二つのパターンが例時作法立ての法要ではあります。

比叡山の修行では、よく朝題目夕念仏といわれますが、夕念仏に当たるのが、この例時作法を指します。それに対して朝題目に当たるのが法華懺法です。題目というと法華経の経題を唱える日蓮宗が有名ですけれども、法華経を読誦するということではこの法華懺法による法要というのが比叡山の一つの特徴です。法華懺法は半行半坐三昧にあたる法華三昧の行法が基本となっていますが、これもだいぶ儀礼化しています。音曲が付され、参列者といいますか、聴衆の存在を多分に意識した儀礼になっています。

③法華懺法

一、総礼伽陀（「我此道場如帝珠　十方三宝影現中　我身影現三宝前　頭面摂足帰命礼」）
二、総礼三宝（十方の一切の常住三宝に敬礼する）
三、供養文
四、法則（追福の為に法華懺悔法を修し、霊位が無始の重障を消して常楽涅槃を証せんを）
五、敬礼段（釈迦・多宝・十方分身釈迦仏等の仏菩薩から法華経、僧など三宝を礼拝）
六、六根段（観普賢経の六根懺悔により、眼・耳・鼻・舌・身・意の罪障を発露懺悔する）
七、四悔（勧請・随喜・回向・発願し、三宝を礼拝する）
八、十方念仏（十方の仏法僧をはじめとする三宝に帰依し、散華する）
九、法華経安楽行品（初心の菩薩の修行法を学ぶ）
十、十方念仏
十一、後唄

諸仏を奉請して礼拝し、自分たちが日ごろ六根で作ってきた様々な罪障を発露懺悔し、そして法華経を読誦します。六根懺悔は『観普賢菩薩行法経』の六根懺悔に基づいております。

懺法は、中国南北朝期に作られ盛んに修せられた修行法の一種で、自分が行った行為を諸仏に対して懺悔し仏道に向うための行法です。これを天台大師が自分の修行の体系の中に取り入れて四種三昧の一つとしたものを、さらに日本で簡略化して、本来ならば半行半坐の行法ですから、必ず実相を観ずる坐禅を含んで行法としては成立していたのですが、坐禅の部分は取り除かれた儀礼として改編されて、今の法華懺法のかたちになっています。

葬儀という場面においては、実は光明供でも例時作法でも法華懺法でも、どれをやらなければいけないというのは決められていません。しかもこの次第を全部行わなくても、一部分だけでも良いから行って、そこに引導作法、そして龕前作法、歎徳、下炬をつけることによって葬儀のかたちになっているというのが、実際なのです。

昨日もゼミの学生に「あなたのお寺ではどうやってる?」と聞くとみんな違います。うちは阿弥陀経で、うちは例時作法で全部やっているという具合で統一が取れておりません。

葬儀では時間の制限ということがあり、決められた枠の中でやる必要があります。ですから法要の次第も、工夫がされているのですが、やはり欠かせないのは引導であり、下炬であり、歎徳です。そして、法要の趣旨を述べる法則において、この法要が亡くなった霊儀が安養の浄刹に至るように、あるいは涅槃を証するように、と法要の趣旨を述べるのです。ですから、どの次第にのっとっても、亡くなった者を安楽の世界に送る、あるいは成仏させる、涅槃に導く、そのための法要と位置付けることはできるわけです。

引導作法について

ちょっと時間がなくなってまいりましたが、一応引導作法と下炬文、天台宗で用いられている『常用法儀集』に出ているものをコピーしてお配りさせていただきました。

他宗の人に、こういったものを配って良いのかどうか、多少迷ったところもありますが、この経本は注文すればどなたでも購入できるものですし、一部の解説書にも載ってますので、別に隠す必要もないだろうと思い挙げておきました。

引導作法では、三平等観、それから授三帰、三帰真言、発菩提心印明、普賢三昧耶印明、五智円満印明、菩薩戒偈、こういったものを行うことになっています。

三平等観は、これは華厳経に出てくるといわれている「三界唯一心　心外無別法　心仏及衆生　是三無差別」を唱えます。

私を含めたこの全ての世界が、実はこの一心からできているし、この心《しん》、自分の心以外に法が存在するわけではない。こう心を突き詰めていくと、唯識のほうにいくわけですが、ただその心というものが、実は「心仏衆生是三無差別」ですから、仏とも他のあらゆる存在とも差別することはない。

天台はこの後半の句のほうをよく使います。仏道修行では、仏の境地を目指すとともに、あらゆる衆生の姿、あらゆる人々や物事のありさまを考える必要があります。

しかし、仏の世界というのはあまりにも高くてなかなか私たちには近づけないし、衆生の世界を全て知るといっても広すぎてそれを全て知ることは難しい。ならば、自分の心をまず見つめなさい。心法、仏法、衆生法の三法を立てていくけれども、修行者としてはまず自分の心を見つめていくことの重要性を指摘して、観心、つまり止観の実践を勧めています。

ここでも、まず三平等観を唱えることによって、私の心もあなたもともに仏と変わらないんだ。だから、ともに仏の世界に目指していく存在であると伝えるのです。

引導作法というと、私が僧侶で亡者を導くのだ、極楽に往生させるのだ、というような捉え方をされがちだと思うのですが、そうではなくて、自分も亡者も変わらない、仏と変わらない。変わらないということは、実は仏に近づいていこうと努力している私がいて、そしてあなたも同じなのだから、一緒に仏の世界を目指していきましょう、こう伝えるのが、天台の引導のあり方だと教えられています。

ですから、この三平等観を前提として、次に授三帰を行います。三宝を信じる、帰依するというのは仏教信者の基本ですが、改めてここで、「願従今身尽未来際　帰依仏両足尊　帰依法離欲尊　帰依僧衆中尊」といい、今身より未来際が尽きるまで、仏、法、僧に帰依することを誓う訳です。

この授三帰というのは、菩薩戒等にも出てくる授戒の一番基本のところです。実際に生前に授けるのであれば、このあと三聚浄戒を授けて、さらには十重四十八軽戒を授けることになりますが、引導作法の場合には、もうこの三帰だけで充分です。

そして、この三帰の真言、発菩提心印明、そして五智円満印明と光明真言を唱える。この箇所に密教の要素が入ってきています。

それらをした上で、最終的に菩薩戒偈、梵網経の偈文である「一切心有る者は皆まさに仏戒を受く。衆生仏戒を受け、即ち諸仏の位に入る、位大覚に同じうして、まさしくこれ諸仏の御子なり」と唱て菩薩戒を授けるのです。それによって亡者が諸仏の位に入り、諸仏の御子となるとするのです。仏の子どもとなる、つまり仏になるのではなくて菩薩となるのです。菩薩としての自覚を促すことが、引導作法の目的なのです。心・仏・衆生が無差別である、その上で仏法僧に帰依してそれに付随する真言を授け、そして授かった戒によって菩薩としての自覚をもって進むことを促す、それが天台の引導作法なのです。

次に下炬の文ですが、下炬の文も引導作法も実は一応こうして書物にまとまっていますが、本来は師匠から伝授されたものを行うのが理想的だと言われております。実際私が使っているのは、私の先々代が昭和三十何年かに伝法を受けたというものを渡されて、これでやってこいと言われてやっております。

下炬の文は、龕前において松明を執って加持し、そしてその松明で空中でラン字を書いて、一円相を描きます。

火葬の場合には松明ですが、土葬の場合には鋤を持ってそれぞれの所作を行います。

火葬の場合に唱える句は、「此の火は是れ人中天上の所作に非ず、精靈本有智恵の火体。塵垢不可得のラン字なり。即ち火生三昧に入りて、一切の惑障を焚焼し、自性本具の三身の果を顕わす、是心是仏」です。火葬ですから、遺体に火を点ける所作を行うわけですが、ランの字を描き、その智慧の火で一切の惑障を焼き尽して、本来自分に具わっている三身の果を顕すことを願い、最後に「是心是仏」と『観無量寿経』の文を唱えるのです。

土葬の時には、松明ではなく鍬を加持して、地面に向かってア字を描いてから「法界無差別の地輪に還入し、我覚本不生の阿字に安住す。即ち大地変じて浄土となり実報土に遊んで無量の快楽を受く。文に曰く、是心是仏　是心作仏」と唱えます。地輪を表す阿字を描き、その空無生の阿字に住し土葬されるその地が浄土となることを願うのです。
そして入仏三昧耶、ナマサマンダボダナン、アサンメイチリサンメイソワカと唱えてから、松明(鍬)を投げ捨てます。
続いて下炬の文章を唱えるのですが、普段私この文章飛ばして後半の、
善いかな霊位、汝が為に末後養老の一句を授けん。経に曰く、諦聴諦聴善思念之。諸法從本来　常示寂滅相　仏子行道已　來世得作仏　南無妙法一心観仏。
この南無妙法一心観仏を唱えて、中啓で棺をカンと叩いてから、最後、南無阿弥陀仏十念を授けるというかたちで行われています。
下炬の文の一例ですが、
それ思んみれば、昨日は本具の性に出来し、法爾として六根の色質を受くと雖も、今日は不滅自性の覚位に遊ぶ。本来明静天然として明らかなり。虚妄幻化の露湿るべからず。経に曰く、心仏衆生三無差別。本茲に新円寂「戒名」、忽然として有為無常の穢土を辞し、湛然として無為楽邦の涅槃に移り畢んぬ。本覚真如の月輪は無明煩悩の雲を払い、無相真実の門に転入す。山家の御義に曰く、有為の報仏は夢裏の権果。無作の三身は覚前の実仏なりと。嗚呼、真如界内に臨めば、凡聖の仮名を立てず。平等の台に至っては、なんぞ男女の境界か有らん。所観の身土一つの実相にあらざるはなし。生死元來非前非後、凡聖法爾互具互融。還我頂礼心諸仏
で、続けて先ほどの経に曰く以下の一句を授けます。
この、「諸法従本来　常示寂滅相　仏子行道已　來世得作仏」というのは、『法華経』方便品の句で、本来

的に私たちを囲む全ての存在は、寂滅の涅槃の相を持っているんだ、だから仏子としてその修行を終えたならば、来世にはかならず仏となるという意味です。

『法華経』は授記を基本にしています。将来仏になるという仏からの記別をいただくわけで、今生においてすぐに仏になるというのは『法華経』では竜女の成仏だけで、ほかの仏弟子たちは皆、おまえは将来仏になるぞ、だから仏子として、菩薩として諦めずに精進して頑張れということを主眼にしています。ですから、『法華経』を中心におく天台宗では、こういった文章を末期の要文として授けるのです。

ただ最後の「南無妙法一心観仏」という句はちょっと曲者で、これは日蓮上人がお題目として「南無妙法蓮華経」を掲げて広めた後に出てきた言葉のようです。題目に対抗するようなかたちで出てきたのではないかと指摘されていて、ちょっと怪しい所作ですが下炬の文に続いてこれを授け、そして最後に南無阿弥陀仏で十念を授けるという次第になっています。

このように引導作法と下炬文には、さまざまな要素がおさめられていて、法華経の要文も授けながら、印明を授け、南無阿弥陀仏もある。法華経の教えもあれば、密教もあって、さらに浄土思想もあってと、最澄が一乗思想、円密禅戒四宗相承を掲げて以来、仏教思想の種々の要素をはぐくんできた天台宗ですから、どれでも良いというか、全仏教を肯定する一乗の考え方がこんなところにも表われているようです。

ですから引導作法や下炬文などを見ても、あまり極楽浄土に往生させるというところを明示してこないのです。私もあなたも変わらずに一所懸命仏道を修行して菩薩としてやっていく、そこがメインになっているのが、天台の葬儀の一つの特徴なのではないかと、今回、天台宗の葬儀について考える中で確認した気がします。

ちょっと時間が過ぎてしまいましたが、説明不足や私自身もよくわかっていないところがあって、正確にお伝えできていなくて、申し訳なく思います。何かご質問や、あるいは何か気付かれた点がありましたら、お教えいただきたいと思います。

質疑応答

司会――そうしましたら、休憩時間を終わりにさせていただきまして、質問の時間をとらせていただきたいと思います。どなたでも、挙手にてよろしくお願いいたします。

………本多先生。

本多――勝野先生には、本当に意義ある天台の中でのお話を聞かせていただきましてありがとうございます。

本当に引導作法等の大事なものまで出していただきまして、なかなか……手に入るといいながら、なかなかわれわれには目に触れることができないものであろうかと思います。

で、一つ教えていただきたいのは、先ほどの引導作法のお話の中で、天台的な……何て言うんでしょうか、教理の立場で入ってくるこの三平等観で、私少し……まあ私の勝手な見方をすると、この後の話はどうなのかな、最初はそうなのだろうと思うんですけれども、まあ三帰を授けて、三帰の真言をお授けする。で、発菩提心……菩提心を発すというんですかね、で、次は普賢三昧耶印明というと、だんだんと仏に近づくといいますか、仏に一切なってくるような感じの次第とも理解でき、最後に五智円満印明など……

勝野――五智が具足されているということでしょうか。

本多――まあこれも私の勝手な理解ですから、どういうふうに考えていいのかなと思って、ちょっと教えていただければありがたいと思います。

勝野――その辺りが顕教の要素と密教の要素が両方入っているので、どちらを主眼に理解するかが問題かと思っています。

実は多田孝正先生がこの『常用法儀集』の解説をまとめています。これは神奈川教区の仏青向けに行った講義をまとめたものです。多田先生も引導作法について「何でここで真言が入っているんだ」とも言われて、「できれば顕教立てで全部やったほうがすっきりするんじゃないか」とも指摘されていて、やはり、今おっしゃられたように五智円満の印明、あるいは光明真言を授けていくと、そちらの立場でいけば密教の即身成仏の要素のほうが強いんだろうと思います。

ですから、ある意味、良いとこ取りをして作ったのが天台宗の引導作法ではないかなあと感じています。

私も天台大師の教学などを中心に勉強してきて、密教のほうは詳しくはないので、どうしても自分の立場でしゃべってしまうと、密教的要素を置いておいて、理解してしまうというところがありますので……。

本多――発菩提心や三帰もそうですけれども、普賢三摩耶、これがもうわれわれでも非常に大事な引導印明なので、天台さんの教義の中でかなり奥深いものがあるんだろうと思い質問しました。ありがとうございました。

勝野――一応、天台宗では円密一致とか顕密一致とは言うのですが、どう整理をつけているのか、もう少し勉強させていただきます。

司会――ほかに……

では、私からもよろしいでしょうか。似たような感じなんですが、これやはり引導作法、心仏衆生が一緒だよといって三帰を授けると、流れからいくとやっぱり五智円満で、そのあとの仏子は菩薩というよりも仏そのものになっているというニュアンスのほうが強いような気がするんですね。

勝野――ええ。

司会――それがなぜかというと、下炬の文のところなんですけれど……

勝野――ええ、ええ。
司会――茲に新円寂云々のところ……フレーズあるじゃないですか。
勝野――ええ。
司会――「有為無常の穢土を辞して、湛燃として無為楽邦の涅槃に移り畢んぬ」ですよね。
勝野――うーん、涅槃に移り畢んぬ、ですね。
司会――ということは、もう行っちゃってるということじゃないですかね。その流れで考えているような気がするんですが、どうでしょうね。
勝野――そうですね……。
また多田先生の本の話になっちゃうのですが、多田先生はこれじゃなくて別の下炬の文でやっていると言うんですね(笑)。
司会――その違うやつというのはどういうやつなんですかね。
勝野――それはやはり三平等の心仏衆生是三無差別というのが中心の文章なんですね。
司会――ああっ……なるほど。
それじゃ、この下炬の文自体がどこから現れてきたのかというのが一つ問題だと……
勝野――問題だと思いますね。
司会――あるいは引導作法も、もしも違うんだとするならば、いつからなのかなあ……。
勝野――下炬文の途中に「山家の御義に曰く」とあるのは宗祖最澄の守護国界章の文章なんですね、
司会――はい、はい。ええ。
勝野――そうした宗祖の文を入れてきているのですが、そのあとの「生死元来非前非後」などはあまり天台では使わないような言葉ですので、どこか天台以外で使われていたものをうまく取り入れて作ってきたのかなとも思います。

そのあたりをもう少し検証しないといけないのですが……。

ただ、引導作法では菩薩戒経偈を授け、また下炬文でも最後に法華経の要文を授けたり、即身成仏とも言っていないような気がするんですね。

司会――難しいですね。

勝野――そうですね。だから、どこに力点を置くかによって解釈がかなり違ってきちゃうという点があって、なかなか難しいところです。

司会――源信さんのところですけれども、「二十五三昧式」の一番最後のところに、「南無妙法蓮華経等なり」と書いてあるんですけれども、これ法華経自体に帰命するというフレーズというのは、源信さんの頃にもやっていたんですかね。まあいわゆるお題目ですけれども。

勝野――ええ……無くはないと思いますね。

この法華懺法の中で、やはり十方の仏を呼んできて懺悔するという部分で、仏法僧の三宝の中の法宝の一つとして「南無妙法蓮華経」というフレーズが出てきます。

司会――普通に考えられていたわけですね。

勝野――そうですね、ええ。ただ日蓮さんのような意識で取り上げていたかというと、そうでもないとは思うんですが。

司会――私ばっかりでは……ほかにどなたか……。はい。

質問者――貴重な話を聞かせていただきまして、ありがとうございました。

あの今の源信さんの「二十五三昧式」のところなんですが、細かい質問なんですけれども、この五段の礼拝のところで、第一番目が帰命頂礼大日教主釈迦如来、というふうにこれは大日教主と釈迦如来というのがイコールなのか、それとも大日教主と釈迦如来なのか、そこらへんの関係はどうなんでしょうか。

ほかのところはだいたい一つのものですよね、極楽教主である阿弥陀如来と、大悲の観世音菩薩……そこらへんの、大日如来とお釈迦さんの関係というのは……。

勝野――天台の立場では顕密一致、あるいは円密一致ですので、両者を優劣付けずに一体であるという解釈でいっているその表われだとは思います。

ただ私もこの資料を作っていて違和感がありました。あまりこのフレーズは今は見ないですね。当時、どの程度こうした表現が使われていたのか、私も確認しなければいけないなと思ってます。「あれっ、間違いかな」とも思ったんですけれども。(笑)

司会――「大釈別体、大釈同体」って、特に鎌倉期くらいの論義の中で、さんざん出てくるんですけれども、真言系のほうで。おそらく天台のほうが先だったはずなんですね。

勝野――ええ。

司会――大日如来とお釈迦さんのどういう関係なのかって。

勝野――そうですね。こういう見方がどの程度、定着していたのかどうか。今は、用いない表現ですね。

司会――基本的に何で五段なんですかね。不思議ですよね。大日経系、密教系と法華経と入って、真ん中は阿弥陀さんですよね。

勝野――そうですね。

司会――極楽……安楽国に往生するというイメージだったら、この大日教主と妙法蓮華経は別になくても良いような気がしないでもないんですが。

勝野――ええっ。まあそのへんが、天台らしいと……(笑)思っていただいたほうがありがたいかなと思います。

司会――ほかに何かありますか。まだ、少々時間があると思います……ないですか。(笑)

質問者②――すみません、細かいことなんですけれども、先ほど入仏三昧耶の明のところで、阿三迷怛哩三迷。三摩曳の前に、曩で○書いて南と書いてありますけれども、これは……何なのかなあと思いまして……。

司会——えっと……下炬の文の……上の段の土葬のあと、次入仏三昧耶の印明……

質問者②——はい。阿三迷怛哩三迷の前についているのが、ノウマクかなと思ったのですけれども、ちょっと漢字が読みきれないなということがございまして、これは何を表しているのかなと……丸印の……。

勝野——あっこれは中略のしるしです。曩莫三満多没駄南（ナマサマンダボダナン）の最初の曩と最後の南の間を略しているしるしです。

質問者②——了解しました。

本多——先ほど例時作法で合殺と言われたところは、阿弥陀仏ですか、南無阿弥陀仏と唱えるんですか。

勝野——南無は……

本多——いらないんですね。

勝野——合殺では阿弥陀仏《あみだふ》だけですね。

本多——あっ、阿弥陀……

勝野——はい。

本多——理趣経というものを読んだり、ヒロシャダというと最後に日本で……これは合殺というのは、前から天台の……

勝野——あの合殺というものは実はよくわからないんですね。何でこれがここに入っているのか、しかも何で合殺というのかも……。

本多——ああなるほど。

勝野——法儀にお詳しい方もよくわからないって言っておりまして、これあたりも実は宋代とか、あとの時代に混入したんではないか想像されておりますが、何でこれを合殺っていうのか、よくわかる解釈がされていないところです。

本多――なるほど。合殺という言葉が、例時作法の中で出てきているということですね。
勝野――そうです。
本多――われわれと同じ……まあ合殺というとそういうことなのかな。
勝野――今、真言でも合殺というものがあるんですか。
司会――はい。事実そうです。
本多――われわれはヒロシャダ……大日っていう。
勝野――これ、合殺とはどういう意味だといわれているんですか。
本多――これもやはりわからないと……運敞さんが書いてあるんですけれども、江戸時代の智積院の第七世ですけれども、あれは中国の音楽の中で使う用語だと……
勝野――ああっ、やっぱり。
本多――というふうに……まあうろ覚えです。もうちょっと違う言い方もなんかあったような気がしますけれども、そんなことを書いてあります。でも、これも確かかどうかわかりませんけれども。まあわれわれに近いなあ……と思って聞いたわけですけれども。ありがとうございます。
本多――もう一ついいですか。先ほどの最後のところの……下炬の文ですか、観無量寿経から是心是仏、これはどうして観無量寿経……阿弥陀さんの関係でこういうふうにここで出てくるんでしょうか……是心是仏。……何となくこう……
勝野――まあ全体の流れから言っているような気がしないでもないのですが……
本多――うーん、何て言いますかね……是心是仏……本当に仏そのものって感じもするんですけれども、別にそういう解釈は一般的に言われていないのでしょうか。阿弥陀さん関係でこれが入ってくるということ……なのかな……
勝野――観無量寿経の中では阿弥陀さんを観相していく中で、実は阿弥陀さんは遠い世界にいるんではなく、ここにいて、しかもなおかつ自分と一体としてここにあるんだというのを感じる、という文章の中で出てくることなんですね。

ですから、ただここで……下炬でラン字を描いて火をともした後、これに出てくるのがなぜかと言われると、私も今何とも答えられなくて、すみません。

本多――いえ、ありがとうございました。

司会――ほかにございませんでしょうか。はい、どうぞ。

質問者③――学が無い者が聞くのが恥ずかしいんですけれども、真言だとよく血脈を授けるというかたちをとるんですけれども、そういった次第がここには全然見えていないんですが、天台では血脈を授けるという概念はないんでしょうか。

勝野――えっと……引導作法で授三帰の時、あるいは場合によっては剃度式という時に、血脈を授けていらっしゃる方もいると聞いてはおります。

質問者③――われわれは特に、基本的には大日如来からの血脈をもらっているんですね。

勝野――ええ。

質問者③――天台さんの中ではどうなんですか。お坊さんも血脈はもらってないんですか。

勝野――天台宗では、本山で菩薩戒を受けたときに、円頓戒の血脈は授かっています。ですから、葬儀に際して戒を授ける時には、自分の下に弟子として戒名を書いて渡すという方もいます。

そうした血脈の書き方や、紹介はあったようですが、ちょっと私はやったことがなかったり、実物を見ていないので……。

ああ……これですね。円頓戒の血脈、その菩薩戒の流れを書いたものを渡すこともある、といいます。

質問者③――すみません。言葉尻なんですけれども、「こともある」ということは、逆に言うと、授けない方もいらっしゃるわけですよね。

勝野――私はやったことないので(笑)。

司会――それがメインになってないということですよね、恐らく。

勝野――そうですね。血脈の授与に関してはどちらでも良いということです。

司会――ほかにございますでしょうか。

そうしましたら、時間も少々超過しましたので、勝野先生のご講演を終わりにさせていただきたいと思います。それでは先生、どうもありがとうございました。

勝野――どうもありがとうございました。拙い話で申し訳ありませんでした。また何か今日の話でわからないところや、あるいは真言系のことは私も詳しくないので、教えていただければと思います。またこれからも、どうぞよろしくお願いいたします。ありがとうございました。

註

(1)『天台智者大師別伝』(大正蔵五〇、一九六中〜)

(2)『叡山大師伝』(伝全五、三九)

(3)『伝述一心戒文』巻中(伝全一、五七六)

(4)『横川首楞厳院二十五三昧起請』(恵全一、三四一)

二　浄土宗における葬儀の意義と実際

林田康順

数年前、印度学仏教学会で、「「法然上人述『十住心論』について述べられけるお詞」について」という題で発表したことがありました。その時、浄土教関係の部会に入るだろうと思っていたのですが、何を間違ったか真言のところに入れられてしまい、吉田宏哲先生をはじめとする偉い先生方がお座りになっておられ、大変緊張いたしました。しかし、本日も、同じような状況で大変緊張しております。どうぞ、お手柔らかにお願いいします。

本日の趣意書を拝見させていただきました。なるほど、多くの識者と呼ばれる方々が仏教教団に批判を加えています。趣意書では大変な危機感を訴えておられました。私自身も全く同じ思いを抱いております。伝統仏教教団は、まさに存亡の秋《とき》を迎えていると考えています。

そもそも私は、今、ご紹介いただきましたように、そのまま大正大学に進まず、一般の大学の法学部法律学科に通っておりました。そこで学びながら、浄土宗の少僧都養成講座という道場で僧階資格を得ようと励んでおりました。

学部時代、私は日本国憲法が専門のゼミに入って学んでおりました。ゼミの仲間は弁の立つ者が多く、私が僧侶のたまごだと知って、よく宗教談義をしました。もちろん、ほとんどの友人が、無宗教を標榜していましたが、新宗教に所属する者も多くいました。その中、毎年必ず二、三人は、創価学会の会員がいました。その友達の紹介で、二、三度、創価学会の池田〇〇会館に行きました。後ろのほうに座って、法座を聞かせていただきました。そこでは、この一ヶ月間、どういう信仰体験をした、どういった信仰活動をした、ということをお互い語り合うのです。素直に「凄いなあ」と思いました。

ある時、こんなことがありました。その友人は、外交官試験を志望していました。創価学会には、国家公務員試験を志望する学生さんの集まり、法曹を志願する学生さんの集まり等々、様々な集まりがあるそうですが、友人は外交官試験を志望する学生の集まりに所属していました。その友人が、その日はとてもニコニコしていたのです。「何かいいことがあったのか?」と質問すると、友人は、外交官試験を志望する学生の集まりに参加した際、池田大作名誉会長から「頑張りたまえ!」と肩を叩かれたと言うのです。その友人は、「昨日、自分は、すごくうれしくて、お題目を二時間唱えてから、一生懸命勉強した」と語るのです。私は、あらためて信仰の力を感じました。

そういう環境にあって、お仏飯を食んできた私は、もっとしっかりやらないといけないと思いを新たにして、大正大学大学院に進学し、今も学んでいるところです。いずれにしても、私達僧侶がしっかりしなければ、伝統仏教教団の存続そのものが危うくなると、日頃感じているところです。

前置きが長くなりましたが、早速、配布した資料に基づいてお話に入ります。まず、資料の一頁に参考資料を掲載しておきました。紹介した資料は、こちらから回覧しますので、興味のある方はご覧いただきたいと思います。

＊浄土宗関係参考資料

①現代葬祭仏教研究班「全教区葬祭アンケート　第一次集計分析」（『教化研究』一七、二〇〇六年一二月、一〇〇頁～一二四頁）

①は、浄土宗の正住職がおられる五六五三箇寺宛に、一箇寺あたり三人のお檀家さんに回答していただくというアンケートを出した結果、一九・二％、三二六〇通の回答が返ってきたものをまとめたものです。

②現代葬祭仏教研究班「全教区葬祭アンケート　第二次集計分析―全教区・近畿ブロック・東京神奈川の比較分析―」（『教化研究』一八、二〇〇七年九月、六〇頁～九八頁）

②は、①のクロス集計をしたものです。これは、全教区あるいは近畿圏と首都圏などの比較分析をしたもので、統計的な数字が出ております。

③現代葬祭仏教研究班「寺院対象葬祭アンケート　第一次集計分析」（『教化研究』二一、二〇一〇年九月、二三九頁～二五六頁）

③は、①・②が檀信徒向けでしたが、こちらは浄土宗七〇四五箇寺に向けて出させていただき、二八一八箇寺、四〇％ほど返ってきたものに基づいた分析です。

④『浄土宗の葬儀と年回法要について』（浄土宗、二〇一〇年一〇月、全二五頁）

④は、浄土宗の宗報と同梱で全箇寺に配布させていただきました。二五頁からなる簡便な本です。

⑤『法然上人八〇〇年大遠忌記念　いざというときのための布教Q＆A―林田康順先生講演録―』（「浄土宗における法話の際の注意点」「今さら聞けない僧侶の疑問・布教編」「通夜での法話の基本」「浄土宗における四十九日の説き方」「回向について」「法然上人のみ教え―法然上人と親鸞聖人―」、浄土宗千葉教区・浄土宗千葉教区布教師会、二〇一一年

三月、全二七三頁)
⑤は、林田の何回かの講義を本にしてくれたものです。「法話の際の注意点」、「今さら聞けない僧侶の疑問・布教編」、「通夜での法話の基本」、「浄土宗における四十九日の説き方」、「回向について」といった質問に回答したものです。
以上の参考資料は、浄土宗でもさまざまに取り組んでいるという一端ですので、ご参考にしていただければ幸いです。紹介した一連の本は、こちらの談話会に一冊ずつ寄付させていただきますので、興味のある方は、後ほどご覧になって下さい。

それでは、星印の部分を一読します。
☆浄土宗における葬儀の意義
亡き方に三帰を授けて仏弟子となっていただくと共に浄土往生の発願を促し、遺族や参列者と共々に亡き方の浄土往生を願って念仏回向し、阿弥陀仏をはじめとする極楽界の諸菩薩等に来迎引接を懇請し、亡き方の浄土往生を決定する儀式。同時に、大切な方を亡くされた遺族に向け、厳粛な儀式への参列とその一連の次第の意義や浄土宗の教えを式毎に適宜伝えることによって、遺族や参列者の悲しみを少しでも軽減していただき、その方々に亡き方を偲びつつ、亡き方に向けた報恩謝徳の思いに住していただくと共に、それぞれに浄土信仰と願往生の思いを育んでいただくことを目指す儀式でもある。
もちろん、浄土宗義においては、私達自身が生前に修める日頃の念仏相続によって最期臨終における浄土往生が決定するので、あらためて念仏行者に葬儀式が必要となるわけではない。そうした方にとっては、後者の意味合いがより強くなることとなろう。

これが、私達浄土宗の者が修めている葬儀の意義です。

ただいま回覧しているアンケート結果を一つ紹介させていただきます。「葬儀の中で、最も深く関わった方を挙げてください」という問いに対して、葬儀社—四六％、近隣の方—二二％、親戚—二三％と続きます。それに対して、僧侶はわずか三％です。おそらく僧侶の側からすると、葬儀の中心は僧侶だという思いが強いと思います。ところが、檀信徒の方からすれば、一番頑張ってくださったのは葬儀屋さんということになるということです。そういう意味から、私達僧侶が葬儀の意味を理解し、それをしっかりと伝える事が大切であると学生にいつも伝えています。

次に葬儀の次第についてお話しします。ここからは、こちらの『浄土宗法要集』に基づいています。もちろん、葬儀ほど地方色が豊かなものはないので、私の寺でも、これらをすべて勤めているというわけではないことをご了承ください。

【二】浄土宗における葬儀式の実際（『浄土宗法要集』を中心に）

①枕経（黒衣・如法衣被着）来迎仏又は御名号を奉安する。

仏前着座　奉請　広懺悔　懺悔偈　十念　転向〔新亡に向かう〕

剃度作法　報恩偈「流転三界中　恩愛不能断　棄恩入無為　真実報恩者」

剃髪偈「剃除鬚髪　当願衆生　断除煩悩　究竟寂滅」　十念

授与三帰三竟　授与戒名

「我弟子等　願従今身　尽未来際　帰依仏両足尊　帰依法離欲尊　帰依僧衆中尊」
「我弟子等　願従今身　尽未来際　帰依仏竟　帰依法竟　帰依僧竟」（共に三唱）
十念　転向〔復座〕　開経偈　誦経　発願文　摂益文　念仏一会
回向文（降魔偈「門門不同八万四　為滅無明果業因　利剣即是弥陀号　一声称念罪皆除」）
回向（神超浄域の文「神超浄域　業謝塵労　見仏聞法　即入無生」）　**十念**

①枕経は、黒衣・如法衣を被着し、来迎仏または御名号を奉安いたします。次第は、仏前着座、奉請（弥陀・釈迦・諸仏、さらには観音・勢至菩薩を奉請します）。そして、広懺悔、懺悔偈です。懺悔に関しては後ほど解説をさせていただきます。十念を称えた後、転向、新亡に向かいます。

新亡の前で剃度作法をします。報恩偈「流転三界中　恩愛不能断　棄恩入無為　真実報恩者」、剃髪偈「剃除鬚髪　当願衆生　断除煩悩　究竟寂滅」、十念を称えまして、授与三帰三竟　授与戒名をします。「我弟子等　願従今身　尽未来際　帰依仏両足尊　帰依法離欲尊　帰依僧衆中尊」「我弟子等　願従今身　尽未来際　帰依仏竟　帰依法竟　帰依僧竟」、これをともに三唱して、戒名を授けます。

十念の後、転向して、また仏前に戻り、開経偈、誦経、発願文です。発願文は後ほど解説させていただきます。摂益文、念仏一会、お念仏をご回向させていただきます。

そして、回向文、この場合は降魔偈を読みます。「門門不同八万四　為滅無明果業因　利剣即是弥陀号　一声称念罪皆除」、そして回向、神超浄域の文「神超浄域　業謝塵労　見仏聞法　即入無生」、十念です。以上が宗定の枕経の次第です。

②納棺（黒衣・如法衣被着）

納棺中は念仏（一唱一下）　**納棺偈「引接安養極楽界　当証菩提正覚位」**（三唱）　**十念**

②納棺です。黒衣・如法衣を被着。納棺中は念仏、一唱一下です。納棺偈「引接安養極楽界　当証菩提正覚位」を三唱して、十念を授けます。

③通夜（通夜は念仏を主とし、誦経の外、御法語、和讃など、なるべく僧俗共に唱えられるものを用いる。）

奉請　懺悔偈　十念

初夜礼讃　開経偈　誦経　御法語　摂益文　念仏一会　和讃詠歌等　念仏一会

中夜礼讃　開経偈　誦経　御法語　摂益文　念仏一会　和讃詠歌等　念仏一会

後夜礼讃　開経偈　誦経　御法語　摂益文　念仏一会

回向文（降魔偈）　**回向**（神超浄域の文）　**十念**

③通夜です。通夜は、念仏を主とし、誦経のほか、ご法語・和讃など、なるべく僧俗共に唱えられるものを用いるようにと指示があります。奉請、懺悔偈、十念をさせていただいた後、善導大師の『往生礼讃』の中、初夜礼讃をお唱えし、開経偈、誦経、御法語、摂益文、念仏一会、そして和讃・詠歌等を詠み、念仏一会となります。その後、夜を徹して、中夜礼讃、後夜礼讃を交え、同様の流れをつとめ、回向文、回向、十念をつとめよと指示されています。左にマークを付けておきました。

※枕経にお伺いできない場合は、通夜において枕経の次第を含めることが多い。

実際には枕経にお伺いできない場合もあり、通夜において枕経の次第を勤めることが多いです。これもアンケートでは、八割近くの方が枕経を勤めているということでしたが、すべての寺院の回答ではありませんので、実際は、そこまで高い数字ではないかも知れません。

さて、枕経あるいは通夜までの中で、浄土宗に特色のある点をいくつか紹介させていただきます。まずは、広懺悔です。これは、浄土宗の高祖善導大師の『往生礼讃』に説かれるもので、広くは十悪懺悔などと呼ばれています。一読させていただきます。

☆広懺悔（善導大師『往生礼讃』　＊十悪懺悔）

敬ってもうす。十方の諸仏、十二部経、諸大菩薩、一切の賢聖および一切の天・龍八部、法界の衆生、現前の大衆等、証知したまへ。

我、発露懺悔す。無始よりこのかた乃至今身まで、一切の三宝・師僧・父母・六親眷属・善知識・法界の衆生を殺害せること数を知るべからず。

一切の三宝・師僧・父母・六親眷属・善知識・法界の衆生の物を偸盗せること数を知るべからず。

一切の三宝・師僧・父母・六親眷属・善知識・法界の衆生の上において邪心を起せること数を知るべからず。

妄語をもって一切の三宝・師僧・父母・六親眷属・善知識・法界の衆生を欺誑せること数を知るべからず。

綺語をもって一切の三宝・師僧・父母・六親眷属・善知識・法界の衆生を調弄せること数を知るべからず。

悪口をもって一切の三宝・師僧・父母・六親眷属・善知識・法界の衆生を罵辱し、誹謗し、毀呰せること数を知るべからず。

両舌をもって一切の三宝・師僧・父母・六親眷属・善知識・法界の衆生を闘乱し破壊せること数を知るべからず。

あるいは五戒・八戒・十戒・十善戒・二百五十戒・五百戒、菩薩の三聚戒、十無尽戒、乃至一切の戒および一切の威儀戒等を破り、みづから作し他を教へ、作すを見て随喜せること数を知るべからず。

かくのごとき等の衆罪、また十方大地の無辺に微塵の無数なるがごとく、われらが作れる罪もまた無数なり。虚空無辺なれば、われらが作れる罪もまた無辺なり。方便無辺なれば、われらが作れる罪もまた無辺なり。法性無辺なれば、われらが作れる罪もまた無辺なり。法界無辺なれば、われらが作れる罪もまた無辺なり。衆生無辺なれば、われらが劫奪・殺害もまた無辺なり。三宝無辺なれば、われらが侵損・劫奪・殺害もまた無辺なり。戒品無辺なれば、われらが毀犯もまた無辺なり。かくのごとき等の罪、上はもろもろの菩薩に至り、下は声聞・縁覚に至るまで知ることあたはざるところなり。ただ仏と仏とのみすなはちよくわが罪の多少を知りたまへり。いま三宝の前、法界衆生の前において発露懺悔したてまつる。あへて覆ひ蔵さず。ただ願はくは十方の三宝、法界の衆生、わが懺悔を受け、わが清浄を憶したまへ。

今日よりはじめて、願はくは法界の衆生とともに、邪を捨て正に帰し、菩提心を発して、慈心をもってあひ向かひ、仏眼をもってあひ看て、菩提まで眷属とし、真の善知識となって、同じく阿弥陀仏国に生じ、乃至成仏せん。かくのごとき等の罪永く相続を断ちてさらにあへて作らず。懺悔しおはんぬ。至心に阿弥陀仏に帰命したてまつる。

以上、阿弥陀さまに向かって、お亡くなりなった方と共に心からの懺悔をさせていただくのです。その上で、

☆剃度作法　授与三帰三竟　授与戒名

という段取りとなります。

浄土宗の僧侶が受ける戒は、天台宗に源流のある円頓戒、三聚浄戒ですけれども、亡くなられた方に対しては、仏教徒としてもっとも基本となる三帰をお授けします。その際。私達がもっとも意識しているのが、次の善導大師の『観経疏』に説示される深心釈の内容です。

＊善導大師『観経疏』深心釈（＊仏弟子）

又深信とは、あふぎねがはくは、一切の行者等、一心にただ、仏語を信じて、身命をかへり見ず、決定して依行せよ。仏の捨てしめ給ふものをばすなはち捨て、仏の行ぜしめたまふものをばすなはち行じ、仏の去らしめ給ふ処をばすなはち去れ。これを仏教（釈尊の本懐）**に随順し、仏意**（諸仏の証誠）**に随順すとなづけ。是を仏願**（阿弥陀仏の本願）**に随順すと名づけ、これを真の仏弟子となづく。**

善導大師は、この一節の最後に「真の仏弟子」という言葉をお示しです。浄土宗では、釈尊の本懐、諸仏の証誠、阿弥陀仏の本願という、三仏が同心にお念仏を勧めてくださったと受けとめます。その三仏の仰せにしたがってお念仏を称え、そして仏が去れとおっしゃっていただいたこの娑婆世界を去る、この仏の心に適う者が仏弟子であるというのです。そうした三仏の弟子になるという思いで、亡き方に三帰戒をお授けし、仏弟子となっていただくのです。

また、ここで先程紹介した一箇寺三人のアンケートの中、「あなたは戒名を希望しますか」、「生前の名前のままで良いと思いますか、俗名で良いと思いますか」という質問があります。その質問に対して、戒名を希望するという方が五五％、すでに戒名を授かっているという方が一六％です。浄土宗の場合、関西あるいは東北等では授戒会という形で戒をすでに授けている場合が多くございます。そういうことで一六％という高い数字になったと思います。その一方、一二％の方が俗名でも良いと回答されています。この数字は、一箇寺三人という割合から考えれば、実際には大幅にアップされることになりましょう。そういう意味でも私達僧侶はこうした現状を踏まえて、しっかりと葬儀の意義をお伝えしていかなければいけないと受け止めています。

続いて、通夜の時に唱えるのが発願文です。これも善導大師の『往生礼讃』に出ています。この一節は、阿弥陀さまの来迎を請い、亡き方に浄土往生を遂げていただいて、還相回向といって、再びこの娑婆世界に還り来て我等を導き給えとお伝えするものです。一読します。

☆発願文（善導大師『往生礼讃』）（＊来迎→往生→還相）

願はくは弟子等、命終の時に臨んで心顚倒せず、心錯乱せず、心失念せず、身心にもろもろの苦痛なく、身心快楽にして禅定に入るがごとく、聖衆現前したまへ。仏の本願に乗じて阿弥陀仏国に上品往生せしめたまえ。かの国に到りおはりて、六神通を得て十方界に入りて、苦の衆生を救摂せん。虚空法界尽きんや、わが願もまたかくのごとくならん、と。発願しおはんぬ。至心に阿弥陀仏に帰命したてまつる。

こうした思いを亡き方になりかわって、私達僧侶が発願させていただくのです。

続いて、通夜には和讃・詠歌等を唱えよとあります。私自身は、枕経や通夜の時には、一連の読経を終えた後、『来迎和讃』や『光明摂取和讃』をお唱えします。ちなみに大正大学では、真言宗智山派や天台宗・豊山派では「梵字」の授業がありますが、浄土宗ではその時間に「詠唱」の講義があり、浄土宗僧階取得希望者は必修となっています。

それでは、『来迎和讃』です。

☆伝恵心僧都作『来迎和讃』

1、摂取不捨の光明は　念ずる所を照らすなり
　観音勢至の来迎は　声を尋ねて迎うなり

2、娑婆界をば厭ふべし　厭はば苦界を渡りなん
　安養界をば願ふべし　願はば浄土に生まるべし

3、草の庵は静かにて　八功徳池に心すみ
　夕べの嵐音なくて　七重宝樹に渡るなり

4、臨命終の時いたり　正念違はで西にむき
　頭を傾け手を合せ　弥々浄土を欣求せん

5、聞けば西方界の空　伎楽歌詠ほのかなり
　見れば緑の山の端に　光雲遥かに輝けり

6、この時身心安くして　念仏三昧現前し
　毫光吾が身を照し来て　無始の罪障消滅す

7、光雲漸く近づきて　瞻仰すれば弥陀如来
　相好円満し給ひて　金山王の如くなり

8、烏瑟(うしつ)も高く現はれて　晴れのみ空に緑なり
　白毫右に旋りきて　眉の間に輝やけり

9、観音勢至諸菩薩埵　光の中に充満てり
　各々威徳あらわれて　声々行者を誉め給う
10、昔は大悲の御利益を　僅かに伝へ聞きしかど
　今は阿弥陀の引接を　心のままに蒙れり
11、願はくは弥陀世尊　行者の誓ひを愍念し
　大悲誓願あやまたず　来迎引接たれたまへ
12、願はくは此功徳　普く衆生に施して
　同じく心をおこしつつ　安楽国に往生せむ（『恵心僧都全集』一・六六一）
南無阿弥陀仏　阿弥陀仏　南無阿弥陀仏　阿弥陀仏

『恵心僧都全集』ですと、最後から二行目までですが、浄土宗では最後に「南無阿弥陀仏　阿弥陀仏　南無阿弥陀仏　阿弥陀仏」という形で終わります。もちろん一番から一二番までやっていますと時間がありませんので、一番、二番と一二番とか、中飛ばしでお唱えします。

あるいは、『光明摂取和讃』です。

☆『光明摂取和讃』

1、人のこの世は長くして　変わらぬ春と思いしに
　無常の風はへだてなく　はかなき夢となりにけり
2、熱き涙の真心を　御霊の前に捧げつつ
　ありしあの日の思い出に　面影しのぶも悲しけれ

3、されど仏の御光に　摂取されゆく身にあれば
思いわずらうこともなく　とこしえかけて安からん
南無阿弥陀仏　阿弥陀仏　南無阿弥陀仏　阿弥陀仏

こうした、『来迎和讃』や『光明摂取和讃』を枕経・通夜の時にそれぞれお唱えさせていただきます。

続いて、

↓正念来迎から来迎正念へ（三愛除却）

です。これは、法然上人以前、阿弥陀さまは、私達が正しい心（正念）になった時、はじめて来迎して下さるという理解が一般的だったのに対し、法然上人は私達の弱い心を汲み取って、普段のお念仏の声を聞かれた阿弥陀様が来迎し、私達の心を正念にして下さるというのです。法然上人のご法語『往生浄土用心』を紹介させていただきます。

法然上人『往生浄土用心』「人のいのち終らんとする時、阿弥陀ほとけ聖衆とともに、目のまえに来たり給いたらんを、まづ見まいらせてのちに、心は顚倒せずして、極楽に生まるべしとこそ心得て候え。（中略）**いま一返も、病なき時念仏を申して、臨終には阿弥陀ほとけの来迎にあづかりて、三種の愛心を除き、正念になされまいらせて、極楽に生まれんとおぼしめすべく候。」**（昭法全五六三）

すでにご存知だと思いますが、命終える時、私達は、境界愛・自体愛・当生愛という三愛が湧き起こってくると言います。私達の周囲の方々や残していく財産はどうなってしまうのだろうという思いが境界愛。わが身がどうなってしまうのだろうという思いが自体愛、そして、これから先どうなってしまうのだろうという思いが当生愛です。命終える時、こうした執着の心が私達を襲うので、それを取り除くために阿弥陀様が

来迎して下さるという法然上人のお言葉です。

ここまで、枕経あるいは通夜について、浄土宗葬儀の特色についてお話ししましたが、ただいま回覧している講義録で、こんな質問に回答しています。

Q、枕経（通夜）での法話のポイントについて教えて下さい。

△遺族の悲しみの癒し（グリーフワーク）。

遺族の悲しみの癒しも大切ですが、これは副次的なものでしょう。

○故人を偲ぶ、故人との別れを惜しみ、故人に感謝の誠を捧げる。

吼えるやら　泣くやら釈迦の　涅槃像／泣きざまを　描き尽くしたり　涅槃像

次に、故人を偲ぶ、故人との別れを惜しみ、故人に感謝の誠を捧げるということです。こうしたことも、もちろん大切な役割です。

◎浄土宗における枕経（通夜）の第一義は【先立たれた方を極楽浄土にお送りするための準備を整える】ということであり、だからこそ【（本来生前に授けるべきではあるのだが、残念ながら、その機会に巡り会えなかった）故人に戒名を授け、真の仏弟子となっていただき、その上で、阿弥陀さまの来迎を願い、浄土往生を遂げたならば、浄仏国土・成就衆生の行を修めて成仏を目指すよう促す】のである。そして、そのための式次第として**【広懺悔→授与戒名→発願文**（来迎和讃）**という一連の流れ】**が示されているのであろう。

加えていえば、そうした通夜の流れを踏まえて、葬儀の際には、下炬において**【要偈・念仏往生願】**が授けられるのであろう。

浄土宗の枕経・通夜においては、こうした理解の上で勤めていかなければならないのです。次に参ります。

A、枕経（**通夜**）**の法話のポイント**

1、諸行無常―まず大前提として、ご遺族の悲しみをしっかりと受けとめること。厳粛に。

2、願往生―亡き方にできる最大・最上の報恩は、浄土往生を遂げていただくこと。迷いの世界ではない。

　倶会一処乃至成仏の叶うお浄土である。

倶会一処、成仏については、後ほど少し解説させていただきます。

3、懺悔―煩悩具足の私たち→仏弟子になる前提としての懺悔が不可欠

4、受戒（**授与戒名**）**―真の仏弟子となる→浄土往生→成仏**

5、来迎―正念来迎→来迎正念（**三愛除却**）

先程申し上げた、正念来迎から来迎正念への流れです。以上が通夜までの流れです。

私達は、お念仏を回向させていただきます。もちろん、本来お念仏は、私達一人ひとりが浄土往生を遂げるための行ですが、一連の葬儀式、あるいはご法事では、亡き方に向けてお念仏を回向することが大切です。これについて法然上人は次のように『往生浄土用心』の中でおっしゃっています。

＊念仏回向について

法然上人『往生浄土用心』「なき人のために念仏を廻向し候えば、阿弥陀ほとけひかりをはなちて、地獄餓鬼畜生をてらし給い候えば、この三悪道にしづみて苦を受くる者、そのくるしみやすまりて、いのち終りてのち、解脱すべきにて候。大経（**大経とは、浄土宗で大切にしている『無量寿経』です**）**にいわく、若し三途勤苦の処に在りて、此の光明を見たてまつれば、皆休息を得て復た苦悩無し、寿終の後皆解脱を蒙る。」**（**昭法全

五六〇）

このご法語は、私達のお念仏の声を阿弥陀様に届ければ、たとえ地獄・餓鬼・畜生の境涯に堕ちていたとしても、阿弥陀様が光明を照らして、その苦しみをとどめ、浄土往生を叶えて下さるというのです。このように、浄土宗の所定の通夜・葬儀を勤め、私達のお念仏を阿弥陀様に回向して届ければ、阿弥陀様は私達の思いを受け止めて、亡き方をお浄土にお導き下さるのです。

④迎接式（出棺式）

奉請　懺悔偈　十念　開経偈　誦経　摂益文　念仏一会　回向文（降魔偈）

回向（神超浄域の文）**　十念　合鈸　根本陀羅尼**〔この間に出棺する〕

出棺偈「如来の本誓は、一毫も謬ること無し。願わくは、仏決定して〇〇〇を引接し給え。」　十念

続いて④迎接式（出棺式）です。奉請、懺悔偈、十念、開経偈、誦経、摂益文、念仏一会、回向文（降魔偈）、回向（神超浄域の文）、十念、合鈸、根本陀羅尼です。この間に出棺します。根本陀羅尼は阿弥陀如来根本陀羅尼で、真言宗の方がお唱えになっているものと同じです。その後、出棺偈「如来の本誓は、一毫も謬ること無し。願わくは、仏決定して〇〇〇を引接し給え」と唱え、十念です。

ただ、実際には、私自身は、迎接式、出棺式を勤めたことがありません。

⑤密葬式

迎接式に同じ。

次に⑤密葬式ですが、これは④迎接式に同じです。本来の密葬式とは、今巻間で言われている密葬とは異なります。とはいえ、④同様、私自身は、勤めたことがありません。

⑥表葬式（荘厳服被着）

棺前の中央前方に位牌を安置し、牌前に浄水及び供物を供え、向かって左方に茶器、右方に湯器を供え、華は四華（紙華）**、樒各一対を立て、香燭及び六丁立を備える。**

（能化の葬儀は前記の他に六物〔三衣、鉄鉢、坐具、漉水嚢〕**及び法衣、数珠、錫杖等を向かって右側に、三部経、伝書及び血脈譜等を向かって左側に備える。）**

次に⑥表葬式、いわゆる葬儀です。荘厳服を被着します。棺前の中央前方に位牌を安置し、牌前に浄水及び供物を供え、向かって左方に茶器、右方に湯器を供え、華は四華（紙華）、樒、各一対を立て、香燭及び六丁立を備えます。

ちなみに六丁立とは、蠟燭を六本立てて、六道にならってそれを越えるという意味で供えるそうです。隣に能化の葬儀も指示してあります。能化の葬儀は前記のほかに、安陀会・鬱多羅僧・僧伽梨の三衣、鉄鉢、坐具、漉水嚢の六物、及び法衣、数珠、錫杖等を向かって右に、三部経、伝書及び血脈譜等を向かって左側に備えます。

⑥1　堂内式

本堂外陣に壇を設け棺前荘厳は前項の通り。脇導師の座次は外陣向き法要に同じ。

入堂　香偈　三宝礼　奉請　懺悔偈　十念　転座
作梵（讃又は唄）　合鈸　鎖龕　起龕　奠湯　奠茶　霊供〔浄著〕　念誦　下炬
開経偈　誦経　摂益文　念仏一会　回向文（降魔偈）　回向（神超浄域の文）　十念
転座　総願偈　三唱礼　送仏偈　十念　退堂

次に⑥1「堂内式」です。これが一番丁寧なものです。本堂外陣に壇を設け、棺前荘厳は前項の通り。脇導師の座次は外陣向き法要に同じ、ということです。

次第は、入堂、香偈、三宝礼、奉請、懺悔偈、十念、転座、作梵（ここでは歎仏偈などを唱えます）、合鈸、鎖龕、起龕、奠湯、奠茶、霊供（ここで浄著作法をいたします）、念誦、下炬、開経偈、誦経、摂益文、念仏一会、回向文、回向、十念、ここで転座して、総願偈、三唱礼、送仏偈、十念、退堂となります。

正式には今申し上げた通りですが、実際には、ここまで丁寧な葬儀は少ないと思います。例えば、仏前から棺前に転座をするということはほとんどありません。ずっと棺前で勤めさせていただくことが多いようです。

あるいは鎖龕、起龕、奠湯、奠茶、霊供、念誦ですが、私も三十年近く、僧侶の葬儀も含めてさまざまに参列いたしましたが、この鎖龕、起龕、奠湯、奠茶、霊供、念誦の六つ全部を六人の僧侶が勤めている葬儀に出たことはありません。

一応、鎖龕、起龕、奠湯、奠茶で、どのような偈文を脇導師が唱えるかを『法要集』に基づいて載せておきました。

・**鎖龕「閉塞諸悪道　通達善趣門」「横截五悪趣　悪趣自然閉」「三垢消滅　身意柔軟」**

・起龕「開彼智慧眼　滅此昏盲闇」「厳護法城　開闡法門」「今乗二尊教　広開浄土門」
・奠湯「開神悦体　蕩除心垢」「洗除塵労　諸垢染故」「弥陀心水沐身頂」「洗心甘露水　悦目妙華雲」
・奠茶「以諸法薬　救療三垢」「八功徳水　湛然盈満」「清浄香潔　味如甘露」

導師の脇に、左右それぞれ三人ずつ脇導師がいて、順に担当の僧侶が立ち上がり、仏前斜め少し前に出て、一歩下がって、これらの偈文を読むのです。

またここで、アンケートを紹介させていただきます。これは僧侶側のアンケートの回答です。「貴寺院では、近年葬儀式の僧侶の人数に変化がありますか」という問いです。それに対して、「変化はない」が四八%。「減っている」が四四%でした。

私は、さまざまな講習会で地方に赴くことがありますが、葬儀の変容を見聞きいたします。私は横浜におりますが、横浜周辺は、私が子供の頃から一仏、つまり、住職一人か、あるいは、副住職が維那につくという形がほとんどです。地方は、三仏、五仏と僧侶の数が増えていきます。おそらく「変化はない」という四八%の場合は、もともと僧侶の数が少なかった地域が多いと思います。「減っている」という四四%の地域においては、僧侶の数が減っているわけですから、それで布施を受けていた僧侶にとってはたいへん大きな問題となります。

もう一つ、アンケートを紹介させていただきます。「近年、お葬式を縮小化した、いわゆる家族葬が増えていますか」という質問に対して、「いいえ」という数字が五〇%、「はい」という、葬儀がコンパクトになっている、縮小化しているという回答が四四%ありました。身内の方だけ、ご家族の方だけの葬儀が増えれば増えるほど、お布施の額も比例して減りましょうし、招かれる僧侶も比例するのでしょう。それに応じて、僧侶の収入も減ってくるということがあります。

さて、以上のことをさせていただいた後、いわゆる引導、下炬をいたします。次の一文は、『浄土礼誦法』に基づいたものです。一読します。

・下炬（『浄土礼誦法』〔二九六～二九七〕から）

要偈（相伝による）

夫れ以れば、九品を宿とせんには称名を以て先となし、八池を棲（すみか）とせんには数遍を以て基となす。念仏とは昔法蔵菩薩大悲誓願の筏、今弥陀覚王広度衆生の船なり。是れ則ち菩薩利益衆生の約束、是れ則ち如来平等利生の誠言なり。茲に新華台（法名）諦聴諦聴善思念之。阿弥陀仏はかかる迷到の衆生を愍み給い、四十八の誓願を起し、その願悉く成就して現に彼国に在ます。その第十八願に曰く「設我得仏　十方衆生至心信楽　欲生我国　乃至十念　若不生者　不取正覚」と。本誓の重願虚しからず。衆生称念すれば必ず往生を得と。往詣楽邦の門出に一句を餞別せん。

低頭礼仏在此国　挙頭已入弥陀界　十念

冒頭の要偈という一節は、浄土宗でとても大切にしている偈文で、浄土宗の伝法とも関わってまいりますので、その内容については省かせていただきます。まずこの要偈を亡き方に授け、しっかりと浄土往生を果たしてくださいとお伝えするのです。

ここで紹介した下炬の文は一例ですが、最近は、下炬を少し理解しやすい言葉遣いにしようという方もいらっしゃいます。もちろん、下炬は亡き方に応じて、住職が筆で書いて持って行かなければいけないというのが本義ですが、こうした例文を参考にして下炬をまとめていくのです。

今一読したように、下炬では、浄土のあり様や念仏のいわれをお伝えします。特に阿弥陀様の第十八念仏往生願を挿入する、あるいは、その第十八願を解釈された善導大師の釈文を挿入するのが通例です。最後に「一句を餞別せん」と申して、偈文等を唱えます。私は法然上人のお歌を唱えます。最後にお十念を称えます。

続いて、再度、善導大師の『観経疏』深心釈を紹介します。一読します。

＊善導大師『観経疏』深心釈―信機・信法―

二には深心。深心といふはすなはちこれ、ふかく信ずるの心なり。又二種あり。

一には決定してふかく信ず。自身は現に是れ罪悪生死の凡夫、曠劫よりこのかた、常に没し、つねに流転して、出離の縁ある事なしと。（信機）

私達はここまでを信機と申します。自身の力ではこの生死輪廻の世界を出離することは、到底不可能であると自覚することです。その自覚を持った上で、弥陀・釈迦・諸仏を信ずる段取りとなります。続きを読ませていただきます。

二には決定してふかく信ず。かの阿弥陀仏四十八願をもて、衆生を摂受し給ふ。疑ひなく慮ひなく、かの願力に乗じて、さだめて往生を得と。（阿弥陀仏・『無量寿経』）

ここでは、阿弥陀様が『無量寿経』を通じて、四十八願を建立され、私達をお救いして下さると、しっかり信じることを訴えられます。

又決定してふかく信ず。釈迦仏、この観経の三福九品、定散二善を説ひて、かの仏の依正二報を証讃して、人をして欣慕せしめ給ふことを。（釈尊・『観無量寿経』）

ここでは、私達が「阿弥陀様は尊い。極楽浄土は素晴らしい。往生させていただきたい」という思いをおこすため、釈尊が『観無量寿経』を通じて、阿弥陀様や極楽浄土の荘厳をお示しいただいたと、しっかり信じることを訴えられます。

又決定して、ふかく信ず。弥陀経の中に、十方恒沙の諸仏、一切の凡夫決定して、生ずることを得と、証勧し給ふことを。（諸仏・『阿弥陀経』）

ここでは、諸仏が『阿弥陀経』を通じて、念仏往生が真実であるということを証明してくださり、重ねて念仏行者を護り念じて下さるということを、しっかり信じることを訴えられます。

又深信とは、あふぎねがはくは、一切の行者等、一心にただ、仏語を信じて、身命をかへり見ず、決定して依行せよ。仏の捨てしめ給ふものをばすなはち捨て、仏の行ぜしめたまふものをばすなはち行じ、仏の去らしめ給ふ処をばすなはち去れ。これを仏教に随順し、仏意に随順すとなづけ。これを仏願に随順すと名づけ、これを真の仏弟子となづく。

最後の部分は、先ほどご紹介した箇所で、私達浄土宗徒は阿弥陀仏と釈尊と諸仏の三仏が、『無量寿経』と『観無量寿経』と『阿弥陀経』という「浄土三部経」を通じて、念仏一行をお示しになっていただいたと信じ、お念仏を行じていくべきことが示されます。

こうした内容を亡き方にお伝えするのが、下炬ということになります。そして、必ずや極楽浄土に往生して、阿弥陀様のお姿を拝しつつ、必ずや成仏を遂げて下さいということをお伝えさせていただくのです。

⑥2　露地式（講堂、集会所等で、葬儀を行う場合）
仏像又は、御名号を奉安し、棺前荘厳及び法服は堂内式に同じ
入場　奉請　作梵（讃又は唄）　合鈸　鎖龕　起龕　奠湯　奠茶　霊供（浄著）　念誦
下炬　開経偈　誦経　摂益文　念仏一会　回向文（降魔偈）　回向（神超浄域の文）
十念　退堂
次に⑥2「露地式」です。これは、講堂や集会所等で葬儀を行う場合ですが、⑥1「堂内式」を簡略化したものですので省略致します。

⑥3　三昧式（火葬場、三昧堂等で行う場合）
差定等全て露地式に同じ。
⑥4　自宅式（その家の仏壇の前、または来迎仏の前において行う場合）
差定等全て露地式に同じ。

同じように⑥3「三昧式」、これは、火葬場、三昧堂等で行う場合であり、⑥4「自宅式」、これはその家の仏壇の前、または来迎仏の前において行う場合であり、これらは、露地式と同じということですので、省略させていただきます。

⑦茶毘式（火葬する直前に行う）
根本陀羅尼　摂益文　念仏一会　回向文（降魔偈）　回向（神超浄域の文）　十念

次に⑦荼毘式、火葬する直前に行う式です。式次第は、根本陀羅尼、摂益文、念仏一会、回向文（降魔偈）、回向（神超浄域の文）、最後に十念を称えます。火葬場で行います。

⑧収骨式

開経偈　誦経（舎利礼文）　摂益文　念仏一会　回向文（降魔偈）　回向（神超浄域の文）　十念

分骨式は右に同じ

続いて⑧収骨式です。開経偈、誦経、ここでは舎利礼文をお読みします。摂益文、念仏一会、回向文（降魔偈）、回向（神超浄域の文）、最後に十念を称えます。分骨式は右に同じということです。

⑨埋葬式

開経偈　誦経　摂益文　念仏一会　回向文（納骨の場合は降魔偈）（土葬の場合は土葬の文「若在三塗　勤苦之処　見此光明　皆得休息」）　回向（神超浄域の文）　十念

納骨式は右に同じ

次に⑨埋葬式です。次第は、開経偈、誦経、摂益文、念仏一会、回向文（納骨の場合は降魔偈、土葬の場合は土葬の文「若在三塗　勤苦之処　見此光明　皆得休息」です）、回向（神超浄域の文）、最後に十念です。私はいまだかつて土葬に立ち会ったことがございません。私の父は、戦中に燃料不足のために土葬を行ったことがあるそうです。

⑩洒浄式（家屋、室内、土地等を浄める場合に用いる。）（黒衣・如法衣被着）

中央に壇を設け香炉及び洒水器を備える。

四方洒水　摂益文　念仏一会

普済偈「神力演大光　普照無際土　消除三苦冥　広済衆厄難」　十念

最後に⑩洒浄式です。⑨までが檀信徒と共に勤めるものですが、洒浄式は一連の葬儀式が終わった後に勤めます。この洒浄式は、家屋、室内、土地等を浄める場合に用いるもので、黒衣・如法衣被着の上、中央に壇を設け、香炉及び洒水器を備え、四方洒水、摂益文、念仏一会、そして、普済偈「神力演大光　普照無際土　消除三苦冥　広済衆厄難」、最後に十念を称えます。こちらの洒浄式も、ほとんど勤められていないのではないかと思います。

以上が、一連の葬儀式の流れです。

本来であれば、私の務めは、ここまででよろしいのかも知れませんが、「付論」として、千葉教区の講義録などを通じて、浄土宗の教義に基づき、中陰などについて説示した内容を補足させていただきます。

【二】付論—浄土宗における法儀の実際と宗義からの応答—

〔1〕中陰について

①浄土宗に中陰がないとは、どういう事ですか？

まずは〔1〕中陰について、①「浄土宗に中陰がないとは、どういう事ですか」です。浄土宗の正依の経典である「浄土三部経」には、次のように「即得往生」という記載が多く見られます。

＊『無量寿経』巻下「即得往生」

『観無量寿経』上品上生「即得往生」／上品下生「即得往生」／
中品上生「即得往生」／中品下生「即得往生」／
下品中生「即得往生」／下品下生「即得往生」

『阿弥陀経』「即得往生」

こうしたことから、中陰に関して、浄土宗では次のように受けとめるべきである、とお伝えしています。

A、念仏往生においては「即得往生」が大前提です。中陰を経ることはありません。中陰思想は、六道輪廻を前提にした議論であり、阿弥陀さまによる「来迎引接」「勝過三界道」の「浄土三部経」の世界観とは相容れません。浄土宗における選択本願念仏による浄土往生は、どこまでも「無生之生」「見生而無生」であり、「報土往生」であることを念頭におくべきでしょう。ですから、七七日忌までの法要においては、「一般的には、中陰といって〜」などと説明をした上で、「しかし、浄土宗では〜」と阿弥陀さまの大いなる慈悲の発現である本願力に基づく即得往生についてお話しされるとよろしいでしょう。

②「即得往生」と四十九日の関係は？

続いて②「「即得往生」と四十九日の関係は」です。①で見たように、「浄土三部経」において、この娑婆世界から極楽浄土に往生する時間については、「即得往生」と記されています。その上で、『観無量寿経』には「華開の遅疾」といって、観音菩薩が持参して、私達を乗せてお浄土にお連れいただく蓮の花が開くまでの時間に次のような長短が示されています。

＊『観無量寿経』華開の遅疾

上品上生「生じおわって」
上品中生「宿を経てすなわち開く」
上品下生「一日一夜にして蓮華すなわち開く」
中品上生「蓮華すなわち開く？」
中品中生「七日を経て、蓮華すなわち敷く」
中品下生「生じて七日を経て」
下品上生「七七日を経て、蓮華すなわち敷く」
下品中生「六劫を経て、蓮華すなわち敷く」
下品下生「十二大劫を満じて、蓮華まさに開く」

まず、上品上生は「生じおわって」ですから「直後」に華が開きます。上品中生は「宿を経てすなわち開く」ですから、一泊するということでしょう。上品下生は「一日一夜にして蓮華すなわち開く」ですから、丸一日です。中品上生には、時間は特に述べられません。中品中生は「七日を経て、蓮華すなわち開く」ですから、七日間です。中品下生は「生じて七日を経て」ですから、やはり七日間です。下品上生は「七七日を経て、蓮華すなわち開く」ですから、四十九日間となります。下品中生は「六劫を経て、蓮華すなわち開く」ですから、六劫と一気に時間が長くなります。下品下生は「十二大劫を満じて、蓮華まさに開く」ですから、大劫を小劫に直すとなんと九六〇劫もの時間がかかります。時間の関係で、下品中生と下品下生の華開の遅疾について詳細に言及することはできませんが、すでに拙論（「法然上人における中陰について」『浄土宗総合研究所・法然上人八百年大遠忌記念論文集　現代社会と法然浄土教』所収、二〇一三年九月）をまとめておきましたので、興味がある方はご一覧下されば幸いです。

いずれにしても、四十九日法要については、浄土宗では次のように受けとめるべきである、とお伝えしています。

A、すでに述べたように浄土宗においては、即得往生が大前提となります。阿弥陀さま自らが来迎引接してくださるのですから、お一人お一人の往生までの時間が、四十九日間もかかっていたのでは救済活動もままなりません。ただ、古来、中陰思想に基づいた仏事が広く営まれてきたわけですから、そうした仏事を継承し、お念仏の教えを広める契機として捉えないのは、まことにもったいないことです。ですから、先に紹介した『観無量寿経』下品上生の説示などに基づいて四十九日の期間について説明を加えられるとよいのではないでしょうか。

私自身、初七日法要、三十五日法要、四十九日法要などをお勤めします。その際は、「一般的には中陰といって〜」と閻魔様などのお話をした後、「浄土宗では〜」という段取りで、亡き方の華が一日も早く開き、菩薩の仲間入りをしていただくよう、よりご供養、ご回向に努める期間であるとお伝えしています。

③往生した後、四十九日間、亡くなられた方はどこにどんな状態でいるのですか。蓮のつぼみの中で罪を滅ぼすとか聞いた事がありますが本当でしょうか。それはどこに書いてありますか。

続いて③「往生した後、四十九日間、亡くなられた方はどこにどんな状態でいるのですか。蓮のつぼみの中で罪を滅ぼすとか聞いた事がありますが本当でしょうか。それはどこに書いてありますか」です。まず、『観無量寿経』下品上生の一節を読ませていただきます。

＊『観無量寿経』「下品上生というは、あるいは衆生ありてもろもろの悪業を作れり。方等経典を誹謗せずといえども、かくのごときの愚人、多く衆悪を造りて慚愧あることなし。命終わらんと欲する時、善知識の、ために大乗十二部経の首題の名字を讃むるに遇わん。かくのごときの諸経の名を聞くをもってのゆえに、千劫の極重の悪業を除却す。智者また教えて、合掌叉手して、南無阿弥陀仏と称せしむ。仏名を称するがゆえに、五十億劫の生死の罪を除く。その時にかの仏、すなわち化仏・化観世音・化大勢至を遣わして、行者の前に至りて、讃めて言わく、善男子、汝仏名を称するがゆえに、諸罪消滅す。我来りて汝を迎うと。」(聖典一・三一〇)

このように私達が称えるお念仏の功徳によって、五十億劫の生死の罪を除いて下さるとお示しです。また、『観無量寿経』下品下生には、次のようにあります。

＊『観無量寿経』下品下生というは(中略)善友告げて言わく、汝もし念ずるに能わずは、無量寿仏と称すべしと。かくのごとく至心に声をして絶えざらしめて、十念を具足して南無阿弥陀仏と称せしむ。仏名を称するがゆえに、念念の中において八十億劫の生死の罪を除く。」(聖典一・三一二)

ここでは、お念仏の功徳によって、八十億劫の生死の罪が除かれるとお示しです。

法然上人は、こうした生死の罪を除くという点に関して、次のように述べられます。

＊法然上人『正如房へつかはす御文』「一念も懺悔のこころもなくて、あかし暮したるものの、おわりの時に善知識のすすむるにあいて、ただ一声南無阿弥陀仏と申したるによりて、五十億劫のあいだ生死にめぐるべき罪を滅して、化仏菩薩三尊の来迎にあづかりて、汝、仏の名をとなうるがゆえに、罪滅せり、われ来りて、汝を迎うと、誉められまいらせて、すなわちかの国に往生すと候。(中略)おわりの時に、善知識のす

すめによりて、南無阿弥陀仏と、十声となうるに、一声ごとに、おのおの八十億劫のあいだ生死にめぐるべき罪を滅して、往生すと説かれて候めれ。」（昭法全五四二）

このご法語中に「生死にめぐるべき罪」という一節があります。つまり、五十億劫、あるいは八十億劫の過去世に遡って、過去に犯してしまった罪を除くという意味ではないのです。たとえ阿弥陀様といえども、そうしたことができる筈はありません。そうではなくて、様々な悪事を犯してきた往生人が、これから先、本来であれば五十億劫、あるいは八十億劫という生死輪廻を経巡らなければいけない、罪の報いをなくして下さるというのです。こういった法然上人のご法語を踏まえての回答です。

A、前述したように、私たちは往生した後、その時節の長短はありますが、蓮の蕾の中にいます。経典の説示や法然上人のご法語によれば、これまで犯してきた罪の報いを輪廻転生という形で直接的に受けるということはありません。その上で、九品における華開の遅疾こそ、ご質問の通り、蓮の蕾の中で業の働きを抑えるための期間なのかも知れません。

〔2〕倶会一処について

①『阿弥陀経』の中に説かれる「倶会一処」の具体的な例についてお願いします。

続いて〔2〕倶会一処について、①『阿弥陀経』の中に説かれる「倶会一処」の具体的な例についてお願いします」ということです。これについて、ただいま回覧をしている檀信徒の方からのアンケートに「故人の霊はあなたにとってどのような存在であると思いますか」という設問があります。この設問に対して、八四％の方が「見守ってくれている」と回答しています。多くの方が、そうした思いをお持ちなのだと思います。

浄土宗においては、そういった方々の思いを『阿弥陀経』に説かれる「倶会一処」という説示を通じてお伝えすることができます。まずは法然上人の『阿弥陀経釈』に次のような一節があります。

＊法然上人『阿弥陀経釈』「恵心の僧都、此を以て、聖衆倶会楽と名づくと。聖衆とは誰ぞや。即ち是れ普賢・文殊・弥勒等是れなり。（中略）**又、いまだ、ただ此等の聖衆に会するのみにあらず。よく我等無始より已来、父母・師長・朋友・知識・妻子・眷属、前に去る者有り、けだし亦相見すること有らんか。之を以て之を思ふに、生々世々父母・師長・妻子・眷属・朋友・知識に相見せんと欲する者は極楽に往生す可き者なり。」**（昭法全一三四）

私達は、これまで生死輪廻を繰り返すにあたり、ある時にはお父さんやお母さん、奥さんや旦那さん、子供さんやお孫さん、ある時には先生と生徒、ある時にはお友達、そういう関係であった方々、尊いご縁をいただいた方々に、今一度お会いしたいと思います。そういう思いをお持ちの方は、極楽浄土に往生しなさい、と促されます。お浄土に往生すれば、そういったかけがえのない大切な方々と必ず再会することができますよ、とおっしゃるのです。

それでは、そうした方々とどのような形でお会いするのでしょうか。法然上人は次のようにお示しです。

＊法然上人『正如房へつかはす御文』「かまえておなじ仏のくににまいりあいて、蓮のうえにてこの世のいぶせさをも晴るけ、ともに過去の因縁をもかたり、たがいに未来の化道をもたすけんことこそ、返す々々も詮にて候べき。」（昭法全五四〇）

つまり、お浄土でお会いした時、「この世のいぶせさをも晴るけ、ともに過去の因縁をもかたり」合う、つまり、この世であった、辛いこと、悲しいこと、もちろん、それだけでなく、嬉しいことや楽しいことも含むでしょう、そういったことについて、あんなこともあった、こんなこともあった、とお話することができるような形でお会いできるというのです。

また、先ほど引導についてお話した際、法然上人のお歌を紹介すると申し上げましたが、法然上人の「花の台の御詠歌」に次のようにあります。

＊法然上人「和歌」

「つゆの身は　ここかしこにて　きえぬとも　こころはおなじ　はなのうてなぞ」（昭法全八七七）

朝露のように儚いこの私の今生の命は、老少不定、いつどこで息絶えることになるかは分かりませんが、あなたのみ心と私の心は、必ずや阿弥陀さまのお浄土の蓮の花の台で再会いたしましょう。こうした意味合いの、倶会一処の喜びを詠んだお歌です。

法然上人の「ふるさとの御詠歌」も紹介します。

「生まれては　まづ思ひ出ん　ふるさとに　ちぎりしともの　ふかきまことを」（昭法全八七七）

お浄土に往生を遂げたならば、まずは思い出そうではありませんか。この娑婆世界というふるさとにおいて、「共にお念仏を称えて必ずや浄土往生を遂げましょう」と契りを交わした、あの友の深いまことの心を。こうした意味合いのお歌です。つまり、お浄土に往生したとしても、この娑婆世界と縁がなくなるというわけではなく、旅立ったお浄土から、この娑婆世界、往生した方からすればふるさとに遺る家族など、大切な方のことをしっかりと思い出すことができるお浄土なのです。お念仏は、そんなお浄土とこの娑婆世界を結ぶ紐帯に他ならないのです。

次に、先ほど発願文でご紹介した還相回向についての法然上人のご法語です。

＊還相回向について

＊法然上人『往生浄土用心』「のちの世をとぶらいぬべき人候わんも、それをたのまずして、われとはげみて念仏申して、いそぎ極楽へまいりて、五通三明をさとりて、六道四生の衆生を利益し、父母師長の生所をたづねて、心のままに迎えとらんと思うべきにて候なり。」（昭法全五六〇）

ここで法然上人は、「自分の菩提を弔ってくれる人がいるにしても、その人をたよりにすることなく、自らお念仏に励んで、死後は早く極楽へ往生して五通三明を得て、六道四生に迷う人々にお念仏の教えを弘め、両親やお世話になった方々の生まれかわったところを訪ねて、思うままにお浄土にお迎えしようと思うべきです」と述べられます。

＊法然上人『御消息』「浄土に生まれて、悟りをひらきてのち、いそぎこの世界に返りきたりて、神通方便をもて、結縁の人をも無縁のものをも、ほむるをもそしるをも、みなことごとく浄土へ迎えとらん。」（昭法全五七六）

ここで法然上人は、「ひと度浄土に往生して悟りを開いたならば、急いでこの娑婆世界に還り来たって、神通力をめぐらして生前に御縁のあった方もそうでない方も、またお念仏の御教えを讃える人も謗る人をも、一人残らずお浄土へお導き致しましょう」と述べられます。

こうしたご法語にあるように、たとえば、小さいお子さんが亡くなった時、「お父さんはどうしているのだろう、お母さんはどうしているのだろう」という思いが沸いてきます。もちろん、小さいお子さんを遺して命終えたご両親であれば、その逆の思いがおありでしょう。法然上人は、私達誰しもが抱くであろう、そうした思いを汲み取って、こうしたご法語を通じて、お浄土の尊さを優しくお説きになられたのです。

葬儀の際、私達浄土宗僧侶は、そうしたお浄土であることを檀信徒の方にお伝えしています。

〔3〕回向について

①「なき人のために念仏を回向し候えば、阿弥陀ほとけひかりを放ちて地獄餓鬼畜生をてらし給い候えば、その三悪道に沈みて苦を受くるものその苦しみやすまりて」とご法語にありましたが、やすまるのはお念仏を称えてもらっている間だけですか？

続いて〔3〕回向について、①「なき人のために念仏を回向し候えば、阿弥陀ほとけひかりを放ちて、地獄餓鬼畜生をてらし給い候えば、その三悪道に沈みて苦を受くるものその苦しみやすまりて」とご法語にありましたが、やすまるのはお念仏を称えてもらっている間だけですか」という質問です。次のように回答しました。

A、経文や法然上人の一連のご法語を踏まえると次のように推測できます。

1、念仏行者には、常に光明が照らし、その光明の功徳によって三毒煩悩の働きをとどめ、自ら三学を修めている行者に等しい境地にまで引き上げてくださいます。とはいえ、三心が退転し、念仏相続が途絶えてしまえば、元の木阿弥です。往生が叶うこともありません。ですから、私たち自身の念仏相続が大切となるのです。

2、そこから推測するに、私たちの回向により、三悪道に堕ちている者に阿弥陀さまの光明が照らし、それによって煩悩の働きが抑えられ、あるいは、往生が叶うのは、三悪道に落ちている者自身がその回向をしっかりと受け止め続け、煩悩の働きを抑えられている期間に限られるでしょう。とはいえ、三悪道という境

涯も、どこまでも欲界中にあり、そうした思いを維持し続けるのはたいへんなことでしょう。ですから、私たちの念仏回向もまた相続することが大切となると考えられます。

こうしたことから、檀信徒の方には、朝晩、お仏壇の前に座って、お灯明を灯し、お線香を上げて、しばしお念仏を称えて、ご先祖様のご回向をお願いしています。そして、こうしたご回向は、今申し上げたように、毎日相続するという姿勢が何よりも大切ということになります。

②お念仏を回向すると、往生した人は具体的にどうなっていくのでしょうか。修行の励みになるのでしょうか。さとりが進むのでしょうか。

次に②「お念仏を回向すると、往生した人は具体的にどうなっていくのでしょうか。修行の励みになるのでしょうか。さとりが進むのでしょうか」という質問です。回答です。

A、**「地獄と極楽の食事風景──三尺箸の譬え──」**という故事があります。それと同じように、極楽は、五感に及ぶすべての環境が、私達を悟りのベクトルへと自ずと仕向けてくれます。ですから、往生人のありさまは、孔子の『論語』の中に「六十にして耳順《したが》う。七十にして心の欲する所に従いて矩《のり》を踰《こ》えず」という状況に他なりません。とはいえ、前述した一連の倶会一処や還相回向を述べられたご法語、あるいは、「生まれてはまず思い出んふるさとに　契りし友の深きまことを」などという和歌が詠まれているように、先立たれた往生人の方が、娑婆世界に遺してきた者への慈悲心を具えているのも事実でありましょう。ですから、私達の回向は、往生人の方々ご自身の直接的仏道増進に資するというよりも、「娑婆世界に遺してきた者たちもお念仏に励んでおられるようだ。ありがたいことだ。私も心置きなく行に励ませていただこう」という

心的安らぎを育んでくださるものとなり、ご質問の通り「修行の励みになる」のだと思います。

即ち、私達によるお念仏の回向によって、直接的に仏果が増進するというよりも、先立たれた方が安心されるという意味合いで間接的に仏果増進に資するという理解が必要ということです。

③故人が一度も念仏しなかった人の場合、往生の方法は回向しかないと思いますが、現世での罪の報いはどこかで受けてから往生するのでしょうか。

次に③「故人が一度も念仏しなかった人の場合、往生の方法は回向しかないと思いますが、現世での罪の報いはどこかで受けてから往生するのでしょうか」という質問です。回答です。

A、生前、一度も三心具足のお念仏を称えなかった場合、ご指摘のように、往生の方法は、私達のお念仏による回向しか方法はありません。ですから、葬儀の場においては、亡き方に要偈を授け、必ず往生を遂げていただくのです。その際、その方が犯してきた罪の報いは、前述したように、輪廻転生という形で直接的に受けるということはありませんが、上品上生から下品下生の華開の遅疾に委ねられることとなりましょうか。

以上が、回向について、檀信徒の方にお話する基本となります。

〔4〕その他

①「主人はいつごろ成仏するのでしょうか?」と聞かれたことがあります。何と答えたらいいですか。

最後に〔4〕その他、①「「主人はいつごろ成仏するのでしょうか?」と聞かれたことがあります。何と答えたらいいですか」という質問です。
まず、次のように『観無量寿経』の中には、往生後の仏果増進について、ある程度の内容とその時間が説示されています。

＊『観無量寿経』悟りの遅疾

上品上生「須臾の間を経て、諸仏を歴事し、十方界に遍し。諸佛の前に於いて、次第に授記す。」
上品中生「一小劫を経て、無生忍を得、現前に授記す。」
上品下生「三小劫を経て、百法明門を得て、歓喜地に住す。」
中品上生「時に応じて、即ち阿羅漢道、三明六通を得て、八解脱を具す。」
中品中生「半劫を経已りて、阿羅漢を成ず。」
中品下生「一小劫を経て、阿羅漢を成ず。」
下品上生「十小劫を経て、百法明門を具し、初地に入る事を得。」
下品中生「無上道心を発す。」
下品下生「菩提の心を発す。」

こういったことを踏まえた上での回答です。

A、本当のところは、上記のように機根によって大きく異なり、一概に申し上げることはできません。

＊過去七仏（釈尊・本生譚）↓**未来仏**（弥勒仏・兜率天、五六億七千万年後に下生）
＊一生補処の菩薩（観音菩薩・地蔵菩薩等）

お釈迦様の悟りの境地への道程として本生譚が多く語り継がれてきたように、あるいは、未来仏としての弥勒菩薩が兜率天において五十六億七千万年にわたって修行を続けられているように、あるいは、一生補処の菩薩としての観音菩薩や地蔵菩薩でさえ今も仏の境地まで辿り着かれていないように、浄土宗の場合、そう簡単に成仏を遂げるとまで申し上げることはいたしません。回答を続けます

ただし、こういった質問をいただく方の思いの多くは、「成仏できない≒地獄・餓鬼界等に堕す≒遺された者に悪霊などとして災いをもたらす≒呪ってでる・罰を与える」等といった意味合いかも知れません。そういった意味合いでご質問されているのだと察せられたら、「もうお浄土に到着されていますから、成仏するのは時間の問題です。お浄土から私達のことをしっかり見守っておられます。どうぞご安心ください。」などと仰っても問題ないと思います。

こうした点は、浄土真宗とは大きく異なるところです。真宗では、往生即成仏を説きます。往生の瞬間が阿弥陀仏との同一化という意味合いでしょう。浄土宗ではそこまでは申し上げません。法然上人における成仏については、拙論(「法然上人における成仏をめぐる一考察」『宇高良哲先生古稀記念論文集　歴史と仏教』所収、二〇一二年一一月)をまとめましたのでご一覧下されば幸いです。

②年忌法要時の法話の基本をもっと知りたいと思っております。

次に②「年忌法要時の法話の基本をもっと知りたいと思っております」です。回答です。

A、法然浄土教においては、【浄土に先立たれた方↔娑婆に遺された私達を見守る】という相対的関係が成立可能なことをまず認識すべきです。そして、先立たれた方への報恩感謝や追善回向、先立たれた方の前で

の懺悔業障、仏道精進（布施等）を修めるという方向性で仏事を捉え、自分自身が浄土往生・倶会一処、ないし、そこからの還相回向とそこでの成仏を目指すべきことを促すことが肝要となりましょう。

私の自坊では、五十回忌を弔い上げという形で、ご法事に一区切りをつけていますが、そうしたご法事において、今述べたことを基本としてお伝えしています。

講義の最後に「所感」という形で一言させていただきます。

☆所感―現在の伝統仏教教団に対する非難・批判のもっとも根本的にして、最大の原因は、何よりも僧侶の質の低下に求められよう。仮に各宗派のすべての僧侶が各宗の祖師のような人格を具えた方であったとしたならば、こうした状況は一変することであろう。

わかりやすく一言で申し上げると、真言宗の全僧侶が弘法大師空海様や興教大師覚鑁様のような方であったならば、浄土宗の僧侶がすべて法然上人のような方であったならば、お寺に対する、あるいは、教団に対する批判はまず出て来ないであろう、ということです。続けます。

そうした意味で、教学・布教・法式はもちろん、はば広い修学と弛まぬ仏道実践に基づく日々の生活態度とに裏付けられた信仰と迫力によって、檀信徒、広くはすべての人々に向けて、仏教の素晴らしさを説き続けること以外に仏教教団を存続の危機から救う手立ては見出せないのではなかろうか。そして、その最も基本的な営みこそ、葬儀をはじめとする一連の仏事を誠実に勤めていくことであろう。

このように考えています。いかがでしょうか。

いろいろと出過ぎたこと、失礼なことを申し上げてしまったと反省していますが、休憩を挟んで、皆様からのご指導、ご鞭撻を頂戴できれば幸いです。

ご清聴まことにありがとうございました。（拍手）

質疑応答

司会――それでは質問の時間に入りたいと思います。林田先生からは浄土宗の葬儀の実際について懇切丁寧にご説明いただきました。どうでしょうか、私も含めて真言宗智山派で葬儀をされている先生方、どなたかご質問のある方はいらっしゃいますか。どうぞ。

質問者――今日は貴重なお話、ありがとうございました。

林田――ありがとうございました。

質問者――たくさん質問したいことはあるのですが、二つ質問させてください。

今回は葬儀の実際ということで、現行の葬儀が中心だったのですが、よろしければもう少し歴史的な側面をお聞かせいただきたい。二つ目は先ほど地方によって色んな葬儀のかたちがあるとおっしゃいました。真言宗も全く同様かと思いますが、この間、秋田では禅宗の影響が強いとか、新潟では真宗の影響が強いとか、という話がありました。そういった点をご紹介いただければと思います。

林田――いきなり難しい質問です。適切な答えができるかわかりませんが、お許しください。そもそも法然上人がいらっしゃった時代の葬儀の形はあまりわかっておりません。法然上人ご自身は、日頃の行儀の中で、①『阿弥陀経』を読誦し、②善導大師の『往生礼讃』、六時礼讃を唱え、③お念仏を回向する、という三本の柱を継続されてきたとは考えられます。葬儀の際も、その基本が転用されていたと思われます。なお、法然上人が遷化された際、七日七日の法要も行われたと諸伝記には記載されています。

また浄土宗第三祖・良忠上人は、『看病用心抄』を撰述され、臨終行儀の作法をお示しになりましたが、やはりその基本は、専ら念仏回向であります。

ちなみに、現在の浄土宗の日常勤行式の原型ができあがったのは、江戸後期でして、安政四年（一八五七）、増上寺の学頭であった即誉観随上人を中心に、関東十八檀林の学頭が結集して、編纂・制定したのが『蓮門六時勤行式』です。それが基本となって、禅宗などの影響を受けつつ、現在の浄土宗の葬儀式が成立していったと考えられます。

また地方の話ですが、形としては、東北や長野では、お葬式の前に、ご遺体を荼毘に付して、お骨になってお葬式をします。前述した④迎接式（出棺式）というのは、その際の儀式を指します。

納骨でも、ご存じのように全骨式の関東地方と、分骨式、一部式の感西地方など、随分違います。兵庫出身の学生に聞いた際、火葬場で大・中・小の骨壺を選ぶと聞いてたいへん驚いたことがあります。

あるいは、東北地方でしたか、枕経には僧侶が行くものの、お通夜には僧侶が行かないということを聞いたこともあります。お通夜は、ご遺族・ご親戚だけで勤めるそうです。

あるいは、先ほど少し申し上げましたが、静岡・山梨など、東京周辺で、これまでは僧侶が、三仏とか、五仏とかで葬儀が行われてきたけれども、次第に住職と副住職、あるいは、住職だけで行うという状況になっているそうです。それに伴い、中小規模の寺院の運営が厳しくなっているそうです。

お答えになっているかどうかわかりませんが、これでよろしいでしょうか。

質問者――ありがとうございました。

司会――他の方はどなたかいらっしゃいますか。どうぞ。

質問者――わかりやすくお話しいただきまして、大変おもしろく聞かせていただきました。いつも思うのですが、救いという観点から見ると、真言宗は浄土系の仏教にはかなわないという思いがしております。というのは、南無阿弥陀仏と称えれば必ず阿弥陀様が来迎してくださって、お浄土に導いて下さるという思いを抱きながら死んでいく、安心して死んでいけると思うんです。その点、真言宗は即身成仏ですが、誰も自分が即身成仏できたとは思っていないわけで、そうすると死ぬ時、私は即身成仏していないのにこれからどうなっていくのだろう、と不安を抱えたまま死んでいくわけです。そういった意味では真言宗の教えは救いの観点から考えるとなかなか難しいと思ったりするわけです。そこで一点お伺いしたいのですが、極楽浄土をどう伝えるのですか。たとえば、昔であれば、山のかなたに浄土があるとか、海の向こうに浄土があるという説明は、ある程度リアリティーをもってイメージすることができたと思うのですが、現代のように宇宙の果てまで見ることができる時代、極楽浄土は一体全体どこにあるのだと聞かれた場合、どれだけのリアリティーをもって現代人に説くことができるのかという点です。

林田――ありがとうございます。その点は実に難しい問題です。まず、経典に基づき、第一義的に言えば、西方十万億土の彼方に実在するということになります。とはいえ、それをしっかりと受け止めていただくのはなかなか難しいことも承知しているつもりです。

その上で、私がよくお話しするのは、一人称の死、あるいは、二人称の死がもたらすこの上ない悲しみを見つめ直すということです。そして、先程来、お話ししているように、先立たれたかけがえのない大切な方が見守っていてくれる、ということをお話しします。たとえば、葬儀の際、ご遺族の方が「お母さん、仏様の国から見守っていてください」とか、「〇〇ちゃん、天国から見ていてくださいね」といったことを語ります。このように私達は、意識するとせざるとに関わらず、亡くなられた方がどこかにいて、そこから私達のことを見守っていてくれるという思いを抱いていると思います。そして、それを実現してくれる場が阿弥陀様の極楽浄土であるという段取りでお話をして参ります。よろしいでしょうか。

質問者――ありがとうございました。

司会――他の方はどなたかいらっしゃいますか。どうぞ。

質問者――資料にある「伝書及び血脈譜」というのは何ですか。

林田——ここでいう伝書とは、第七祖・聖冏上人が浄土宗の相伝書として定められた三巻七書です。血脈譜とは、僧侶の場合、伝宗伝戒道場、いわゆる加行を受けた際、大僧正からいただく譜脈で、宗脈と戒脈を継承したという証明書のようなものです。それを仏前に供えるということです。

質問者——では、一般の人はやらないということですね。

林田——そうですね。原則として僧侶です。ただ、檀信徒の場合でも、結縁五重相伝とか、結縁授戒会を受けた方は、葬儀の際、その血脈譜を棺の中にお入れになるようにお勧めします。

質問者——へー。

林田——ちなみに、結縁五重相伝は、一般的には、五日間、朝九時頃から夕方五時頃まで、法要と法話を繰り返し、念仏信仰を確立していく儀式です。滋賀などでは、今でも、お寺に七日間も泊まり込んで行われます。これを受けると五重の巻物をいただけるのです。

質問者——そうですか、それは凄いですね。今日はとてもおもしろいお話をお聞かせいただきまして、ありがとうございました。

司会——他の方はどなたかいらっしゃいますか。どうぞ。

質問者——すみません。この「④げいしょう式?」

林田——あっ、迎接式《こうしょうしき》ですか。

質問者——「こうしょう式」というのですか。ここには、括弧して出棺式と書いてあるのですが、それが葬儀式の前にあるということは、出棺を先にしているということですか。

林田——そうです。先ほど申し上げた通りです。私の知る限り、東北や長野で行われているそうです。私自身は勤めたことはありませんが。

質問者——最初に火葬をして?

林田――そうです。
質問者――なるほど。あと堂内式のところで、下炬の文がありましたけれど、これは、昨年。天台宗の勝野先生は、もともと火を点けるものだと教わりましたが。
林田――そうです。浄土宗でも松明を使って、火をつける作法をします。
質問者――やっぱり。
林田――松明を持って、一円相を描いて、作法をします。
質問者――なるほど。ありがとうございます。
司会――他の方はどなたかいらっしゃいますか。どうぞ。
質問者――すみません。先ほどの浄土の問題ですが、やはり日本人の「あの世観」のようなイメージにマッチしたのでしょうか。
林田――そうですね。マッチして広がっていったと思います。
質問者――そうした意味だと、ほとんど浄土宗にとられているという気がするのですが。
林田――いやいや、真言宗、特に新義真言宗の密教浄土教の中には、阿弥陀様の極楽浄土が多く説かれますし、平安から中世においては、その勢力も非常に強いものでした。もちろん、教義的には大日如来が中心となるのでしょうが。皆さんは、阿弥陀様の極楽浄土についてはお話にならないのですか。
質問者――あまり話しません。真言宗では、最終的にはこの世界も大日如来の密厳国土という浄土になりますので、どう持っていったら良いのでしょうね。
林田――うーん。阿弥陀仏の極楽浄土も説くのだけれど、それはそのまま密厳浄土という理解になりますね。
質問者――そうです。浄土宗では、極楽浄土は西方十万億仏土ですよね。
林田――はい、その通りです。

質問者――真言宗では、その極楽浄土を含め、そのすべてが大日如来の密厳浄土となってくる。それが曼荼羅になっているのですけれども。

林田――はい、おっしゃる通りだと思います。柔軟に説いていくことが必要ということでしょうか。

質問者――なるほど。どうもありがとうございました。

司会――他の方はどなたかいらっしゃいますか。どうぞ。

質問者――いわゆる近現代において、現代的に浄土を解釈し直すというか、読み解き直すという試みはあったのでしょうか。

林田――もちろん、近代以降、今もそうした流れは続いていると言ってよいでしょう。しかし、そうした解釈の見直しは、ともすると浄土宗祖・法然上人のご説示と齟齬が生じてしまいます。

従って、最終的には、やはり法然上人を宗祖にいただく浄土宗ですから、法然上人のご遺文に基づきながら、極楽浄土を説いていかなければいけません。そうした中、先程、申し上げたように、一人称の死・二人称の死を通じて、阿弥陀様の極楽浄土を懇切に説いていくという姿勢が必要になると考えています。

法然上人が阿弥陀様の化身として戴き、偏依善導一師とまで仰がれた善導大師のお言葉の中に「自信教人信　難中転更難」という言葉があります。「自ら信じ人を教えて信ぜしむるは、難きが中にうたた更に難し」というのです。なるほど、阿弥陀仏の極楽浄土を経典の説示通り、自分が信じることは難しいものです。それ以上に、他の人にそれを信ぜしめるのはさらに難しいというのです。しかし、私達浄土宗僧侶の使命こそ、何とかしてそのことを成し遂げなければいけないのです。ちなみに、浄土宗の研修会では、講義の後、必ずこの一節を唱えます。そういう意味からも、浄土宗では布教の勉強が盛んに行われているのです

司会――ありがとうございます。そろそろ、時間も迫ってまいりました。このあたりで終わりにしてもよろしいでしょうか。林田先生、今日は長時間にわたりまして、まことにありがとうございました。

林田——こちらこそ、どうもありがとうございました。

三　曹洞宗における葬儀の意義と実際

佐藤俊晃

司会　本日お招きしている先生は佐藤俊晃先生、曹洞宗総合研究センターの研究員をされていらっしゃいます。一九六〇年生まれで、駒澤大学博士課程を満期退学されまして、専攻は宗教民俗学、曹洞宗教団史でございます。秋田県北秋田市の曹洞宗龍泉寺のご住職をされています。こちらの曹洞宗総合研究センターでは、センター内で葬祭問題プロジェクトというプロジェクトがあるのですが、そちらの委員会にも属していらっしゃいます。また智山は密厳流ですが、曹洞宗さんの梅花流詠讃歌の特派師範をされています。

主な論文に、「祈禱と葬送と禅の霊力」、「曹洞宗室内伝法式と下火儀礼」、「曹洞宗室内伝法式と下火儀礼―曹洞宗教団の葬送観をめぐって―」と、多数の論文の執筆がございます。

それでは先生、よろしくお願いいたします。

前回までこちらで勉強されていた先生たちはそれぞれの宗派の葬儀研究の中で第一人者だろうと思うのですが、私は曹洞宗を代表するものではありません。一人の僧侶で、ささやかな勉強を続けている者です。秋田県の北秋田市という、寒村が肩寄せあって市になったところで住職をしています。そういう現場の立場から見るものと、それから少しの資料を読んで考えたものと、それぞれ重ね合わせながら勉強しています。

曹洞宗の僧侶を対象にした講習では、曹洞宗の葬送儀礼の中における民俗的な面と、宗門の口伝また曹洞宗で切紙と呼んでいる秘書等のオーソドックスな伝統の面の関係を扱い、現場における葬儀の意味内容お話をしています。

今日のお話は、専門の研究者の方と、実際にそれぞれのお寺を担っていらっしゃるお坊様が多いということで、葬儀を執行する側の視点に立ち、その立場の資料を主にするということにしようと思います。あまり曹洞宗の専門的な口伝の話をしてもわかりにくいかもしれませんので、ごく大づかみになりますが、曹洞宗の葬儀の意味とその歴史、そして現場での問題について述べてみようと思います。

話の構成を大きく四つに分けました。

A　日本社会における禅宗葬儀法の伝播・浸透

1　武家社会の台頭と禅宗仏事の流行

2　地域社会への禅宗伝播と「禅の力」

ここでは日本に禅宗が伝わって、そして禅宗の葬儀がどのように日本の中に伝わっていったかということを、先行研究にも概ね述べられていることでありますけれども、ごくかいつまんでお話をします。

B　禅宗葬儀の習合的性格

1　葬列と阿弥陀聖衆来迎図

2　真言宗文献の影響

禅宗の葬儀がいろいろな宗派の習合的な性格であるということをお伝えしたいと思います。

C　禅宗葬儀と民俗

地域社会における「葬送習俗」の継承者

ここでは伝統的な地域社会では、葬儀の担い手や葬儀に関するいろいろな習俗というものは、仏教僧侶が担っている、というふうに考えがちなんですけれど、実際のところ調べると必ずしもそうは言えない、というお話を申し上げたいと思います。

また今回は「葬儀の意義と実際」という課題でありましたので、現代的な問題を

D　禅宗葬儀の現在とその課題

1　変化する「葬儀の現場」と、変わらない「葬儀法」

2　「禅の力」の再生

とそれぞれの問題をとりあげたいと思います。

A　日本社会における禅宗葬儀法の伝播・浸透

1　武家社会の台頭と禅宗仏事の流行

言うまでもなく真言宗から見れば、禅宗というのは新しい宗教です。中学校の教科書的な話をすれば、鎌倉時代にまず栄西が臨済宗を伝えて、それから道元が曹洞宗を伝えたとなるわけです。確かに時代も近接しています。栄西と道元というのは同じ時代を生きた人です。実際に会ったかどうかまではははっきりしていないのですが。

鎌倉から始まる武家政権は、それ以前の公家政権がよっていた仏教宗派とは違うものを求めよう、という

動きがあったということが言われています。

源氏が政治の表舞台から退いていくと、次は北条家が台頭してまいります。北条の屋台骨を築いた北条時頼は、鎌倉に建長寺というお寺を建てます。建長というのは当時の日本の年号です。時頼は宝治の時に執権職に就くのですが、執権職に就いた時頼が、この日本を代表する、政権のトップである自分の力を国内に示すための大きなお寺を建てる、それが建長寺というお寺です。その建長寺の開山に招かれたのが始めは曹洞宗の道元でしたが、道元はこれを固辞したため、中国人渡来僧の蘭渓道隆が開山となりました。

鎌倉幕府の政権を担ってきた武士たちが、それまでの旧仏教の貴族や公家たちが頼っていた宗派の仏教から、今度は新しい大陸からやってきた新来の禅の教えによって自分たちの祖先を祀り、また自分たちの力を宗教的な支えを得て国内外に示していこうと、そういうふうに変わってきたということなのです。

そして、鎌倉から室町・戦国期頃までは、各地の武士たちが多く禅宗の寺院……これは臨済、曹洞どちらもありますけれども……に依っていった。武家社会が依った京都五山とか鎌倉五山とか言われるところは臨済宗でありました。

臨済宗と曹洞宗という分け方は今で言えばごく当たり前ですが、禅宗史の上では、都市部を中心に定着していった禅宗のグループ、これは主に臨済です。曹洞の中でも若干はありました。それから地方を中心に展開していった禅宗のグループ、これは主に曹洞なんですが、臨済のほうでもそういったところがありました。臨済は都、曹洞は鄙というふうにきちんと分けきれないのですが、およその傾向を表わすものとして、都を中心に発展したグループのほうを叢林、地方を中心に展開していったグループを林下というふうに呼んでいます。今日の話は曹洞宗というタイトルをいただいておりますけれども、この臨済と曹洞、双方が発展してきた経緯がそういうことでありますので、叢林の側＝都の側で発展していったもの、それから林下＝地方で発展していったもの、その両方をない交ぜにして話していく感じになると思います。

近世以前、およそ室町期に禅宗の儀礼がどのように行われていたかということ調べる時に、参考になる史料があります。それは、『大正新脩大蔵経』にも入っている『諸回向清規』と言うものです。実際に成立するのは一五六六年です。臨済宗の僧侶が編集しています。この『諸回向清規』には日中の行事もそうなのですが、特に葬式、法事関係のことが詳しく書かれています。葬式の行列の次第、その行列の持ち物、行列の時に使う天蓋や幡にどういった文句を書くかなどということも詳しく書かれています。この『諸回向清規』は、叢林でも林下でも良く参考にされていたということがわかっています。

都で禅宗が取り入れられていったというのは、概ねさっきのようなことで、政権を担った武士たちがその拠りどころにしたのが禅宗のお寺であったからというのがまず一つの理由でした。

2　地域社会への禅宗伝播と「禅の力」

地方ではどのようであったかということを問題にします。

禅宗はどうやって林下に、地方における葬儀の担い手になっていったかということなんですが、一つは授戒の力でした。簡単に言えば戒律を授けるということです。仏教に関する約束事を守らせることですね。授戒をすると、その証しとして血脈というものを出します。

室町頃の史料を拝見すると、血脈に対する信仰が大きかったようです。血脈というのは、曹洞宗の場合は中心に釈迦の名前が書いてあって、釈迦から摩訶迦葉、阿難陀というふうに、代々の仏祖の名前が続いている。さらに達磨から道元禅師、それぞれの曹洞宗の僧侶へ続く家系図みたいなものです。故人に対して受戒するとき、たとえば私が授戒の導師だとすると、私の名前の次に受者の戒名を書いて渡す。私の弟子になる、私を通してお釈迦様につながる、という意味合いのことを、受者すなわち故人に対して伝えます。そうするとこの血脈を持っていれば、仏弟子の証しだから成仏できる、と説明されていくわけです。

それは僧侶側からの言い方ですけれども、民衆の側からもこの血脈に対する信仰というのは、非常に強いものがあったみたいで、血脈を持っていれば、死後良い所に行けるというふうにも考えていたでしょうし、さらには何か悪いことをしても許される、仏の慈悲によって許される。生前、何か殺生に関わるような仕事をしている人たちに対しても血脈を持っていれば皆それが許されるとかですね、死後の安楽を約束をするお守りのような役割をしていました。血脈を護符と言うと曹洞宗の僧侶は嫌がると思いすが、少なくとも資料からはそういうことがうかがわれます。

授戒して血脈を渡して、その人を死後何の心配もない、後生安穏、来世の安心を約束するという方法で、禅宗は広まっていきます。また禅宗のお寺が会場になって授戒会というのをやる。授戒会には数十人から多い時は百人以上の規模で行ない、最後に血脈を渡す。この授戒会をもって地方に広まっていきました。

それからご祈禱もありますが、ここでの話題で大事なものは葬儀ということになります。葬儀をすると禅宗の場合は血脈を渡します。血脈を受けると後生の安穏を約束する約束手形みたいな受けとめ方がありまして、その血脈を求めて、禅宗の葬儀を出してもらうことを希望するということがあったようです。

卑近な例で恐縮ですが、私のお寺でも時折血脈にまつわるエピソードがあります。葬儀の後に家庭内がうまくいかない。近在のカミサマと呼ばれる民間宗教者に尋ねると、その原因は血脈がないからだ、すぐお寺に行って血脈をもらってこないとたいへんだ、などということが近年もありました。へんな話で恐縮ですが、今でもこの血脈に対する信仰というのは強いという事例です。仏教者側から提供する文脈とは違う様相で、人々は血脈の意味を受けとめている、と言えるでしょう。

戦国期から近世に至る説話や禅僧の伝記を見ると、兵火や刀刃の害を禅僧が坐禅をして退ぞけたとする類の話を数多くみることができます。

また幽霊が出るという墓地があって困る場合、墓所に行って、禅僧が坐禅をすると幽霊は鎮まるという口伝があります。そんな神秘的な力が禅僧に期待されたのだと思います。

B　禅宗葬儀の習合的性格

1　葬列と阿弥陀聖衆来迎図

禅宗の葬儀が禅宗以外の要素との習合的な性格を持っているということを、お話をしたいと思います。〔資料1〕をご覧下さい。松明が左端の先頭にあります。それから棒の先に幡を持ったものが続いて、あと僧侶がいろんな物を持っています。また幡を持っている人が続いて、その後ろに集団でお輿みたいなものを担いで、その上に傘みたいなものを差しかけて後ろには馬が続いている。これは日蓮上人の葬儀の場面を描いた絵巻物です。『日蓮上人註画讃』といいます。高僧の葬儀・葬列のようすを描いた絵巻物は他にもありますが、ここでは比較的それぞれの姿がよくわかる日蓮上人のものを挙げてみました。

さきほど挙げた禅宗葬儀資料の一つ、『諸回向清規』に葬送行列の次第が書いてあります。

資料１　『日蓮上人註画讃』(本圀寺蔵)

同書巻四に「自龕堂赴山頭諸道具幷諸役者行列次第」に見える葬列の次第は次のようです。

一大明松、二沈明松、三牽馬、以下三十七項の次第が記されていますが、その終りは、三十五位牌、三十六龕、三十七天蓋となっています。この中に幡があり、鼓があります。

この『諸回向清規』の場合は、刀や鉄砲もあり、武家の葬列のようですが、絵巻と共通するのは、松明、幡、鼓鉢などの楽器、そして列後尾の龕と天蓋というところで、諸道具にはバリエーションがあるようです。

次の〔資料2〕は、これは阿弥陀聖衆来迎図です。阿弥陀聖衆と二十五人の菩薩たちが極楽浄土から念仏の信仰者を迎えに来たところです。中央の阿弥陀の右手前にいる菩薩が、蓮華台を差し出しています。その少し右後ろにいる菩薩が幡を持っています。それとちょうど阿弥陀を中心にして左右対称になる左側にいる菩薩も幡を持っているのがわかります。

〔資料3〕は、アングルを変えた来迎図です。雲の先頭にいる菩薩が蓮華台を持っています。

〔資料4〕は拡大してみたものです。蓮華台を差し出している菩薩。その後から天蓋をさしかける菩薩。この蓮華台と天蓋の組み合わせが、葬列では龕と天蓋ということになります。

来迎図を見ると、他の菩薩たちは琵琶、太鼓、琴、笛など、たくさんの楽器を奏しています。

チベットの葬列の場面がテレビで放映されたりすることがありますが、皆で楽器を鳴らしながら行列してゆくのを見ることがあります。あの場面も恐らくはこの来迎の場面の演出ではないでしょうか。

以上は楽奏し、龕、天蓋をもって故人を送る葬列が、阿弥陀来迎図と重なるのではないかという事例ですが、これは今日の曹洞宗葬儀においても、このことが指摘できるのです。

〔資料5〕は、現在の曹洞宗の葬送儀礼「檀信徒喪儀法」です。これは『昭和修訂曹洞宗行持軌範』（昭和六十三年第一版、平成十六年第二版）という現在、曹洞宗教団で使用しているものです。在家対象のものを挙げました。全体の次第は、故人に対して受戒し、洒水を施し、血脈授与するといういわば作僧儀礼の後に、棺内の故人に対する念誦、法炬作法等の儀礼が続きます。

この中「山頭念誦」の一節に「香一炉に焚き、雲程に奉送し、聖衆を和南す」とあります。雲程というのは雲の道程ということです。雲の道のりに送り奉り、聖衆を和南す……和南、礼拝するということです。浄土教的な要素が推測されますが、ここにもう一つの資料を加えましょう。次は明治十四年に吉岡信行という曹洞宗僧侶が編集した『微糧談隷葬祭法用文』という葬儀念誦文の一節です。

南無西方極楽世界大慈大悲阿弥陀仏

上来聖號を称し十万億刹の雲程を餞送す。性茶は三奠を表し、心香は一爐に炷く。釈迦牟尼仏の仏心を観ずれば、則ち心眼朗かに開け、阿弥陀如来の妙相を念ずれば、法身長へに養ふ。謹んで一生補處の妙依正に引導す。

ここでは明らかに阿弥陀来迎の場面が想定されていることがわかります。「雲程に奉送す」という表現がこの延長上にあると考えられるのです。

日本の曹洞宗が儀式・儀礼の形成にあたって多く依ったのは中国の宋代にまとめられた『禅苑清規』という文献です。この『禅苑清規』には、当時の宋代の禅宗の特徴が非常に良く現れていると言われていますが、

資料２　「阿弥陀聖衆来迎図」（有志八幡講十八箇院蔵、高野山霊宝館提供）

その特徴の一つは禅浄混淆とか禅浄相修つまり、禅と浄土教の要素が混じり合っていることでした。

明治八年に曹洞宗が近代教団として確立した時に、今でいう宗制が定められました。そこにある宗教大意というものに注目します。

宗教大意として曹洞宗の教えの中心としたのは、二つありました。一つは言うまでもありませんが坐禅です。坐禅は出家者、僧侶に対して説くものと位置づけました。そして在家者に対しては何を説くかというと、一向念仏、念仏往生を説く、と記していました。それが明治のごく始めの曹洞宗の姿です。『葬祭法用文』の例は、そうしたようすを物語るものと言えるでしょう。

けれども明治二十年くらいになると、そうした阿弥陀に対する信仰や浄土教的なものというのは、次第に表面から消えて行きます。今では曹洞宗の宗制の中には、念仏など浄土教的要素は全くありません。それは一〇〇年ほど前に変更されたものなのです。

資料３　「阿弥陀二十五菩薩来迎図」(知恩院蔵)

資料４　同上拡大部分

資料5

【『昭和改訂曹洞宗行持軌範』「檀信徒喪儀法」】

臨終諷経

仏垂般涅槃略説教誡経

舎利礼文

上来、香華灯燭浄水を供え、仏垂般涅槃略説教誡経、舎利礼文を諷誦す。集むる所の功徳は、新亡精霊に回向す。冀う所は、四大縁謝の次いで、報地を荘厳せんことを。

通夜諷経

剃髪

流転三界中　恩愛不能断　棄恩入無為　真実報恩謝　剃除髭髪　当願衆生　永離煩悩　究竟寂滅

授戒

夫れ新帰元某甲信士・信女、帰戒を求めんと欲せば、先ず当に懺悔すべし。二儀両懺有りと雖も、先仏の護持したまう所、曩祖の伝来したまう所の懺悔の文有り。罪障悉く消滅す、吾が語に随って之れを唱う可し。

我昔所造諸悪業　皆由無始貪瞋痴　従身口意之所生　一切我今皆懺悔

已に身口意の三業を懺悔して、大清浄なることを得たり。

次には応に仏法僧の三宝に帰依したてまつるべし。三宝に三種の功徳有り、所謂、一体三宝、現前三宝、住持三宝是れなり。一たび帰依する時、三種の功徳、悉く皆な円成す。

洒水

南無帰依仏　南無帰依法　南無帰依僧　帰依仏無上尊　帰依法離塵尊　帰依僧和合尊　帰依仏竟　帰依法竟　帰依僧竟

帰戒を授与すること此の如し。今自り以後、如来至真等正覚は、是れ新帰元某甲信士・信女が大師なり。更に余道に帰依せざれ、南無大慈大非大哀愍故。

既に仏法僧の三宝に帰依す、次には応に三聚浄戒を受けたてまつるべし。

第一摂律儀戒

第二摂善法戒
第三摂衆生戒　是れなり。

次には応に十重禁戒を受けたてまつるべし。

第一不殺生戒
第二不偸盗戒
第三不貪婬戒
第四不妄語戒
第五不　酒戒
第六不説過戒
第七不自讃毀他戒
第八不慳法財戒
第九不瞋恚戒
第十不謗三宝戒是れなり。

上来、三帰、三聚浄戒、十重禁戒、此れは是れ、先仏の護持したまう所、曩祖の伝来したまう所なり。我れ今汝に授く、汝今身従り、仏身に至るまで、此の事能く護持したてまつるべし。

血脈授与

此れは是れ、仏祖正伝菩薩大戒の血脈なり。仏々祖々、嫡々相承して、我れに到る、我れ今新帰元某甲信士・信女に授く、汝今身従り、仏身に至るまで、頂戴護持したてまつるべし。

衆生仏戒を受くれば、即ち諸仏の位に入る、位大覚に同じゅうし已る、真に是れ諸仏の子なり、南無大慈大悲哀愍摂受。

入棺諷経

大悲心陀羅尼

上来、諷経する功徳は、新帰元某甲信士・信女に回向す・伏して願わくは、入棺の次いで、報地を荘厳せんことを。

棺前念誦

切に以れば、生死交謝し寒暑互いに遷る。其の来るや、電長空に激し、其の去るや、波大海に停まる。是の日即ち新帰元某甲信士・信女有って、生縁已に尽きて大命俄かに落つ。諸行の無常なることを了って、寂滅を以て楽と為す。恭しく現前の清衆を請して、謹んで諸聖の洪名を誦す。集むる所の鴻福は、覚路を荘厳す。仰いで清衆を憑んで念ず。

清浄法身毘盧舎那仏
円満報身盧遮那仏
千百億化身釈迦牟尼仏

当来下生弥勒尊仏
十万三世一切諸仏
大乗妙法蓮華経
大聖文殊師利菩薩
大乗普賢菩薩
大悲観世音菩薩
諸尊菩薩摩訶薩
摩訶般若波羅蜜

舎利礼文

上来、念誦諷経する功徳は、新帰元某甲信士・信女に回向す。伏して願わくは、神浄域を超え、業塵労を謝す。蓮は上品の華を開き、仏は一生の記を授く。再び清衆を労して念ず。

挙棺念誦

霊棺を挙して荼羅(掩土)の盛礼に赴かんと欲す。仰いで清衆を憑んで、諸聖の洪名を誦す。攀帷を用表して、上み覚路を資助して念ず。

大悲心陀羅尼

鼓鈸三通

喪場へ出発
喪場到着
大宝楼閣善住秘密根本陀羅尼
右遶三匝
引導法語

大宝楼閣善住秘密根本陀羅尼
鼓鈸三通
法炬(钁子)作法
法語
弔辞・弔電

山頭念誦

是の日即ち新帰元某甲信士・信女有って、既に縁に随って寂滅す。乃ち法に依って荼毘す―掩土す―百年虚幻の身を焚いて―埋んで―、一路涅槃の径に入らしむ。仰いで清衆を憑んで、覚霊を資助して念ず。

十仏名

上来、聖号を称揚し覚霊を資助す。唯だ願わくは、慧鏡輝きを分かち、真風彩りを散ず。菩提園裡に覚意の華を開敷し、法性海中に無垢の波を活動す。茶三奠を預け、香一炉にたき、雲程に奉送し、聖衆を和南す。

鼓鈸三通

誦経（適宜）

上来、念誦諷経する功徳は、新帰元某甲信士・信女に回向す。伏して願わくは、荼毘・掩土の次いで、報地を荘厳せんことを。

導師・大衆散場

けれどもその変更した時に、『禅苑清規』以来の宋代の禅浄双修的な影響のあった葬送の儀礼というのは、ごく小規模な修正以外ほとんど形を変えずに残ったのでした。

恐らく今日の曹洞宗の僧侶は、「死んだら人はどこに行きますか」という質問をされると、困ってしまう場合が多いだろうと思います。浄土宗、浄土真宗のように極楽浄土というふうにきちんと決まっていないのですから。どちらかと言えば、極楽は認めないとおっしゃる方が多いだろうと思います。しかし、その背景はこういう経緯であったということになります。それがまず一つ、曹洞宗の葬儀が浄土教の影響を被っているという点です。

2　真言宗文献の影響

次は真言宗文献との関係を見てみます。

ここに、AとBの二つの資料を対照して挙げました。Bは『真俗仏事編』と言います。これは真言宗の子登という方が著述編集し、初版は享保十一（一七二六）年のようです。江戸時代に数度版を重ねて、明治にも、そして平成になってからは訓註本も出ておりまして、大変よく読まれたもののようです。仏教の民俗的な面を研究する人たちはよく参照しています。子登について詳しい研究はまだないようですが、同書序文に「浪花生玉の沙門子登、筆を真蔵密院に執る」とあり、また同書の本文中に子登自身が真言密教に属する者と記しているところから、これを真言宗系の資料と考えています。

Aは、これは明治八年刊行の『曹洞宗問題十説』というものです。明治新政府の教部省による宗教行政下における資料です。

教部省が中心となって、明治政府の推し進める祭政一致政策が展開されますが、この運動に関して三条の教則が通達されます。それは「一、敬神愛国ノ旨ヲ体スヘキ事、二、天理人道ヲ明ニスヘキ事、三、皇上ヲ奉戴シ朝旨ヲ遵守セシムヘキ事」の三つでした。仏教各教団でも、この三条の教則の教化が求められます。これに応えて各教団ではそれぞれの教義との調整をします。この布教を担う役を教導職と呼び、国学者、神官、仏教僧侶がこれに充てられました。教導職の試験は、教部省が管轄します。三条の教則を各宗の立場から国民に対してわかりやすく布教教化することが求められたのでした。

三条の教則はさらに十一兼題、十七兼題など、教団によってより分化した内容に展開しました。今ここに挙げているものは、そのうちの曹洞宗の対応を物語る一資料なのです。

『曹洞宗問題十説』の各々は、「鎮護国家、六趣輪廻、霊魂中有、年忌葬祭、真俗二諦、生死透脱、教外別伝、異題中行、大悟却迷、仏祖帰処」となっています。ここにある「年忌葬祭説」をとりあげます。曹洞宗で年忌葬祭をどのように考えるか、これを述べたものです。

明治の初めにできていますから、江戸時代以来の曹洞宗の葬儀に関する伝承がまとめられているものと予想されるのですが、これを具体的に調べてみると、ほぼ全て『真俗仏事編』の所説に依っていることがわかります。対照表をご覧下さい。

Aの欄が、『曹洞宗問題十説』の項目です。「年忌葬祭説」は、全部で十七の条目に分かれています。「祭霊部」が七条、それから「送終部」が十条です。Bと対照してみると、これは『真俗仏事編』中の「祭霊部」巻三ですが、全部で二十一箇条になっていますけれども、その二十一箇条中の七つにほとんどそのまま対応します。また『真俗仏事編』巻四の「送終部」の二十七箇条のうちの十箇条にこれもまたそのまま対応します。

対応するのは○印をつけておきました。△が一つありますが、これは項目名、内容が少しだけ変わっていますが、下敷きにしているのは『真俗仏事編』です。

資料6

A『曹洞宗問題十説』「年忌葬祭説」能仁柏巌撰（明治八年・一八七五）

B『真俗仏事編』真言宗子登編　享保元年

A『曹洞宗問題十説』	B『真俗仏事編』
年忌葬祭説	
「祭霊部」七条	巻三「祭霊部」（二十一箇条）
一ニ年忌	×
	位牌
	霊簿
二ニ忌日	○忌日
三ニ祥月	○祥月
	年忌追福
四ニ忌日請僧設斎	○忌日請僧設斎
	施斎功徳
五ニ回向	○廻向
六ニ霊供	○霊供
七ニ霊供本証	○霊供本據
	非時食施

「送終部」十条
一ニ葬法
二ニ請僧引導
三ニ舁父母棺
四ニ葬送幡
五ニ経衣
六ニ死後三日斎

在家斎会施酒
施托鉢僧
托鉢錫杖
精進
十三仏
師形相
施主自行食
料理
食蹲坐
為施主咒願

巻四「送終部」（二十七箇条）
○葬法
○請僧引導
○舁父母棺
○送葬幡
角帽子
血脈入棺
亡者供水
○経衣
六道銭
門火
行弔
灰寄
○死後三日斎

七ニ七七日追福
八ニ率都婆
九ニ脱忌
十ニ僧服忌

○七七日追福
四十九餅
○率都婆
四十九院
石塔
形見衣
△服忌
○僧服忌
礼墓
寺内葬
葬場華表
三葬功徳勝劣
六地蔵
冥途鳥
火車来迎

〔祥月〕

A　毎年ノ忌日ヲ祥月ト云ハ、礼記ニ拠レバ親ヤ亡ジテ十三月ノ祭ヲ小祥ト云フ（一周忌ナリ）。二十五月ヲ大祥ト云（三年忌ナリ）。既ニ一周年三年ノ月忌ヲ祥ト云ニ因テ、コレヨリ以後毎年ノ忌日モ之レニ倣フテ祥月ト称ス。是レ吾ガ風俗ノ云習ナリ（祥トハサイワイト訓ズ凶服ヲ去テ吉服ニ従フ義ナリ）。問　儒礼ノ大小祥ノ祥ノ字ヲ取ル確証何ン。答　釈門正統第四（十八丁）ニ曰ク、百日ト大小祥トノ類ノ如キハ皆ナ儒礼ニ託シテ因ニ出世ノ法ヲ修スル耳ト云フニ拠ルナリ。

B　問、毎年ノ忌日ヲ祥月ト云ハ如何。答曰、礼記ニ拠ニ親亡シテ十三月ノ祭ヲ小祥ト云フ（一周忌ナリ）二十五月ノ祭ヲ大祥ト云（三年忌ナリ）既ニ一周年三年ノ月忌ヲ祥ト云ニ因テ此ヨリ以後、毎年ノ忌日モ倣之祥月ト称ク。是吾国俗ノ云習ナリ（祥者サイワイト訓ス。去凶服従吉服義）。一説ニ正月ト書ケリ。此意ハ忌日ハ毎月アレドモ今ハ正當月ト云義ナリ（此説不可也）〇問、儒礼ノ大小ノ祥ノ字ヲ取ル本拠アルカ。答曰、釈門正統曰、若百日之法耳ト云フニ拠ル、全非私解。

〔送葬幡〕

A　正法念経ニ十七種ノ中有アリ、（法苑珠林）而ルニ死スル時キ若シ天ニ生ズルモノハ中有ヲ観ルニ白氈ノ垂ルルゴトキ物ヲ観ル。ソノ人ノ識神手ヲ挙テ攬レバ、即チ天ノ中有ノ身トナル。今マノ幡モコレニ拠ル乎。コレハ得益ノ説ナリ。大荘厳論十四（初丁）瞿曇弥尼ノ涅槃ノ義及ビ幡華荘厳ノ事見ヘタリ。（釈氏要覧雑記篇モ見合ス可シ）

B　問、葬送ノ時必白紙ノ幡、或ハ素絹ノ幡ヲ用フルハ何故ゾ。答曰、蓋ヲ捧ゲ幡ヲ擎、先ハ荘厳ノ具ト見タリ。若得益ヲ尋バ釈氏要覧云、七七斎日ニハ僧ヲ招テ白紙ノ幡ヲ剪シム。考之拠正法念経、十七種ノ中有アリ而ルニ死スル時キ若生天モノハ中有ヲ観ルニ白氈ノ垂ゴトキ物ヲ観ル。其人ノ識神手ヲ挙テ攬バ、即天ノ中有身トナル。故ニ今依之七七日ニ白紙幡白練幡ヲ以テ、亡者ニ示ス。甚正法念経ノ旨ニ合ヘリト云ヘリ（已上）。今ノ幡モコレニ拠ル乎。〇大荘厳論十四（初葉）瞿曇弥尼涅槃ノ義出、コレニ幡華ノ荘厳ノ事見ヘタリ（可往考）。

A『曹洞宗問題十説』「年忌葬祭説」は、B『真俗仏　事編』「祭霊部」「送終部」を、踏襲もしくは取意したものと言える。

具体的な内容を示すために、「年忌葬祭説」中の「祭霊部」の〔祥月〕と、「送終部」の中から、〔送葬幡〕を挙げました。

どちらも問答体かどうかの違いはあるものの、B『真俗仏事編』で示された引用典拠や説明主旨は全く同じで、文章の構成を変えているだけだということがわかります。これが対照表で挙げた『曹洞宗問題十説』の中の十七条全てに対して、『真俗仏事編』の記述をもとに行なわれていることが確認できるのです。

『真俗仏事編』を真言宗系の資料と述べましたが、ここに挙げた葬送関連の項目では、必ずしも真言密教的な内容というよりも、その書名にうかがえるように、葬送に関する仏家、在家相方に関わる事項を扱っているようです。そしてその流布刊行の状況から考えて、所説の多くは広く世に行なわれていたのかもしれません。

ともあれ以上の対照作業から、ここにみた葬送儀礼の各項目では曹洞宗の独自性はあまり見出すことはできない、と言わなくてはなりません。

C　禅宗葬儀と民俗

地域社会における「葬送習俗」の継承者

私が今住職をしている秋田県の北部、北秋田市では、自宅で行う葬儀が少なくなりました。三十年くらい前までは、菩提寺で行なうのは約五割から六割、残りはみな自宅で行なっていました。現在、自宅葬は一割あるかどうか、また菩提寺で行なう場合もありますが、全体的な傾向としては葬祭会館などのホールで行なう場合が圧倒的に多くなりました。

このように自宅や菩提寺を離れて葬儀を行なう場合、従来の葬送習俗の多くが省略されてしまうケースがほとんどです。ですから、このあと述べていくことは、まだそうした「地域社会」内で葬儀が行なわれていた頃のことと考えて下さい。

さて以前は、自宅で葬儀をすると、お墓まで行列を作りました。葬列を作るために必用な葬具を仕度します。竜頭に吊るすハタを作る。シカバナを作る。村の男性たちが葬家に集まってきて、いわゆる葬式組の人たちです。ハタ、シカバナ、ハナダンゴ、ハナガシ、あるいはタイマツとかトウロウ等々を共同作業で用意しました。

そういった準備のようす、いわゆる葬送習俗は地域によって違います。ハナダンゴやハナガシなど、細工のし方が少しづつ違うのです。集落ごとに一様ではありません。これは多分日本全国多かれ少なかれその傾向があると思います。問題は、そういうことはいったい誰が教え、伝えてきたかということです。

〔資料7〕を見てください。これは、秋田県北部の三つの村落、現在は市・町になっている所もありますが、近代以前は村であった所の、仏教寺院と修験寺院の歴代住職在位期間をグラフにしたものです。この地域の場合、一つの村の中に代表的な宗教施設が二つあります。一つは菩提所、その集落の人たちの御先祖を祀り、葬儀・法要を行なうところ。秋田県北部では曹洞宗寺院である場合が多いのです。

今一つは祈禱所。春秋のお祭り、新年、年末のお祭り等の祭礼を扱う。また疫病や田畑の害虫をはらうなどの祈禱の預かりどころです。これは近代以前の当地方では修験道寺院が一般的でした。秋田は、近世期の修験道寺院は、明治になってそのほとんどが神社になります。密教寺院になったところはほとんどありません。

このグラフは、明治以前の大館・北秋田地域内の三つの村落における各曹洞宗寺院住職と修験寺院住職の在位を表わしています。上のほうから七日市村（現、北秋田市七日市）と、扇田村（現、大館市比内町扇田、この村のみ他宗寺院あり）と、独鈷村（現、大館市比内町独鈷）の三つの例があります。

そのうちの一番上の七日市の例の修験の長岐寺と、それから曹洞宗の龍泉寺というお寺があります。明治以前、修験道寺院ではほとんどの場合が世襲です。曹洞宗寺院の場合は非世襲です。当たり前ですが前住職と現住職が血縁関係にないわけです。

住職名の前に付した数字は、世代を表わします。太い実線が世代在位の期間で、点線は推定可能な生存期間です。たとえば七日市の場合、修験の長岐寺は三代の尊永が生きている間に、息子の四代の尊順が生まれて、そして尊永が引退し、尊順が次の住職になります、その頃には尊永の孫のは尊順(資料上は同名)尊順が生まれて、と住職位が相続されていく。ごく一般的な家庭の世代相続と同様なわけですね。

一方、曹洞宗の龍泉寺はというと、最初の頃は割合に住職の在位が長いのですが、四代目以降のところを見ると、十年在職している人はいません。短い場合は一年です。そして、たとえば九代目の大観卓印は、笹館の養牛寺から龍泉寺に来て二年くらい住職をして、その後大館の宗福寺に移っています。よそのお寺から来て、よそのお寺へ移っていく。その他扇田地区、独鈷地区でもほぼ同じ傾向です。

つまり少なくとも対象にした地域においては、近代以前の村落社会にあって曹洞宗寺院住職は血縁はもちろん、地縁的なつながりも弱いということです。明治五年に「肉食妻帯勝手たるべし」との公布がなされ、それ以後、僧侶の結婚が公的に認められました。浄土真宗寺院を除いては、これ以前の状況はおよそそのように見られるのではないでしょうか。

一方の祈禱所、修験寺院は、特別なことがなければ、世襲相続する宗教者です。この地域の修験寺院の婚姻関係を調べたのですが、修験のお寺では、よその修験寺院から奥さんをもらう例が多く、あるいは、地元もしくは近在の集落の村役人クラス、つまり村の中でもステータスの高い家から奥さんをもらったりしています。また次男、三男の修験はどうするかというと、よその修験寺院に婿に行ったりしています。このネッ

江戸期秋田藩南比内地区における〈修験寺院・曹洞宗寺院〉各世代在住期間対照表

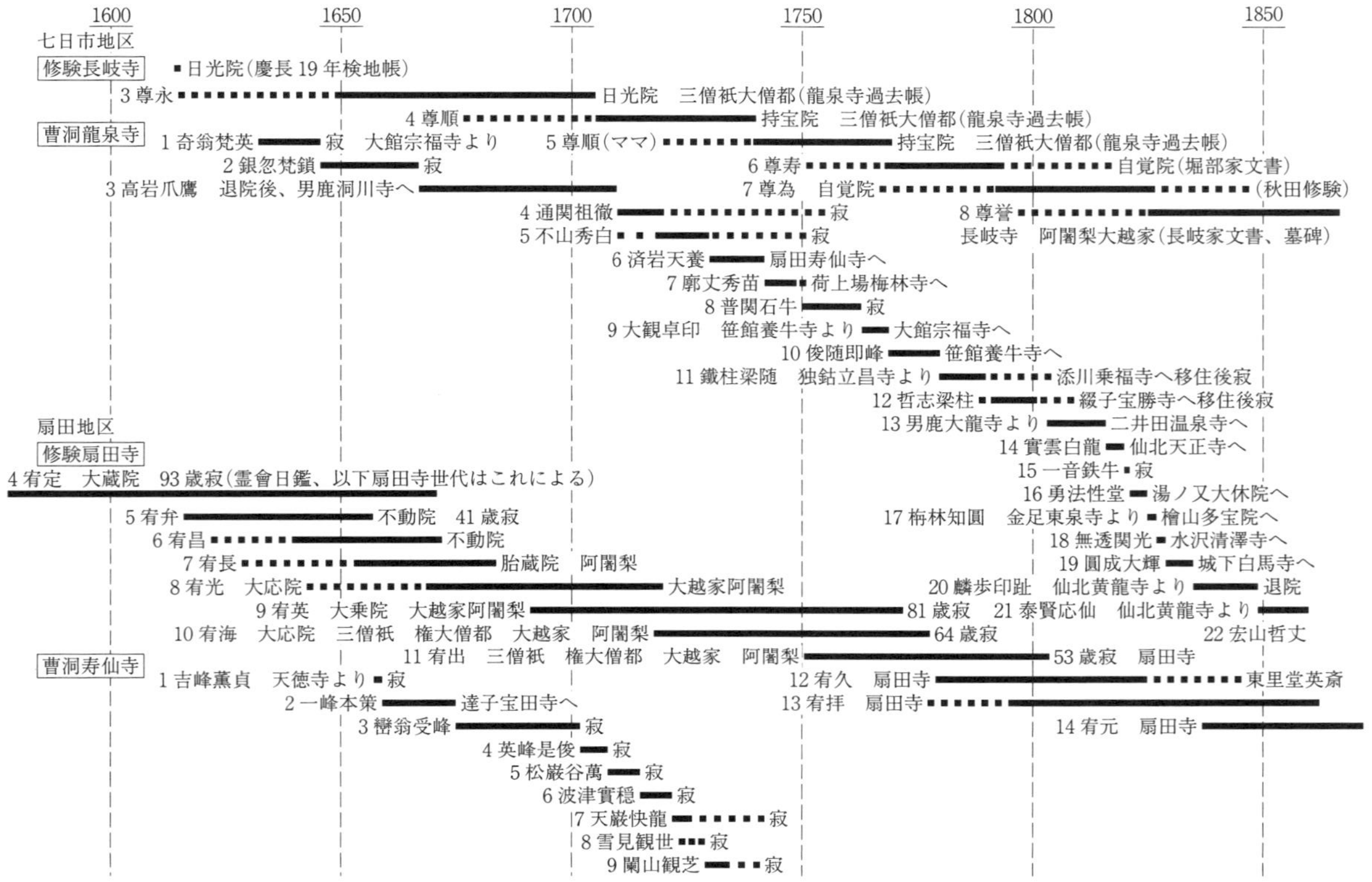

資料7

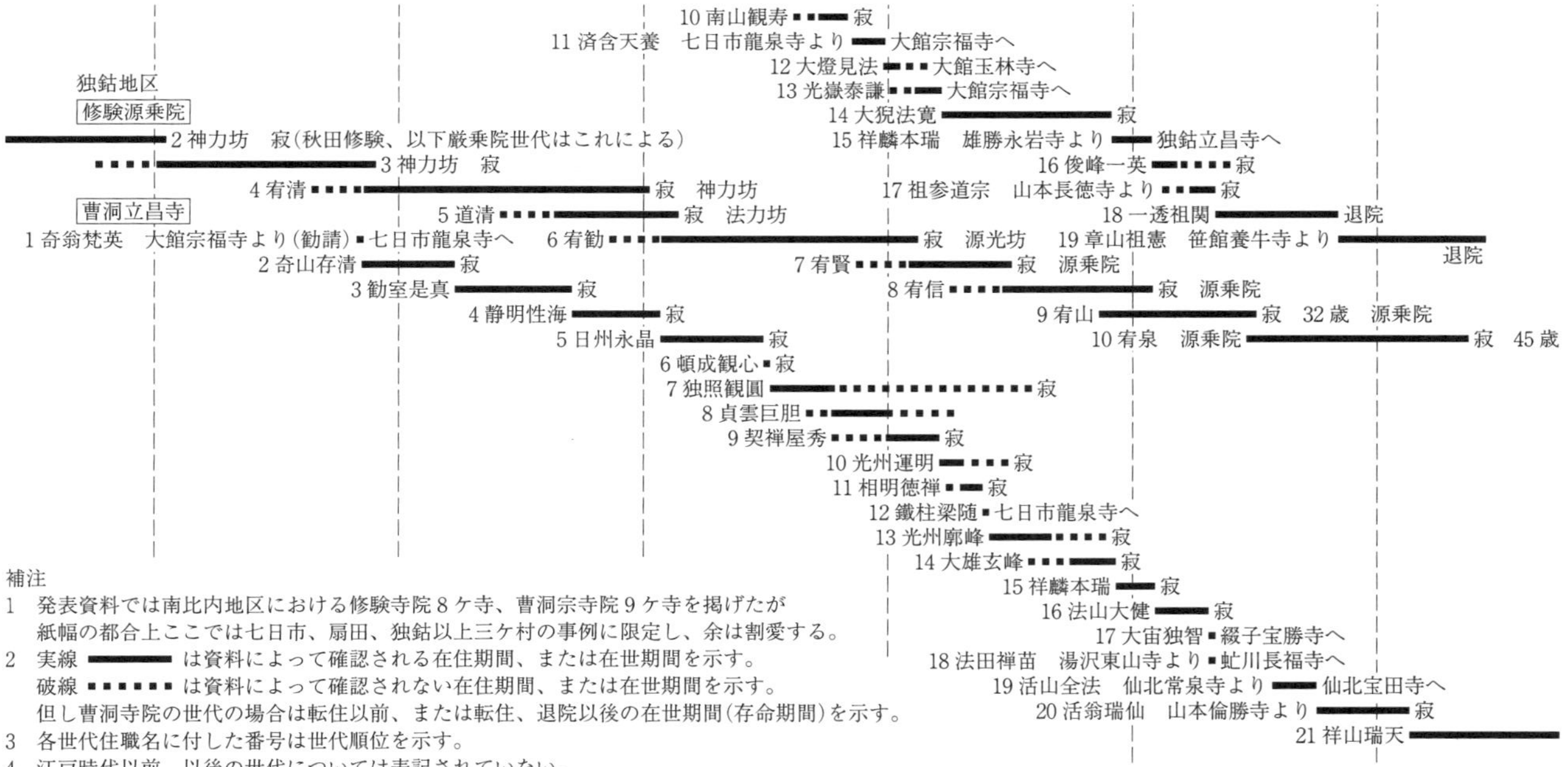

補注

1　発表資料では南比内地区における修験寺院８ケ寺、曹洞宗寺院９ケ寺を掲げたが
　紙幅の都合上ここでは七日市、扇田、独鈷以上三ケ村の事例に限定し、余は割愛する。
2　実線 ━━━ は資料によって確認される在住期間、または在世期間を示す。
　破線 ■■■■■■ は資料によって確認されない在住期間、または在世期間を示す。
　但し曹洞寺院の世代の場合は転住以前、または転住、退院以後の在世期間（存命期間）を示す。
3　各世代住職名に付した番号は世代順位を示す。
4　江戸時代以前、以後の世代については表記されていない。
5　典拠資料は（　）内に示した。曹洞寺院の世代の場合は当該寺院の過去帳、世代帳に拠っている。
6　（秋田修験）とは佐藤久治『秋田の山伏修験』1973 刊
　（霊會日鑑）とは扇田寺（当時は大乗院）9 代宥英が 1748 年に寿仙寺所蔵本によって筆写作成した扇田寺歴代の日別過去帳であり、宥英以後の没年についても書き込みがある。
7　現時点で資料よりわかる範囲の前住地、転住地（以上曹洞の場合）、また世寿、寺号、坊号、法位（以上修験の場合）等を付した。
8　アミ掛けの年時は、天明飢饉（天明四年・1784）と天保飢饉（天保五・1834）の年時を示している。

本資料は、佐藤稿「近世村落社会における修験と曹洞宗寺院」『宗学研究』34 号、199203 に発表したものである。

トワークは、地縁・血縁にしっかり組み込まれている。一方の曹洞宗寺院住職は、よそから来て、よそに行く人という印象です。

そこでさっき述べた、それぞれの集落に伝わるハナダンゴの作り方などを、新しく来た曹洞宗寺院の住職が知っているでしょうか。葬送習俗の担い手は、少なくとも非世襲であった時代には、仏教寺院の僧侶ではないだろうと思うのです。

一方修験道の方では、葬送儀礼に関する文献が伝えられています。修験道教義によって体系的にまとめられたものというよりも、他宗の要素をいろいろ取り込んでいるようですが、葬送習俗に関する諸々の呪符や儀礼も少なくありません。

一つのお葬式の場合を考えてみます。葬儀が行なわれます。村の人たちが集まります。仏教寺院の僧侶は葬儀に来て、血脈を渡してお経を唱えて引導を渡す、そこまでです。葬列に使ういろんなものを作るのは村民です。その村民達に葬具の作成方、時には意味などを指南したのが修験者たちではなかったかと考えています。村民とともに地縁・血縁の中で生活し、かつ専門的な宗教的要素のあった修験者が、地域社会の葬送習俗に果した役割は小さくないと思うのです。

以上、限定つきではありますが、「地域社会における葬送習俗の継承者」というのは、曹洞寺院住職ではなかった、と言えそうです。

これが転換するのが、明治五年を契機とする寺院の世襲化と考えられます。しかしその伝統はまだ浅く、なおかつ継承すべき葬送習俗が、先ほど述べたように今日の葬儀形態の変化によって、すでにその実態が失われつつあるのです。

D　禅宗葬儀の現在とその課題

それでは最後の四つ目の話題に移ります。今まで禅宗の葬儀について、本筋めいたことはあまり言わないできまいましたが、ここでそれをとりあげましょう。その上で、その問題点を考えてみたいと思います。曹洞宗のお葬式は大きく分けると、出家者に対するものと、在家者に対するものとの二つになっています。出家者に対するものは、これは先ほど触れた『禅苑清規』、中国の宋代に成立した清規におよそのっとっています。ただしこれもコメントしましたが、その中の浄土教的な部分は極力排除しています。

出家者の場合、清規類に想定されている死を迎える場所は、寺院の中です。それもある程度伽藍の整った寺院。臨終が近くなった僧は、寺内の延寿堂というところへ移ります。次いで延寿堂で示寂の後、僧の遺体を龕という入れ物に入れます。それが入龕の仏事です。遺体を収めた龕を今度は龕堂へ移します。それが移龕です。次いで、その僧の生前の真影、頂相を龕に掛ける、これを掛真と言います。次いでその龕を鎖で閉ざす、鎖龕という仏事があります。ここまでが龕堂で行われる仏事です。

その後葬儀をする場所まで遺体を入れた龕をみんなで運びます。これが葬列になります。その龕を起こして出発するという仏事が起龕です。

そして葬場に到着後、葬場で行われる仏事が三つあります。それが奠湯、奠茶、そして秉炬です。蜜湯をすすめること、奠茶はお茶をすすめる。秉炬というのは、タイマツを秉《と》って着火する儀式。以上が葬場で行う式です。

〔資料8〕aを見て下さい。『諸回向清規』中「龕前山頭七仏事之品事」の箇所からです。この図は龕堂火

資料8

【葬送儀礼過程の変化】

a 『諸回向清規』「龕前山頭七仏事之品次・龕堂火屋之図」

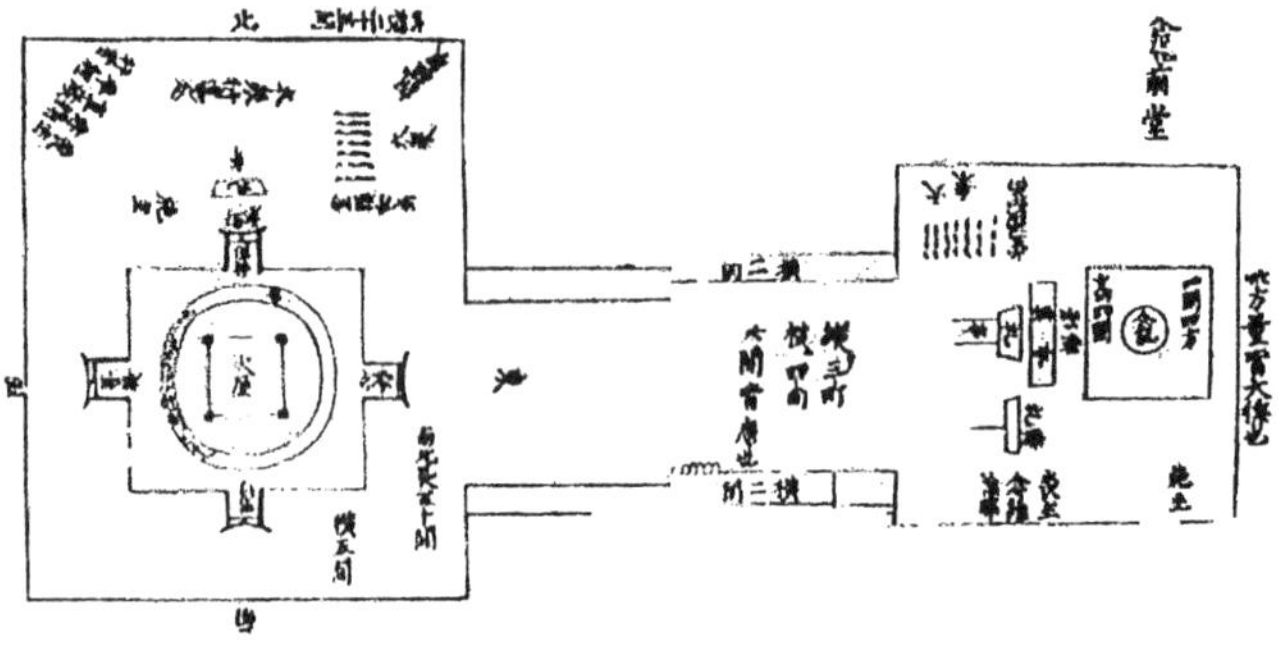

寝所

龕前堂

火屋(荼毘場)

1 入龕

移龕　龕前堂へ

2 掛真

真影を掛る

3 鎖龕

龕をとざす

4 起龕

龕を火屋移動

5 奠湯

6 奠茶

7 下火引導

b 土葬葬法の頃

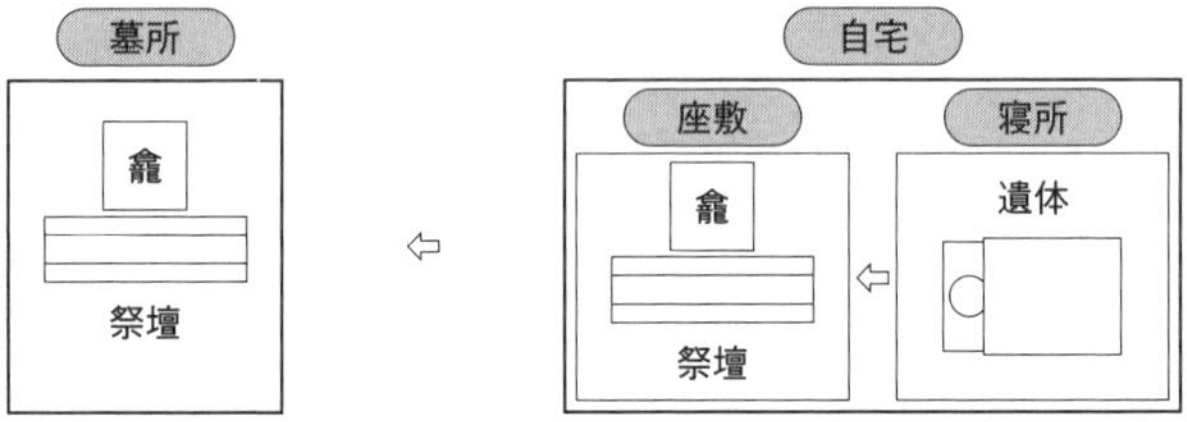

枕経

湯潅

（入龕）

（移龕）

ヤウツリ

授戒

野辺送り

龕を墓所へ移動

奠湯

奠茶

下火引導

埋葬

臨終諷経

（剃髪）

通夜諷経

授戒

入棺諷経

棺前念誦

挙棺念誦

（奠湯・奠茶）

引導法語

山頭念誦

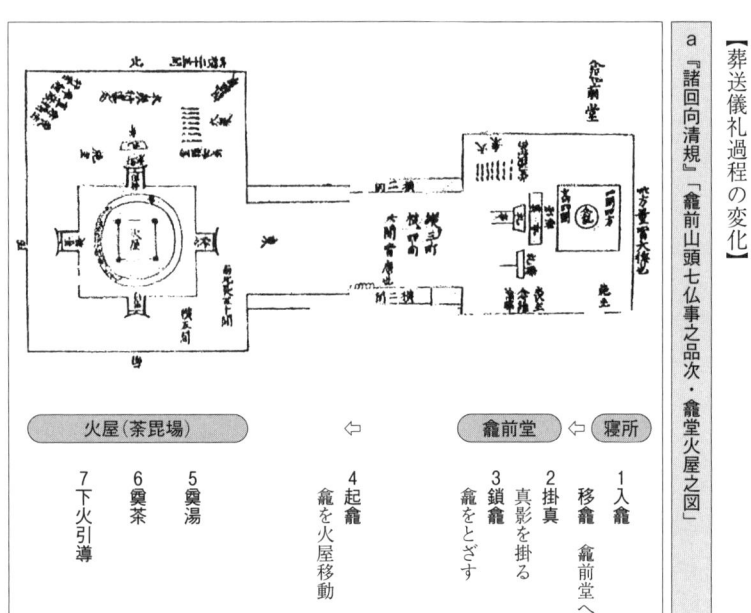

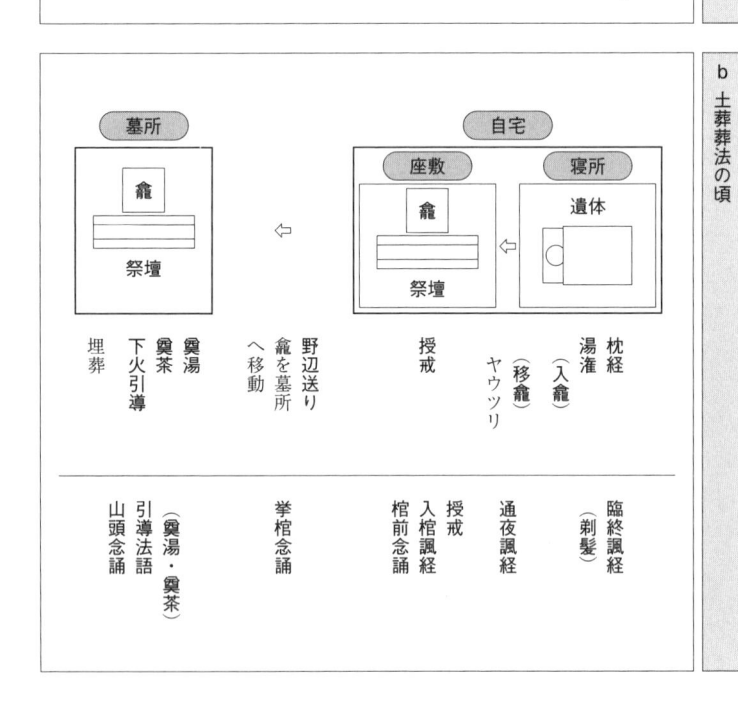

c　臨終→火葬→自宅授戒→墓所引導・埋葬（～一九七〇年代末）

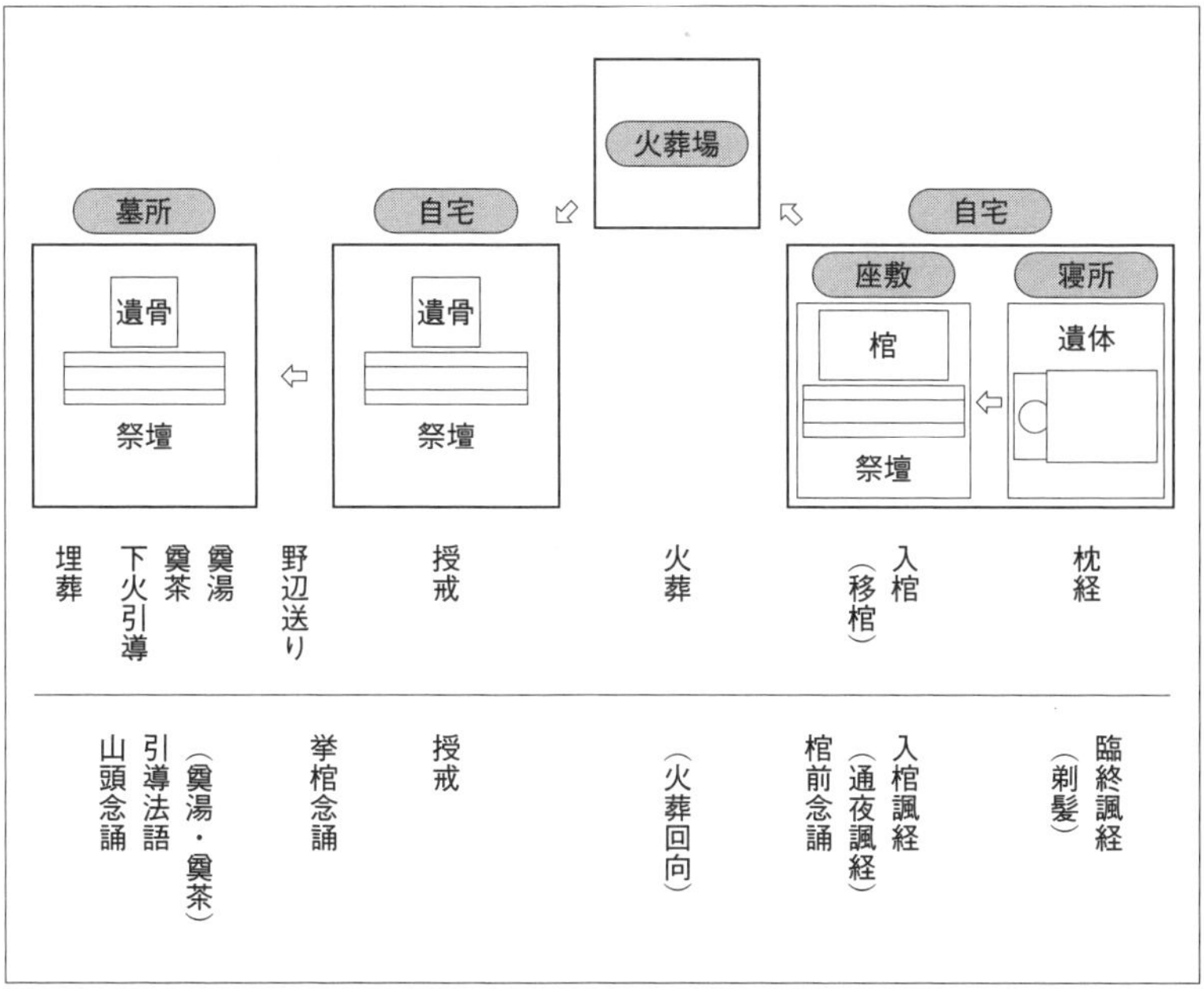

d　臨終→火葬→自宅授戒・引導→墓所埋葬（一九七〇年代～一九九〇年代）

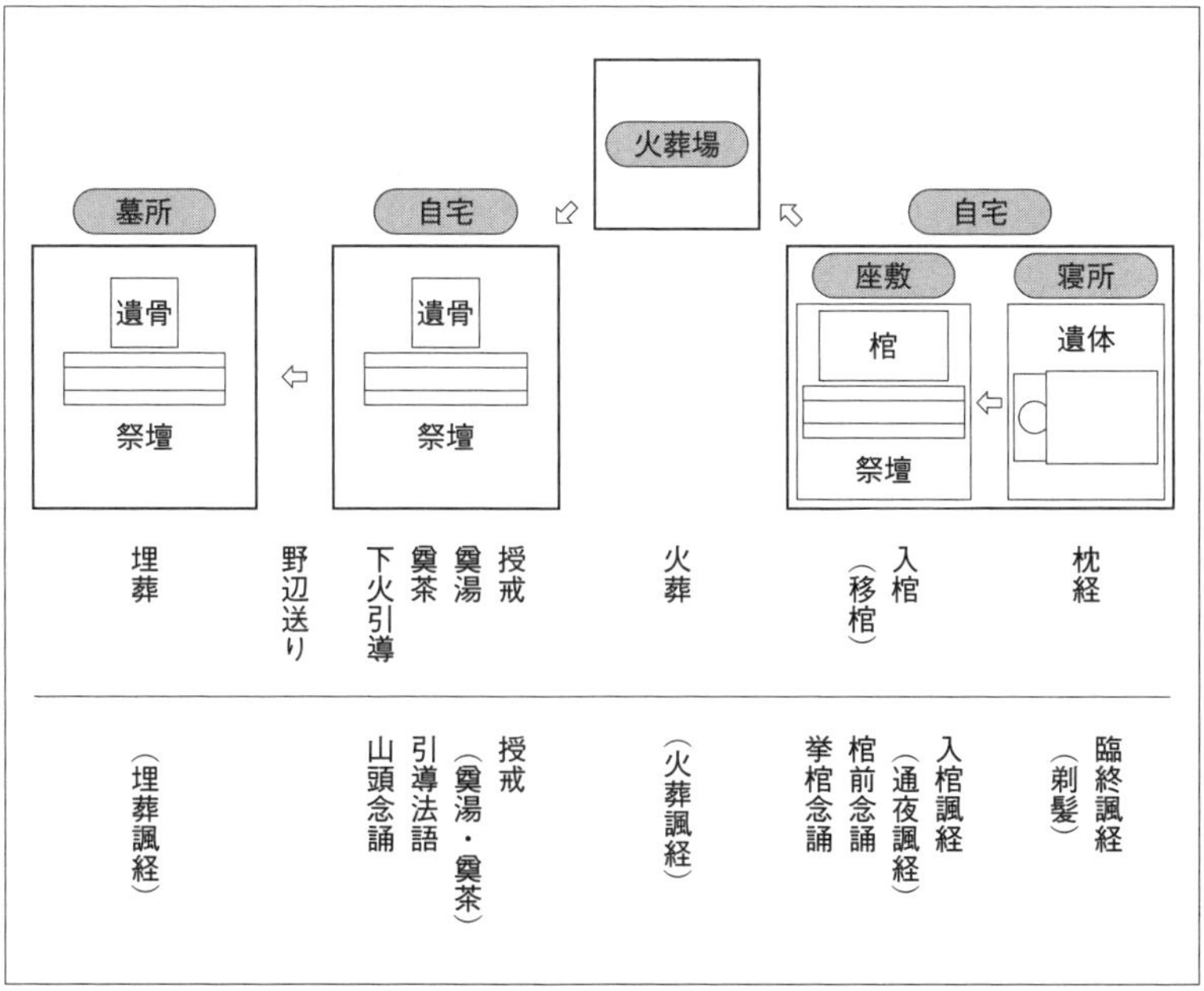

屋之図と言います。この図の右側にあるのが入龕、移龕、（掛真）、鎖龕までが行われる場所、龕堂です。左右をつなぐ通路がありますが、これが起龕をしたのちに行列をしてくるところです。そして左側、ここは火屋という場所です。ここに発心、修行、菩提、涅槃という四つの門を立てまして、真ん中に龕を置いて、奠湯、奠茶、秉炬の三仏事が行われるわけです。この入龕、移龕、鎖龕、起龕、奠湯、奠茶、下火（秉炬）、この七つが代表的な禅宗の出家者に対する葬送仏事です。この構成は今日においてもほぼ変わっていません。

次に、在家者に対してはどうかと言うと、それが既に示した〔資料５〕『曹洞宗行持軌範』「檀信徒喪儀法」です。先づ臨終諷経。そして通夜諷経。次に、剃髪、授戒、洒水、血脈授与というのがあります。

くり返しになりますがこの一連の儀礼は出家者にするわけです。「没後作僧」とか「死後授戒」と言われているものがこれです。葬儀は亡くなった人をお坊さんにする儀式だと言われることがこの数年多くなってきたように思えます。しかし僧にするのは、葬儀をするための前提儀礼です。まず、お坊さんになってもらって、それから出家者用の葬送儀礼を行なっていく、これが在家者用の葬儀法です。つまり曹洞宗の葬送仏事は、出家用、在家用ともにその基本的なところは一緒でして、対在家の場合は、事前に仏弟子となる儀礼を行なっているということになります。

この意味で、死後授戒をもってすなわち曹洞宗の在家葬儀の特色と語る論を時に耳にしますが、私としては疑問に思っています。たとえば生前授戒している場合は、当然のことながら葬儀の時はこの儀礼は省かれるわけですから。しかし、このように死者をして授戒作僧する儀礼をもって曹洞宗の葬儀とする見方には、死後授戒する力を曹洞宗僧侶独特のものと認めている考えもうかがわれ、この点は後に述べるところとも関わって興味深い問題です。

1　変化する「葬儀の現場」と、変わらない「葬儀法」

ここでは現行の『曹洞宗行持軌範』「檀信徒喪儀法」の次第と、変化する葬儀現場との関係を見てまいります。〔資料8〕を引き続き見てまいります。ここに示したa～dの四つの図は、ことにb以下は、私の見聞してきた秋田県北部における葬儀の次第の変化を図化したものです。

aが葬儀次第の原型とするなら、それ以後はどのように変化したのでしょうか。b土葬葬法の頃をご覧ください。自宅で亡くなった場合ですが、自宅で亡くなると、寝室で枕経をします。その後、龕に入れます、土葬なので坐龕に。その龕は座敷にしつらえます。これが入龕から移龕ですね。そして、自宅でお葬式をする時は、都合二つの場所でお勤めをします。まず自宅でお勤めをして、挙棺念誦まで進めます。今度は葬列で墓まで行って、お墓で葬儀をします。「喪場到着」から後の部分です。昔はそうしていました。それが、このbで表わしたものです。この場合であれば、家の中の寝所から龕に入れて座敷へ、そして墓所へというように、入龕、移龕、起龕を経て、葬地に至り、奠湯、奠茶、下火という次第ですから、ほぼaに近いものと言えます。

ところが、火葬が一般化し、火葬後の遺骨に対して葬儀する場合（秋田県内はこれが一般的）、これはcに図示しましたが、火葬が間に入ったことによって、それまでの念誦文の内容が、実際とはややそぐわないようになります。すでに火葬の終っている遺骨に向って、下火の儀礼を行なっていることになります。

さらに今度はdになりますけれども、これ二十年くらい前に作った資料なので、現在といっても一九九〇年代だと思ってください。これは野辺送りした後に、墓所で引導を渡していたcの場合から、野辺送りする前に引導を済ませてしまう場合に変わったものです。こうなると挙棺（起龕）の意味もあやしくなってきます。そして、今になると、さっきご紹介したように葬祭会館で行なうことが普及してくる。そうなると挙棺や下火など、それぞれの場面と、念誦文の意味するところが、チグハグになってきているというのが実状です。

現実には、そういう問題に気がついて、単独のお寺や複数のグループで実態に沿うような念誦文や回向文を考案しているという例はあります。でもそれはまだ個別の対応状態であって、宗門全体としての対応には至っていないということです。これが「変化していく葬儀の現場」であり、「変わっていない葬儀法」ということです。

2　「禅の力」の再生

それでは最後の話題になります。曹洞宗の桜井秀雄先生が『中外日報』に今から二十数年前に書かれたこのような文章があります。

叢林は本来、世間から離脱し、出世間行を行ずることに終始することである。従って、時には寺も持たず、あっても師父の後席を董すことさえ放棄しない限り、果しかねる生き方なのである。一方、宗団の大半を構成し、維持している一般の寺院こそ、宗団それ自体の存亡の鍵を握っているといえようが、宗侶たちは伝統的宗義を参究し、清規に随順し、日鑑通りに行事するという、叢林のありすがたこそ本来的であると知りながら、現実的には檀信徒の実際的な要請にこたえて、葬式法事へ明け暮れることへの〈うしろめたさ〉とか〈わり切れなさ〉を抱えている。（『中外日報』一九八八年四月七日、「曹洞宗における宗義と大衆教化」、傍線引用者）

私は、今の僧侶にとってもこの指摘は通じるものと思います。自分の属している宗教教団のことを反省を込めて言うんですが。たとえばピラミッド型のものをイメージします。頂点には、修行道場や坐禅があるとすれば、そのずっと下の方で底辺を支える広いすそ野が葬儀や法事という図式です。

本山や地方の修行僧堂に行って、一定期間の修行生活をする、それが一生僧侶として生きる自分を支える核を作ってくれるわけです。そう信じて厳しい日々を積み重ねます。

ところが、実際に修行が終わって帰ってくるのは、地方寺院の現状です。自坊へ帰ってきて、まずさっき言ったハナダンゴのことなど、お檀家さんたちの行なっている葬送習俗のことなどを知らなくてはいけない。葬式・法事だけではない、檀信徒への対応なども大事なことになってくる。坐禅ばかりやっているというわけにいかなくなってくる。坐禅が生活の中心になっているという曹洞宗僧侶は、いるには違いないんですけれど、修行僧堂をはなれた一般寺院においてはそういう人ばかりではない気がします。日々の葬式・法事への対応、檀信徒と上手なつきあい方など、そうしたことに腐心する時間が増えてきます。

すると、こんなことが起こります。私たちの本来的なあり方はピラミッドの頂点にある坐禅修行なんだけど、現実生活は底辺にある葬式・法事なんだよな……という意識が生まれます。こういう意識の中で行なっているお葬式やご法事というのは、本来のあり姿からすれば、お檀家さんのためにやっている、もう少し言えば、仕方なくやっている、しょうがなくやっている、それが、「葬式・法事へのうしろめたさ」ということでしょう。桜井先生の文章の後半を読んでみます。

大衆の宗教的需要が正にここ（死者の供養＝葬式・法事）にある以上、応需の責めを荷う宗侶にとって、自ら行じつつある行持そのものに積極的に宗義上の裏打ちをすることこそ先決であろう。ただ単にうしろめたさをかこつのみで、それを果そうとしないならば、葬式法事の執行それ自体からさえ、自ら身を退くべきであろう。

しかし、問題は、それ程簡単なものではない。何はともあれ、全宗侶が商量工夫しあって、葬式・法事の修行は宗義の上から恥ずべきことでもなく、立派な禅者としての行履であるという確信の宗是となる教学こそ確立されるべきであり、それは実に急を要することである。（前掲）

坐禅を自分の生活の中心にするのであれば、これこそ曹洞宗の僧侶だ、ということで胸を張ってこれを進めていけばいい。ところが、葬式・法事についてはそれはまだ確立されていない。それが宗義上からも意味あることだと担保されていない、そうした現状を指摘する桜井先生の言は、今日でもまだ通用するものと言えます。

このままではいけないな、と考えているわけです。釈迦は、死後の世界や霊魂のことを無記という表現で否定されている、と言うような言い方をされますが、私は無記ということ自体が霊魂の否定とは違うだろうな、と思っています。

また道元禅師は霊魂を否定した、と曹洞宗でもかなり多くの人がそう言います。でもこれもきちんと読むと、そんなことはないと私は思っています。だから私の話というのは曹洞宗の中では少数派かもしれません。しかし道元禅師も死後の世界を前提とした上でお話をなさっているということが、ある程度立証できるものだと考えています。そこがはっきりしないと、自分で自信をもってお葬式やご法事に臨めないことになる。

次に引くのは、臨終に際しての用心を道元禅師が述べたものです。

眼の前に、闇の来たらんより後は、たゆまずはげみて、三帰依となへたてまつること、中有までも、後生までもおこたるべからず。かくのごとくして、生生世世をつくして、となへたてまつるべし。その（中有）いのち七日なる。そのあひだも、常に声もやまず、三宝をとなへたてまつらんとおもふべし。（中略）かからんとき、心をはげまして三宝をとなへたてまつり、南無帰依仏、南無帰依法、南無帰依僧と、となへたてまつること、わすれず、ひまなく、となへたてまつるべし。

この生の終るときは、二つの眼たちまちに暗くなるべし。そのときをすでに生の終りと知りて、はげみて、南無帰依仏ととなへたてまつるべし。このとき、十方の諸仏、あはれみをたれさせたまふ縁ありて、悪趣におもむくべき罪も転じて、天上に生まれ、仏前に生まれて、仏を拝みたてまつり、仏の説かせたまふのりを聞くなり。（『正法眼蔵仏道』）

曹洞宗においてこの文章は必ずしも知られていないものではありませんが、これをもって道元禅師が死後の世界を前提としていると明言しているものは多くないのです。

さきほど仮想のピラミッドをイメージしてみました。このように考えているのは、もしかするとせいぜいこの百年ぐらい、つまり明治以降の仏教が、学問的な側面から後押しされて展開してきた一面があるからではないだろうかと思っています。これを詳しく立証するのは別の作業が必要ですので、ここではごく大まかに述べておきます。

どういうことかと言いますと、禅宗の伝統の中には、坐禅と葬式というものがこのように乖離したものではなくて、坐禅の力があるからこそ葬式というのがきちんと死者を成仏する力になるんだ、と言っている伝統があるのです。それは前半で話をした、死者を成仏させる宗教的な力、禅僧が担っている神秘的な力、禅僧の発行する血脈が一般の民衆にとって霊力のあるものと観念されていたこととつながってくる話です。

以下に挙げるのは、それぞれ明治から昭和にかけて活躍した禅僧たちです。まず笠間龍跳の例です。

わが宗のごとき生仏一如の活眼を開いて浄穢不二の性土を示し、引導・回向・坐禅・誦経以て亡者の神識（引用者註、タマシイ）をして妙楽を得せしむることは、室内伝法の人のみにしてこれを修す。その送死の式、祭礼の法、共に伝来して宗規となす。（笠間龍跳『曹洞宗問題十説略解』「年忌葬祭説」一八七七年、傍線引用者）

室内伝法とは、ある禅宗の師家について、その人から法を継ぐ嗣法という式を言い、密室で行なわれることから、室内伝法と言います。これによって一人前の禅僧として認められるわけです。ここでは伝法されたその人だけが引導・回向・坐禅・誦経の力によって、死者をして成仏させる力を得ることができる、というのです。

室内伝法式の具体的なあり方はここでは詳しく触れませんが、限られた弟子に対してその人にしか伝えることのできない宗教的な力と言ったら良いんでしょうか、それが相続される式。私は宗教的な霊力と表現してよいと思っていますが、それによって死者をして成仏できる。妙楽を得せしむるというのは、死者を安楽にさせるということですね。

これは先ほど挙げた『曹洞宗問題十説』と同時期の資料です。

次は昭和になってからのものです。

すでに人天の大導師となって一ヶ寺に住職した以上は、天上界はしばらく置き、まづ人間界の導師とならねばならぬ。人間の導師とはいかなる職責か、導師とはいふまでもなく人間を導く師範となること、人間を導くとは人間の心霊を救済すること、人間の心霊を救うとはこれを導いて仏にすること、その人間とはすなわち顕幽の両界にわたる人間の心霊のこと。

人ややもすれば、現在の寺院が単なる葬式仏事の死人扱いの墓場の如くなり、葬式坊主と自他共にいやしむ悪風があるが、これはそもそも自ら顕幽二界の大導師たるの職責を自覚せざる不学の罪を以て自らをいやしめるものであって、真に導師の資格と職責を自覚し、其実力を有する真正の大導師たる以上は、葬式仏事も幽界心霊救済の職責であり責務として、好個の対機説法であることを知らねばならぬ。

（丘宗潭・細川道契『洞上室内伝法口訣三物秘辨講話』一九四九年）

私はこれは今でも考えるべき重要なことだというふうに思います。僧侶ですので人を救済することを自分の一番の命題に掲げなければいけない。その対象が顕界と幽界です。ご承知のように顕界はこの世です。現世。そして幽界はあの世、来世、死後の世界。この数年行われている被災地のボランティアなど、現世の苦悩を目の当たりにして、何とかしなければならないという仕事がもちろんあります。一方、それだけでなくて、死んでしまった人たちの霊魂も救済しなければいけないということです、どちらかと言えば今は、顕界は重視されますが、幽界のことを言明する言葉はさほどに多くはないという印象があります。

年忌、葬祭についても自信が揺らいできているというのは、幽界もまた救済対象であるんだという伝統が見失われつつあるのじゃないかと思うのです。

次に挙げるのは昭和期の杉本俊龍の例です。

只管打坐の端的、坐禅の真面目を体得せねば、送亡が行ぜられぬ。（杉本俊龍『洞上室内切紙並参話研究』一九五六年）

送亡というのは葬儀のことです。坐禅の本質を極めた人でなければ、葬儀ができない、というのです。さっき申し上げた坐禅と葬祭が乖離しているというのは、今日、葬儀に対して確固とした自信を持てない僧侶にあってはそうかもしれないが、これと反対の立場の言葉が、曹洞宗教団の伝統にはありました。杉本の続く文章が次です。

住職は秉炬師となって、引導を授けるのである。下炬の語は平常の坐禅の力だけしか下せぬ。いかに立派な偈文を唱えても、導師の腹が常寂光でなかったら亡者は浮かばれぬ。そこで修行が大切である。生々世々の修行を忘れてはならぬ。（前掲）

下炬というのは、さっきの秉炬儀礼のことです。じつは曹洞宗葬儀における下炬儀礼のもつ意義には重要なものがあるのですが、そこには宗門の口伝的性質上、安易な公開もはばかられますので、ここでは触れずにおきます。

ともあれ、死者を成仏させる力は、ひとえに禅僧の修行の力にかかる、こういうことをきちんと語るという伝統自体が、今曹洞宗の中では揺らぎつつあります。どちらかと言うと、さっきご紹介したような霊魂を道元禅師は認めていない。釈迦も無記と言って霊魂は否定されたという言い方が一般的になりつつあります。でも、それではお葬式、法事をしている現場の僧侶たちの「腹」ができていかないのじゃないかと思うのです。

いろいろ話をさせてもらいましたが、ご紹介しましたように現在の曹洞宗のお葬式の仕方、出家者に対するものであっても、それから在家者に対するものであっても、儀礼そのものは伝統的なものですが、それが向うべき現場の状況はかなり変わってきています。また儀礼そのものは、早い段階から浄土教的な影響も色濃くありましたし、『真俗仏事編』など他宗からの影響も受けていました。そして実際の葬儀の現場それも儀礼の中心的な部分ではなく、地域の習俗に触れる周辺的な部分においては、少なくとも明治以前は、非世襲であった曹洞宗の僧侶はイニシアティブをとれなかっただろう、というふうに考えています。でもそういう中でも人々から求められて、亡くなった人を成仏させる力が、中世から近世を通じて禅僧には継承されてきた、それが近代から現代にかけて揺らぎつつあるのではないか……という印象を持っています。

そういう現状であるからこそ、今ご紹介したような葬祭、あるいは法事・供養というものこそ、禅の修行によって裏打ちされる力なんだ、という言い方、そういった教説をこれからの曹洞宗の僧侶は再確認し、さらには死者の救済の重要性を唱えてきた伝統を、現代に再構成して、葬儀執行者としての立場を確かなものにすること、それが求められているのではないかと考えています。

四　日蓮宗における葬儀の意義と実際

蓮見高純

はじめに

まず初めに、日蓮宗の葬儀式全体の構成を、『宗定日蓮宗法要式』の中の葬儀式の式次第から示します。次に、その意義を宗義からのべます。あわせて、幾つかの書籍を挙げて、式次第に変遷が認められることを指摘してみたいと思います。

日蓮宗では、葬儀式の中の引導に重きを置いています。引導は、ご本尊に対する敬白言上と、霊位に対する教訣の二つの部分からなる文章で、歎徳文、引導文とよばれます。このふたつは、そもそも式次第の中で別々に読まれておりましたが、当今では、相前後して、同時に読まれるようになり、時代的な変遷の中にあると思われます。

中心となる式次第が姿を変えることにより、大切なものが失われるのではないかと危惧をいだいております。あらためて葬儀式のあるべき姿についても言及してみたいと思います。

一　現在の葬儀式の実際

現在の私たち日蓮宗の教師は葬儀を、『宗定日蓮宗法要式』に載っている葬儀式次第を基にして行っています。葬儀式の次第は次に示すとおりです。

道場偈、三宝礼、勧請、開経偈、読経、咒讃・鐃鈸、開棺、献茶、献供、献菓、献水、引導文、弔辞、読経、唱題、宝塔偈、回向、四誓、三帰、奉送

各項目について順次説明をしてゆきます。

・道場偈では、左記の声明を唱え、礼拝をします。

我此道場如帝珠　十方三寶影現中
我身影現三寶前　頭面攝足帰命礼

・三宝礼では、左記の声明を唱え、仏法僧の三宝にそれぞれ礼拝、起居礼をします。

一心敬礼　十方一切　常住佛
一心敬礼　十方一切　常住法
一心敬礼　十方一切　常住僧

・勧請では、導師が独唱で諸尊を呼称して、新帰寂霊位のあることを言上します。

・開経偈は、読経の前に誦経の功徳をあらかじめ讃歎する文です。普通は「無上甚深微妙法百千万劫難遭遇……」の開経偈を唱えています。多くの場合、読み下し文で読みます。

・読経では、法華経の一部分を読みますが、最初の読経は法華経の迹門と本門のうち迹門の中から、方便品

第二を十如是まで読むことが一般的です。
・咒讃では、左記の声明を唱えます。
阿檀地　佛駄波羶祢　薩婆陀羅尼　阿婆多尼
咒讃は梵讃で、法華経の普賢咒に節をつけたものです。意味合いは、仏徳を讃えるものです。咒讃を唱えた後、鐃鈸を奏します。
・開棺では、役衆が棺の前に出て、開棺の所作をして文を唱えます。開棺の所作はいろいろありますが、実際に棺の蓋の小窓を開けて、中啓の要で三度軽く突くか、または数珠の玉で三度棺の蓋を打って、文を唱える、という所作が通例です。開棺の文も何種類もありますが、一つ挙げますと「五蘊三毒の迷雲を払うて、五眼三智の覚月を見ん。経にいわく、開方便門、示真実相。悟道の要旨は後の導師の引導による」です。
・献茶、献供、献菓、献水では、それぞれ御茶、霊供、菓子、水を献じます。所作は4つともほぼ同じですので、献茶を一例にあげます。まず、役衆が献茶器を持って御宝前に出ます。天目台から茶湯器の蓋を開け、天目台の端にかけ、向きを変えて御宝前に供え、「有相の冷水は色心の渇を止め、無相の涼味は心性の煩を消す。経に曰く、如以甘露灑、徐熱得清涼」と唱えます。献供も同じ要領で、その文は「通別の菩薩も未だ円教の極味を知らず。今経寿量の筵に来たって始めて種智還年の上食に遇う。経に曰く、一者法喜食、二者禅悦食」となります。献菓の文は「一味の中に於て一切の法を知り、一切の中に於て一味を知る。経に曰く、如来は是の一相一味の法を知れり。所謂、解脱相、離相、滅相、究竟涅槃常寂滅相なり」です。献水の文は「輪王頂上の一滴は四海の水を摂し、経王受持の一心に一切の佛法を領す。経に曰く、この妙なる意根を以て上中下の法を知り、乃至一偈を聞いて無量の義に通達す」です。いずれも開棺の文と同様に、法華経の一節を必ず加えることにしております。

　献茶、献供、献菓、献水の四つ全て行うことは稀で、献茶、献供の二つ、または開棺と献供をするという場合が多いです。
・引導文は、導師が御宝前に諷唱する文章です。（引導文の意義は、葬儀の意義のそのものに関わるものですので、意義については後ほどお話しすることといたします）その構成はまず、御本尊に、故人の俗名や享年、生前には法華経への信心があり日蓮聖人の檀越であることを言上して、「速やかに法華経が示すところの常寂光土、霊山浄土へ摂取引入し給え」と御本尊に乞い奉る「表白」の段があります。それから故人の棺槨あるいは御遺骨に向かって、悟道の要句を授ける「教訣」の部分からなっております。引導の意味合いを法華経から、また宗祖日蓮聖人の遺された御遺文から、霊山浄土への道筋を説き明かすことが引導文の中心になります。引導文の一例を挙げると、左記のようになります。

　爰に恭しく佛祖三宝、殊には南無久遠実成本師釈迦牟尼佛、末法有縁の大導師、本化上行高祖南無日蓮大菩薩（大聖人）の来臨影嚮を請い奉り、方に今この道場に棺槨を安置し、葬送の儀を修する所の一霊魂あり。此れは是れ受け難き人身を受け、値い難き妙法に値い奉る善男子（善女人）にして、閻浮第一の法華経の行者日蓮大薩埵が檀越なり。

然りといえども五蘊仮和合の身、教主釈尊も非滅現滅の相を示し給い、天人も五衰を免れず、況や人身をや。霊也近来病魔の冒すところとなり、医薬看護その精を尽くすと雖も、天なる哉、命なる哉、去る○月○日○時○分、○歳を今生の一期として、薪尽きて火の消ゆるが如く逝去し了ぬ。

状を案ずるに……（ここで、故人の行状を述べる歎徳文が入る）

今、霊也が生前の行功を鑑み、その凡名○○を改め、新たに法号を授与して○○と号す。仰ぎ願わくは上来勧請の佛陀諸尊、大慈大悲の御手を垂れ、霊也をして霊山浄土へ摂取引導し給えと爾か云う。（以上はご本尊に対する敬白言上。以下は霊位に対する教訣）

新帰寂○○、今、霊也が為に佛祖の要文を諷誦し、霊山往詣の教訣と為さん。諦聴諦聴、善思念之。夫れ惟うに霊也が肉団の身は此に滅すと雖も、その本体を尋ぬれば、常住不滅本佛果海中の身、妙法蓮華経の当体なり。経に曰く、所謂諸法の如是相性体力作因縁果報本末究境等と云々。（迹門方便品の一節。一切衆生を悉く成仏せしめる法華経の教え）

又曰く、如来は如実に三界の相を知見す。生死の若しは退、若しは出あることなく、亦た在世及び滅度の者なし。実に非ず、虚に非ず、如に非ず、異に非ず三界の三界を見るが如くならず、是の如きの事、如来明かに見て錯謬あることなし。（本門如来寿量品の一節。仏は世界（三界）のありのままの姿を見るから、迷いにとらわれて、もの事の生と死、真実と虚偽、同と異というように対立的、相対的に見るようなことはない。すなわち相対的な世界（三界）を見ながらそれにとらわれることはないのである）

宗祖大士示して曰く、今本時の娑婆世界は三災を離れ四劫を出でたる常住の浄土なり。佛すでに過去にも滅せず、未来にも生ぜず、所化以て同体なり。是れ即ち己心の三千具足三種の世間なり。又曰く、正直に方便を捨てて但法華経を信じ、南無妙法蓮華経と唱うる人は、煩悩業苦の三道、法身般若解脱の三徳と転じて、三観三諦即一身に顕れ、その人所住の処は常寂光土なりと。（日蓮聖人の観心本尊抄、他の一節。娑婆即寂光土、霊山浄土を表した文）

更に霊山往詣の安心を示してのたまわく、日蓮は日本第一の法華経の行者なり。日蓮が弟子檀那等の中に、日蓮より後に来り給い候わば、梵天帝釈四大天王閻魔法皇の御前にても、日本第一の法華経の行者日蓮房が弟子檀那なりと名乗って通り給うべし。この法華経は三途の川にては船となり、死出の山にては大白牛車となり、冥途にては灯となり、霊山へ参る橋なり。霊山へましまして艮の廊にて尋ねさせ給え。必ず待ち奉るべく候と云々。（日蓮聖人の言葉で、実際に冥途の旅を表した文）

今霊也が棺槨をこの処に安置し、親戚故旧相会して葬送の儀を修し、香を炷き、経を誦し、以て霊也を霊山に送る。霊也、夫れ永く忘失すること勿れ。

南無妙法蓮華経（三返）

以上が引導文の一例ですが、この引導文の表白と教訣との間に、故人の遺徳、仏法に対する功徳を讃歎する、歎徳文が入ります。現在、ここのところが分かりにくくなっています。表白言上、歎徳文は「これからこれこれしかじかの者がそちらに行くのでお受け取りください」といった意味合いを、御本尊に向かって唱えるものです。一方、教訣の部分は故人に言い聞かせるものです。現在の一般的な葬儀社で行う葬儀の式場配置では、御本尊があってお棺があって我々導師がおりますので、前を向くとお棺の向こうに御本尊があります。そうすると御本尊に表白言上する段と、故人に向かって授ける教訣の段が、同じ方向に向かって同じようにされることになるので、執り行う方もこれを聞く方もわかりにくくなってしまいました。そのため、現在の『宗定日蓮宗法要式』では、導師の音調について記されており、表白言上する段、歎徳文の段は声を張って御本尊に届くように読み、一方、教訣の段は声を改めて故人に語り聞かせるように読むとよろしいという工夫をしています。

なお、老僧に聞くところによると、私の住む千葉県八街市の周辺では、戦前には寺で葬儀をする場合に、導師の後ろ、あるいは向拝のところ、極端な例では「賽銭箱の上にお棺をドンと置いて、引導を渡すということもあった」ということでした。

大正時代の北尾日大という方の著作に『日蓮宗法要式』がありますが、ここに今申し上げた道場の配置が載っています。左記の「式場図示」によれば、本尊があり、供物があり、大導師がご本尊に背を向けて座り、その先にお棺が置かれて、そしてその周りを会葬者が囲むという配置で葬儀が行われていた、ということです。北尾日大の『日蓮宗法要式』では、これ以外のかたちは示しておりません。

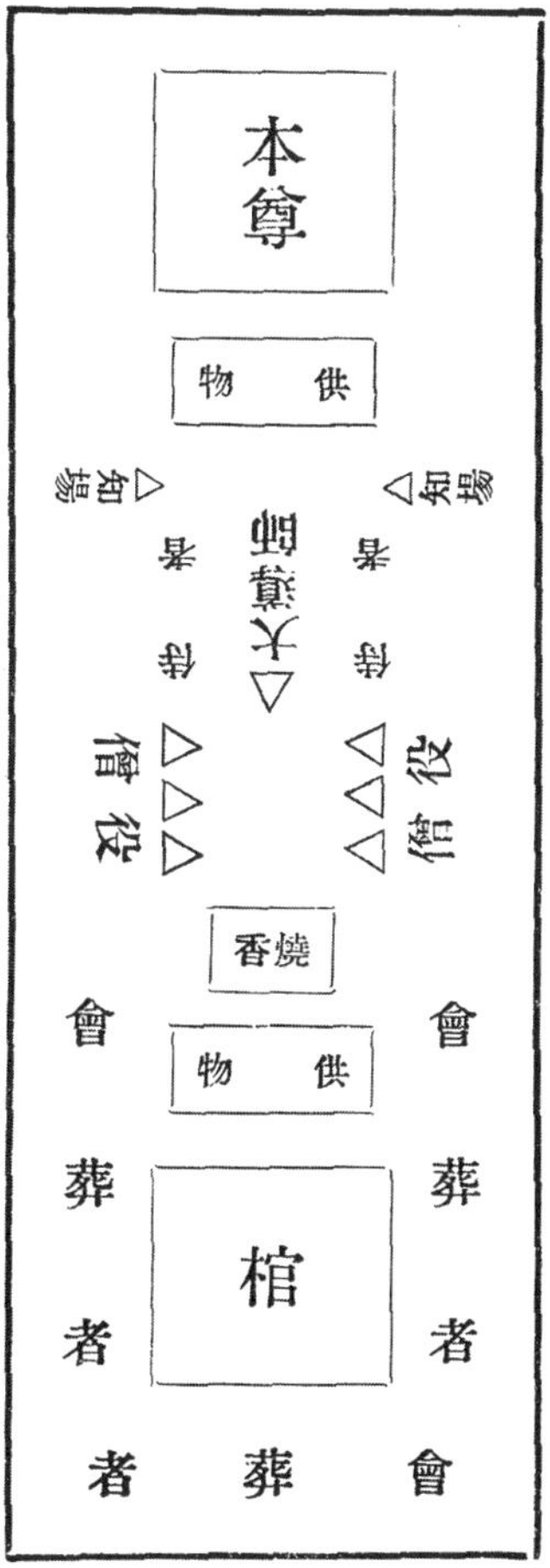

三　式場図示

この『日蓮宗法要式』での在家の葬儀の行い方を見てみると、太鼓―半鐘から始まりまして、諷誦―読経―咒讃―鐃鈸、ここまでは現代の『宗定日蓮宗法要式』の差定と同じです。しかし、次に中楽―歎徳―開棺―茶湯―霊膳―引導となっています。ですから歎徳をまず読んで、開棺などを挟み、それから引導という順番になっています。つまり、咒讃、鐃鈸そして歎徳までは、現代のように御本尊のほうに向いて表白言上・

歎徳をしますが、その後に、導師・式衆が振り返り、後ろに付置されております棺の蓋を開け、実際にそこに向かって茶湯、霊供等を供え、導師がお棺に向かって引導を渡す、教訣を渡す、ということが行われていたようです。要するに、引導は御本尊を背にして「死者に対して教訣を授ける」という形にしてあるのです。大正十年に書かれたこの本の時点では、我々が今行っているような御本尊があってお棺があって導師がいる、そういったような配置は一切ありません。今でもこのかたちを静岡の貞松蓮永寺というところで行っております。私も拝見しに行ったことがあります。（外陣飾り、脇陣飾り、内陣飾りについては、早水日秀師の『日蓮宗実用事典』第6章、通夜・葬儀・追善法要の項で時代的な変遷につき述べられている）

では、引導につきましては一区切りとし差定の続きを述べます。

・弔辞は、御宝前にて焼香ののち述べられます。

・読経では、通常、本門の中心である如来寿量品第十六の偈文を読みます。「仏の寿命の久遠なることを開顕して、教化・慈悲・救済の久遠無量なることを説き明かしたもの」（日蓮宗事典400）であり、法華経で説く霊山浄土の様相を故人に指し示し、仏身を成就することを勧め、死後の安心を説き聞かせる意味合いで読経をします。

・唱題では、南無妙法蓮華経を僧俗ともに唱えます。正行であるので多唱します。

・宝塔偈では、讃歎のために見宝塔品第十一の偈文を読みます。

此経難持　若暫持者　我即歓喜　諸仏亦然……

・回向では、仏祖へ報恩を述べ、願を起こし、葬儀式では次の結章文を唱え、普回向で終わります。

諸法従本来　常自寂滅相　佛子行道已　来世得作佛

・四誓では、左記の四句を緩唱します。

衆生無辺誓願度　煩悩無数誓願断　法門無尽誓願知　佛道無上誓願成

・三帰では、三宝礼と同様に左記の声明を唱え、仏法僧への礼拝を三遍繰り返し、三宝帰依の誠をあらわします。所作は起居礼をもってします。

一切恭敬

自帰依佛　当願衆生　体解大道　発無上意

自帰依法　当願衆生　深入経蔵　智慧如海

自帰依僧　当願衆生　統理大衆　一切無礙

・奉送では、法要の終わりに際し、来臨を請い奉った三宝聖衆に対して、各々本土に還帰したまうことを願い、声明として唱え、礼拝します。

唯願諸聖衆　決定証知我　各到随所安　後復垂哀赴

二　日蓮宗の法要式の歴史的系譜と葬儀の変遷

次に、いくつかの書籍を挙げることで、日蓮宗の法要式の歴史的な系譜を述べたいと思います。また、近代になって葬儀式に関していくつかの変化があったことを示したいと思います。

明治十一年の『法華礼誦要文集』は、毘尼薩台厳（～一九〇九）の編集になるもので、日蓮宗の法要儀式のためのハンドブック的役割を果たしてきた要文集です。内容は、法要式として、礼佛偈、礼法華儀式、放生慈済法会、施餓鬼法会儀、朝昏礼誦式をのせ、先師の要文、宗祖の遺文、各種の回向文を簡明に整理し編集しています。当時の宗学林の主なテキストでしたが、葬儀式に関した記述は認められません。

昭和十年にこの『法華礼誦要文集』の増訂版が出版されていますが、この巻末に補遺として、茶湯、具餞、菓子、水供、開棺、香、の葬儀に関した要文が、初めて載せられました。葬儀の要文が加筆をされたということは、昭和の初めに葬儀に対する宗門としての取り組みに変化があったのではないかと考えられます。

昭和二十六年には、現在我々が使用している『宗定日蓮宗法要式』が宗門から定められました。昭和十六年の日蓮門下の三宗派の合同（日蓮宗・本門宗・顕本法華宗）という宗門組織の変革の機会に、法要式を統一し確立することが教師の宗門意識を高揚させることにつながるとして、十年を費やして昭和二十六年に編纂・刊行されました。

この『宗定日蓮宗法要式』成立に大きいかかわりを持つ書籍が左記の『充洽園禮誦儀記』と、『宗定日蓮宗声明品』です。

『充洽園禮誦儀記』は江戸時代の優陀那院日輝（一八〇〇～一八五九）の著です。日輝は学匠であるとともに、次代を担う指導者たちを育てるために、金沢加賀の立像寺の中に充洽園という学舎を創立して、その指南書として『充洽園禮誦儀記』を著しました。「初学の子弟に便ならしめん」という基本姿勢で書かれています。その綱目は五方便と十正修にあり、「事に託して理観を成ぜしむ」というもので、一々の行（事相）についてその意味するところ（理観）を述べたものでした。『宗定日蓮宗法要式』の全五編の構成のうち、第二編の「行規作法」は、『充洽園禮誦儀記』から五方便の綱目を借りてこれに二を加えて七方便とし、十正修と合わせてその骨格としました。

声明に関しては、昭和六年に『日蓮宗聲明博士・日蓮宗聲明楽譜』が、身延山支院の「日蓮宗法式研究会」から出版されています。静岡蓮永寺平間壽本師の発意で、天台宗の多紀道忍師により日蓮宗の身延声明が研究され、洋楽家の吉田恒三氏の校定になる洋楽譜とともに採録されたものです。更に、昭和十三年には『宗定日蓮宗声明品』が日蓮宗宗務院から出版されています。これは日蓮宗の法要式行規と声明の統一基準を定めるために、昭和十二年に天台声明の多紀道忍師を招聘し、石井日章師を主とした日蓮宗各山代表が身延山に会して協議制定したものです。「道場偈」「三宝礼」「切散華」「咒讃」「対揚」「三帰」「奉送」の七曲が選択されています。墨譜とともに洋楽譜を添えています。この二つは昭和の初期に果たされた日蓮宗声明における大きな功績といえます。

『日蓮宗聲明博士・日蓮宗聲明楽譜』には、葬儀式に関して差定のみが挙げられています。

出楽、三寶禮、開経偈、読経、咒讃、銅鑼・鐃鉢、開棺、茶、菓、膳、水、惣禮、對揚、歎徳、引導、諸法従本来ノ文、弔辞・電文、読経、唱題、回向、三帰、退楽

となっていて、歎徳と引導が続いてなされており、現在の形と同じものになっています。葬儀式に関しては昭和の初期にそれまでとは異なる変化があったと考えています。

三　日蓮宗の宗義における葬儀式の意義

次に、葬儀式の意義を日蓮宗の宗義から述べてみたいと思います。

日蓮宗では、宗門の宗旨、宗義を教学的な位置づけから述べたものを、日蓮宗『宗義大綱』として出版しています。日蓮宗『宗義大綱』は左記の全十項にまとめられています。

一、宗義の体系　二、五綱の意義　三、三秘の意義　四、信行の意義
五、成仏の意義　六、霊山往詣　七、摂受と折伏　八、祈禱の意義
九、宗祖　十、出家と在家

『宗義大綱』は、昭和三十年頃、時の日蓮宗の宗務総長の片山日幹師が「教義の簡明化」を図り、立正大学の望月歓厚教授を編集委員長として編纂され、審議決定されたものです。片山日幹師は非常に道念堅固、学徳兼備の方で、昭和三十年代に新興宗教が非常に勢力を伸ばしたことに危機感を感じられ、宗門立て直しのために、いろいろな仕事をされた方です。

この『宗義大綱』は宗義を極めて簡明に述べた綱要ですが、それを補完するために『宗義大綱読本』が編纂されました。平成の元年になって、当時の立正大学の浅井円道教授、身延山大学の上田本昌教授、立正大学の小松邦彰教授、それからさらに大先輩の勧学院長の宮崎英修教授、茂田井教亨教授という方々で著されたものです。

その中から葬儀に関する意義を拾ってみますと、まず檀信徒たるべき者の日常の信行のあり方が大切であり、この信行のあり方が、成仏に、また戒名に繫がっていくのだと書かれています。具体的には、『宗義大綱』の「四、信行の意義」から見ていきたいと思います。

四、信行の意義

本宗の信行は、本門の本尊に帰依し、仏智の題目を唱え、本門戒壇の信心に安住するを本旨とする。機に従って、読、誦、解説、書写等の助行を用いて、自行、化他に亘る信心を増益せしめる。

五、成仏の意義

本門本尊への信は、成仏の正因であり、その相は口業の唱題となり、身業には菩薩の道行となる。この菩薩道に即した生活活動がそのまま成仏の相である。

このように、葬儀の根幹である成仏に関しては、「本門本尊への信が成仏の正因である。その事相としては口で述べる題目、またそれを実践する菩薩行と、その菩薩道に即した生活そのものが成仏の相である。死してのちに行くばかりでなくて、この娑婆即浄土の中で成仏を心がけるのが大切」という指南がされています。

さらに、次の項目では、引導文で示すところの、「死してのち霊山往詣する」ということが書かれています。

六、霊山往詣

来世は、現世と相即する。現在の即身成仏は、来世成仏の意義をもつ。妙法信受の当所に成仏が決定し、霊山の釈迦仏のみもとに在るのである。故に霊山往詣は未来のみのものでなく、現身のわが信心の場にある。宗祖はこの境界を大曼荼羅に図顕された。

霊山往詣、来世の成仏は現世の成仏と相即するということです。これが法華経の法門の大切な教えの一つです。現在の即身成仏は、死してのちの来世成仏の意義を合わせ持っています。信心としての妙法を受け保つところのその場所、その行為が成仏を決定し、霊山の釈迦仏のみもとに在ることになるのです。

私は、これが『宗義大綱』に書かれた葬儀の意義であろうと思い、このように理解しながら、葬儀をしています。

次に、日蓮聖人の御遺文からも葬儀の意義を見出してみたいと思います。日蓮聖人はたくさんの書簡を残されております。この中には、若くして子を亡くしたお母さんへの労りや、いろいろな供養のあり方、悲しみを同じくする同悲の言葉がたくさんあります。その中の一つを御紹介しようと思います。

日蓮聖人が千葉市川の若宮というところに百回の講座、法華百講を設けたところ、そこの富木常忍という武士が深く帰依し、やがて出家して日常上人という僧侶となり、今の大本山法華経寺を作りました。日蓮聖人が日常上人へ宛てた、『忘持経事』という書簡が現存しています。

日常上人の母は九十二歳で亡くなり成仏を遂げたのですが、日常上人は悲しみのあまり母の骨を首に提げて往来に飛び出て身延まで馳せ参じました。そして身延におられた日蓮聖人にお会いして供養を受け、釈迦のお膝下にその遺骨を安置して日蓮聖人から供養の回向を受けられました。日常上人は悲しみの曇りが晴れ、逆に今度は喜び勇んで、うれしい気持ちでまた市川の中山法華経寺、若宮の館まで帰りました。その時に、あまりの嬉しさに、自身の持経を身延に忘れていってしまいました。そこで、後を追いかけるようにして日蓮聖人が「今、常忍(日常)上人は持経を忘るる。日本第一のよく忘るるのひとか」と言って、いささかユーモアを交えて手紙を遣わされたのが、『忘持経事』という書簡です。そしてこの持経を忘れるということを話の枕として、法華経の教えを忘れてはいかんよ、ということが書かれている御文章です。では、実際に読んでみます。

母が「齢すでに九旬に及び、子を留めて親の去ること次第たりといえども、つらつらことの心を案ずるに、去りてのちは来るべからず。いずれの月日かごせん。二母国になし。今に至り、のちに誰か拝すべし」と同悲を述べ、「離別忍び難きの間、舎利を首にかけて、足にまかせて大道に出でて……」市川から身延まで駆けていったということが書かれています。そして「教主釈尊の御宝前に母の骨を安置し、五体を地に投げ合掌して両眼を開き、尊容を拝し、歓喜身に余り、心の苦しみたちまちやむ」と、供養を受けた日常上人の姿とよろこびを描写しています。ここに日蓮聖人が供養の姿をお示しになり、また身延に母の遺骨を安置したということで、身延に分骨することが大変な功徳である、という理解にも今はつながっています。

四　日蓮宗の葬儀の歴史

さて、「日蓮宗の葬儀の実際の始まりというのはどこにあるのか」という疑問についてですが、一つには日蓮聖人ご自身の葬儀があります。

日蓮聖人の葬儀に関しては、直弟子の日興上人が、『遺文目録』という、日蓮聖人の御遺品を誰にどのように分けていったか、そして葬送の行列で誰が何を持ったかということを書いた記録が残されております。ですから、宗祖の葬儀が多分このようであっただろうということは、推し量ることができると思います。

また、室町時代に書かれた『日蓮聖人註画讃』の中で、葬送の行列が絵伝で示されています。これは日蓮聖人の生涯を絵と漢文の絵詞で表した絵巻物で、円明院日澄（一四四〇〜一五一〇）が描いたものだとされています。室町時代の日蓮聖人の典型的な伝記本で、原本は存在せず、写本が残っています。なおこの本は、日蓮聖人伝の巷間流布、市井に広く宣伝する目的で、聖人を超人的な覚者として描くことを基調としたため、潤色記述が多いといわれます。

私の寺には、三代前の住職の昭和四年に営まれた葬儀の写真が残っております。輿、旗、花輪などの設えや、僧侶の喪のための清浄衣、家族の白無垢の喪服など、その時代の葬儀のありさまを窺い知ることができます。今では、その多くが失われました。

五　日蓮宗の葬儀のこれから

ここまで、過去の葬儀や、現在の葬儀の話をしてきました。そこで、これからの葬儀に関しても、少しだけ私なりの意見を述べたいと思います。

先程から、御本尊とお棺と僧侶の位置関係については、いくつかの変化の事例を挙げてきました。現在、葬祭場で葬儀をすると、本尊があって、棺がおかれ、前机があって、すぐ我々が曲彔に座ることが多く、いわゆる御宝前というのがありません。ですから礼拝ができないのです。土足・椅子席で、立礼で法要を行う場所ですから、そこで伏拝、五体投地ができるかというと、なかなか難しいものがあります。また社会通念的な目から見て威儀が保てるかというと、難しいかとは思います。しかし少なくとも、御宝前、つまり導師が曲彔を降りて礼拝所作をする空間というものは、やはり必要だと私は考えております。

現在の葬儀式場や寺での椅子席での作法というものを、日蓮宗では最近考え始めたばかりで、いろいろ試しているのが現状です。『宗定日蓮宗法要式』は平成十四年に一部改訂されましたが、椅子席の作法はこう

すべきだということを、二項目ですが初めて加えました。

また、故人の行状を言上するのは御宝前に向かって、そして教訣は故人に向かって読むという古来の形を復活させたいと思っています。しかし、なかなか棺を導師の後方に置くことは難しいのが現状です。そこで私は、最初に言上と歎徳の部分を曲彔の上で述べて、それから立ってお棺の小窓の処まで移動して教訣・引導をするという工夫をしています。

宗教儀礼は習俗とともに歩み変化をして来ましたが、習俗を作ってきたのも儀礼でありましょう。宗義に基礎を置いた儀礼の形を守ってゆくことは大切なことでありましょう。

五　浄土真宗における葬儀の意義と実際

日野慧運

ご紹介に与りました、日野と申します。現在肩書きは東京大学特任研究員としておりますが、また浄土真宗本願寺派総合研究所という、真宗内でも現代的な問題を扱う部署の、研究助手も務めています。また岐阜県の浄土真宗の寺の副住職も勤めている者です。大学ではインドの中期大乗仏教を中心に研究しているので、日本の葬儀は専門じゃないんですけれど、総合研究所で調査しているのと、自坊でお参りしているという立場から、本日は資料を準備させていただきました。

一応前もってお断りしておきますが、今日のお題を「浄土真宗における葬儀」としておりますけれども、浄土真宗にも私が所属する浄土真宗本願寺派、いわゆる西本願寺の他に、大谷派、いわゆる東本願寺とか、佛光寺派などといろんな分派がありまして、細かいところは皆ちょっとずつ違うんですね。今日はそんなに細かい話はしないので、全部浄土真宗と言ってまず当てはまるところではあると思いますが、まあ大まかなところはだいたいこういう感じ、位で押さえていただければと思います。

葬儀の意義

はじめに、浄土真宗の葬儀の意義というところからお話しします。まず、宗祖である親鸞聖人の直接の言葉として伝わっているものに、次のようなものがあります。

真実信心の行人は、摂取不捨のゆゑに正定聚の位に住す。このゆゑに臨終まつことなし、来迎たのむことなし。信心の定まるとき往生また定まるなり。来迎の儀則をまたず。

（『御消息』『浄土真宗聖典註釈版』七三四）

さらに親鸞聖人の弟子・唯円がまとめたとされる『歎異抄』という書物では、

摂取不捨の願をたのみたてまつらば、いかなる不思議ありて、罪業をおかし、念仏申さずしておはるとも、すみやかに往生をとぐべし。

（『歎異抄』同八四六）

としています。古文ですのでちょっと分かりにくいかもしれませんが、親鸞聖人のこういう往生観が、現代の浄土真宗の、葬送儀礼の位置付けの根拠になっています。

浄土真宗においては、阿弥陀仏の本願を信じ念仏する者は、現生においてすでに阿弥陀仏の極楽浄土に往生のできる身に定まっていると考える。それゆえ、遺族による回向、追善供養等を排し、浄土経典に説かれる臨終来迎の儀式さえも無用とする。浄土真宗における「葬送儀礼」とは、故人、遺族ともども阿弥陀仏に摂取《せっしゅ》（救済）されていることに対する「報恩感謝」の場であり、遺族会衆が「法縁」に出会う場であると位置付けられる。

（『浄土真宗本願寺派葬儀規範』解説』二〇一一年、九頁より取意）

まあ、なので要するに、追善供養としての葬式はそもそも必要ないという立場なんですね。少なくとも葬儀によって極楽往生するのではない。ですけれども、やるんです。こういうところが、真宗の葬儀の一番の特徴なんじゃないかと思います。生きている間に信心を獲得《ぎゃくとく》すれば往生が決定《けつじょう》してしまうと。その後の葬儀に追善供養の意味はないという風に、もうわりと明言されます。

補足で、臨終来迎の儀式というのが出てきましたので説明しますと、これは今でいう枕経とかお通夜とかとは少し違うみたいです。来迎というのは、死に際して、阿弥陀とその聖衆、弟子や天人たちが死にゆく人を極楽に連れて行くために迎えにくる、という信仰です。「阿弥陀来迎図」という絵はそのイメージです。

龍谷大学のミュージアムにある臨終来迎の儀式のモデルを見ますと、その「来迎図」――山の向こうに阿弥陀仏が、観音・勢至という脇侍の菩薩を従えて覗いている――の絵が西面の壁に飾ってあって、死にゆく人が頭を北向きに横たわっている、その横で僧侶が読経している、という様子が見えます。この絵を拡大して見ますと、阿弥陀仏の手から紐が出てるんですね。描いてあるんじゃなくて、絵から五色の糸を縒った紐が垂れていて、その端を死にゆく人が握っているんです。これは五色の光に導かれて、西方浄土に赴く、というようなことを象徴しているんですね。

こういうことが、平安時代から流行り始めた浄土教の信仰の中で、臨終来迎の儀式として行われていたんだそうです。それは『無量寿経』という浄土教一般が正依としている経典の記述をベースにした信仰の形態なんですけれども、それをも親鸞聖人は否定というか、不要だと言っているのです。「来迎の儀則をまたず」というのはこういうことです。生きている時に信心を獲得することの方が大事であって、死ぬ前にすがるものではないって言い切っちゃったんですね。

ですが、実際には現在葬儀を行っている。それをどう位置付けているかというと、葬儀に来ている遺族とか縁者、会衆の人たちが、死んだ方は今もう極楽に往生された、会衆の皆さんもいずれそこに往生します、ということを確認するための儀式なのだ、と説明します。ですから、浄土真宗において葬儀というのは「法要」ではなくて、「儀式」という別枠になるんです。そして、往生は阿弥陀仏の救済力によるものだから、それに感謝して、仏縁を確認したり、同朋との法縁を結ぶための場である、と位置付けるわけです。これが葬儀の意義の大まかなところです。

葬儀の歴史―親鸞

親鸞聖人が臨終の儀式をどう考えたかは前述の通りですが、それを端的に示す別の記事もあります。

某　親鸞　閉眼せは賀茂河にいれて魚《うほ》にあたふへし

（『改邪鈔』『浄土真宗聖典註釈版』九三七）

これは三代目の宗主・覚如上人が書いた『改邪鈔』という書物なんですけれども、その中で親鸞聖人は「死んだら遺体は川に流せ」と言ったと伝えています。今言ったら葬式無用論と受け取られるような台詞ですね。

とは言いながら、『御伝鈔』という親鸞聖人の伝記では次のように伝えています。

聖人、弘長二歳壬戌《みずのえいぬ》仲冬下旬の候より、いさゝか不例の気まします。（…）しかうして同第八日午時《うまのとき》頭北面西右脇に臥したまひて、つゐに念仏の息たえをはりぬ。（…）洛陽東山の西麓、鳥部野の南の辺延仁寺に葬したてまつる。遺骨を拾て同山の麓、鳥部野の北の辺大谷にこれをおさめ畢ぬ。（…）文永九年冬のころ、東山西麓、鳥部野の北、大谷の墳墓をあらためて、同麓よりなを西吉水の北の辺に、遺骨を堀渡《ほりわたし》て仏閣を立《たて》影像を安《あん》す。（…）

（『御伝鈔』同一〇五九―一〇六〇）

親鸞聖人が亡くなると、弟子たちは「葬したてまつる。遺骨を拾て…大谷にこれをおさめ畢ぬ」、つまり火葬したのち、収骨して埋葬したんですね。それでその後、「大谷の墳墓をあらためて、…遺骨を堀渡て仏閣を立影像を安す」、遺骨を改葬したところに仏閣を建てて親鸞聖人の像を安置した、ということで、本人の意図はともかくとして、実際はこうなったわけです。

葬儀の歴史—覚如

さて、先ほど紹介した『改邪鈔』を書いた覚如上人はどう考えていたかというと、

当流の門人と号するともから祖師先徳報恩謝徳の集会のみきりにありて往生浄土の信心においてはその沙汰におよはす没後葬礼をもて本とすへきやうに衆議評定するいはれなき事

（…）

これすなはちこの肉身をかろんして仏法の信心を本とすへきよしをあらはしましますゆへなり。これをもておもふにいよいよ喪葬《そうそう》を一大事とすへきにあらす。もとも停止《ちょうじ》すへし　（『改邪鈔』同九三六—九三七）

とある。この方は結構厳格だったようで、自分の息子も教義の解釈が違うとかで義絶したほどの人だそうです。その方が、まあ要するに、信心を獲得するしないというのが一番大事なのに、それを議論すべきところで、死んだ後の葬礼の話ばっかりしているのは、いわれがない、正当性がない、と。ここまでがこの一節の題目です。内容の前半は略しましたが、真宗門徒が葬礼ばかり気にかけていると憂いたあとで、先の聖人の「魚にあたふへし」を引用して、これは自身の肉体に拘わずに、信心を一番の肝要だと考えるべきだという意図で仰ったのだ、と。だから葬儀など重視すべきではない、むしろ止めてしまうべきだ、とこう言っています。

ですが、彼も結局はちゃんと葬儀をされるんです。観応二（一三五一）年正月十九日に没すると、同二十三

日に親鸞聖人に倣って延仁寺にて葬儀が、知恩院より導師を招請して執り行われ、同二十四日の拾骨《しゅうこつ》には『礼賛無常偈』（『往生礼賛』）が勤められたのち、墳墓に埋葬された、といくつかの史料には挙がっています。

（…）両三日は殯送の儀をもいそかねとも、かくてもあるへき歟とて、第五ヶ日の暁知恩院の沙汰として彼寺の長老僧衆をたなひき迎とりて、延仁寺にしてむなしき煙となしけるあはれなりし事の中にも、廿四日は遺骸を拾へりしに、葬するところの白骨一々に玉と成て仏舎利のことく五色に分衛す。（…）

（『慕帰絵』『真宗史料集成』一、九二八）

この方はだから、火葬ののちに分骨という形になったわけですね。こういう次第で、葬式を大事には見ない、という大方針は皆一致して言うんですけれども、結局はされるんです。ですから、生きている間に、自分の葬式はこう、葬儀の意義はこうっていう決め事を、少なくとも親鸞聖人とその近い弟子たちはしてこなかった。ということは、おそらくこの時代の葬儀は、真宗外と共通した慣例的なやり方を踏襲していることになります。例えば火葬とか、頭北面西というのは、釈尊に起源が求められる通仏教的なやり方です。ですからここまでは、教義上葬儀は重視しない、けれども慣例に従ってする、という線で来ています。

葬儀の歴史―蓮如

次に蓮如上人という方を見ます。この方は本願寺中興の祖と言われる第八代目の宗主です。蓮如上人は明応八（一四九九）年三月二十五日に亡くなりましたが、この方の画期は、生前に自分の葬儀を明確に定義したことです。自分の葬儀だけでなく、真宗のいろんな儀式の定義というかマニュアルを作ったのもこの方です。

蓮如上人御往生御葬式之事
御病中ヨリ、兼テ御遺言候ヒテ定メオカセラルヽ御事トモ、アマタ候。(…)二十六日ニハ、新シキ帷子ヲメサセ、御衣袈裟オモ新ク御調アリテ、木ノ御数珠ヲモタセマヒラセテ曲彔ニノセ、本尊ニ打並ヘ、アマタ御一家坊主衆徒中ニ拝セラルヽ。

(…)御堂衆正珍、鈴ヲ打レ候。正信偈ナガククラレ候。和讃三首也。

初重　無始流転ノ苦ヲ捨テヽ無上涅槃ヲ期スルコト(…)

二重　南無阿弥陀仏ノ回向ノ恩徳広大不思議ニテ(…)

三重　如来大悲ノ恩徳ハ身ヲ粉ニシテモ報スヘシ(…)

次ニ早念仏アリテ、回向文ナリ。皆御遺言ニテ候。(…)


(『金森日記抜』、『真宗史料集成』二、七〇六)

『金森日記』というのは門徒、檀信徒の方が蓮如上人の言行録を書き留めたものなんですが、蓮如上人は生前から遺言として自分の葬式に数多の指示を出していた。で葬儀の日には、袈裟も新調して、曲彔に乗せて数珠を持たせて、皆で周りを囲んでお参りした等々とあります。その下は葬式の式次第みたいなものですけれども、「正信偈」に加えて、「和讃三首」を「初重」の音程で「無始流転ノ苦ヲ捨テヽ」云々、「二重」の音程で「南無阿弥陀仏ノ回向ノ恩徳」云々…。このように、葬式の時にどういう荘厳をして、どういう衣体をつけて、葬儀の中で読む経典とその次第をどうするかということを、皆遺言で指定したそうです。

ここで初めて、ご門主自身が葬式のやり方をこうと規定したのです。この後も何人かの宗主の葬儀の記録が書かれていますが(『実如闍維中陰録』『蓮淳葬送中陰記』『蓮能葬中陰記』『蓮芸葬中陰記』『実賢葬中陰記』等、『真宗史料集成』二）、以降、歴代宗主遷化の折には、この蓮如上人の葬儀の形式が踏襲されています。それが現代に至るまで受け継がれて、今日の本願寺教団の葬場勤行の基本となっているわけです。

蓮如上人の葬儀を見ると、結構豪勢なもののように見えますが、まあこれは彼が派手好きだったというより、慣例的にやってきたことを追認して明文化したという方が近いのではないかと私は思います。

さて、ここに出てきました、まず『正信偈』というのは、真宗で非常によく使われる「お経」なんですけれども、これは正確には経典じゃないんですね。親鸞聖人は『顕浄土真実教行証文類』、歴史の教科書などでは『教行信証』と通称される大著を書いていますが、その中の「行文類」末尾に、阿弥陀仏の誓願と救済、釈迦と龍樹など七高僧の事績教説、信心の利益を、偈文にまとめた一節があります。それを抜き出して、『正信偈』と呼んでいます。

次の「和讃」というのは、一般的にいう和讃、和語の讃嘆偈と同意ですが、ここで言うのは親鸞聖人撰述の『高僧和讃』というものです。その中から三首を引いて読む。その次の早念仏は、「南無阿弥陀仏」という念仏を、早く唱えるということでしょう。回向文というのは、以上の法事の功徳を一切衆生に回向します、というようなものです。

ですから基本的に、親鸞聖人の撰述したもので構成されている。真宗所依の経典は『無量寿経』『阿弥陀経』『観無量寿経』という、いわゆる浄土三部経なのですが、葬儀の実際で蓮如上人が読むように定めたのは親鸞聖人撰述の聖典であるという。このあたりも、真宗の葬儀の特徴として挙げられると思います。

葬儀の実際　臨終勤行―納棺勤行

では次に、今日では実際にどうやっているか、というのをご紹介します。

まず、「臨終勤行」と「納棺勤行」、いわゆる枕経というのが、人が亡くなるとすぐに行われるお勤めです。「臨終勤行」は、本当は亡くなる本人が最後に勤める勤行という位置付けになっています。けれどまあ実際は亡くなってから呼ばれて行くことが多いので、お坊さんが本人の代わりにお勤めする。そこで読まれるのが浄土三部経の一つ『阿弥陀経』と『高僧和讃』です。これを、黒衣・五条袈裟・中啓・双輪念珠という装束でやります（黒衣は直綴《じきとつ》に同じ）。

その後、納棺に際して行うのが「納棺勤行」で、『往観偈』（『無量寿経』中の偈頌。一切天人の極楽浄土への往生を説いたもの）という偈文と念仏を唱える。臨終勤行の流れでありますので、同じ格好でやります。

『阿弥陀経』というのは、まあ普通に『大正新脩大蔵経』に入っている『阿弥陀経』ですね（ただし「往生浄土呪」は用いない）。先ほど申した通り、真宗では『無量寿経』『観無量寿経』とこの『阿弥陀経』が正依の経典になりまして、『無量寿経』を「大経」、『阿弥陀経』を「小経」、『観無量寿経』を「観経」と呼んでいます。『阿弥陀経』というのは、「小」というほどでもないですが、比較的短いですから、亡くなる直前の短い時間には適したお経ということで選ばれているのかもしれません。内容的には阿弥陀如来の極楽浄土の様子を描くことを主題とする経典ですので、これからあなたはこういうところに行きますよ、という意図で読んでいるのかもしれません。

『高僧和讃』は、内容としては親鸞聖人の教義が見出されるに至る、その前に連なる師匠たちの系譜を、龍樹菩薩から法然聖人に至る七高僧として挙げて、それぞれの画期、見出した教義とはこういうものだというのを、和讃の形で説いたものです。ただここでは、祖師の讃徳が目的ではないようです。「臨終勤行」で上げる第八六偈、第八七偈というのは、中国の浄土教の僧・善導大師を讃嘆する部分なんですが、そこでは「娑婆永劫の苦をすてて／浄土無為を期すること／本師釈迦のちからなり／長時に慈恩を報ずべし」という。だからやはりその主眼は、いま娑婆世界を捨てて浄土に往生するんですよ、というようなことを言うために読んでいると思われます。

「臨終勤行」から「納棺勤行」は、慣例的に枕経とも呼んでいます。ただし、枕経という呼び名はおそらく、あらゆる宗派で言われ過ぎて、追善供養的なニュアンスが強いと思われているからでしょうか、真宗の公式な名称としては、枕経という呼び方を避けるようですね。

葬儀の実際　通夜勤行

枕経が終わると「通夜」ということになります。公式には「亡くなった日から葬儀まで夜毎に行う」ことになっています。仏前にお坊さんが来て、『阿弥陀経』もしくは『正信偈』を読む。そして先ほどの『高僧和讃』の、今度は第七、第十偈、もしくは『浄土和讃』―こちらは浄土を讃嘆するための親鸞聖人撰述の和讃です―の第三、第四偈を読む。『浄土和讃』の第三偈というのは「弥陀成仏のこのかたは／いまに十劫をへたまへり／法身の光輪きはもなく／世の盲冥をてらすなり」という、阿弥陀仏の徳を讃える内容です。そして法話をして、『御文章《ごぶんしょう》』を読む、という次第です。衣体は、黒衣・五条袈裟・中啓・双輪念珠です。

ただし、まあ東京や、本山のある京都などでは事情が違うかもしれませんが、ちょうどその中間あたりの普通の田舎である私の地元では、もう通夜を何日もやるという家は少ないですね。すべて合わせても一時間程度の勤行で、毎晩お勤めしてもそんなに負担にはならない。けれども今では、だいたい枕経の次の日なりに通夜勤行というのをやって、その次の日にお葬式というパターンが多いです。

資料でお配りした通夜荘厳のモデル図は、お寺でやる場合のものです。実際は、通夜の会場は葬祭場が多い。自坊の地域ではご自宅を会場にするケースもまだあるものの、お寺では僧侶の場合以外、あまりないのですが。図をご覧いただきますと、御本尊である阿弥陀仏が奥におられまして、これを荘厳するための台が、「上卓」「前卓」と二セットある。その手前に棺が置かれまして、さらにその手前に経卓が置かれて、そこに調声人、つまりわれわれ僧侶が座る。その後ろに焼香台があって、会衆が参列するという形です。

ミソは、棺が中心からちょっとずれていることなんですね。これが真宗的には大事なことで、われわれがお経を上げているのは御本尊なんです、死者供養ではないんです、という意味があります。真宗の本願寺派の仏壇というのはたいてい金箔で派手やかに飾られています。これは極楽の様子を仏壇の中に再現したいからなんですね。その、極楽におわす御本尊に向かって、故人が少し脇に置かれていて、先に立った故人を導き手として、正面の極楽へと、われわれ会衆もいずれ向かうのだと。そういう体裁をとります。ご自宅でやる場合、葬祭場でやる時も、これに倣った形に設えます。

葬儀の実際　葬儀（出棺勤行―葬場勤行―火屋勤行―収骨勤行―還骨勤行）

さて、いよいよ葬儀です。葬祭場でする場合は、「出棺勤行」「葬場勤行」「火屋勤行」「収骨勤行」「還骨勤行」、という一連でやることになります。本来、というか、ご自宅でやる場合は今でも、まず本当に棺を運び出す時に「出棺勤行」をして、葬場で「葬場勤行」、火葬場で「火屋勤行」を勤めます。あるいは「出棺勤行」と「葬場勤行」をご自宅でやって火葬場に直行する場合もありますし、土葬の時代は墓地で「火屋勤行」を上げたようです。それはまあ時と場所に応じて、ですね。

まず、「出棺勤行」までにやっておくのが、「おかみそり」という儀式です。これはいわゆる剃髪式でして、真宗は親鸞聖人が非僧非俗を自称していたように、戒壇を設けた寺院における受戒得度とは定義上異なりますけれども、僧侶には得度式、門徒つまり檀信徒には帰敬式というものがあります（在俗のまま僧侶となり師弟同信の約を結ぶという式とされる）。この得度式なり帰敬式なりで一度、ご門主から「おかみそり」を受けるんですね。ですが生前これを経ていない人は、出棺前に代理で住職がこれを行います。これを受けたことによって極楽浄土で仏弟子になるという。その意味では一種の出家の儀式になります。具体的には、お棺の中のご遺体に剃刀を当てる。まずこれをやってから出棺勤行が始まります。（同様に授受戒を認めないため戒名はなく、「法名」が与えられる。院号は特別の場合のみ宗門が授与する。位牌は慣習的に用いるが、通夜から葬儀の間だけ白木のものを用いて遺体とともに火に入れる場合が多い。）

「出棺勤行」はもともと出棺、お棺が自宅から出ていく間際の短い勤行なので、きわめて簡略なものです。『帰三宝偈』（善導『観経疏』「玄義分」巻頭の偈頌。『観無量寿経』の要義を説いたもの）を読みます。

今はほとんど行わないですけれども、かつてご自宅から葬場まで歩いて移動していた時分は、歩くその横について「路念仏《じ》」というのを唱えたそうです。そうして葬場に着きますと、「葬場勤行」が始まります。

ここで装束が変わりまして、黒衣から色付きの色衣《しきえ》に、下には袴を穿いて、頭の後ろに僧綱板《そうごうばん》という、後ろ襟を立てたような見た目のものを付けて、七条袈裟を着けます。これは導師だけで、私みたいな三下はその横で黒づくめで控えています。

それではじめに、寺でやる時は行事鐘《ぎょうじしょう》あるいは喚鐘《かんしょう》と呼ばれる小さい鐘を鳴らします。葬祭場なら司会者の「導師のご入場です」みたいな案内がこれにあたります。それが開始の合図で、まず合掌、礼拝、念仏、次に三奉請《さんぶじょう》または伽陀《かだ》というのを唱えます。三奉請というのは、まあいわゆる勧請儀礼の一種で、阿弥陀仏と釈迦仏、それから十方諸仏を勧請する。中国浄土教の善導『法事讃』に出てくるものだそうです。伽陀というのはインド語でいうガーターですね。同じように、こちらは阿弥陀仏、観音・勢至という脇侍の菩薩を勧請する偈頌です。天台の伽陀をそのままの節と読み方で取り入れたものと聞いたことがありますが、確認できていません。

次に、表白という、住職が自身の言葉で、仏徳を讃嘆して、私こういう者がこういう方のお葬式を執り行います、みたいなことを言う。一応文語調のフォーマットがありますが、要は会衆の人に、これはこういう儀式ですということを説明する、そういう機能のものです。

そして先ほどの『正信偈』『高僧和讃』を読誦する。読み終わるとおしまいです。合掌、礼拝して退出。「葬場勤行」は『正信偈』が核になっています。葬祭場の方の話では、『正信偈』を読んでいる間に会衆が焼香する、というのが一般的なやり方ですが、お坊さんによっては、『正信偈』を聴聞するための集まりなんだから、その間は集中してなさいといって、絶対焼香をさせない人もいるそうです。その場合は僧侶退出の後に焼香させるそうです。

資料に図を掲げましたのが、葬場勤行の設えです。だいたい通夜勤行と同じです。棺が本尊の真ん前に来て、棺の手前に「荘厳壇」という台があるのが、違うところですね。ただやはり、遺影は少し脇に寄っていて、御本尊が真ん中にある。この辺りの理由付けは先ほどと同じです。

以上で、狭い意味での葬儀は終わりです。このあと火葬場に行って『重誓偈』(『大経』所収の偈頌、成道前の阿弥陀である法蔵菩薩が、四十八願を立てた後重ねて願を立てるもの）という短い偈頌を唱える。先ほどの装束は全部脱いで、布袍《ふほう》（黒衣から膝下のプリーツ部を除き石帯を締めない最も簡略な僧衣）、輪袈裟、単念珠を着けています。収骨の時の勤行は『讃仏偈』（『大経』所収の偈頌、法蔵菩薩が師仏を賛嘆するもの）という短い偈頌を唱えます。

その後、火葬場から寺にお骨を持ってきて、「還骨勤行」を勤めます。そのままご自宅に持ち帰ってもらって、そちらで上げてもいいのかもしれませんが、少なくとも自坊ではそうしてます。寺の御本尊の前に還ってくるというところが、大事なのだそうですね。『阿弥陀経』『浄土和讃』、法話、『御文章』のお勤めです。『御文章』というのが二回出てきましたが、これは大谷派では「御文《おふみ》」と呼ばれているものと同じものです。共通の祖師・蓮如上人が、教線を拡大する時に、いろんなところに手紙の形で説法を書き与えたものを、まとめた文書です。基本的には当時のさほど教養の高くない門徒向けに書かれたもので、教義の要説で平易なものとして読まれています。

それで、必ず法話とセットでこの『御文章』が読まれます。浄土真宗は法話を非常に重視するのですが、住職なりの言葉で真宗の要義を伝えなさいと、ただそれでは言い足りないだろうから、蓮如上人が説いた法話、つまり『御文章』を読んで肝要を伝えなさいと、そういう位置付けになっているんですね。この『御文章』を通夜と還骨勤行の時に読みます。真宗外の方にも比較的有名な「白骨の御文章」は、このタイミングで読まれることが多いです。

この後は、いわゆる中陰の期間に入ります。先ほど、生きている間に往生が決定するというお話をしましたけど、死んだ場合は、即得往生・往生即成仏という言い方をします。亡くなった瞬間に極楽に行っているんだという見方に立ちますので、なぜ四十九日間なのか、『倶舎論』などで言う中有の期間なのか、等々の説明は、あえてしません。ただ、慣例的に四十九日間の中陰法要が行われてきたのなら、せっかくだから法縁の機会として使いましょうということで、中陰法要はしっかりやっています。先ほどの葬儀の意義付けと理屈は同じですね。機会をとらえて法要はするんですけれど、中有とか輪廻とか追善とかは言わず、これを機縁として浄土往生に思いを深くして下さい…云々とお話ししています。

葬儀の実際　映像資料

これから見てもらうのは、伊丹十三監督『お葬式』(一九八四)という映画ですが、時間もありませんので、講演に関係のあるところだけ掻い摘んでお見せしますね。

(……映像……)

映画の冒頭、主役の山崎努と宮本信子の夫婦が、宮本の父の訃報を東京の職場で受けるシーンです。「うちで葬式なんてたまんないぜ」と言ってますが、この当時すでに、自宅葬というのがあまり好まれなかったことが分かります。ですが、結局自宅で葬式をあげることになります。でも東京の夫婦の家ではなく、実家である愛知県の三河でもなくて、故人が最後に住んでいた熱海でやることになります。ちなみに『お葬式』の儀礼指導をしたのはロケ地である熱海の葬儀屋さんだそうです。

(……映像……)

それで地元じゃないものですから、葬儀屋さんの勧めで、「この辺に真言宗のお寺さんがないから、浄土真宗のお坊さんに来ていただくことにする」ということになります。これは、なんというか、申し訳ありません。一応、出版されている制作日記を見る限り、伊丹監督がどっちの檀信徒とかではなく、単に誰も事情が分からない葬儀を見せるための演出なんだと思います。

（……映像……）

それで「戒名は後で真吉さんのお寺さんからいただくということにして、当面は俗名の雨宮真吉で葬式を出す」ということになります。先ほどお話ししたように、もともと真宗では戒名ってないんですが、俗名で葬式というのもかなりイレギュラーです。が、まあある程度こういう鷹揚な部分はあります。住職を「善知識」と呼んでますが、ここでは高僧くらいの意味でしょう。

（……映像……）

住職が登場するところから、通夜まで。住職は笠智衆が演じています。笠智衆は小津安二郎の映画で国際的に有名な俳優ですが、この住職役、端々に「ナンマンダブ、ナンマンダブ」と呟く感じとか、『正信偈』の節回しとか抑揚の付け方、驚くほどうまいんですね。実は笠智衆は、生まれは浄土真宗の寺の次男坊なんだそうで、仏教の勉強といって東洋大学の印度哲学科に入って、そのまま寺を継がずに役者になっちゃった人なんだそうです。で、お兄さんが郷里熊本の、この映画の設定と同じ、来照寺というお寺を継がれたそうで。だからだと思いますが、この役の笠智衆のうまさには、真に迫ったものがありますね。

それで、今の最後のシーンが通夜です。仏壇の設えがちょっと、阿弥陀仏が脇で遺影が真ん中になっていましたけど、まあ概ねああいう感じでやります。家でやるとどうしても狭いので立て込んだ感じになって、先ほどのモデル図のようにはいきませんね。続いて翌日、葬儀から火屋勤行までの場面です。

（……映像……）

葬儀で二回目の『正信偈』ですね。九句目の「五《ご》劫思《こうし》惟之摂受《ゆいししょうじゅ》」という所で声を上げていますが、これは葬儀だけの決まり事で、これを合図に皆さん焼香してくださいというお約束があるんです。それで、この場合は自宅で葬儀までをやって、火葬場に直行する形ですね。その後、火葬場で読んでいたのが『阿弥陀経』です。

以上、映像はここまでです。まあこれはドラマですし、主眼は宗教儀礼とは別のところにありますから、スクリプトを読んでも、荘厳や読経などは儀礼指導の人や笠智衆の芝居に任せているようです。ですが、か、だからか分かりませんが、ここで描写されたほぼその通りに、真宗の葬儀は行われていると思います。

実はもう一本映像を用意したんですが、時間の都合もありますので、口頭に簡単にご紹介することにします。一九九八年に築地本願寺で、X　JAPANという当時人気のあったバンドのメンバーの葬儀が行われたんですね。その告別式の当時のニュース映像が、動画投稿サイトで確認できるんです。映像を見る限り、白幕で周りを覆って、正面に遺影がどんとあって、その前にギターがずらっと並んでて、横にピアノとアンプが設置されて、バンドのボーカルが追悼の歌を歌うという、真宗色はほとんどない告別式なんです。ただよく見ると、巨大な遺影の脇に、小さく阿弥陀仏の絵像が掛かっているんですね。それが真宗的には大事なんです。その阿弥陀仏さえ掛かっていれば、その前でやることがどんなに派手だろうが、関係なかろうが、儀式は方便というふうに意義付けて場所を貸せるということだったんだと思います。それがちょっとおもしろかったので、お見せしようかと思った次第です。

以上、雑駁ではございましたが、真宗の葬儀のあらましをお話しいたしました。時間も参りましたので、これでお終いにします。ご清聴ありがとうございました。

Ⅲ　真言宗智山派における葬送儀礼

一　教化からみた葬儀

山川弘巳

司会――これより第三十八回智山談話会を始めさせていただきます。本日の司会進行を勤めさせていただきます山本と申します。どうぞよろしくお願い申し上げます。

本日は「教化からみた葬儀」というテーマで、講師として智山教化センター長、東京南部教区圓應寺ご住職山川弘巳先生、をお迎えしております。

これまで智山談話会では、「葬送儀礼をめぐって」というテーマのもと、日本人の死生観、葬送儀礼の変遷、各宗葬儀の意義と実際について、各宗、各界の講師を招いて講演を行ってまいりました。今回は、本宗における葬儀の意義について、教化という視点から教化センター長とともに考えてまいりたいと思います。葬儀における教化とは、誰に対する教化なのでしょうか。また葬儀の執行者(導師・行者)として必要とされるものは何なのでしょうか。どうぞ山川先生、よろしくお願いいたします。

只今ご紹介賜りました、智山教化センターの山川弘巳と申します。本日は「教化からみた葬儀」というタイトルでお話させていただきます。しかし、ご存じのとおり私は研究者ではありませんので、アカデミックな話はできません。ですから、私の個人研究を発表するというのでなく、研究者の先行研究や先人より学んだこと、本宗のみならず葬儀に関する発行刊行物から学んだこと、智山談話会や講演で学んだこと、実際の葬儀で感じていることをベースにお話させていただきますので、ご了承賜りたく存じます。また私は、中学校へ入学するとともに圓應寺に入寺して、大正大学卒業後同大学職員に就職、一年経たずに先代の住職が遷化し、その後、圓應寺の住職となりしばらく兼職し、二足のわらじを履きながらお寺を切り盛りしてきました。ですから、本日はこれまで自坊で二十数年間勤めてきた檀信徒に対する葬儀経験に基づいた「教化からみた葬儀」という感じの話になるかと思います。

一方、現在は智山教化センターに在職中です。そのような立場から教化と葬儀の関係というものを自分の中で一つにまとめたいと思っておりました。本日お話しすることはその一端であり、それを皆さまにお伝えできればと思っております。

さて、今年(平成二十七年)、私は非常に印象に残る葬儀を勤めました。偶さか、二月にインドのアジャンタとエローラを一週間かけて旅をしてきました。旅行初日、カルカタ空港に着いた直後、私の携帯が鳴りました。それは、ある檀家さんが亡くなったと日本からの電話でした。お亡くなりになった方は、私が懇意にしている八十九歳の老婦人でした。

私は、平成十五年の夏に大学職員を退職し自坊に戻り、本格的に教化活動を始めました。「写経会」「写仏会」「御詠歌の会」あるいは「団参」「巡礼」と、この老婦人は、それらの活動に必ずといっていいほど参加してくれた方でした。その老婦人が亡くなったのです。住職として長くお付き合いをさせていただいたその老婦人を、すぐにでも「仏さまの世界に送ってあげたい」心からそう思いましたが、さすがにインドからすぐに帰国することができません。そこで、インドの地でお戒名つけて法類の住職に通夜葬儀を依頼するのがいいのかなど、その対応策を考えていました。しかし、結果的にはその老婦人のご遺族から連絡があり、住職が帰国するのを待って通夜葬儀をお願いしたいとお申し出をいただきました。そして、老婦人には一週間斎場の霊安室にお休みいただき、帰国後、通夜葬儀を執行することになったのです。

私は、一週間かけてインド各地を参拝しながら、仏さまがいらっしゃればその方の顔を浮かべ、手を合わせ、経を唱え、一心に成仏を祈り続けました。帰国後、すぐに法衣を身にまとい枕経に伺いました。棺を開け、冷たくなっている老婦人と相対した時「すぐにお参りできず申し訳ございません」と、唯々心の中でお声掛けし、その想いの中、至心に読経いたしました。

その後、ご遺族と葬儀の打ち合わせで話をした時に、「うちの母は常日頃から、住職に拝まれたい」「最期の時は必ず住職に頼むのだ」といっていたこと。そしてご遺族も、「私たちも住職に拝んでほしかった」と。こういわれたのです。私はその時、正直涙が出るほどうれしく思いました。住職として、そこまで信用していただき、私をお待ちくださったのだと。日頃の教化活動の成果というのかはわかりませんが、今までのお付き合いの中で、この老婦人は私を待っていてくれたのだなあと、強く心に響きました。

このようにお寺と関係の深いお檀家さんでしたので、通夜・葬儀は自坊の客殿でお勤めすることになりました。そして、通夜ではご家族ご親族がお揃いのなか、老婦人がお元気だったころご自宅やお寺で一生懸命に練習なさった御詠歌の「いろは和讃」「追弔和讃」を時間を気にせずゆっくりとお唱えしました。いつしか脳裏には、老婦人が鈴証を操る姿とともに御詠歌をお唱えする声が響き、思わず涙腺がゆるんでしまい経典の文字が二重三重となることもありましたが最後まで至心にお勤めさせていただきました。住職となり二十七年間でたった一度のレアケースですけれど、私にとっては非常に心に残るご葬儀でした。

一　教化とは何か

さて、教化とは何か。辞書で調べれば「きょうか」とか「きょうけ」という言葉が出てきます。「教化《きょうか》」とは『大辞林』では「教え導き、よい方向に向かわせること」とあり、「教化《きょうけ》」とは「教導化益の略。人々に仏教を説いて、信仰に向かわせること」とあります。また、岩波仏教辞典では、「教化《きょうけ》」は「教導化育する意。人々を教育・訓練することにより、あるいは仏教徒と成らしめ、あるいは仏と成る資格を持つように導くこと」であり、佛教語大辞典では「教え導く。人を教えさとし、苦しむ者を安んじ、疑う者を信に入らせ、あやまてる人を正しい道に帰せしめること。説教。教導感化の略」となっています。

一方で、『智山ジャーナル』の巻頭言では、

　私たちは弘法大師の教えを学び、理解し、信じることができる。のみならずその教えをよりどころとして、この人生を生きようとしている。そのよろこびは、自分一人の中にとどめるべきものではない。なぜなら、その教えは、美しい花が芳ばしい香りを放つように、おのずから人に伝わるべきものだからである。教化とは、そのようなものをいうのである。私たちはお大師さまの教えを学び、実践することを絶えずつづけなければならない。教相とか事相とかいわれる分野のほかに教化があるのではなく、教相や事相そのものが教化なのである。

とあります。この言葉は、真言宗智山派管長総本山智積院化主第七十一世大僧正小峰一允猊下が智山教化センター長時にまとめられたものと聞いております。教化の定義付けにはなりませんが、事相と教相そのものこそが教化であると私は受け止めています。また、本宗の教化規程では「教化とは、本宗の教義を宣布し、

檀信徒が安心を体得することを目的とする、行法、法要儀式、言説、詠歌、放送、文書、映像及び各種事業の他、時宜に適した方法で行う伝道をいう」（真言宗智山派教化規程　第一章教化　第一条）とあります。したがいまして、本宗での教化は、本宗の教義により「檀信徒が安心を体得すること」ということが、明確に示されています。

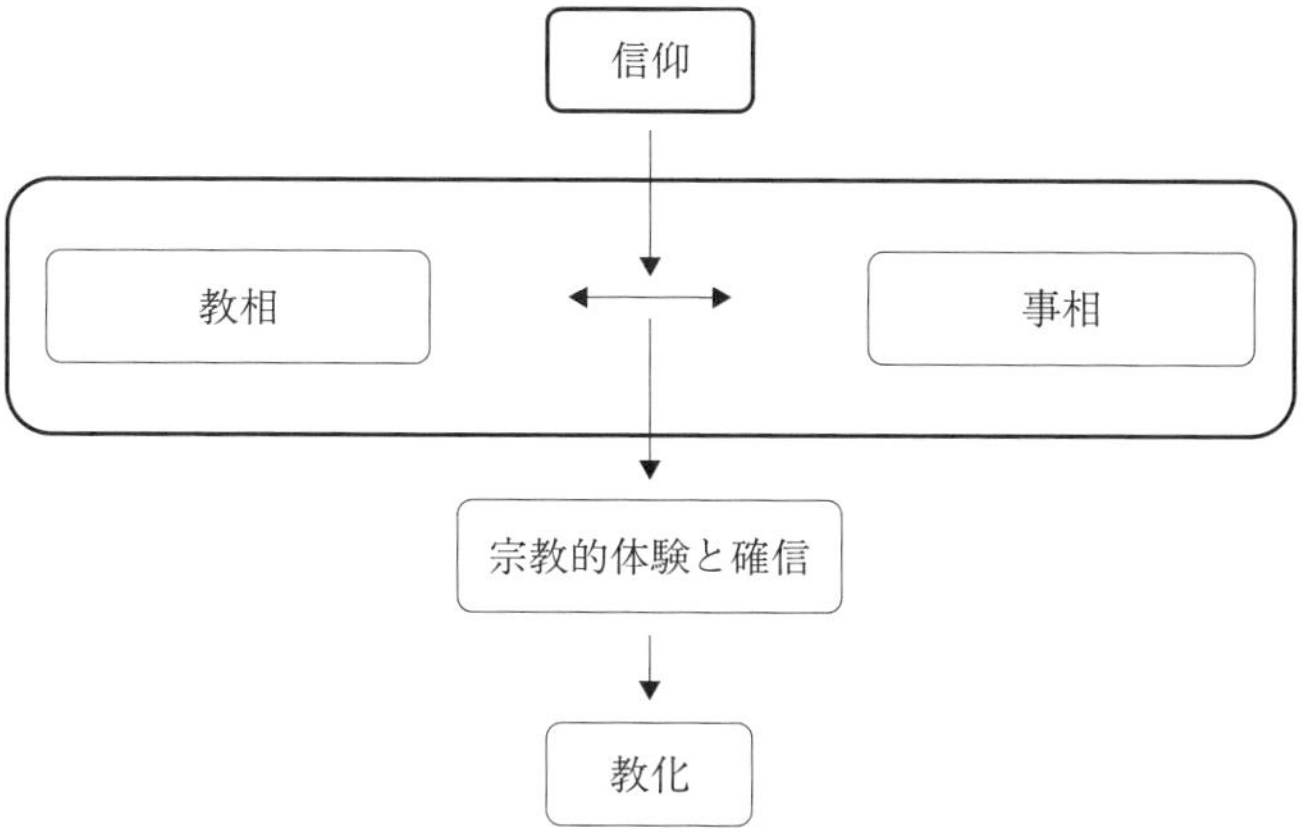

（一）　教化の形

教化の形を表すと上図のようになります。

この図は、智山伝法院副院長の鈴木晋怜先生がかつて示された教化の形を、リライトさせていただきました。図のとおり、第一に私たちの信仰があり、その信仰を基に教相や事相を学び、その中で生じた宗教的な体験と確信をもって人々を教化する。このうち教相は、教えを正しく理解し祈りの理論を学ぶこと、事相は祈りの形、仏の世界を追体験すること。その教相と事相による宗教的体験・確信・感動をもって、人々に法を伝え、よき方向へと導く祈りの世界が教化なのだと。

非常に美しくまとめられていますが、少々問題点もあります。それは何かと申しますと、私も含めて今の僧侶が、本当に苦悩から出発して信仰を持ったのかどうか。お釈迦さまやお大師さまの教えを体得しようと思う前に、自分の悩みや辛さを解決するために信仰を持ったのかどうかということです。実はその部分が抜け落ちていないか。あるいは、私たちは、鈴木晋怜先生が以前指摘した「僧侶でもなろうか」とか「僧侶しかなれない」という「でもしか僧侶」なのではないか。そうであれば、人々を教化するという段階までに至らないのではないか。換言すれば、私たちは僧侶になろうとした段階で、本当の意味での発心をしていたのかと思うのです。

私がかつて大正大学在職中、大学には、年間約二十人位の智山派の学生が入学してきました。私の経験値からすると、そのうち五、六人が目的意識をしっかり持っていて、その他十人位が普通に学校へ通い、残りの五、六人がこのまま大正大学にいていいのかなという割合の学生が学んでいました。この学生たちは、本当に発心して大学に入学してきたのかという当時の素朴な感想です。

十年前に私が智山青年連合会の会長時に、各地区で大学職員時代に在籍していた時の学生さんにお会いする機会がありました。すると、先ほど申し上げた大学にいていいのかなと思う学生が、三十代、四十代で立派なお坊さんになっているのです。それはびっくりするほど一〇〇%違った形の僧侶となっています。私の想像ですが、その方々は卒業後十数年間に本当の発心をする瞬間があったのではないか。お坊さんを真剣に勤めてみたい。大学を卒業し社会生活の中で何かに気がついて、前向きな僧侶となっている。このやる気はいつ生まれたのか。これらについては、本人が自覚をもって、教育課程に入ってくるのが理想ですが、いくら教育体系を整備しても教えることができません。

また、葬儀にあてはめてみますと、私も含め我々は、どれだけ実際に人の死を知って、檀信徒の葬儀を執行しているのかどうか。例えば、自分自身の父母や祖父母を亡くしていないのに、檀信徒のご父母のご葬儀を執行する。それで、本当に遺族や檀信徒の苦しみや悲しみが理解できているのか。それは想像の世界でしかない気がするのです。自分の父親が亡くなった時にはこうなのかなと、想像で檀信徒に対応していくわけですから、果たしてそれが本当の教化になるでしょうか。檀信徒の御嬢さんが亡くなった。非常に悲しいことです。しかし、本当に親御さんの悲しみを共有できているのか、本当に教化になっているのか、このようなことに私自身はいつも葛藤しています。導師として、行者として、僧侶として、自己矛盾を抱えながら教化をしているというのが、私の現状です。本当に檀信徒に寄り添えているか、反省すべきではないか、との教化の形にはこのような問題点と感想を持っています。

(二) 教化の段階

教化の段階には、古来より二段階あると私は学んできました。第一段階は、何も知らない人たちに教える段階。第二段階は、ある程度わかった人が信仰を深めていく段階です。葬儀や法事は第一段階です。何も知らない方々に、葬儀や法事を通して真言宗の教えを知ってもらう段階です。そしてその方々を真の信仰心に近づけていく、それが第二段階です。

(三) 教化と葬式

昭和四十六年度本宗発行『これからの寺院行事』の葬儀の項には、

教師から何の働きかけがなくても、近親の死に直面することによって、熾烈な成善提への願いをもつ人々が集まる。それは葬式であり、教化の機は熟し、経典に説かれる「爾時」に当るといえよう。この場に臨んだ教師は、真言密教の導師としての充分な心構えを確立し、教化の場として生かさなければならない。

とあります。しかし、現在は、この文章のように「熾烈な成菩提への願い」と思って、葬儀に人々が集まっているのではなくて、故人への感謝の一環として、何とかあの世に送ってあげたい。そういう願いではないかなと思いますが、その葬儀時を教化の場として生かしていきましょうと、当時から考えていたわけです。

私たちは教師として、仮に自分の身近な人を亡くした経験がなくとも葬送儀礼を行い、檀信徒の悲しみに寄り沿っていかねばなりません。私は実感として葬儀の時点から檀信徒(遺族)とのコミュニケーションが始まり、教化が始まるのだと思うのです。ですから、葬儀は教化の入り口であると私も思っています。

二　葬儀とは何か

(一)　葬儀の三つの側面

葬儀には、大きく分けて三つの側面があると学びました。それは、㈠宗教的側面㈡社会的側面㈢心理的側面です。これを過去の研究資料を基にまとめますと次のようになります。

㈠宗教的側面とは、死者を宗教的な呪術的行為によって、「死者の魂を鎮める」「死者が生前に行った罪障の穢れを浄化する」「聖なる存在に転化(再生)させる」「他の世界に送り出す」ことをいいます。また、遺された者は、非日常的な死をなかなか受け入れることができないこともありますが、この宗教的な呪術的行為により、「非日常的な死に直面したことから回復することができる」という面もあります。

㈡社会的側面とは、ある人に死が訪れたことを近隣親類縁者に告知するということをいいます。具体的には、死亡を知らせながら、生前お世話になった方々へお礼すること、あるいは葬儀中に導師が読み上げる諷誦文

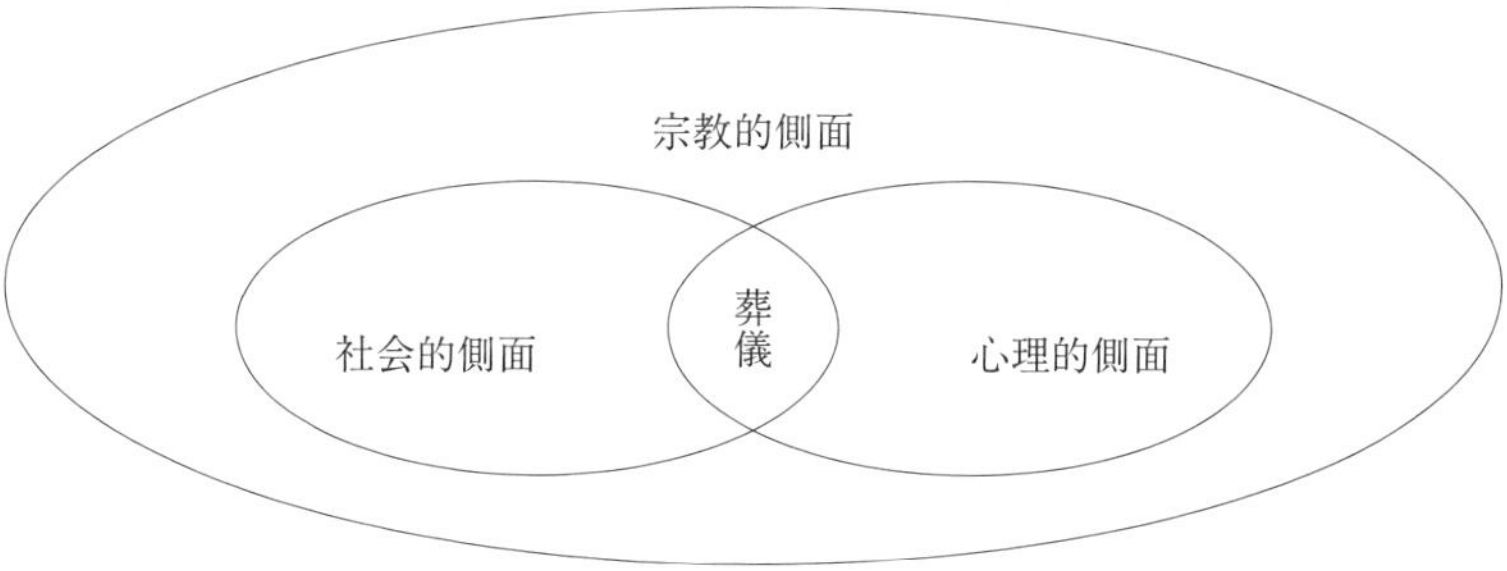

や参列者の弔辞などにより、故人の生前の業績や人柄を社会的に告知することです。そして、それらの行為は、死者の社会的立場を確認しその中で死を共に悲しみ、死者に別れを告げて、遺される者が死を受け入れていくという意味でもあります。また、葬儀の執行は、地縁・血縁の他などさまざまな社会集団の「つながり」を維持するために大きな役割をはたしてきました。しかしながら近年は、葬祭業者が葬儀を取り仕切るようになってきたため、その「つながり」がなくなりました。「つながり」を意識して葬儀を行うことは、地域社会や家族親族の結束を促すために大切なことだった思います。このようなことも社会的側面です。

㈢心理的側面とは、「通夜」「葬儀」「初七日忌から四十九日忌」などの一連の宗教儀式が、遺された者たち特に遺族の悲しみの克服に役立つ悲嘆を癒す機能を持っていることを指します。また葬儀に集まった親しい人たちと共に遺族が安心して悲しむことができれば、精神的に随分癒されます。このような「通夜」「葬儀」には、悲嘆（グリーフ）を癒す（ケア）機能があるといわれています。

　上図の三つの円が重なり合っているところが葬儀ですが、皆さんの経験値から見ても、社会的側面は小さくなっていますし、心理的側面も小さくなっているのではないでしょうか。葬儀は、宗教的側面にベースを置いていますが、最近とみに各円が少しずつ小さくなっているのではないかと思います。平成二十二年実施

の真言宗智山派総合調査の檀信徒票から見ますと、葬儀を行う理由は、「故人への感謝」一〇六五、七九・二%、「残った者の義務」八六四、六四・二%、「先祖として祀るため」六五七、四八・八%、「故人をあの世へ送るため」六九七、五一・八%などの選択肢のポイントが高い一方で、「世間体を保つため」三八、二・八%、「悲しみを癒すため」七四、五・五%、「亡くなったことを世間に知らせるため」一〇七、八%などの、社会的・心理的な側面のポイントは低くなっています。奇しくも、本宗の調査でもそのような傾向がみられます。

また、今から二十年前の平成七年の『智山学報』第四十四号において「死と悲しみの克服過程に関する実証研究」及び『現代密教』七号「媒介装置としての儀礼」によれば、

「葬儀・葬後儀礼」は一貫して死者を異世界に送る、あるいは死者の魂を鎮めるという聖化儀礼、及びそれに対応する呪術・宗教的側面の優位性が実証されたのである。悲しみの克服、または死の公言という心理的・社会的機能に対する期待は常に低く、参列者は「葬儀・葬後儀礼」とは別の所でそれらの課題を解決していると思われる。換言すれば、「葬儀・葬後儀礼」の主体はあくまでも「死者」であり、その主体である死者を文化の外に送り出し、かつその死者の魂が荒ぶることなく、安寧に保たれることを願い、また儀礼の執行者である僧侶にも、そのための役割を果たすことを期待しているのである。生者を主体とした文化への引入のための媒介性としての役割は極めて少ないと言える。

とあります。聖化儀礼と及びそれに対応する呪術的宗教的側面の方が、心理的・社会的機能よりも重要で、葬儀・葬後儀礼の主体は、あくまでも死者を文化の外に送り出す、死者の魂が荒ぶることなく安寧に保たれることを願う。それが執行者の僧侶への期待であると。二十年前の調査時から宗教的側面を基本に各側面が存在していて、今でもそのままの関係であるということだと思います。

このことは、くしくも先の東日本大震災での、現実の場面で証明された感があります。本宗の教師も、たくさん方々が現地に足を運んだと思います。もちろん、葬送儀礼に関するボランティアだけではなく、多くのボランティア活動に従事されていました。しかし、その中でも僧侶の執行による呪術・宗教面に優位性があったのではないでしょうか。

第五十六回教学大会で講演された、東北大学の鈴木岩弓先生がお話しされているように、

震災直後、火葬できる状況下でなかった宮城県では、土葬を始めました。二一〇八体が土葬になったそうです。しかし、火葬炉が動き出すと、二週間ぐらいでご遺体を掘り出し、火葬し直し、葬儀を行い、納骨をしたとのことです。当初「いつかはきちんと火葬して納骨したい」というコメントが新聞にありましたが、改葬したのちには「お盆前にお骨にしてあげられた」というように変化してきます。もともと、宮城県は、骨葬地域であり、常の葬儀は、納棺⇓通夜⇓火葬⇓葬儀となっていますので、この風習も加味されたものであるかもしれませんが、この流れにそって供養を行い、身近な死者を少しでも穢れの薄い方へ向かわせたいという気持ちが、人々を改葬に走らせた。つまり、死者としてあるべき姿は、先ず骨になっていなければならないという感情が働いていたのではないだろうか。その背景は、死者としての不安定な状態は、穢れた状態を回避しなくてはならなかったという感があった。（趣意筆者）

ということです。

これは、先ほどの二十年前の調査で、「葬儀・葬後儀礼」の主体はあくまでも「死者」であり、その主体である死者を文化の外に送り出し、かつその死者の魂が荒ぶることなく、安寧に保たれることを願い、また儀礼の執行者である僧侶にも、そのための役割を果たすことを期待しているということから考えてみると、

やはり震災時には私たちの求められていたのは、他のボランティアより読経ボランティアの方が期待されていたということなのだと思います。

(二)　葬儀はだれのために行うか

次に葬儀は誰のためにするのかと、このことについて、第五十五回教学大会　大正大学村上興匡先生は、

一つは死んでいくもののためにある、死というようなものを予め考えさせることによって、その人が死を受け入れやすくなる「死の準備教育」いわゆるデス・エデュケーション。そしてもう一つは、遺族のための儀礼。近親者を亡くした時には非常に悲しくなる。自分と密接につながっている命というのが失われた時に人間は自分自身の命も脅かされることになる。葬儀というのはそれを社会的に処理したりすることだと考えられます。いわゆる「喪の仕事」グリーフケアというものです。

といわれています。まさしく村上先生のご指摘とおりだと思います。(趣意筆者)

(三)　葬儀はだれがする

では、次に葬儀は誰がするのでしょうか。このことについて、新谷尚紀先生は、著書『葬式はだれがするのか　葬儀の変遷史』の中で、

日本の歴史の中で葬送の作業を担う中心的な存在として位置づけられてきた人間は時代ごとに変化している。(中略)古代・中世の血縁中心(※親子)から近世・近代の地縁中心(※相互扶助)へ、そして現代・近未来の無縁中心(※金銭)へ、という3波展開が指摘できる。ただし、そのような大きな変遷史のなか

でも変わることなく通貫しているのは、基本的に生の密着関係者である血縁的関係者が同時に死の密着関係者であり葬儀の基本的な担い手であるという事実である。（※山川追記）

とまとめられています。

現在の葬儀のデータとして、二〇一五年「くらしの友」がインターネットで調査した結果（サンプル数四〇〇 四十から七十代男女、過去三年間に喪主または喪主に準じる立場で葬儀を行った方を対象）、葬儀を手伝ってくれた人は（複数回答）、「親類・縁者」五八・八％、「葬儀業者」五八・八％、「近所の人」一三・三％、「故人・遺族の友人知人」六・八％、「故人・遺族の職場の同僚」五・一％、「その他」二・五％となっています。

一方、同様の調査（くらしの友）が一九九三年にありまして、その時の結果は（複数回答）、「近所の人」四五・八％、「親類・縁者」四五・一％、「故人・遺族の職場の同僚」二七・三％、「葬儀業者」一三・一％、「故人・遺族の友人知人」七・七％、「その他」六・四％となっています。二十年の間に、葬儀を手伝う人の構成は変化してきましたが、基本的な親類・縁者の数値は高位を示しています。さらにいうならば、親類・縁者の数値は上がっているということで、これは、死に関わる人たちが、近親者のみである一方で、死者を送るのに親族への負担が上がっているということにもなります。悲しむ時間より、葬儀の雑務に追われている姿が、数値上浮き上がってきます。

ですから、やはり葬儀はだれがするかっていうと、現在は親類・縁者と葬送業者、そういうことになろうかと思います。先の村上興匡先生は、

現代の葬儀は、都市化、核家族化、遺族の高齢化が関係して、その結果葬儀という社会的な儀礼がなくても、遺族と故人のための私の儀礼という形に変化してきている。（趣意筆者）

と、地域共同として社会的側面の部分が縮小化している指摘しています。

こうしてみますと、現代の葬儀は、宗教的側面に優位性があり、基本的には、血縁的関係者が葬儀を行う、故人と遺族の私の儀礼といえます。

したがって、葬儀における教化の対象は故人とその遺族ということになるのだと思います。

(四)　僧侶と葬儀

では、今度は葬儀を執行する側を考えてみたいと思います。まず、葬儀を執行する側である我々僧侶はなぜ葬儀に関わるようになってきたかということです。

このことについては、『葬式仏教の誕生』の著者である山形大学の松尾剛次《けんじ》先生が、第五十七回智山教学大会でご発表されています。

ご著書と発表を要約しますと以下のとおりです。

日本人は、死者は汚れた存在で、死を穢れと感じていた。特に人の死に接した人は、三十日間謹慎した。穢れは、伝染する。そのような穢れというものに対して、官僧であった僧侶が、遁世僧(市井の僧)になって人々の救済を行った。

官僧の当時の仕事は、鎮護国家、いわゆる祈禱すること。そのことによって、衣食住が保証されるなどの特権はあったが、一方で死穢をはじめとする穢れの忌避などの制約があった。死体に触れれば死穢に汚染され、三十日間の自宅謹慎をしなければならなかった。

そのような中で葬式を僧侶に望む庶民の話が、鎌倉前期に成立した「発心集」にある。それは、ある僧侶が日枝神社に百日参拝の願をかけた。しかし、八十日目の参拝途中で、亡くなった母親の葬儀ができず、どうすればよいのかと悩んでいる独り身の女性に出会った。哀れに思って僧侶はその葬送した後に、穢れを憚りつつ日枝神社を参拝したところ、日枝の神が現れて、なんとお前は慈悲深いのだと、参拝を認めてもらったという話である。これは、まさしく葬式を望む人の存在と慈悲心のために穢れを憚らず葬式を行う僧侶の存在を物語である。葬式の起源からみえるもの、それは僧侶の慈悲の心そのものである。そうした死・葬儀の願いに応え、組織として、葬儀に従事し、教団を形成したのが、鎌倉新仏教教団であり、そして葬送を行ったのは、鎌倉仏教の僧侶、特に遁世僧が行った。

そしてさらに、松尾先生は、叡尊を祖師とする律僧たちは、戒律護持を進める一方で、葬式に積極的に関与したということを、西大寺第十一代長老の覚乗の逸話を用いて説明しています。

覚乗が、伊勢神宮のご神体を見たいと、覚乗が居た円明寺から、伊勢神宮へ百日間参拝する誓いを立てた。ところが、結願の日となって、斎宮の領地を過ぎた時に、旅人の死者に出くわした。その死者の関係者から引導を頼まれて、葬儀の導師を勤めた。その後、宮川のほとりに到達したところ一人の老人がでてきて、あなたは今葬送を行ったではないか。死の穢れに汚染させているのに、神宮を参拝しようとするのかと問われ、覚乗は、「清浄の戒は汚染なし」と答えた。そうした問答の終わりに白衣の童子が現れて「これからは円明寺から来るものは穢れなき者にする」といって消えた。円明寺から来るものとは律僧を指し、律僧たちは厳しい戒律を守っているので、穢れにふれても汚染しない、いわゆる護持している戒律が鎧となって、穢れを跳ね返すことを意味している。つまり厳しい戒律の護持で、穢れを克服し、官僧たちが囚われていた死穢のタブーを乗り越えた理論を打ち立てた。

と、戒律の護持で、死の穢れを克服したと松尾先生は主張しています。

松尾先生の主張された戒律の護持をお聞きすると、私が引導作法を伝授されたときにいわれた、「破戒僧」いわゆる戒を護っていない僧侶にお葬式できるのか、死者に戒を授けられるのか、というものを思い出します。この戒律の護持をする律僧の姿には、戒を守るということの大切さが根底にあり、往時のように厳しく戒を守っていない現代の我々は、葬儀を執行していいのか。そういう思いに駆られます。現代で死を穢れと思うかという問題も一方ではあると思いますが、我々僧侶は、戒を守ってこそ葬儀ができるのだと自覚する、鎌倉時代の律僧に学ぶことがたくさんあると思います。

いずれにしても松尾先生は、「慈悲行」と「穢れの克服」が葬送儀礼の出発点と結論付けていると思います。

一方、『現代密教』第二十三号「十三仏信仰の意義」で、宮坂宥洪先生は、

　葬式の目的は、死者が覚りを開くということではなく、死者の魂が迷わず浄土（＝あの世）に赴いて落ち着くことである。

さらに、

　慈悲の精神を、日本人は極めて日本的な方法で徹底して実行してきたとは言えないだろうか。すべては死者のために、死者の救いのためにと、「成仏」も「菩提」も「往生」も「回向」も、今生きている我が身をさしおいて、すべては死者という「他者」の幸福（＝冥福）のために用語を置き換えてきたのである。

と主張されています。葬儀は、僧侶や残された遺族が、利他行によって行う慈悲の実践で、「慈悲」「死の穢

れ」「鎮魂」が同列上にある、それが葬儀の基本ではないかと思います。ですから、私たちの心構えに慈悲心がなければ、葬儀は成立しないということです。

いずれにしろ、僧侶と葬儀というカテゴリーからすると、我々の葬送、葬式仏教の中の起源にあたるところには慈悲心と穢れの克服というのがあったと思います。

三　檀家と葬儀

(一)　作られた檀家

では、檀家と葬儀について考えてみたいと思います。檀家制度は、ご存じのとおり寺請制度と宗門人別改帳の管理、いわゆる現代でいう戸籍の管理とも考えることができます。

葬送儀礼自体は、鎌倉・室町時代から下り、江戸時代でその慣習はまとめられました。そして、葬送儀礼に関わる多くの地方寺院は、応仁の乱(一四七六年)から諸宗寺院法度が出される一六六五年までに約九割が創建されたという報告があります(浄土宗約六千ヶ寺の九割が応仁の乱から一六六五年の間にできた)。葬祭に携わったから集中的にお寺ができていく訳です。このころ、寺院と庶民は、葬祭を主としてつながり、これを基に寺檀の関係が強化されて、江戸幕府が檀家制度として法制化し、支配していくことになりました。江戸幕府は、寺院法度を出して本末関係を基にして、宗教を統制していきます。寛永八年(一六三一)には、寺院の新築を厳禁し、寛永十五年(一六三八)には島原の乱以降、寺請制度を強化定着させ、寛文四年(一六六四)に一万石以上の大名は宗門改役の設置が義務づけられ、宗門改制度と寺請制度が確立されました。(『葬式仏教』著・圭室諦成　参照要約筆者)

そこで、この寺檀制度の定着を図るのに使用されたといわれる『御条目宗門檀那請合之掟《ごじょうもくしゅうもんだんなうけあいのおきて》』なる文章が存在しています。別紙資料としてお渡ししましたが、この文章は、慶長八年（一六一三）に発布されたことになっています。すでに、この掟は徳川幕府側から発布されたものではなく、偽文書であることは証明されていますが、寺院や庄屋や村役人宅などで、宗派を問わず多数発見され、それだけ広く流布していたという報告（南郷晃子　神戸大学大学院）があります。実際は、この掟を寺院側が檀家側へ読み上げて、檀家と関係を保っていたようです。誰が何のために文章を作成したのか、それが為政者なのか寺院側なのかよくわかっていません。しかし、厳しく民衆の宗教統制に利用し、檀家制度をより強固なものにするために使用されていたことは大きな意味を持つと思います。

例えば第三条には、「頭檀那成り共、祖師忌、盆、彼岸、先祖命日に、絶て参詣不仕者は、判形を引き、宗旨役所へ断り、急度吟味をとぐべきこと」と書いてあります。檀家さんは、祖師忌、盆、彼岸、先祖の命日に参詣することを義務化する。参詣しないものは、吟味する。あるいは、死後に剃刀し戒名を授け、引導を渡す権限を住職に与える（第十条）。あるいは、仏事を他寺に依頼することを禁止する（第十二条）など、寺院に対する檀家の義務の内容をまとめられていると読みとれます。

先ほども申し上げましたとおり、この掟は徳川家康が慶長八年に発布した形式をとっていますが偽文書です。それは、文章中にある不受布施派の禁止が寛文九年（一六六九）、非田宗は元禄四年（一六九一）に禁止されるので、慶長八年の発布ではおかしいということが理由です。宗教統制を厳しくし、こうした文書を乱発することによって寺檀関係の強固を図っていたといえます。

しかし寺院は、この掟によって檀家の葬儀は必ずその住職が執り行い、法事は他寺に任せないのですから、基本的に安泰です。さらに、僧侶や寺院側からすれば、この寺檀制度・寺請制度に守られ過ぎて、その座に胡坐をかく者が増えたことも否めないと思います。その一方で、一部の僧侶たちは、権力を利用して民衆を苦しめていたという文章も残されているようです。

ですから、そういう江戸時代の民衆が、その前の時代と違い、本当に自らの信仰や死者供養を基本に寺院と結びついていたのかは、少し疑う余地があると思います。江戸時代の民衆は、檀家全員が菩提寺の宗旨を信仰して維持してきたというのは、少し違う気もします。

(二) 江戸時代における葬送の風景

もう一つ、江戸時代における葬送の風景ということで、村上先生は講演の中で、江戸時代には、葬儀に多くの費用をかける分不相応な葬儀を行うということを禁止する触書が繰り返し、繰り返し、出されているといわれていました。しかし、触書が度々出ているということは、触書があっても実際に分不相応な葬儀が後を絶たなかったのではないかということの裏返しともとることができると思います。大きな派手な葬儀がたくさんあったからこそ、何度も触書を出して民衆を抑えようとしたのではないかということです。そうでなければ一度の触書で済んだはずだと思います。それを、興味深くご紹介いただいている文章が『日本葬制史』の中にあります。

『日本葬制史』の中で「近世の葬送と墓制」を著した木下光生先生によれば、

大坂町奉行所が「町人作法」慶安元年(一六四八)という法令で、「金銀をちりばめた美麗な葬礼を行わないように、また、葬礼の時間帯も日暮れ時分とし、日中に行わないように」と命じていたが、町奉行所が規制を駆けようと思うほど、白昼堂々と人に見せびらかすように派手な葬儀をとり行おうとする町人が出現していた。（趣意筆者）

と指摘しています。また、元禄七年（一六九四）の町触れでは

「これまで白昼の葬送を遠慮されてきたようであるが、今後は昼夜に限らず勝手次第に何時にやってもよい。但し、火葬については、前々から申し付けているように日暮れ以降にするように」とも記されている

と指摘しています。これは、大坂の事例ですが、一般的なムラの世界でも、多様な葬具で葬列を飾り立て、白昼堂々と村内を練り歩いていたということで、十七世紀後半の大坂町人の葬送風景と何ら変わることがないと指摘しています。

そして、さらに、先ほどの木下先生の項で菩提寺信仰の柱となる先祖観をみてみますと、

従来、近世以降の日本社会では「死者は三十三回忌ないし、五十回忌の弔い上げを経て、没個性的・抽象的な家の『先祖』となる」という「先祖」観念が広く定着すると考えられてきたが、ところが江戸下層民の埋葬と盆供養のありようを追究した西木浩一は、その考えを否定し、下層民にあったのは、没個性的・抽象的な「先祖」に対する供養ではなくて、「生前の個性をいささかもうしなっていない」「親・夫や妻といった特定人物に対する追憶主義的供養」であったと述べる。見も知らない遠い過去の「先祖」ではなく、自分の記憶の範囲内にあるごく身近な死者を供養するという、現代日本人にも理解しやすい感覚を、江戸下層民の供養態度に見出した。（趣意筆者）

とし、また、さらに同じ西木先生の説を紐解き、「宝暦二年（一七五二）年刊行の談義本『教訓雑長持』には、

真心を込めず体裁ばかりを取り繕ってお盆の精霊棚を設けたり、盆の時期になっても墓参りさえしない人がいる」ことを伝えています。そして、江戸庶民の中に供養に対して「生真面目とさ」と「いい加減さ」が同居していたと主張しています。

それらから察するに、江戸時代の庶民は、割と現在に近い信仰心だったかもしれず、ただ、宗教統制が強く働いていたから、寺院とのお付き合いをし続けていたような気がします。その流れの中で、明治や大正、昭和と時代が進むにつれ、お寺側からすれば徐々に檀家制度が崩壊してきたともいえると思います。

江戸庶民の信仰の変遷については、多方面の研究者に委ねますが、私がここで申し上げたいのは、江戸時代の寺院は、檀家世帯を基盤として成り立ってはいましたが、そこには信仰心もなく寺院と付き合っていた民衆の姿が見え隠れしていている。私たちは、江戸庶民は熱心な宗教心をもっていたという幻想を追い求めすぎてはいないか。そういう反省点に立って、今一度、現在の檀家を見直さなくてはいけないのだということです。

(三) 真の檀家とは…檀家を再考する

さて、皆さんが檀家さんといったら、その家の当主がまず頭に浮かんでくると思います。その次によくてその奥さん。娘や息子にいたっては同居(別居)していることは知っていても、名前は知らないのではないでしょうか。私たちは、檀家さんといいながらも、実は家の中の一人あるいは二人しか見えていないというのが現実ではないかと思います。檀家というのは、世帯です。江戸時代の宗門人別改帳は、いわゆる戸籍ですから、一家全員が記載されています。夫妻子たちが全て記載されているわけです。でも、今皆さんのご自坊の檀家名簿には、筆頭者の名前しか記載されていないのではないかと思います。それがはたして檀家といえるかどうかと、最近私は思い始めました。

檀家を『民族小辞典　死と葬送』で調べてみると「特定の寺院に所属してその寺院経済の維持・発展を支える家ないし世帯」とあります。檀家とは寺院経済を支える家、世帯をいうのです。

そこで、本宗の宗制に「檀家」という言葉が使用されているかを調べてみると（我々僧侶は檀家といいますが）、宗制上は檀家という記載はありません。あるのは檀徒と信徒です。かつて「檀家を信徒」という言葉があったと思いますが、「檀家を信徒」にというのではなくて、「檀家全員を檀徒」にするのだと思います。檀徒とは、本宗宗法第五十四条に「本宗の教旨を信奉し、寺院・教会の檀徒名簿に登録、その寺院・教会への葬祭・追福祈願等を依頼し、その寺院・教会に対して永世維持の任があるもの」（趣意筆者）と定められています。檀徒名簿に載っていなければ檀徒ではないわけです。

私たちは檀家を今一度考え直す時期にきていると思います。これからは、檀家ではなく、本宗の教旨を信奉し、その寺院に葬祭を依頼する檀徒の葬儀に関わっていくようにする。檀家というのは、真の檀徒の世帯としての集合体と考えて、檀徒個人の宗教観に訴えていくことが必要です。

この真の檀家を、真の檀徒としてとらえていくことには、大きな事象を含んでいます。今日本は、少子高齢社会といわれ若年人口が減少していく一方で、高齢者人口が増加しています。しかし、そのうち高齢者人口も減少し、日本の総人口は減少し続け、二千百十年ごろには五千万人を下回るという推計も出ています。そういう中で寺院では檀家数の減少が取りざたされています。檀家数はいずれ減少するかもしれませんが、その前に檀徒という数字を増やすことはできるのではないのでしょうか。例えば今、檀家は二〇〇軒だけれ

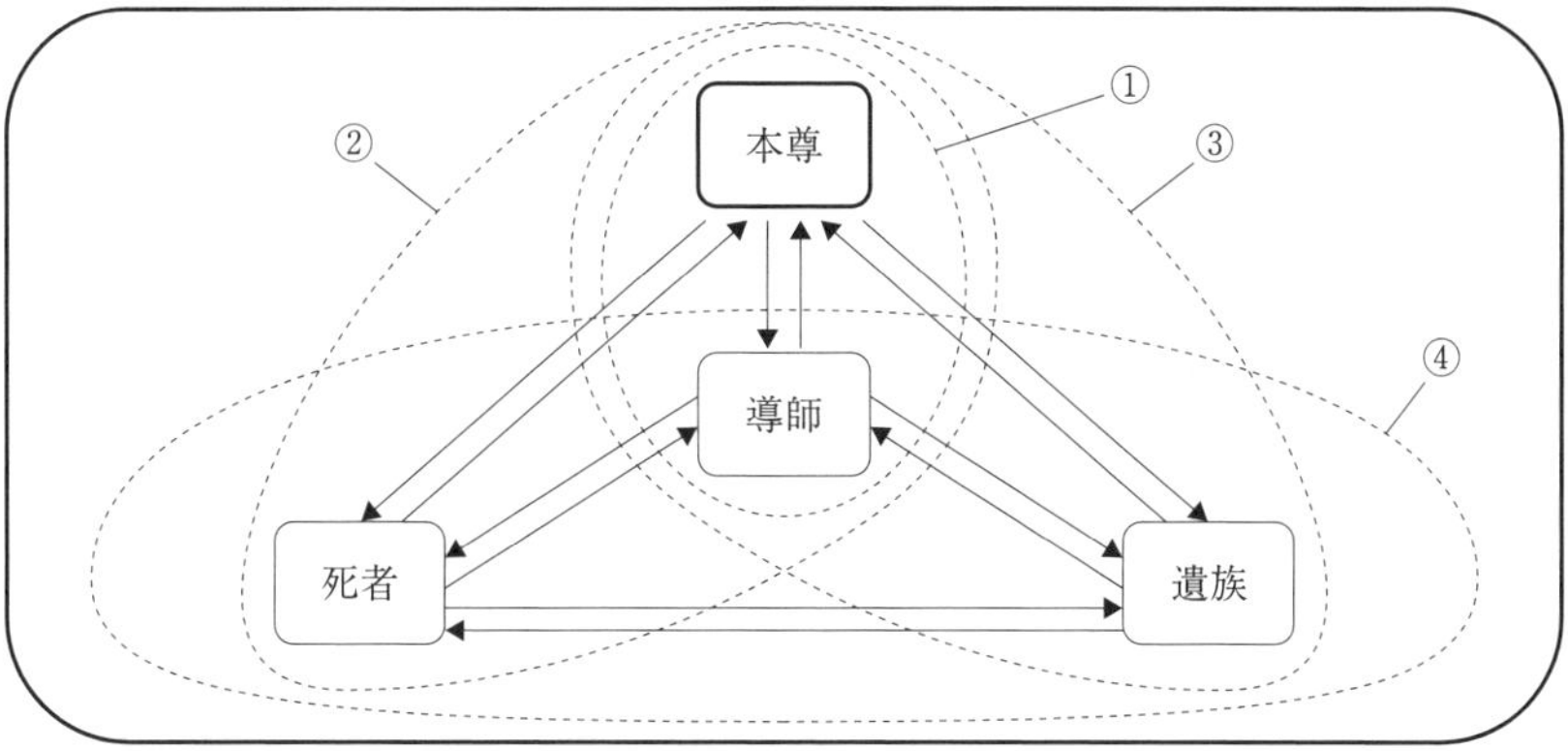

ども、檀徒ならば、四〇〇にも五〇〇にもなりうる。現在日本の世帯人数は、二・四一人といわていいて、高齢者夫婦世帯、独居高齢者の単独世帯、若者の単独世帯などで世帯数は増加しますが、世帯人数は減少していきます。そのような時でも、檀家を一人と見るのではなく、世帯に属する人、今は別世帯だけれども家族の全員を檀徒として、新たな寺檀関係を結んでいく、それが人口減少社会に抗うひとつの方策になるのだと思います。

四　教化からみた葬儀の形

では次に、教化からみた葬儀を形で見ていこうと思います。葬儀を図式化すると上図のように考えられると思います。

（一）　本尊と導師（行者）①

まず基本となるのは、導師（住職・教師・行者）とご本尊さまの関係です。今回は導師という表記に統一させていただきます。導師が、常日頃どのように本尊さまと対峙しているかということです。それは、ご本尊さまの前で修法する、勤行する、そうした日々の営みの中で、必ず導師自身に宗教的な確信が生れてくるからです。

資料に「帰依される僧になるために」と記載しました。これは平成二十一年度に教化活動実践セミナーで「葬儀」を取り上げた際に、講師の布施浄慧上座阿闍梨がいわれた言葉です。布施阿闍梨には、私案という形でご発表いただきましたが、葬儀に関わる諸問題の根本には、僧侶への帰依がなければならない。その一助に示されたものです。

・帰依さえる僧になるために（布施上座阿闍梨私案　平成二十一年度教化活動実践セミナーより）

㈠持戒堅固—清廉潔白　誠心誠意　贅沢心の無い　質素　無欲恬淡
㈡知識豊富—仏教に精通　世俗的学問や社会問題・文化に造詣が深い　本質・真実を的確に知る
㈢体験豊富—修行を積む　読経にありがたみがある　如来・宗祖の教えを体現・確信する
㈣人柄の良さ—品行方正　社会的指弾を受けない　慈悲深く行動性に富む　布施行を実践する　信心が強い　平常心　静寂の人品　人間として魅力のある人

布施阿闍梨は、これが帰依される僧であり、このようなことを僧侶が身についていなければならないことをお話されていました。私たちは、日々に修行を積み、如来や宗祖の教えを体現・確信しつつ、常に葬儀で戒を授ける僧侶であることの自覚が必要なのではないでしょうか。このようなことは、勿論私が申し上げることではないと思いますが、前段でお話ししましたとおり、葬式仏教の始まりのころの僧侶、穢れを持戒によって克服した律僧の姿、身近かな者が亡くなったときに陥る不安や悲しみを一手に引き受けられる僧侶、それはこのような帰依された存在でなければならないということだと思います。

それには、僧侶としての本分たる事教二相の研鑽をおこたることなく、自利行にはげみ、日々の生活を改めること。これが導師と本尊さまとの関係だと思います。

（二）　本尊と導師と死者②

次の形は、本尊さまと導師と死者の関係です。葬儀は人生における最後の儀式であり、導師として最も荘厳な態度にて勤修しなければならないのはいうまでもありません。この場合は、①と同様にご本尊さまと導師の関係が主となりますが、特に死者の葬儀に備えての心構えが重要となります。そこで、ここでは引導口訣を見てみたいと思います。

布施阿闍梨は、必ず引導法の伝授を行う時、この口訣を引導の心構えとしてお話をされます。またそれは、布施淨戒僧正からの口訣であるとも伺っております。

そしてその元は、高井観海先生の密教事相体系にある口訣をまとめたとのことです。確かに体系を拝見すれば、ほぼ同じ内容が書かれています。

一方、智山講伝所所員の石川照貴先生に『智山ジャーナル』六十八号において「真言宗の葬儀の特徴と意義について」をご執筆いただきましたが、文章中にある宝生院宥快法印（一三四五―一四一六）の「引導口訣秘鈔」の引導の用心は、安祥寺流に相伝されているもので、室町時代中期の相伝といわれています。それらを見比べると、非常に興味深いものなので資料をご一緒に確認していきたいと思います。

（※口訣資料省略）

口訣を三つ並べてみてみますと、共通の部分があることがわかります。それだけ、この部分は大切なことの表れであると思います。

私自身は、葬儀に際しては、葬儀の知らせがあればなるべく枕経に伺い、一心に読誦してから、亡くなった方の人柄などをご遺族に確認して、なるべく早く戒名を授け、葬儀の早朝は必ず供養を修することにしています。導師として、口訣を如法に守っているつもりです。私にとって、この一連の流れは非常に大切なことで、特に葬儀の朝、不動法を修すると、お不動さまのお力を借りて、故人と対峙できる自信がわいてくるのです。

枕経の起源についてはよくわかりません。江戸時代には宗門改め制度により、死者を葬るためには菩提寺の許可が必要で、幕府は、死者がキリシタンでないことを確認するために僧侶に終夜、枕元で読経させた。あるいは、枕経には、死体に悪霊や邪気がつかないようにという習俗的な心理も働いていたと聞いています。更には、死の直後の霊魂は極めて不安定とみなされていたので速やかに往生を期待する大切なお勤めであったともいわれています（枕経と通夜との混同があるかもしれません）。そのような枕経ですが、現在ではいち早く檀信徒の所に赴き、僧侶と遺族がともに死を悲しむ時だと思います。

また、大系にありますとおり、葬家に行くまでの間は慈救呪などを唱えるのだと学生の時に伝授されましたが、これはやはり導師として仏の三昧に住することの大切さを伝えているのではないでしょうか。

葬儀の朝、供養法を修し、金剛杵を身につけ、呪をとなえ、仏になりきって移動する。この時、死者に向き合う覚悟が試されているのだと思います。

更に、「行者の三平等観」も非常に重要なことであると思います。

もし、私の解釈が間違っていれば後ほど指摘していただきたいのですが、導師は供養法を修して、本尊と入我我入し、そしてさらに死者とその果をともにするという三平等観が重要であると。私は愚僧ですから、供養法を修しその感覚と得ていないと死者とその果をともにできないのです。この三平等観は葬儀のポイントでもあると思います。

福田亮成先生は、『弘法大師と現代』の中で、「弘法大師の三平等観とその意義」と題し、論文を発表しています。その結論には、このように書かれています。


要するに、大師が言う即身成仏の本義は、本尊との単なる入我我入の完成のみを指すのではなく、自己の身に成仏を完成することは、とりもなおさず衆生の成仏のあかしであり、諸仏のこの世に於ける実現であるということであろう。言葉をかえて言うならば、従来のごとき自己と仏との縦割の成仏論ではなく、横関係の成仏論、即ち立体的成仏論であると言えないだろうか。ここに、真言行者の実践理論の中心として、この三平等観を再認識すべきであり、そして、それが弘法大師の社会事業活動のヴィジョンであったにちがいない。ここに、弘法大師の三平等観と、その現代的意味を見るものである。


と、弘法大師在世の時には、戒名を授け引導法を修することはなかったとのことでありますが、大師の末徒としては、福田先生が指摘された三平等観を再認識し、葬儀に当たるべきであると思います。また、本尊さまと導師と死者、その三つが平等になっているその構造が、縦の成仏論、横の成仏論という言葉でまとめられていると思います。まさしくお葬式の場面はこの三平等観が必要ではないかと思うところです。

更に興味が引かれることですが、大系にあります引導口訣は元禄六年(一六九三)の寫本とのことです。また、石川先生にご教示いただきました口訣は室町中期とのこと。

口訣がその時代背景でどのように伝えられてきたかは、想像でしかありませんが、大系にある口訣は、元禄六年すなわち西暦一六九三年であり、面白いことに先ほどご紹介しました『宗門檀那請合之掟』と時代的に重なってくる頃です。封建社会の中で寺檀関係が定まってきますと、僧侶・寺院側の傲慢さや怠惰な部分が露出してきたということは、先人がよく指摘されていることです。そのような意味の戒めとして口訣が、当時の阿闍梨より弟子に伝えられていたとしたら、ますます現代の私たちが心得ておかないといけないことだと思います。

そして、かつて伝授の中で重要だとお聞きしたことは私たちの持戒の問題です。詳しくは、伝授阿闍梨にお尋ねいただければいいのですが、戒を授ける側の戒の問題を、いわゆる導師である私たちの持戒が如何に大切なのか、それを常に頭の中に入れておくことと聞いています。重要なことだと思います。これは、先ほど申し上げました、律僧の「清浄の戒は汚染なし」に通ずることだと思います。よくよく理解して引導を授けるべきと考えています。

（三）　本尊と導師と遺族（檀信徒）③

次に、本尊さま、導師、遺族（檀信徒）の関係です。

この三者の関係だけをご覧いただければ、おわかりだと思います。遺族というところを檀信徒に読み替えていただきます。この関係は、普段の檀信徒教化です。ただ、この関係が葬儀の上で重要になってくることはお分かりいただけると思います。

ある親族、例えば一家のご主人が亡くなると、その時から、奥さまお子さまたちは遺族となります。残された遺族にどのようなことを、私たち僧侶がなすべきか。前半の流れから導師である住職・教師は、故人の冥福を祈りつつも、遺族の悲嘆をともにする気持ちで接する誠実な態度で枕経・通夜・葬儀・埋葬（納骨）、初七日忌などのお勤めに臨む。そして、法話などにより、故人の日頃のお姿や性格、人柄、仕事、業績などにふれながら、人の生命の無常さを説き、それを仏教や真言宗の教えで如何に考え如何に乗り越えていけばいいのかを伝えていきます。それらは、単なる仏教語の解説に終わることなく、導師自身の体験を醸し出す心からの言葉でなければ説得力は弱くなります。

また、現代の葬儀では「導師による法話と葬儀の説明責任」が必要です。現在は、説明責任が問われる時代です。事前説明がないと納得できない時代なのです。葬儀も同じです。これからの葬儀では、その意味や戒名の意味、葬儀後の供養の方法やその意味についても説明していくことが必要です。私自身も枕経に行くと必ず葬儀の流れや内容について簡単に自分の言葉で話しますし、お通夜から葬儀、初七日忌の間には必ず戒名の説明もしています。

平成二十二年の本宗総合調査(標信徒票)によれば、

Q．通夜・葬儀の意味について僧侶から説明が必要だと思いますか

必要だと思う(一一三七、八四・五％)必要だと思わない(一八一、一三・五％)

Q．戒名の意味について僧侶から説明が必要だと思いますか

必要だと思う(一二〇八、八九・八％)必要だと思わない(一一二、八・三％)

という、結果が出ています。この数字だけ見ても、説明の必要性がお分かりいただけると思います。また、この説明は仏事の継承が、家庭内でなされていない状況に私たちが少しでも関与していくためでもあります。

実際に、同調査によれば本宗教師が、檀信徒に説明していることは、

「戒名について」八四・六％、「引導について」三九・四％、「成仏について」三九％、「血脈について」二四・七％、「葬儀の次第やお経の内容について」二七・四％、「本尊について」二八・六％、「葬送具」二〇・

七％

となっていますし、通夜・葬儀での法話は、

「行っている」六二・一％、「時々行っている」二〇・八％、「行っていない」一六・九％

となっています。

この数値をどのように受け取るかですけれども、現段階では、檀信徒に教化の入り口となっている葬儀で、導師が何かを話さなくてはならない。ですから、教師側の実施率が上がることが、教化の入り口としての大切なことです。

また、同調査で通夜・葬儀の中で参列者とともに行っていることをお聞きしますと、

「智山勤行式を唱和する」一九・一％、「独自のお勤めのしおりを唱和する」四・六％、「般若心経のみ唱和する」五・六％、「光明真言のみ唱和する」八・九％、「真言・御宝号を唱和する」二四・五％、「御詠歌を唱和する」八・五％、「戒名を唱和する」一〇・二％、「何もしていない」四五・九％

となっています。

通夜・葬儀で遺族に働きかける導入としては、通夜・葬儀の時にご遺族の負担とならないで、かつ、遺族が自ら供養に参加しているように感じることができる教化活動を各寺院・住職が考えなくてはなりません。私は、現在、通夜の終了時に参列者とともにお大師さまの御宝号を唱和します。また、通夜に御詠歌を私がお唱えするのときに、御詠歌のリーフレットをお配りしています。そして、初七日忌法要から参列者とともに智山勤行式を唱えています。そうした小さな取り組みから、徐々に本宗の教えに誘うことになります。遺族から檀徒へと導く活動で、教化活動の第二段階となります。また、これらの活動が遺族（生者）が死によっ

て日常世界から分離され、服喪期間を経て、日常世界へと戻ってくることにつながります。

本宗では、教化目標と年次テーマを掲げて、それぞれの強調する教化活動を行い、そこから寺檀関係の強化、寺院の活性化を目指しています。その教化活動と葬儀の関係は次頁の図のようになります。この図では、死亡の知らせから七回忌までしかありませんが、当然その後も続きます。通夜・葬儀、そして納骨や七七日忌は寺院や地域によりさまざまですが、とりあえずこのようにまとめてみました。

教化年次テーマ「仏さまに祈る」とその強調する教化活動は、「智山勤行式」「発心式（継承式）」「十善戒」「青少幼年教化」という流れで、「仏さまと出会う」その強調する教化活動は、「写経・写仏」「御詠歌」「阿字観」「巡礼・遍路・団参」「結縁灌頂」と、このような形で本宗は、強調する教化活動を推奨しています。「発心式」は入檀する時の儀式です。その後、「死亡の知らせ」から「葬儀」までの間の上記の空欄□で、住職がその間に何をするのかがとても大切ということだと思います。この時期に、葬儀の説明をする方もいらっしゃるでしょうし、枕経に伺い、ともに死を悲しむという方もいらっしゃるでしょう。また、お戒名の説明をする方もいらっしゃると思います。この空欄の間は、各自坊によってもずいぶん変わってくると思います。

まず、葬儀が終わるまでの間を教化の入り口と意識して、どれだけ檀信徒にアプローチするか。そして、その後、勤行式を唱える。お仏壇の荘厳を指導する。十善戒の実践を進める。七七日忌や百か日忌や一周忌頃には、写経や写仏を勧めてみる。

このような長い時間をかけて葬式仏教というのを考えていくと、死亡の知らせからずっと檀徒に関わり、時として檀徒が遺族に変わり、遺族がまた檀徒に変わり、檀徒としてお寺とお付き合いし、最後に死者にな

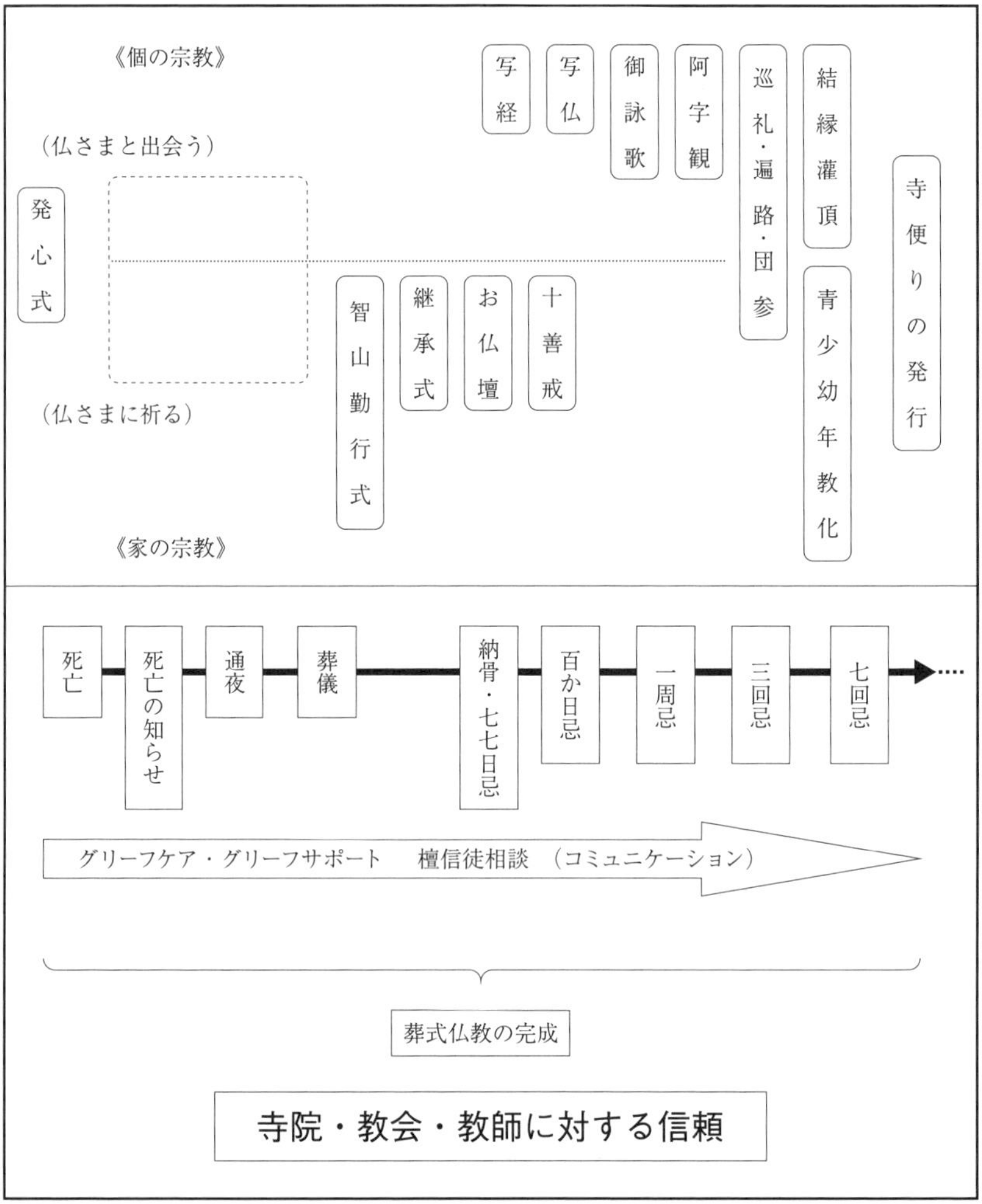

【本宗が進める強調する教化活動と葬儀の関係図】

るわけです。冒頭に申し上げた老婦人は、まさしく「智山勤行式」「写経・写仏」「御詠歌」「巡礼・遍路・団参」という教化活動をとおして、最終的に自分の葬儀では住職に拝んでいただく、拝んでほしい、遺族も拝んでもらいたいということなったのだと思います。

（四）導師と遺族（檀徒）と死者④

そして先ほどの三角形の一番底辺は、そのことを表しています。導師と遺族と死者。檀徒から死者になるまでの間にどのように教化活動でつなげていくのか。特に、教化活動として一番ハードルが高い「結縁灌頂」や「戒名授与式」を檀徒が受け入れ、自分が死者になるまでどのように付き合っていくのか。つまりそれは、遺族から檀徒、そして死者への転換をつないでいく、それが教化活動になるのだろうと思います。

五　本宗の教化推進と葬儀

家の宗教と個の宗教、檀家と檀徒

本宗の教化活動を葬儀の流れで考えてみました。繰り返しになりますが、本宗では「教化目標」と「教化年次テーマ」を設定して教化活動を展開しています。それは、檀信徒が安心を体得するために「仏さまに祈る」と「仏さまと出会う」というテーマで、二年ごとに強調する教化活動を推進していくことです。そして、その一方で寺院の活性化を目指すということです。ちなみに、「仏さまに祈る」では家の宗教の復興を、「仏さまと出会う」では個の宗教の確立に主眼を置いています。

教化目標、「生きる力―安らかなる心をともに」という、生きる力は、加持の世界を表現した言葉を捉え

ることができます。かつて発刊された『生きる力』「つくしあい手帳」では、

私たちは、ご本尊さまを拝む生活の中で、ご本尊さまの無限のはたらきの中に生きる力とよろこびがあたえられるのです。

と説明しています。また、「安らかなる心」。これは、「安心」をやさしくした言葉です。その根底になっているのは那須政隆先生の言葉です。

那須先生は

安心と信仰は同一結果となるものであり、三句一体の三密行の実践が安心の姿である。真言宗の安心は心の問題ばかりでなく、生活全体のことであり、安心がそのまま、真言の悟りを得たことになる。

と、「真言宗安心大意」(昭和十三年)で解説されています。

また、高井隆秀先生は、『弘法大師と現代』「弘法大師と宗意安心」の中で、

目に見えない、耳に聞こえない、大毘盧遮那如来の霊光を仰ぎ、その神変加持力を信仰の基調として、大毘盧遮那如来の霊光を菩提心として、不断に光明真言(別尊諸真言)を念誦し、十善戒を基準として宗教生活をすれば、大毘盧遮那如来の密厳浄土に往生することは、因果の理として当然である。死後の問題もこのように信じて狼狽することのないのを、真言宗意の安心となすべきであると、わたくしは確信するものである。

といわれています。先生方の言葉を敢えて言い換えて私なりに表現すると、「仏さまに祈り、仏さまと出会うと宗教的な儀式と十善戒の実践を基に生活を送れば、困難なことに遭遇しても前向きに生きていける。そ

のような宗教的な生活全般が安らかな心である」といえます。

高井先生の言葉のとおり、「十善戒を基準として宗教生活をすれば大毘盧遮那如来の密厳浄土に往生することは因果の理として当然である。死後の問題もこのように信じて狼狽することのない」ということを檀信徒に伝えていく。死後の安心だけでなく、今生きている間に安心の体得を目指していくために我々は教化活動を行う。檀信徒に我々僧侶側から働きかけていけば、密厳浄土に行くのは当然の結果ではないか、というところを心において、私自身は教化活動を推進しているつもりです。

六　まとめにかえて

最後に、葬儀と教化で考えておいた方がいいのが「逆修」です。私は、「逆修」には二つあると思っています。一つは逆修戒名の逆修、それからもう一つは十三仏信仰における逆修です。
私は、今までに何人かの方の逆修の戒名を授けています。私から「逆修戒名どうですか?」とは働きかけはしていません。また「逆修戒名を付けると長生きするよ」と聞きますが、実際に私が逆修戒名を授けた人が長生きしたかは、よくわかりません。
逆修について民俗学者の五来重先生は、その著書『葬と供養』の中で、
日本人の民間宗教の中に「生れ代わり」と「生れ清まり」という概念が存在する。「生れ代わり」のひとつは、インドの輪廻転生とは異なり、実際に死ぬことによってすべての罪穢を滅ぼし、清浄なる神のごとき霊魂として再生する。日本では、死者の罪や穢れを仏教の滅罪呪術で消滅させれば頓証菩提、すなわち速やかに仏になって速やかに再生するという日本的な葬送理念ができている（私たちが死者に引

導作法をすると速やか仏位につくということ）。そして、二つ目の「生れ代わり」は、生きている間に戒を授かり、修行して、人間的な欲望や煩悩を捨てて、清浄なる現身に神霊が憑依するというもの。このように生者の「生れ代わり」と死者の「生れ代わり」という再生理念を一つにすると、生者が死ぬ儀式を行って一旦死んで、再生すれば、生きたままで不幸の原因となる罪穢が滅び、心身が「生れ代わる」という「逆修」が成立する。沙弥や比丘になるためではなしに授戒を受けるのは、このような再生のための逆修であった言える。生れ代わり、生れ清めるために授戒、その時にいただく名前が戒名であるといえる。日本の生れ代わりには二つある。この二つを併せ持っているのが、日本人の再生理念である。（趣意筆者）

と述べられています。

そして同書では、平清盛を例示しています。平清盛は、数年前のＮＨＫの大河ドラマで取り上げられ、その出家姿を記憶している方も多いと思います。清盛は、五十一歳で出家して淨海となりましたが、特に仏教信仰のためではなく、普通の出家とは違いそのまま自分の家で生活しています。五来先生は、平家物語の一節

かくて清盛、仁安三年十一月十一日歳五十一にて、病に冒され、たちまちに出家入道す。法名を「淨海」とこそ名のられけれ。そのしるしにや、宿病たちどころに癒えて、天命を全うす

を引用し、

清盛の場合は、大病になって、存命のために出家し入道となり、淨海という逆修戒名をいただき寿命長遠になった。そして、鎌倉期の逆修は、はじめは権力者や富裕層に限られていたが、その目的は、仏

教への帰依であるばかりでなく、一旦死んだことにして生まれ代わりをし、道号や戒名をもらえばその後の寿命が長くなり、息災にあるという信仰もあった。（趣意筆者）

と指摘しています。

このような逆修の考え方を現在に流用し、病に臥している方に逆修戒名を授けて病が好転するかはわかりません。しかし、戒名を授けたことによって、生まれ変わった気持ちで安心して生きていこうと思うかもしれません。

私たちが行う結縁灌頂も「生まれ代わり」「生まれ清まり」という庶民信仰が根底にあるともいえます。自分のいただいた戒名（法名）を大日如来からの系譜、血脈に連ねると即身成仏を実感し生まれ代わることができるからです。この世の最後を飾るという意味で「発心式」「授戒」「灌頂」を行って、そして安心して大日如来の世界に行っていただく。発心式あるいは結縁灌頂に檀徒を導けば、実のある教化活動になると思います。

また、逆修戒名を授けることは、これからの寺院のあり方を考えるときに必要な要素だと思います。私たちの方から「逆修戒名をつけませんか」といえるかは、個々の寺院の教化活動の状況や住職の判断に任されることですが…。

死後の世界を見据えて生まれかわるという概念で、逆修で戒名を授けることが今の時代に理解できるかは、少々疑問です。それよりは、先ほどの「発心式」「授戒」「灌頂」によって、今までの生き方をかえて、仏教を身近に感じて死を迎えることができるというくらいの推奨の仕方で、檀信徒に向き合うことはできるとではないでしょうか。

私の自坊でも、生前戒名、逆修戒名を望まれる方がいらっしゃいます。自分にどのような戒名が付くのかを知りたいこともあるかもしれませんが、今までの人生の総決算という人もいます。「これで安心して死を迎えられる」こともよく耳にすることです。

もう一つの逆修は、「弘法大師逆修日記事」にある逆修です。この文章は、ご存じのとおり「弘法大師」と題名についていますが弘法大師が書いたものではありません。一四〇〇年代の政祝の『見聞随身抄』の中に引用されているもので、これから導き出せるのは、その頃には十三仏による逆修信仰が存在していたということです。

十三仏の信仰は、亡き人を供養すると信仰と、自分を供養してくれる人がいないかもしれないので、あらかじめ自分で十三仏の忌日（逆修日）に供養するという信仰です。後者が逆修にあたります。

十三仏の逆修信仰によって、生前に自分の供養を行い「七分全得」という逆修が成立する、これは、世の中が荒れていた戦国の時代背景があって、自分の死後、誰も自分の供養をしてくれないかもしれない、だからこそ自分の供養は自分で行い往生を確かなものにしておきたいということだったともいわれています。

「七分全得」とは、自分の死後に子孫や縁者に供養してもらうと、その功徳の七分の六は施主や願主が受け、死者は七分の一しか受けられないが、生きているうちに自分の死後の供養をすれば、七分の七のすべての功徳を得ることができる（地蔵菩薩本願経）ことをいいます。この言葉は、中世の板碑に書かれています（私も逆修戒名を授けるときに、戒名とともに「七分全得」と奉書に書いています）。

こうした逆修は、各地に残る板碑に現れていまして、先日愛宕薬師フォーラムにお呼びいたしました東洋大学の渡辺章悟先生によれば、鎌倉時代後半から室町時代の前半に建立された逆修の十三仏の板碑が関東地方に多く残されているということです。

このような、あらかじめ自分の供養を修めるという逆修を、現代に復活させることができるか。そのようなこと考えて、自坊では十三仏の石仏を勧請して、「十三仏逆修日記事」と同じように逆修日を決め、ひと月に一度お寺参りをしてもらうためと専用の経本を作成し、檀信徒に案内してみました。結果は、始めのうちは、檀家の約一割がお参りしていましたが、現在では、年に一人か二人お参りするという状況です。教化活動として現代版の十三仏の逆修信仰を復興させるのは容易ではありません。

自分自身の今までの人生を振り返り、信仰上で生れ代わり、善を修して生きていく、そうした道を指し示すことができたなら、それが最大な教化活動です。そのために、戒名授与式・継承式・授戒を含めた発心式や結縁灌頂を教化活動として、積極的に取り入れていくようにするべきなのですが、実際に本宗の寺院で発心式や結縁灌頂を行っている寺院は、平成二十二年度の総合調査によれば、「発心式」四％、「結縁灌頂」一・四％と非常に数値が低く、その難易度がうかがわれる結果です。やはり、口でいうほど簡単ではありません。

先日、最近流行りの終活読本「ソナエ」の赤堀編集長とお会いする機会を得ました。赤堀編集長は、「葬儀などの寺院との関わりは、終活をしている一般の方からみれば、消費者感覚でいるとのこと。だから、葬儀の費用を高い安いで論じるし、戒名も買う、必要ないからいらないという発想になっている」とお聞きしました。私たちは、そういう論調があることに素直に耳を傾け、地道な活動をしていかなければと改めて感じました。

また、「ソナエ」の読者アンケートでは（回答者がどのような人たちかはわかりませんが）、「あなたの家（実家）の宗教、宗派をご存知ですか」と質問したら、「知っている」六五・七％、「知らない」二八・五％、「その他」五・七％という結果になったそうです。また続いて、「菩提寺はどこの寺がご存知ですか。また付き合いはありますか」という質問には、「知っており付き合いもある」四一・九％、「知っているが付き合いはない」四五・一％、「知らない」一二・九％という結果になったそうです。

この結果からすると、強引な導きですが、家の宗教、宗派を知らないという人三割、また、菩提寺を知っていても知らなくても、お付き合いがないという人が、六割ということになります。私自身の自坊でお檀家さんを見てみましても、実質四割位の方がお寺への意識があるかなという感じがしています。

やはり、葬儀の時に初めて住職に会って、それ以降お寺側から何もアプローチがなければ、このような数字になるのかなと感じました。

大正大学の名誉教授の藤井正雄先生は、『戒名のはなし』のなかで
葬式仏教は、仏教が生前の故人の心の支え、生きる指針を与えてこそ初めて生きたものとなってくる。

といわれています。通夜・葬儀のその場限りの寺檀関係ということを見直し、遺族から檀信徒に到るまでの間に、心の支えとして、菩提寺が仏教をとおして生きる指針を与えなければ、葬式仏教にならないということです。

また、前智山伝法院長の廣澤隆之先生は、『現代密教』八号「人間の生と死をみつめる」で、
教化というのは、真言密教の教えに導くのではなくて、真言密教の教えに忠実に従おうとする自分の

努力が、どのように檀信徒の方々とコミュニケーションするかではないかと思います。要するに自分を深く見つめるためにこそ教理学があるのであって、それを学ぶ自分を表現する儀礼に向かうことを覚悟することが、大事ではないでしょうか。

といわれています。さらに、初代智山伝法院長の宮坂宥勝先生は、伝法院選書1『真言密教を問う』で

生前においての教化活動というものは、私どもは努力が要りますが、しかしそれでも最後の、やはり人生の終わりにおいてピリオドを打った時に、その証として「授戒」して差し上げるという、それはやはり信仰的につながりというものがあって、そして最後に本当の意味で「引導」を渡す。

といわれています。

葬儀というのは、故人がどのような葬儀を望むかが第一次の壁だと思います。故人が、菩提寺の住職を信頼して、真言宗智山派の教えを心の拠りどころとして信仰していれば、おのずと真言宗智山派の葬儀を望むと思います。ですから、真言宗智山派の○○寺の真の檀徒に導くよう教化活動をしていくことが重要なのだと思います。

これからの寺院は「必要とされる寺院」であるかということが大切であると思います。檀信徒に、必要とされている寺院であれば、自然と檀信徒はそのお寺で葬儀を執り行うはずです。では必要とされる寺院とは何か。それは寺院の環境よってさまざまだと思います。それを住職が見極めなくてはなりません。そして、人生の最後に檀徒(死者)が「あの住職に送っていただきたい」、檀徒(遺族)が「あの住職に送ってもらってよかった」と思われることこそが必要とされる寺院である思うところです。

「教化からみた葬儀」というテーマからすると、檀信徒に必要とされる寺院となるように教化活動を執り

行えば、必然的に菩提寺で葬儀も執行されるでしょう。一方、必要とされる寺院になっていなければ、そのお寺に葬儀を依頼しなくなるし、葬儀の大切さも忘れられていくのではないかなと思うところでございます。

二　葬送儀礼の事相的意義と実際

布施浄慧

一　葬儀の発生

生きとし生けるものは必ず死がある。生きる縁が尽きれば死が現実となる。万物は全て生死の因縁のもとにあり、諸行無常の相は無始以来、未来永劫に至るまで表われ続ける。我々は得難い人身を享け生きているが、やがて定命の尽きるとき死の世界へと誰れしも辿らざるを得ない。死は不可避の現実である。生命活動が全て停止した時、五感による意識反能は途絶え、所謂寂滅に入るであろう。これを評して死に行く者は休楽あらんともいう。

この評の当否は確かかどうかは分からないが、一切皆苦の人生を死によって苦から離脱するであろうと観察してのことであろう。

しかし、肉親にとっては死別に会えば悲歎が忽然と生じ、再生を願う。再生が叶わぬと知りここで死を確認し璽後の対応を考えねばならない。このことは歴史的には旧石器時代から死体に対する何らかの措置がなされたのをはじめとし、今日に至るまで人類は繰り返し所謂葬法を行って来た。漢字の葬の会意は、死体を草むす土の中に隠し去ることと説明しているように、人の世界から死体を隠すことを古来より行って来ている。その法は水葬、火葬、土葬、林葬等がある。葬をハフル、ハウムルと訓読するが、これは放棄を意味し、死体を遺棄の葬法と理解されるという。

死体に対する感情は、一方には屍体が時間の経過と共に腐敗がはじまり、死臭を放ち正視するに耐えぬ状態となる。これにより恐怖感や嫌悪感を感ずる。また一方には故人への愛情の情が募るという相矛盾した感情も存在する。適宜な死体処理と鎮魂を人類は様々な方法を用いて一種の儀礼を考案し行って来た。そこには民族の習俗、固有の宗教が儀礼の構成要素となっている。人々はこの儀礼を行い或いは参加することによって、死者との別離の悲しみに精神的な区切りをなし、死者の他界での安楽を覚える。更に生きていることの大切さに思い至るならば、葬送儀礼の齎す副次的価値とはいえ、また貴重なものである。

二　真言宗の葬儀

本稿のテーマに添って論文を進めていかねばならないが、釈尊の示された葬儀への意見や、仏教の東漸と共に持ち来った中国での葬法、更には我が国の神道葬、仏教の葬送儀礼の係りなどの問題につき、歴史的にも、儀礼の行われ方の実際についても触れねばならぬが、それは専門研究者の優れた報告や論文に明らかにされているので、それにより理解を深めていただきたい。特に仏教が葬儀にかかわった重要な資料を網羅したものに、望月大辞典、また、戦後編纂された『仏教儀礼辞典』（藤井正雄編、東京堂）が代表的である。また圭室諦成氏の著作になる『葬式仏教』（大法輪閣刊）は、ともすれば現代仏教界を批判的に表現する「葬式仏教」を表題とし、我が国に於いて仏教が葬儀に深くかかわっている事実を評価し、その果す役割りの大なることに理解を示し、同時に内在する問題点をも指摘している。この書から我々が学ぶべきことは多い。

由来葬送儀式に関する儀軌は無いといわれている。仏典に説かれる葬送として『浄飯王涅槃経』には、釈尊が父浄飯王に報思の意を表わさんがため棺を担おうとしたことや、『増一阿含経』の大愛道の葬牀を舁かれたという記述があるが、これは釈尊の父王や姨母の死に遇って自然発露の行動を描写したものである。行法次第の拠り所となる儀軌とは認め難い。そのため我が国で行われている葬送儀礼の法則や引導作法は、各宗教義を背景にして案立したものが使用されている。

今真言宗に伝えられている葬送法則や、導師が用いる引導作法について一瞥するならば、一説に弘法大師御相伝の作法が師より弟子へと書写され相伝されるというが、もとより弘法大師全集にも、定本の弘法大師全集にもそれらしき書目は無い。引導という語は、文章用法としては使用されているものの、今日伝承される引導法をとても想定出来ない。

次に中興の祖興教大師には「引導大事」と「無常導師作法」が『興教大師全集』下巻（九〇五——九〇七頁）に収録されている。

①。。　引導大事

先護身法

次焼香

次破地獄印　外伝して二中立て合わせ劒形にす　これ小劒印と云云

　おん　さんまゆかん　まかさんまゆかん

次胎大日印　外五貼印　あびらうんけん

次金大日印　智拳印　ばざらだとばん

次普利衆生印　口伝塔印
若人求仏慧左　通達菩提心右
父母所生身　速証大覚位
伝　この印自利利他最極即身正覚の秘法なり
次亡者六大加持　極秘　道範阿闍梨諸摩訶事に出ず
地大　あん　外五股印
水大　ばん　八葉印
火大　らん　三角火輪印
風大　かん　転法輪印
空大　けん　虚心合掌　二空少し屈して掌に入れる
識大　うん　外縛して二空掌に入れる口伝
　已上の真言帰命の句を加う

以下に加註して六大加持印言は覚鑁上人の秘口伝の最極の秘説であり、この加持によって、亡者は速やかに法性の心空に帰すと功能を述べている。

また識大の口伝を説くが、これは現今の『智山作法集』上巻の引導法中にも収録されているので、今は省略する。

②…　無常導師作法　口伝に云く

導師は南方不二の方に向く。

先机の上に五貼を置く
次護身法　常の如し
次洒水
次大鉤召印明　弥陀あるいは不動引摂の仏を召く
次茶湯
次観念
次破地獄印　口伝あり　三度地獄を突き破る
已下次上と同じ故これを略す
以上二本は、『興教大師全集』下巻九の五頁より九〇七頁収録（昭和十年、世相軒発行）を転記した。またそれより以前に発行された同書名『興教大師全集』（明治四十二年、加持世界支社発行）の中には「引導次第」なるものが収められている。これは今日でも伝流の引導次第として用いられているものである。ただし、この次第の作者について覚鑁上人研究の泰斗である松崎恵水博士は、先学中野達慧師の所論に基き「本作品が上人の著作であることに疑問を呈されている」と述べている。（『平安密教の研究』七三〇頁）
前述のとおり宗祖大師の頃の引導作法の存在は不詳であるが、興教大師の時代に至ってこの組織的な作法が編ぜられるようになった。
成賢（一一六二〜一二三一）は『作法集』を編じ、その中に「葬送作法」「亡者曳履書様」「亡者の為めに阿弥陀行法の事」「無縁葬作法」の四法を記している。特に「葬送作法」は亡者閉眼の時より入棺、火葬、埋葬に至る具体的な処置の仕方が説示され往事の葬送を知ることができる。この『作法集』は大正蔵経には収められていないが、『国訳密教』事相部第三巻に塚本賢暁師の訳によるものがある。

次に報恩院流に伝わる引導作法として、今に伝わる二作法がある。その一は「秘密引導作法」で、別名「引導略作法」ともいわれる宝暦七年（一七五七）六月七日、醍醐に於いて動潮僧正（一七〇九〜九五）が洞泉律師（一六七六〜一七六三）より伝授相伝したものである。これには導師作法のみならず、作法終って平座読経の次第が付せられている。

その二は「引導作法」で、智山第十四世智興僧正（一六六一〜一七二八）より第十五世亮範僧正（一六七〇〜一七三九）に伝えられたもので、壇前普礼より始まり、登礼盤の後三礼・如来唄を唱えて一箇法要を修し、焼香して亡者が引導を受けると観じ修法に入る。護身、洒水を行じ、不動、降三世両部教令輪の印明を用いて結界をなす。続いてこの作法の眼目たる灌頂作法を行ずるが、灌頂道場のように厳儀は行うことが出来ないので、灌頂作法の要点を受者たる亡者受法の実際と観じ行ずる。懺悔、三帰、授戒、持戒清浄大事は三昧耶戒の儀式に相当する。次いで法界定印にて導師、亡者の師資観をなし、即身成仏の深旨を結誦の印明で表わしつつ亡者を加持する。

次いで導師は亡者に発菩提心を起せしめ、灌頂道場の正覚壇での印可の規模を行ずる。即ち秘印明をこゝで授けて成仏への導きとする。内容は普賢三昧耶印、入仏三昧耶印をもって両部大日に帰入せしめ、その境界を示した両部の秘印、更に化他の行徳を示す阿闍梨位の印である。この印明の印可によって亡者は大日如来と等同となる。

印可は通途は初重のみで充分であるが、以下二重、三重、瑜祇の秘印の印可は導師の意楽であるとされる。

次いで法流の正統を記せる血脈を授け、新仏の菩提行の護持を祈念して、阿弥陀、地蔵、滅悪趣尊、不動明王等有縁の尊の加被力を頼んで各尊の印言を結誦する。

次の如来拳印は生仏不二即身成仏の印である。灌頂受法により正しく即身成仏を成じた受者内証外相の象徴である。更に光明真言の功徳に浴し密厳浄土へと帰入する。最後の撥遣は導師は亡者が阿字本不生に帰入すと観じこれを結誦することが大事である。

以上二作法は現流の『作法集』上巻に収められていることは周知のとおりである。

次に江戸中期に、六波羅蜜寺の隆誉(一六五三〜一七一一)が、伝承流布していた作法百六十九法を採録した『十結』中にも、「亡者曳覆書様」「無縁葬之作法」「位牌之書様」「率塔婆之書様」の四法がある。「曳覆書様」は守覚親王(一一五〇〜一二〇二)撰になる『秘鈔』の作法集に出ずるものを再録している。また『無縁葬作法』も前出の成賢の作法集のものと同一である。鎌倉時代から五百年経た江戸時代に、これらの法が流布していた証左として興味深い。

三　寺院と葬儀

徳川幕府の宗教政策であるキリスト教断圧の政治施策「寺請制」を起因とする寺檀関係の成立は、日本仏教の大きな変革を来たした。それまでは仏教は貴顕社会や武家社会に受け入れられていた。しかるに寺院によって異国の宗教信者で無いことを証明され、これによって生命財産を保証された庶民は、俄に仏教寺院に信頼を寄せ、寺と檀家の緊密な結びつきが成立した。自然そこに成立した集団は、寺院を中心と意識し、仏教や寺を身近に感じかつ夫々の家に生ずる不幸の場合も、普段信頼している寺院に読経等を依頼して、故人を弔うことが行われるようになる。寺院が広く民衆のために葬儀を行う原初がここにある。これが慣行となり、仏教寺院は葬儀を専らにするものと思われ、葬式仏教なる評も生ずる程の歴史を辿ることゝなる。

しかるに釈尊は修行者の葬儀に関与することを禁じていることも多く知られている。『般涅槃経』に説示するところを、中村元博士の訳文により確認してみたい。釈尊がいよいよ入滅の時の近くに当って、高足の阿難の問いからはじまる。

「尊い方よ。修行完成者（釈尊のこと　筆者註）のご遺体に対して、われわれはどのようにしたらよいのでしょうか？」

「アーナンダよ。お前たちは修行完成者の遺骨の供養（崇拝）にかかずらうな。どうか、お前たちは、正しい目的のために努力せよ。正しい目的を実行せよ。正しい目的に向かって怠らず、勤め、専念しておれ。アーナンダよ。王族の賢者たち、バラモンの賢者たち、資産者の賢者たちで、修行完成者（如来）に対して浄らかな信をいだいている人々がいる。かれらが、修行完成者の崇拝をなすであろう。（『ブッダ最後の旅』岩波文庫、一三二頁）

釈尊が比丘たちに「葬儀にかかわることなかれ」と誡めた心底には、仏教の修行僧は、自分の修養に努めることだけに専念せよという考え方である。遺体の処理は世俗の方法に準じ、それにかかわるのは世俗の人に任せよと阿難に説いた。この釈尊の誡語は出家者にとって金言である。さとりを求め、身を尽して修行に励むのが出家者の最大の使命である。この精神を具体的にいえば、五大願に込められた菩提を求める心に集約できよう。今日の出家者もこの修行専念は充分理解しているが、現実はこれに背する。矛盾の中での苦悩もまた深い。このような状況に至った淵源は、政治、経済、社会の諸々の要因が積集していることに気付く。仏教が葬儀に深く関与している道を逆行することもできない。それならば我々は謙虚に葬儀の実務を、遺族の悲嘆に寄り添って勤める道しかない。

江戸時代初期に策立された檀家制は、次第に定着し、寺院の教化活動は広く民衆に浸透し、仏教のおしえに根ざした精神文化が庶民の生活に投影されるようになった。こうした精神的土壌の上に、葬儀や追善の仏事は行われ続け、宗派の特色を前面に出しながら、鎮魂や死霊の除去などの方策について、民俗習俗の慣行を交えながら、漸次形造られるようになった。そのために葬送儀礼は地方により異る形式を伝承することになる。ひとたび地域内で死者が出れば、生活共同体を組織する組の住民は、挙げて葬儀執行のため協力してその準備に当ること〻なる。その準備の夫々の仕方については、その地域に伝えられる方法で忠実に形造っていく。死者の冥福を祈って人々はひたすらに与えられた仕事を進めた。これがまた共同体の結束を強める機縁ともなった。

真言宗の葬儀についての基本的な資料は極めて少ない。最も古い資料は作者や制作年代が不明の『二巻章』がある。本書成立の時代考証によれば、文中に「宥快法師」という語が見受けられるので「古く遡っても室町時代中期」と想定されている。また本書の以前に『五巻章』があり、この『二巻章』はそれから抜き書きしたものとも類推されてもいる。上巻には葬送諸作法・支度が三十項目にわたって詳述・図解され、下巻には大師相承の引導作法(広)の略法とされる「引導略作法」が示されている。この二巻章本文は『真言宗実践双書』第一巻中に収録されている。(上巻は同書一一二頁以下、下巻は一〇一頁以下)

また下って江戸時代には頼勢の『引導能印鈔』、高野山の南方気士不可停の『福田殖種纂要』、総州の伝慧集の『引導要集便蒙』、明治に入って福山乗道の『仏事と葬儀』があり、研究者はこの五書をみるべしと、双書の編者は述べている。これらの書に記述された事柄により、仏教による葬儀が行われ、その慣習は近代に至るまで大きく持続されて来た。一度定着すると、これに違ったり、欠落したりすることがあると、霊の祟りを恐れ、疎かな作法にならぬよう注意が払われた。

四　葬儀の事相

昭和二十年の敗戦以来我が国の国状は大変革をなし、人の生活や意識が戦前のそれに比べると天地程の変化を来たした。葬儀も同様に変化の様相を示すようになった。現実生活の豊かさからの人生観が思考の大部分を占めるようになった。金銭第一による充足観は、人間の持つ大切なものを駆逐してしまったようにも思える。物事の価値は全て金銭に換算する習慣は、余りにも世間の経済感覚から離れた一部寺院のお布施要求に敏感に反応し、葬式不要論まで出現した。これを頂点とした葬式に対しての社会の潮流は、直葬、家族葬など簡素化への一途を辿っている。

葬儀が行われる場所も家から葬祭場という施設に変った。現代の人々の要望に応えた施設は、喪主側にとっても、参列者側にとっても好意的に受け入れられ、一度葬儀が必要となった場合は業者に相談依頼することが常識となった。平成二十七年度実施の智山派総合調査の葬儀に関する集計結果を見ても七十九・四パーセントの高率がこれを裏付ける（平成22年度では同じ設問に七十五パーセントであったから、この傾向は更に進んだ）。家から葬祭場へと移行したことは、地域の伝統的な協力態勢も退化し、寺院もまた伝統的な葬儀の執行は出来ず、法儀の縮小化に迫られている。

葬儀執行の場所の異りは、伝統的葬儀に比べ事前の支度において、その殆どが行われなくなった。導師が修する引導作法と共に、その周囲に飾られ用いられるものは、遺族が成仏を願う気持を支える大切な用具である。その一つ一つには、仏教のおしえを象徴的に表したもの、死後の世界の故人の生活が安寧であるように、あるいは真言宗智山派引導の眼目である灌頂道場の荘厳具であったりする。寺院に葬儀の依頼があった場合は、戒名を作ることから始まって、その支度は繁多であった。今は省略されて位牌、忌中塔婆、七本塔婆ぐらいを浄書するだけに止っている。省略されていると意識されている世代は、まだその必要性に留意が払われるかも知れないが、今日のように多くの支度さるべきものが極めて僅少なものになれば、浄書の教本であった『無常要集』や『息滅集』は最早や必要性は皆無となるであろう。またそこに込められた意義も顧るよすがが無いのであるから、誰れも伝えることが皆無となる。

書式に用いられる梵字も書く機会が少くなれば忘れられてしまう。梵字を聖字(語)として大切に扱って来た伝統も消失しつつある。正しい筆法で書き整った梵字は拝む対象となるのであるから、真言宗では梵字を事更に重視する。疎にすることを慎まなければならない。

今や自宅での葬儀は極めて稀で、斎場での葬儀となれば、諸々の事前の準備や飾り物は不要となった。以前はどのようにして準備支度に臨んでいたかは、例えば本宗所用の『法要便覧』第一集の「葬式の用意」の項に詳説している。檀家等から葬儀の依頼を受け、死者の家に赴いて、入棺作法、剃髪授戒作法をなし、棺の内側四面と底、蓋に種字を書く。枕幡にも宝楼閣真言等を書きこれを枕頭に立て、或は小机を置いて香、華、灯、水、霊供を供える。屏風逆さまに立て、魔除けの刀を遺骸の上に置く。逆さ屏風に表わされるとおり、死は異常とみなされるので通常とは逆の行為が行われ、湯灌の湯は水に湯をさし、経帷子は左前にするなどが見られる。

葬儀の風習には浄土教の影響もあって、死者は十万億土の極楽へ旅立ちする考え方から所謂死装束に身を包み、棺中には金剛杖、笠「頭陀袋」には米、六文銭、針を入れて道中安全を祈る。これ死者の死出の旅立ちに、生前の旅姿と同様の想をいたし、夫々のものには偈文や真言を記して仏の加護を願う。

「血脈」は引導作法中、印可後に授け、大日如来よりの法を相承する儀が組み込まれているが、その系譜を光明真言破地獄曼荼羅に記したもので、死者が引導を受け成仏した証である。血脈の形式は寺院に受け継がれているものがあり、そこに相承者の実名を記入して作り上げる。火葬が一般的となった今日、血脈の取り扱い方に異説がある。「頭陀袋」に入れて焼くことと、焼かずに拾骨の後骨壺に入れる仕方である。

「念珠」は出家受法の身となったからには修法用具の念珠は必ず持たせなければならない。

「曳覆曼荼羅」は経帷子とも称し、或いは無常衣ともいう。『便覧』第一集には、『引導便蒙』第八巻の説を出して、美濃紙を八葉に切ったもの二枚を用い、別々に偈文と真言を書き、一枚（曳覆曼荼羅）は棺の底に、一枚（覆曼荼羅）は死者が被る笠の上に置くという用法が明かされている。

『十結』第十に、「亡者曳覆書様」があるが、これは一つには真言行者は生前中経帷子を着用して降魔並びに来迎を祈り、一つにはこの曼荼羅を加持開眼して亡者の身体を覆うて、亡者の出離生死、頓証菩提を祈るの二つの用い方がある。具体的な身体各部所に相当する諸真言は、『秘抄』作法集に示された書き方を用いる。

前述の「入棺の作法」の中でも、亡者の身体に散杖を用いて種字を書くことが修されるが、これは密教修法で用いられる布字観の転用と思われる。全身諸仏の加護を受け即成仏の意に入るに擬する観法である。

自宅で葬儀が行われるときは、棺を覆う屋形の四方に吊す「四方幡」、或いは庭儀に設えられる「天蓋」そして灌頂庭幡に準じての「四本幡」、また六道能化の地蔵尊を祀る「六地蔵」などが用意され、俗に「庭回り」と称せられる行道を行い、回向された後葬列を整えて墓所へ向う。「庭回り」は「四門行道」を簡略化したもので、発心、修行、菩提、涅槃の門を出入して、亡者が菩提行の実践を意味する。厳儀には四門を立て四行の順に行道するが、略して三画して中央天蓋の下に安置する。ここで導師は引導の大事を修し、諷誦文を読む。次いで理趣経、陀羅尼、真言、讃を唱えるが、読経の声を聞いて遺族・参列者は故人の成仏を確信する。読経の功徳は計り知れない。一連の葬儀で、故人の死出の旅を別離の涙を怺《こら》え勤める遺族は、仏教の法儀に出会って心に染みる時を過すのであるが、読経の音声はまた格別と受け止められている。

述べ来ったように、かつての葬送儀礼は、僧俗共に故人の成仏冥福を祈って、いわば手造りの葬儀が行われていた。登場する用具・法具は真言宗の教えを象徴化したものであり、尊師の修する引導は、死を勝縁として行われた灌頂儀式で、秘印明の印可は成仏を約束するものである。唱えられる読経の響に心の安堵を得、故人はみほとけによって死後の安楽へと導かれることを信ずる。

葬儀という仏事に繰り広げられる事相は、先徳達が考案し確立した宗教文化でもある。形式が変化したとしても、仏教による救済の目的は護り続けねばならない。

Ⅳ　まとめにかえて

生者―死者共存の文化
――日本文化再考の契機――

廣澤隆之

私はここに掲げたテーマについて、仏教学的な視点と民俗学や文化人類学、そして哲学などの知見を交差させてみたいと思っています。特定の専門分野からの学術研究に限定したくないという思いもあります。大雑把な話になると思いますが、それぞれの専門の研究に利するものを受けとめてもらえたらと思っています。ただ専門の分野に専注すると、多角的な視野、そして司会のいう「俯瞰的な立場」が見失われることも注意しておかなければならないと思います。

タイトルについては、最後の結論として申しあげるつもりです。そこに「日本文化再考の契機」という副題を添えておきました。「再考」というのは自分でもう一度考えてみようという意味もありますが、今までの日本文化に関する数多の論考の代表的なものをふまえて、再度考えてみたいという思いもあります。とりわけ、私の関心としては、今日の仏教学の礎を築いた和辻哲郎の日本精神史研究などを念頭においています。そして和辻批判も加味した考えを打ち出せたらとも思います。それゆえ「契機」としておきました。この場合の「契機」というのは「きっかけ」という意味も含みますが、ヘーゲルの『精神現象学』などで使用されるMomentという概念で考えています。すなわち先行する考察を批判的に継承し、弁証法的に高まる方向を目指したい。そのようなことを念頭におきつつ、ある種の日本文化論のようなものを考えていこう、と思っております。

ところで、専門分野が違うのに日本文化を論じるようになるのは、一般的にもよくあることです。たいがいの場合、歳をとると日本のことが気になるようです。西洋の学問をまねてきたものが、最終的には「日本的なるもの」に回帰しがちです。若い頃は西洋料理を好んで食べていても、歳をとると和食を好むようになるようなものかもしれません。また日本の近代の文化状況、そして政治状況からの日本回帰志向もあると思います。その典型は戦前の日本浪漫主義でしょう。

私の場合、日本文化論を考えようとする場合、いわゆる日本回帰としての関心であるとは、少なくとも自覚的には思っておりません。無意識に日本回帰しているのだと指摘されたら、そうかもしれませんが、意識的にはそうではありません。私はもともと日本のことを勉強したいと思っていました。大学進学にあたって、日本中世思想史の講座をそなえている大学を探したこともありました。きっかけは小林秀雄や唐木順三の評論、そして西行の『山家集』などに傾倒していたからだったように思います。そして、大学進学後には「思想」や「精神」といった概念を中心に学ぶのに哲学の素養が必要であると言われ、かなり哲学に傾くようになりました。そのようにして西洋やインドの思想に関心を懐くようになりました。しかしその間にも、常に日本文化が頭の片隅にありました。

ただその場合、文化について論じるとしても、多くの研究は歴史的な記述を基本にしているように思えます。もちろん、歴史的検証は大事ですが、歴史学にもとづく文化論というのは、何か物足りない感じがしていました。歴史的事実への思想的解釈がどのように交わるかということが課題になると思います。そのことについては、後で井筒俊彦に関連して話そうと思います。まだ井筒をそれほど意識していないときに、例えば江戸時代の文化を見る場合に、ロバート・ベラーの優れた業績はとても参考になります。私が個人的に刺激を受けたのは源了圓先生の思想解釈でした。源了圓先生は私と基本的な思想的立場が異なりますが、それでも江戸時代の思想解釈としてはとても参考になりました。このような思想あるいは文化理解を参考にしつつ、しかもそれらを批判的に受けとめ、私なりに日本文化について、その基層を探る視点を確保したいという意図があります。それを今回のテーマに即して考えてみたいと思います。

問題の所在

① 葬儀を教学の立場から考える

まず「葬儀」と「教学」の関係が、ある意味では現代の葬儀を考える場合に困難をもたらすということを視野に入れてお話いたします。「葬送儀礼をめぐって」という研究テーマは、葬儀を教学の立場から考えるという企画意図によって行なわれてきたと私は受けとめております。すなわち、「近世の仏教」というテーマが終結し、そのテーマと関連づけつつ、今度は新たに「葬送儀礼をめぐって」というテーマが設定されました。

そして談話会では、日蓮宗・曹洞宗・浄土宗・浄土真宗・天台宗などの他宗門における葬送儀礼の教学的な意義づけについて、それぞれの宗門の教学の先生をお招きして学んできました。しかし葬儀の教学的意義を理解したところで、葬儀の本質が明らかになるのでしょうか。後で申しあげることと関連しますが、葬儀を教学的に意義づけるということ自体が日本仏教においてどのように意義づけられるのかという課題が重要であると思います。すなわち日本的な習俗としての葬送儀礼を宗派仏教の宗教的言説で合理化し、仏教儀礼として定着させる営みに日本仏教のあり方と日本の文化の特質を認めなければならないと思っております。葬送儀礼は仏教の言説で説明し尽くすことはできません。しかもその儀礼を教学的に意義づけることが求められているのです。これは葬儀の実態と理念との乖離としても、常に議論されているかと思います。

このように葬送儀礼の教学的意義づけという試みに見られるのは、日本文化における宗教感情の仏教的合理化ということであると思います。極論を言えば、日本仏教とは日本人の宗教感情を仏教的に合理化し、制度化された宗教として確立させたということになるのではないかということです。この宗教感情と言説による合理化というテーマはルドルフ・オットーをヒントにしています。このことは後にまた述べたいと思います。習俗でもある宗教儀礼を教学的に位置づけるという、伝統教団にとって重要な課題にはその直接的な課題の背後に日本仏教の特質の探究というテーマがあるといえるでしょう。

ところで、興味深いことがあります。談話会では教学的意義を問うという課題を設定し、各宗門の教学の先生方をお招きし、それぞれの宗門における葬儀の教学的意義づけを語っていただいてきました。しかしこのような談話会が開かれてきた過去五年間の教学大会では教学の立場からの講演がありませんでした。昨年は智山講伝所の布施上座阿闍梨が、本派の灌頂儀礼と葬儀について講演されました。それまでは宗教学の先生方がお話をされているのですね。村上興匡先生、鈴木岩弓先生、それから松尾剛次先生でした。それぞれの先生方は宗教学が専門であるということになっていますが、そもそも宗教学とはいかなる学問なのか、私にはよく分かりません。同じように宗教学の先生といっても、鈴木先生は民俗学、村上先生は社会学的な研究、それから松尾先生はどちらかというと宗教史のような感じがいたします。宗教史もまた分類が難しいようですが、いずれにしましても、それぞれの先生方がそれぞれの専門分野から宗教現象を解釈し、理論づけを行なうわけです。それらが包括的には宗教学的立場ということになるのですが、明確に言えることは、この宗教学的立場には教学的意義づけという動機はないということです。学問論として言えば、宗教学は一定の教学的立場にもとづかず、すべての護教的立場から自由であり、なおかつ批判的であることになります。

このように教学大会の講演では昨年の布施上座阿闍梨の場合をのぞいて宗教学の立場の先生方に語っていただきました。そして談話会では各宗派の教学研究の先生方に語っていただきました。この両者の議論を統合することは可能なのでしょうか。それぞれがどのように結びついていたか、あるいは結びつければよいのか、問題が錯綜し、どのように議論の総体を整理したらよいのか、私には分かりません。

そのためこの基調講演を引き受けてみたものの、私にこれを総括できるのかという疑問がつきまといました。あるいは、こういうテーマは一人で総括できるものではなく、先ほど申しあげた教学的立場と宗教学的立場を視野に入れつつ、さらに学問論として、あるいはテーマに深く立ち入るための学問的方法論のあり方などをめぐって、総括する以前に何かまだ議論として足りないものがかなりあるのではないのか、という感じもします。

② 葬儀をめぐる状況の変化

もちろん私も一介の僧侶として葬儀のあり方を常々考えています。しかしそのことを学問の場に引き出すのはどのようにしたらよいのか、難しい問題です。しかも私は積極的に葬儀について議論をしてきたというより、周囲の議論に押されて受け身的に葬儀の問題に関与してきたきらいもあります。それは世間で葬儀についてさまざまな議論が交わされる状況で、そのような議論への対応を求められてきたという事情もあります。

さまざまな議論が交わされるということは、それは明らかに葬儀をめぐる状況が変化しているからということに他ならないかと思います。とりわけ自然葬といった新しい葬儀のあり方が提唱されるようになり、葬儀についての議論は具体的に、そしてまた学問的意義づけが求められるようになりました。そのような状況で、自然葬という概念を生み出し、新しい葬儀を具体的に提唱する「葬送の自由をすすめる会」から自然葬の起源について仏教の立場から原稿を依頼されたことがきっかけで、私はかなりこの問題に深く首を突っ込みました。この会の趣旨に批判する原稿でも構わないということで、自然葬推進を批判することと並行的に「自然」という概念の再検討と日本文化における「自然」のあり方を論じ、私なりにいい勉強をさせてもらいました。

a.　葬儀不要論の抬頭

また「葬送の自由」とも関連しますが、ここ十年ほどは葬儀不要論が今までになく浸透してきました。葬儀不要論は明治の頃から多くの啓蒙主義者や文化人が提唱した古くて新しいテーマですが、現在は経済とも深く関係した葬儀不要論が抬頭してきたと思われます。そのような状況で時流にのってベストセラーとなったのが島田裕巳氏の『葬式は、要らない』(幻冬舎、二〇一〇年)だったといえるでしょう。あのようなネーミングでベストセラーを作る幻冬舎の企画・編集にはおそれいります。著者の島田氏から聞いたところでは、あのタイトルは幻冬舎の社長のアイディアだそうです。島田裕巳氏とは二人だけでの討論会をやりましたが、葬儀について、あるいは日本仏教についての理解が根本的に違っているという感想をもちました。あの本には多くの間違いもありますが、それでも多くの人に好意的に評価されたのは、それなりの理由があると思います。それは伝統教団が葬儀を経済的基盤にする体質にしっかりと向き合っていないことにも関連します。私たち僧侶が葬儀について反省すべき点は多々あると思います。しかしだからといって葬儀不要論に議論が飛躍することは妥当とは思えません。

ところが、葬儀不要論が世間を席巻するかと思っていたら、状況がまた変化しました。そのきっかけは東日本大震災です。あの震災で多くの人が亡くなりました。そして葬儀のために地元の僧侶の方々が大変な努力をされました。智山派の僧侶の方々から、遺体安置や火葬の対応だけでも混乱の極みにあった様子を聞きました。誰もが葬儀をするために必死になる現状を知り、ある宗教学者は「葬式は要らない」という議論が吹っ飛んだという見解を表明していました。多くの人々が鎮魂の儀礼を求め、死者供養を必死になって行ないました。また福島の原発事故の避難地区の多くの人たちが位牌を持って避難してきたということも伝えられました。もはや葬儀不要論なんて言っている時代ではないという意見も見られました。

しかし東日本大震災によって葬儀不要論は吹っ飛んだというのも、いささか現実を言い当てていない感じがします。東北地方での危機的な状況をもって、葬儀のあり方の議論が変化したかどうか、精密に検証すべきであり、軽々に「葬儀不要論は吹っ飛んだ」といった断定は控えるべきでしょう。たしかに東日本大震災後に東北地方で葬儀が求められた現実からして、日本的エートスの根底にある鎮魂儀礼への見直しが必要でしょう。だが、一方でそのようなエートスが稀薄化し、経済合理主義の展開過程で都市を中心に葬儀不要論はじわじわと進行しているように思えます。東日本大震災以降でも、葬儀不要論、それから墓地不要論も盛んになっているように思えます。伝統仏教が示してきた他界観念が有効性を失い、個人がそれぞれに死を解釈する時代にあっては、伝統教団の葬送儀礼が軽視される傾向は続き、この潮流はますます大きくなるように思えます。私たち戦後生まれの者が葬儀や墓地について伝統を無視する傾向にあることは否定できません。もちろん伝統へと回帰する人も多いのですが、私たちの世代には、ある種の啓蒙主義的な、非合理への配慮を拒否する傾向も根強くあります。年とっても若いときと同じように考える年寄りが増えてきました。彼らはさまざまに、自由に物事を判断したがり、伝統に束縛されることを嫌います。

b. 葬儀形式の多様化―葬送の自由化論―

そのような人たちにとって個性に見合った葬儀形式の選択が重視され、葬儀形式が多様化しています。家族葬や直葬など葬送儀礼そのもの、樹木葬、散骨など遺骨処理と供養方法など、さまざまなものが組み合わされ、新しい葬儀のあり方が模索されているようです。それらは今までの伝統的な仏教の形式から自由になってきているという感じがします。

そこで特に画期的だったのは「葬送の自由をすすめる会」という団体が平成三年に発足したことでしょうか。あの頃から明らかに潮流に変化があったように思います。この会を作った安田睦彦氏は、たしか朝日新聞の論説委員を辞められてから「葬送の自由をすすめる会」を作られたと記憶しています。氏の経歴は東大法学部―朝日新聞ですが、氏が「自然葬」という概念を作り、葬送を「自由」という概念と結びつけていることを考えると、その経歴が何か暗示的な気にもなります。氏が「自然葬」ということばを日本に定着させ、『広辞苑』にもこの単語が載るようになりました。

私はこの会において「自然」と「自由」という観念が無批判に提示されていることに違和感を覚えます。

ここで詳しく述べることは止めますが、これらの観念こそ西洋近代の成立と密接に関わっています。そして私はそれらの近代主義的概念を無批判に仏教の中に取り込むことに禁欲的であるべきと思い、さまざまな主張をしてきました。差別問題への提言も、まさしくこれに関係します。というのも、社会的諸権利に関する「平等」を唱える思想は西洋における「自然」観念とも関連します。そしてフランスやアメリカの市民革命・人権宣言の骨子となる「自由」「平等」は明らかにこのような近代思想の成果であります。このような思想の系譜が仏教思想のそれとどのように位相を異にするかということを確認せずに、近代的言説に仏教思想を晒すことに慎重になるべきでしょう。

先ほど触れましたが、この「葬送の自由をすすめる会」とは少しばかり関わりをもちました。というのは、この会で「自然葬の源流を探る」というテーマで世界の諸宗教を紹介する本を発行するという企画がありました。会長の安田氏と関係の深い学習院大学の中村生雄先生の企画だったと記憶しています。中村先生から仏教に関する執筆依頼の電話がありました。中村先生とは遠慮なく物事を言える間柄でしたので、先ほど述べたような近代思想との関連で「葬送の自由をすすめる会」に対して私には反論がたくさんあるが、それを書いてもよいかと言いましたら、それでも構わないと言うので原稿を書きました。結局ほとんど「葬送の自由をすすめる会」の批判を書いてしまったのですね。（『自然葬と世界の宗教』、凱風社、二〇〇八年）

そこに書かれた「葬送の自由」への批判と「自然」とは何かについては、ここで申しあげません。論文を是非ともご一読ください。なお、中村先生はこの会に積極的に関わり続け、その間にも宗教学者を中心として共同研究等を積極的に行なってきました。彼は大阪大学時代に日本宗教の研究を精力的に行ない、いわば中村学のような思想的立場を確立していました。その彼が阪大から学習院大学に移り、より実践的な研究をするようになりました。それは彼自身の病気との向き合い方でもあったようです。先ほどの紹介した本を出版した数年後に彼は亡くなりました。ご遺族からの案内で、自然葬が執り行なわれたことを知りました。私とは思想を異にしつつ、何か同志的に結びついていた彼の死は私に強い喪失感をもたらしました。

ところで、「葬送の自由をすすめる会」というのはきわめて戦後的な発想だと思います。というのも、葬儀をするのは「自分」の、「個人」の自由だろう、というのですから。葬儀に関して自由が問題になること自体が、私には不思議な感じがします。葬儀も社会的行為である以上、そこには法的問題が生じることは分かりますが、法的な「自由」が葬儀の本質を規定するのでしょうか。自分が死んだらこうしてほしい、といった意志は「自由」に関わる問題なのでしょうか。それは願いであり、社会的な、あるいは法的な「自由」が保証されるべきである事態とは異なると思います。そもそも「死」は「個人」の問題として認知されるべき事象なのでしょうか。むしろ「死」は「個人」が所属する共同体における意義をも担っているのではないでしょうか。

私は戦後の典型的な農村育ちです。古い習俗が連綿と生き続ける社会でした。村八分も厳然として存在する共同体ですから、葬儀についても古い慣習が生き続けていました。そのようなエートスにおいて、葬儀は「自由」が優先するのではなく、「義理」が実際の影響力をもちます。葬儀は「義理」との関連を無視して考えられません。

皆さんにも心当たりがあるかと思いますが、誰かの葬式があると、お通夜か葬式に一応義理でも行かないとまずいということはありませんか。ましてや付き合いが濃密な村落共同体の中では、この義理を欠くことは反社会的行為で、許されません。「義理」という観念を文化論的に考えておかねばならないと思います。

要するに、「個人」の死というものは「個人」の出来事だけですむのか、それとも共同体が確認する過程が必要なのかということです。現在は「個人」という観念が優先し、しかもその「個人」の係累が親子・孫関係のみに限定されるために、家族葬という、社会的には「義理」を欠いた葬儀が広まるのでしょう。この現象も文化論的に考察されるべきです。

このような問題の背後には、死とはそもそもどのように理解すべき事象なのかという宗教や哲学の根本問題が横たわります。死とは個体の生物学的生命活動の停止として認知されるだけではないはずです。個人の死に関して「葬送の自由」が提唱されるのならば、その「個人」はどのようにして「個人」として成立しているのかも同時に問われるべきでしょう。仏教の縁起の理論を持ちだすまでもなく、「個人」は他者との関係性において「個人」なので、他者存在抜きには存立しえません。その他者との関係性が社会的・文化的であるなら、個人の死はその関係性の生滅という意味で、他者の存在了解の問題にもなります。その他者的な存在了解として「個人」の死は社会的・文化的に認知されるのでしょう。この仕組みを人類は葬送儀礼として樹立したのでしょう。したがって葬送儀礼は生者の死者に対する存在了解である以上、死者が勝手にその了解を規制することはありえません。生者と死者との関係性を了解する文化において葬儀のあり方は決定されてきました。死者が勝手に葬送儀礼のあり方を一方的に決めることはありえなかったはずです。それが文化的規範であったはずです。

そうしますと、「葬送の自由」というより、むしろある意味（文化的規範性等）では「葬送の不自由」がもっと注目されてもよいと思います。「葬送の自由をすすめる会」をはじめ、また『葬式は、要らない』などの出版に見られるように、伝統的な葬儀の拒否や葬儀不要論は確実に社会に浸透していると思います。そのような状況で、何らかの死者との関係を確認するための葬儀として、その儀礼の多様化が進行していると思われます。

c.　家族形態の変化

また、そのような多様化の要因の一つとして、家族形態の変化ということもあるかと思います。産業構造の変化により家族のあり方も変わります。かつての農業を基盤にした家族のあり方は現状において矛盾を露呈していると思います。しかもその家族制度は明治期の近代社会形成と密接に関わります。明治期における近代的な国民国家形成における家族の位置づけは決定的なものでした。その過程で、現在の寺院墓地における「〇〇家之墓」もできあがってきたわけです。あの家を表示する墓石の下に家族構成員の遺骨を埋葬するという形式が将来も社会的意義を持ちつづけるか否か、私は疑問に思っています。しかも家族のあり方の劇的変化は伝統教団の経済基盤を支えていた寺檀関係の脆弱化とも大いに関係します。墓地問題、寺檀関係も葬儀のあり方について考察すべき事柄でしょう。

d.　死の意義づけの変化

それから先ほど申しあげた死の社会的・文化的規範に関してですが、死の意義づけの変化が問題になると思います。かつて私たちが幼少期に経験したような死の意義づけと現代のそれとは違う要素が多くあると思います。例えば、病院で死に、そして家族だけで死と向かい合い、そして家族だけで葬儀を行なうと、先に申しあげた社会的・文化的規範の基盤となる地縁とか共同体との関係性を失う。それはある意味では日本社会の根本的崩壊を促すのではないかと危惧しています。

ところが東日本大震災に見舞われ、従来の共同体や地縁関係とは異なる人間のつながりが見直されました。

とりわけ「絆」という語が新たな意味づけをされて人間関係が再認識されました。その関係性は被災地の人々相互の関係、被災地を支援する人々との関係だけでなく、震災で亡くなった方々との関係も含んでいるようです。そこにも死の現実に直面した状況から、現在の生の意義を再検討しようとする意義もあるでしょう。そのような意味でも、生は死によって意義づけられ、死は生の意味を確立するために必要とされているということも分かるかと思います。

e. 医療技術の高度化

次に葬儀をめぐる状況の変化として指摘しておきたいのは医療技術の高度化の問題です。高齢化社会で医療技術が高度化するということは、多くの死者の遺族は高額な医療費を払うことになります。年寄りが蓄えた資産では医療費をまかないきれないという悲しい現実に直面することもあります。介護の段階で貧困に陥る現実と相俟って、葬儀に金をかけられないという悲痛な現実に寺院の側がどのように対応しているのでしょうか。かつてのように親が資産を遺したまま死に、その資産を受け継ぐ者が供養のためということで盛大に葬儀を行なうというケースがモデルとしてありました。現在の状況は劇的に変化していることを寺院の側はどのように認識しているのでしょう。葬儀のあり方を考える上で、高度医療と介護は重要な側面であると思います。

以上、葬儀をめぐる状況の変化について縷々指摘してきました。もちろんここで述べたこと以外にも多くの問題があると思います。確認すべきことは、葬儀をめぐる状況は劇的に変化し、伝統教団の葬儀のあり方はその変化状況では魅力を失いつつあるということです。そのことを私たちは自己批判し、真剣に反省しなければなりません。

③　どのような視点から考察するのか

a.　教学にもとづく葬儀の意義づけの再確認

こういったことを考えてきますと、葬儀儀礼をめぐる複雑でたいへん難しい問題をこの場で議論し尽くせるとは思えません。すでに今までも教学的側面と宗教学的立場の議論が提起されてきたわけです。それを簡単に総括できるはずがない、というのが私の実感であります。むしろ私たちが僧侶であり続け、葬儀に関わる限り、総括できないまま自分のその時々の確信にもとづく行為が問われ続けるのだと思います。総括して対処方法を見つけるといった、客観的な事象ではなく、その事象に関わる自己が問われ続けるのです。

さて次に、どのような視点から考察するのかに関連してお話しいたします。ここでは教学的な、さらには広い意味での学問的な立場に立った議論をすべきです。学問研究における根本姿勢は批判ということです。この批判という概念について、伝統教学を学ぶ方々に是非とも真摯な議論をしてもらいたいと思います。批判における最重要なことは、どのような基準を以て多様な議論を区分けし、自分の視点を位置づけるかということであると思います。批判とは相手を非難することであるかのような誤解がありますが、あくまでも学問の視点を設定することに関連します。教学研究が仏教学あるいは思想研究の学問であるならば、その批判を遂行する必要があります。しかし伝統教学を学ぶことを学問から切り離すのであるなら、その正当性を論理的に説明しなければなりません。こういった自覚が伝統教学研究には不十分であったと思います。葬送儀礼の教学的意義づけを真に遂行するなら、まず問われるべきはここで言われる「教学」の何たるかです。これは私が伝法院に籍を置いていた頃の最も重要なテーマでした。伝法院から出版された種々の印刷物で私の意見をご参照ください。

「教学」とは何かを問うことと同時に、ここでのテーマにおいては、その「意義づけ」をどのような視点・方法で遂行すべきかということも考えておかねばならないでしょう。特に注意しておくべきは理念型である教学に先導されて葬送儀礼が形成されたのではないという事実を認識した上で「意義づけ」をするということです。すなわち葬送儀礼にまつわる宗教感情はすでに存在し、それなりに葬送儀礼が成立していた状況で、あえてそれらを教学によって合理化し、宗派の教義で後追いの理屈づけをして葬儀を正当化した、ということを私たちは学問の場で批判的に論ずべきでしょう。宗派の葬送儀礼を成り立たせる思想原理とその根拠を思想研究の立場から吟味すべきでしょう。その際に日本仏教における死者供養の思想史、そして葬送儀礼の仏教儀式化といった歴史的事実の検証も必要かと思います。

要するに昨年の教学大会での布施上座阿闍梨の講演を葬儀の実修に役立つものとして受けとめるのではなく、そこに学問的な批判をどのように組み込むかということです。誤解がないように念押ししておきますが、ここでいう批判は布施先生に対する批判ではなく、宗派が江戸時代から葬送儀礼を教学にもとづき確立してきた意義を学問的に検証することを意味します。

布施上座阿闍梨が昨年の講演で基本としたものは「引導法」です。布施先生のご指導にもあるとおり、この儀礼の骨格は真言密教特有の灌頂儀礼であります。このような死者への関わりがどのようにして成り立ったのか、是非とも真言密教の研究を専門にされている方々に解明していただきたいと思っております。私たちが依拠している「引導法」は十八世紀中頃に成立したものです。ある意味では、江戸時代の檀家制度の確立とともに政治権力から要請されて宗派としての葬送儀礼を確立させる必要があって「引導法」が生まれたともいえるでしょう。そしてそれ以前に仏教の葬送儀礼として確立していた禅宗の形式が換骨奪胎して真言密教の教義で再構成されたともいえるのではないでしょうか。その禅宗の儀礼の基本は亡者に仏弟子として戒を授け、仏道修行に向かわせ、成仏を願うというものでしょう。このような形式がどのように成立したのかということは中国仏教史の中で探究すべき課題が多いと思います。しかも儒教の葬送儀礼や道教の他界観念などもこれらに密接に関わり合うでしょう。そのような思想史的背景も「引導法」理解のためには必要でしょう。

しかし私の個人的関心としては、亡者を生者と見立てる儀式を行なう観念体系、葬儀後には死者に対して仏陀への供養儀礼をもとにした儀式を行なう他界観念など、これらのなかに日本仏教の特質を見ることができるかどうかということです。

b.　葬儀についての学的知識の蓄積

さて、このように多角的な側面をもち、多様な視点から考察すべき課題が浮上する葬送儀礼について、私たちはどのような視点から考察すべきなのでしょうか。ここでいう「私たち」とは、真言宗智山派の「僧侶としての私たち」ではなく、その宗団のなかで学問的に仏教に関連する事象を研究する立場にいる「私たち」を意味します。

しかも「私たち」の知識を総動員して、このテーマに関わるべきであると思います。すなわち、先ほどから申しあげているように、「引導法」にもとづく葬送儀礼は単に宗学の教義研究の枠を超えて、奥深く大きな文化的背景をもっているということです。従来の教学によって意義づけをするだけでは本質は解明できないからこそ、さまざまな視点をもつ宗教学の先生方を招いて学んできたのだと思います。そこでは仏教学からは知りえないさまざまな学的情報を得ることができました。また宗教学のみならず、さまざまな社会科学、法学の分野も含め、あらゆる学の情報が関わるかと思います。さらには宗教学の島薗進先生やカール・ベッカー先生たちが積極的に推進している死生学のような、学際的というより学融合的な研究も重要であるかと思います。しかし私の個人的な関心と考えでは、このような学問の方法論や視点の取り方に関して疑問もあります。しかしそのことをここで述べることは控えておきます。

c. 葬儀の現代的意義を探る

さて、このような多角的で総合的な学問の情報を受けとめつつ、伝統教学と結びつけて教団のなかで伝承されている葬送儀礼の現代的意義を探るというのが、智山派のみならず各伝統教団の研究機関で行なわれているようです。しかし単なる学問情報の蓄積だけなら、そこからは現代の問題、すなわち自分が生きている世界のできごととして問題を把握することは困難です。「私たち」は現代における学問の総合的なあり方をとらえ、自らが学問的な視点を確保する必要があると思います。そのためには学問知のあり方を批判的に検討し、論理の場に提示しなければなりません。「私たち」は単に知の集積のなかからテーマに関係する都合のよい結論を引き出そうとするのではなく、テーマに関係する学問知のあり方を反省的に考察することが大事でしょう。ややもすると教学研究には、このような学問への批判的態度が欠けています。伝統教学の伝承としては、それが妥当な場合もありますが、仏教学以外の多くの学問の知識を受けいれつつテーマ研究をする場合には、学問のあり方そのものを検証し、「私たち」の視点を確保することが必要かと思います。

以上をふまえて、葬儀という「生々しい現実をどのように論理の場に引き出すか」ということを自己の学問的態度として問うことが肝要かと思います。すなわち、「私たち」は真言宗智山派の僧侶として葬儀を執行する身分にありますが、同時に、そのような自分を批判的に検討する学的立場にあります。そのような意味で、自分の研究に即して、しかも葬儀を執行する僧侶でもある自分の立場と経験をふまえて、学的態度と研究の方法論が吟味されるべきであろうと思います。

一　視点の確保をめぐって

①　R・オットーの宗教学の意義

そこで「視点の確保」という話に移りたいと思います。私が今までに自分なりに考えてきたこと、自分の勉強のなかでの最も関心がある課題に焦点を絞って四点を記しておきます。

まず、R・オットーの宗教学の意義についてです。最近はゆっくりとオットーの著作を読んでいませんが、いつもオットーは気になっており、私の考えのなかに深くしみこんでいるのも確実ですので、ここにあえて記しておきます。個人的には、宗教学あるいはインド思想研究においてR・オットーの再評価をすべきであると思っております。R・オットーと言えば皆さんも岩波文庫の『聖なるもの』に一度は眼を通しているかと思います。しかし、古典的名著と言われるわりには、意外と宗教学関係の人もきちんと読んでいないようです。私はこの『聖なるもの』にかなり触発され、また影響を受けていることを自覚しています。しかし、『聖なるもの』だけでなく、『西と東の神秘主義』も気になる著作です。代表的なキリスト教神秘主義のマイスター・エックハルトとヴェーダーンタ哲学の大成者シャンカラというきわめて難解な思想家の綿密で鋭い視点からの比較研究がR・オットーの宗教学の奥深さを示しています。そして彼の示した宗教学の意義を改めて考えてみたいと思っています。今では宗教学の領域でも、あるいはインド哲学の世界でも、正当な評価をされず、無視されているように感じています。

② 井筒俊彦の思想解釈の方法

ドイツのインド学の世界でも完全に無視されているR・オットーへの関心は、実は私のなかでは井筒俊彦の思想解釈の方法と関連しているのです。単純に言えば、R・オットーも井筒も、歴史主義的制約を離れ、文化的にも歴史的にも異なった背景をもつ思想を比較の場に出すために、独自の思想的場を設定しています。そして歴史的制約を超えて人類が共有する根本的な思想を神秘主義に求めています。もちろん個々の思想への接近の方法はR・オットーと井筒では異なりますが、それでもなお私には両者が共有する課題を示しているように思えます。

R・オットー以上に、井筒の研究方法は仏教学にとって刺激的であると思います。井筒俊彦はイスラーム研究の第一人者です。しかしイスラームに限定することなく、きわめて注目すべき方法論を思想研究の領域に導入しました。これを仏教研究と結びつける可能性を探る試みをすべきです。しかし、残念ながら仏教学の世界では表だって議論されていません。もちろん仏教研究の先端を行く研究者のなかには井筒に関心を懐く人が何人もいます。そのような研究者は従来の仏教研究の枠組みを超え出ようとするさまざまな試みを行なっています。

ところが智山の研究者のなかから井筒への関心が語られたことはないようです。だいぶ前に日本密教学会で井筒が講演し、その講演は原稿化され学会誌に掲載されました（『密教学研究』第十七号、「言語哲学としての真言」、一九八五年）。真言密教の言語哲学を世界思想史の文脈で語る重要なものであったと記憶しています。しかしそれでもなお、井筒への関心が私たちの教学の世界では興りませんでした。私は真言密教を研究する若い人たちに井筒の思想研究のあり方を知ってほしい。それが文献学的方法になじまないからといって無視することなく、そこから思想的な刺激を受けてほしいと思っています。

ここで井筒俊彦の研究について論じる余裕はありませんが、若い研究者には是非とも『意識と本質』（岩波書店、一九八三年）だけでも読んでおいていただきたい。イスラームの神秘主義や中国の老荘思想を中心に、またインドのヴェーダーンタや仏教、あるいは本居宣長の思想まで、それらを文献学的にも正確に読み込んだ上で、画期的な井筒の構想する哲学的世界のなかでこれらの東洋思想を再構成します。そのためには対象となる思想を、一旦は歴史的連関から切り離し、歴史を排除し、思想の共時的構造を探るのです。そこで世界把握をする言語と存在の関係が見事に示されます。そして西洋の思想とは全く異なり、言語による世界の分節化を超える実在把握のあり方が「精神的東洋」として示されます。

このように歴史から切り離して思想を構造として検討するという知的作業は従来の仏教学においてはありえない方法論です。思想の歴史研究に埋没しない態度を、私は痛快にさえ思います。そしてこの方法論を近代の仏教研究、文献史研究と対峙させてみたい。

しかも、おもしろいことに、中村元と二歳違いの同世代なんですね。言うまでもなく、中村元はインド学仏教学のみならず、比較思想に関しても偉大な業績をあげました。そして井筒俊彦もイスラーム研究のみならず、古典ギリシア思想からアジアの主要な思想をカバーする壮大な思想研究を行ない大きな業績をあげました。文芸批評家の若松英輔氏は井筒に関する研究も精力的に行なっていますが、彼は井筒と中村の研究には共通点があり、かなり近い関係にあると言っています。そしてその理解もうなずけるのですが、井筒と中村をもっと鋭く対比させてもよいのかなとも、私は思っています。中村元は仏教文献を歴史的コンテクストに還元する立場をとります。その典型は、仏教学を志す人が誰でも手にする名著『ゴータマ・ブッダ』に見られます。これは「人間ゴータマ」が歴史的にどのように存在したかということを知るための本ですよね。そのためには伝承された文献が歴史的事実を記述しているかどうかを基準に解釈することになります。そして歴史的コンテクストからはずれた文献は「神話にすぎない」と切り捨てられます。古代インドの文献ですから、多くの神話的粉飾がされた文献の神話的要素をはぎ取り、真に歴史的に実在した「人間ゴータマ」の実像を描こうとします。それは仏教史研究におけるきわめて正当な方法と思われます。文献批判を通して仏教史を再構築するというのは、中村元に限らず、仏教学の世界では常識とされる王道です。そのような仏教思想史の研究のなかで画期的であり、また今日の仏教学の基礎を築いたのは和辻哲郎であろうと私は思っています。言うまでもなく中村元の師であり偉大な知の巨人です。和辻―中村の系譜に連なる文献批判と歴史還元主義こそ今日の仏教学の中核であると思います。

それに対して、井筒がやったことは何かと言いますと、ある地域、ある時代の思想を、その歴史的連関から切り離し、井筒が想定する思想構造のなかに入れ込み、井筒自身が生きている思想の根源的あり方を見いだそうとするのです。井筒の『意識と本質』の副題が「精神的東洋を索めて」と記した「精神的東洋」とは井筒自身の若い頃からの思想形成の根源でもあるのです。「精神的東洋」とは歴史的あるいは地理的概念ではなく、井筒自身の主体的なあり方なのです。それがユダヤやイスラームの神秘主義でもあり、あるいは仏教であり、老荘思想でもあるのです。それらの思想が歴史的なコンテクストから切り離されると、共通する思想構造として見ることができます。いくつもの思想の共時的構造こそ、ここでは「精神的東洋」であり、私たちが根源から規定される思惟の構造でもあるのです。

この共時的思想構造のなかにイスラームやインド哲学、あるいは仏教、老荘思想、さらには本居宣長の思想まで組み込まれ、しかもそこからフッサールやハイデガーにいたる現象学の現代思想との対話へと開かれています。このような思想研究は強靱な精神がないとできないはずです。それを井筒は行なうわけです。

近代的な歴史主義というものを、無意識のうちに肯定したところで私たちは文献を通じて仏教を研究していますが、それとは全く違った立場で過去の思想に迫る井筒のこの解釈の方法は、私にとっては大いに参考になります。仏教研究者は、井筒の方法と成果を参照すべきであると思っています。

③　和辻哲郎批判

この井筒への関心と関連し、私たちの仏教研究にとって無視することができない和辻哲郎について考えておかねばなりません。先ほど申しあげた和辻―中村の仏教研究の系譜を認めるなら、和辻こそ日本における仏教学研究に決定的な影響を与えたといえるでしょう。中村元に連なる仏教研究のあり方を、もう一度私たちは問うべきであると思っています。私は別に東大を中心とする仏教学がだめだと思っているわけではありません。しかし違った方法が仏教研究にあってもよいと思っているのです。

そうは言っても、私は和辻の仏教研究にはかなり批判的であり、和辻批判の論文も書きました。和辻は該博な知識にもとづいて、仏教を世界の思想史のなかに位置づけ、あらゆる宗教や思想が「真理を求める」と確信し、「真理探究」の哲学として仏教思想史を再構築しようとしました。和辻は日本では九鬼周造と並んで、ハイデガーの現象学をいち早く導入していますが、なおかつハイデガーを超える思想を目指していました。それは『風土』(岩波書店、一九三五年)に明確にあらわれています。しかしここでは和辻の思想を検証することは控えます。ただ、注目すべきは『原始仏教の実践哲学』(岩波書店、一九二七年)には巧妙にハイデガー哲学が組み込まれているということです。このことは仏教研究者のなかでは誰も言いませんが、私はいくつかの証拠を見つけ、確信しています。

しかも和辻の仏教研究のスタンスと構想は若い頃から晩年まで変わることなく一貫しています。それは彼が京大の助教授だった頃の仏教倫理学の講義ノート(全集所収)によく見てとれます。ここで詳細を述べる余裕はありませんが、初期仏教から龍樹に至る空性思想を軸に、仏教思想史を弁証法的にとらえるという視点です。とりわけ法 dharma の解釈を通じた思想史の再構築は和辻の仏教学に一貫しています。しかもその軸を西洋哲学と対峙させた論理の展開とするために、仏教の種々の宗教現象を排除します。とりわけインドの宗教に必須な呪術などの非合理な要素を完全に排除します。このようにして近代の哲学の内部に仏教を取り込もうとしています。まさしくドロワの『虚無の信仰』(トランスビュー、二〇〇二年)の日本版の仏教学といえます。すなわち和辻の仏教学は西洋近代を受けとめる日本の近代思想の問題圏のなかにあります。そしてその立脚点である近代を検証する視点が欠けています。

④ 仏教学と近代主義批判

このようなことを考えて、私はかつて智山伝法院で、近代仏教のあり方を問うことなくして私たちの学問は成り立たないという主張をし続けていました。その一つの成果が『近代仏教を問う』(春秋社、二〇一四年)

です。しかも、その本では単に近代仏教学の根拠を批判的に問うだけでなく、近代の知のあり方を真言密教の立場から批判することも目論みました。というのも、近代仏教学が蔑むか無視してきた真言密教にこそ、そのような近代知を批判する思想的原理があると思えるからで、それを確認したかったのです。

現在、多くの伝統教団は仏教を学ぶために宗立の大学を設置し、近代の教育体系にもとづいて僧侶養成のための教育をしています。この教育体系そのものについても検討しなければならないのですが、ここではその余裕はありません。ここで申しあげておきたいことは、宗門の設立した大学における仏教教育でさえ、その設立当初より近代仏教学の方法と視点を導入しています。東京大学を頂点とする近代仏教学は宗門の教育にも浸透し、伝統教学を研究する方法と視点さえ、この近代の学問と密接な関係にあります。しかも、その学問知こそ、真言密教の思想原理から批判の対象になるべきであろうと思われます。そのような近代知への距離を測りつつ、私たちは教学のあり方を反省的に問うべきであろうというのが、私が従来から主張している基本的態度です。

このような考えにもとづくと、大学で研究され、教育されている仏教では伝統文化のなかのさまざまな宗教現象が見落とされているのではないかと思います。そして日本仏教の特徴も、文献学的に構想されても、それは実態とかけ離れたものになるのではないでしょうか。とりわけ、葬送儀礼などは仏教学では対象にしにくいのではないかと思います。

そこで、次には葬送儀礼や死者供養に焦点を当てつつ、日本の仏教のあり方を考えてみたいと思います。

二　日本における仏教を問うために

① 宮崎賢太郎の「カクレキリシタン」研究に即して

数年前に眼を開かれる思いをしました。実は、ここ数年、九州教区の講習会に招かれることが何度もありました。せっかく九州まで行くので、講習会を終えたら少しばかり見聞を広めることにしています。だいぶ前から五島列島や平戸などにある天主堂に関心をもちました。それは鉄川与助という一人の大工さんが建てたもので、日本の教会建築の素晴らしさを教えてくれます。彼はキリシタン禁教令が解かれ、多くの信者がカトリック信徒になるなかで、西洋の宣教師の指導の下で教会建築について学びます。そして出身地の五島をはじめ多くの地区で天主堂建設の工事を指導しました。そのいくつかは国の重要文化財にもなっており、美術的にも貴重な遺産となっています。このようにキリスト教のために寄与した鉄川は神父から洗礼を勧められましたが、頑なにそれを拒んだということです。理由は、自分の家は先祖代々仏教であるから、キリスト教徒になることはできない、ということでした。まさにキリスト教という新しい文明に出会っても、先祖を大事にする自らの宗教を堅持しました。

鉄川与助に関心をもっていたのですが、あるときに平戸島の隣の生月島《いきつきしま》でカクレキリシタンのオラショの公演があることを知り、最教寺の邊見師の案内で行きました。そこでの経験がカクレキリシタンへの関心を一気に高めました。その公演の際に、長崎純心女子大の宮崎賢太郎氏が書かれた『カクレキリシタン』(長崎新聞新書、二〇〇一年)を購入し、早速読んでみました。まさに目から鱗といった気分になりました。宮崎氏のカクレキリシタンについての論考はきわめて魅力的でした。最近になってさらに詳細な論考をした『カクレキリシタンの実像　日本人のキリスト教理解と受容』(吉川弘文館、二〇一四年)が出版されたので、読んだ方もいらっしゃるかもしれません。

宮崎氏の論考に教えられ、また邊見師の案内でカクレキリシタンゆかりの場所に行きました。平戸島で最も高い山は安満岳《やすまんだけ》で、そこは修験道の山でした。しかしその山頂にはカクレキリシタンの人たちが「安満岳の奥の院さま」と称した祠があるというので、そこにも参りました。キリシタンが修験道と重なることも興味深いものです。そのような見聞を通じて、私自身でさまざま考えてみました。

さて、徳川幕府によるキリシタン禁教令（一六一二年）の施行から明治六年（一六七三年）の解放まで、およそ二六〇年です。その間は潜伏キリシタンは西洋の宣教師、すなわち宗教指導者が不在のままに信仰を伝承したのです。そこにはキリスト教が日本の宗教として土着する現象がよく見てとれます。西洋のキリスト教から切り離されたキリシタンの信仰には日本の宗教土壌・風土から生み出された現象が多く見られます。そこには神道や仏教の要素も入り込み、キリストの生涯を描く絵札さえ呪術儀礼の道具となったりします。日本的な宗教のあり方を知るためには、カクレキリシタンはとても大事なものを私たちに教えてくれています。

このようなカクレキリシタンの信仰の特徴を、宮崎氏は「祖先崇拝教」であるといいます。もちろんキリスト教研究者の間からはこのような考えが批判されていますが、私は日本における宗教の土着化ということからも、キリシタンの祖先崇拝や現世利益、あるいはアニミスティックな世界観を考え、日本仏教の特徴を考察するヒントをもらえると思っています。

このことについてちょっと付け加えておきます。私たちが学校で習ったカクレキリシタンの話というのは、ほとんどが虚構だったのかもしれません。例えば、観音さまなどの仏像・仏画を拝むふりして、その背後にあるマリアあるいはキリストを拝んでいたと言われます。いわば仏像や仏画はダミーであった、と私は思っていました。しかし明治六年に禁令の高札が下ろされ、キリスト教が解禁になり、西洋からきた宣教師がダミーの仏像や仏画を外すように指導しました。しかしカクレキリシタンの人たちは仏像・仏画は先祖伝来拝んでいたのだから外せないと主張したそうです。彼らは重層的な日本宗教の世界を生きていたのでしょう。

あの地域は大師信仰もたいへん強いので、多くの場所に弘法大師がお祀りされています。そして拝まれています。荒神さまもそうです。カクレキリシタンの家には荒神さまが祀られているのが普通だったようです。こちらは先祖が拝んでいたから大事にされますが、そこには先祖と世界を共有する祖先崇拝が色濃く漂っています。先ほど申しあげた「安満岳の奥の院さま」信仰もこのような文化土壌を考慮して理解すべきでしょう。こういった信仰はローマカトリックから見たら許し難い逸脱です。しかし日本だったら何の抵抗もなく成立する信仰だと思います。こういった例を数えあげたらきりがないくらいです。

このような文化状況のなかで神道や仏教、あるいは道教や儒教などの要素が複雑に混交する日本的シンクレティズムがカクレキリシタンにはよく見えます。そのことは彼らが唱えるオラショにも知られます。オラショは基本的にはラテン語の祈禱文ということになるのでしょうが、そこにはポルトガル語も混在し、日本語も入っています。お唱えする人はこの祈禱文の意味を誰も知りません。ただ先祖代々伝承されているものをただひたすらに唱えるのです。そのお唱えするのを聞いていると、ある場面ではご詠歌のような旋律であったり、あるいは陀羅尼を唱えているようでもあり、日本的リズムになりきっています。

キリシタンに限らず、文言の意味も分からずに唱えることは宗教ではよくあることです。日本の仏教でも唱えている経文・陀羅尼の意味は理解されていません。このように意味も分からない宗教的文言は呪文といえます。呪文が唱えられるということは、井筒俊彦のように解釈すれば、意識の深層から言語化する機能がはたらき、象徴的イマージュの世界を生み出す宗教のあり方とも考えられます。仏教に限らず、日本の宗教的風土は呪術に満ちており、呪文がさかんに唱えられます。カクレキリシタンもこのような宗教の一現象だといえるのではないでしょうか。このように仏教も含め、日本の文化風土で土着化する現象を確認すると、あらためて宗教研究の場で「日本的なるもの」が考察されるべきでしょう。

②　日本的なるものとは？

しかし「日本的なるもの」を取りあげる場合、注意しなければなりません。戦前の日本浪漫主義の文学運動が日本回帰としての国粋主義を煽動したことを考慮し、真言宗が神仏習合のなかで制度的にも「日本的なるもの」を多く伝承している現状に鑑み、安直なナショナリズムへの傾斜にも配慮が必要でしょう。

さて、私が仏教研究において「日本的」という記述にこだわるのは、日本仏教史研究にしばしば見られることを念頭においています。その一例を示します。

ある高名な学者がかつて『密教の日本的展開』という本を出版されました。そこでの研究はたいへん参考になるもので、その内容をここで批判するつもりはありません。しかしどうでしょう？「日本的展開」という本のタイトルから読者が思い浮かべるのは弘法大師が伝えた真言密教が「日本的」にどのように展開したかということでしょう。しかし書かれているのは真言密教の教理学についての日本の学僧の解釈の系譜なのです。しかも「日本的」思惟構造の特徴がどのような教理解釈を導いたかといった考察はまったくありません。文献を丁寧に解読するだけで、何が「日本的」なのかは記されていません。ただ日本の学僧の文献をもとにした研究なので「日本的」というだけのようです。そうであれば「日本における密教教理の展開」というタイトルが妥当な感じがします。また、真言密教の「展開」が「日本的」であることを文献学から導くことが可能であるかどうかも考えさせられる本です。ただ浄土教と伝統的な教理学が興教大師に代表されるような融合をするのは「日本的展開」でしょう。しかしその「展開」という現象の本質あるいは背景を文献学が明らかにすることができるでしょうか。

思想研究において「日本的」という属性を付与するのであれば、その「日本的」なるものは思想的特質として明示されなければならないでしょう。それは先に井筒が「精神的東洋を索めて」と表記したように、自己の精神的ありようの根拠を探究することに通じると思います。繰り返しますが、それは文献学の枠を超えた思想的テーマであると思います。

しかも、面倒なのは「日本的なるもの」をこのような態度で探究した学問の系譜を、私たちは国学にも認めざるをえないということです。そして日本独自の近代化を推進する際のエンジンにもなっていた国学の系譜は江戸時代には反仏教の思想として機能し、明治初期の神仏分離の政策にも決定的な影響を与えています。このような国学が明示した「日本的なるもの」を仏教の立場と関連づけて理解する必要があると思います。

そこで注目すべきは本居宣長です。

明治維新を実現した国学の系譜は平田篤胤以降の政治的なイデオロギーが強いものですが、その思想系譜のもとになるのは本居宣長です。彼の思想の基本的立場は言擧《ことあげ》する思想を排除することにあると思います。宣長は外国から移入された仏教や儒教などの思想は言語をともなう論理的な論証を重視し、「日本的なるもの」を損なう傾向にあることを批判します。この宣長の思想は論理の場に入り込む前の、生の体験に直結した世界把握を重視すると理解できると思います。私はそのことを端的に表しているのが、あの有名な「しき嶋のやまとごゝろを人とはゞ朝日にゝほふ山ざくら花」という歌だと思います。

ここで宣長は自分の心のあり方を「大和心」と一般化しています。自己の体験的世界を「日本的なるもの」と見なそうとするのです。いわば主体において「日本的なるもの」を問うのであり、観察対象として「日本的なるもの」があるとは思っていません。山桜がやわらかい春の朝日に照らされているさまに私の心は感動し、美しさに飲み込まれるかのようである。それは宣長の思想の核となる「もののあわれ」ということでもあると思います。「あわれ」は宣長に言わせれば美的体験において対象に没入する自分に気づく感嘆の表現「ああ、われ」です。このきわめて感性的な心性にこそ宣長は言語化される以前の深い精神性が認められるというのでしょう。

私は山の中で生活しており、裏山には点々と山桜が咲きます。それを見る度に宣長の心に同調する自分がいることに気づきます。やはり桜は山桜が一番ですね。ソメイヨシノなどでは「大和心」は感じられません。確認していませんが、日本画に描かれる桜はほとんど山桜であるように思います。赤みを帯びた葉が芽吹いた間に、遠慮がちに花びらが開く山桜には花びらだけが自己主張しない、他の桜にはない美しさがあります。その山桜が早朝のやわらかい朝日に映えるのを見る直接体験、それは言語化される以前の美的体験の心であり、そこに普遍的で不変的な「大和心」を確認しているのです。この「大和心」が次第に「大和魂」と理解されるようになり、政治イデオロギーと結びつくようになりますが、宣長においては美的感性に依存する心性でありました。これは井筒がイスラームやユダヤの神秘主義や老荘思想や仏教に求めた「精神的東洋」に連なるものといえるでしょう。井筒流の表現をすれば、世界を分節化する以前の深層意識から引きおこされたイマージュの世界といえます。これは、もう少し後で申しあげたいと思います。

③　日本仏教の特徴

さて、このような考えをふまえて、日本仏教の特徴について申しあげます。私たちが「仏教」として想定するのは文献に記述された教理解釈にもとづいております。しかしこのような文献に見られる記述がなぜ可能なのでしょうか。大雑把に言えば、宗教における言説はどのように読まれなければならないのでしょうか。その前提として、体験・感情とその言語表現の関係を宗教において基本と考えますが、その際にはR・オットーの考え方を私は参考にしています。宗教的言説は直接体験・宗教感情を他者と共有し、かつ合理的に説明するために機能していると思います。そして宗教の根本は体験・感情にあり、それを合理的説明の場に引き出す論理的言語使用によっていわゆる制度化された宗教が成立すると思います。

そしてこの議論の結論を先取りすれば、日本仏教の特徴は原初的な「日本的」宗教感情の論理化として機能してきた、ということです。どこの文化でも宗教では直接体験・宗教感情が非常に重要視されるわけです。それは日本仏教においても当然です。しかし仏教が「日本的」な宗教感情を合理化しているという視点で今までの仏教史は記述されていません。このあたりが文献史学の限界かとも思うのですが、大雑把に言えば、文献に現れた表現を解釈し、そこに一貫した言説の展開を認めて宗派の教理学を中心とする仏教史が記述されます。しかし、私はこのような制度化された仏教によって合理化された宗教感情を重視したいと思います。まさしく葬送儀礼のような習俗を色濃く反映する宗教儀礼は、そのような儀礼を生み出す宗教感情と、その感情を合理的に説明し、儀礼として体系化する、仏教の言説との関係を重視すべきです。文献にもとづく教理史としての仏教理解からは葬送儀礼の意義は見いだせないでしょう。

仏教の教理というのは、きわめて高度な世界観、あるいは人間観――人間観というのが妥当かどうかわかりませんが、人間はなぜ生きるのかといった価値観あるいは哲学といってもよいかもしれません――をそなえているわけです。ところが、日本においてはそのような教理も感性的に再解釈される傾向があります。例えば人間存在の実態を冷徹に洞察する無常観は『方丈記』などの中世文学などに顕著に見られるように感性的な無常感の表現となってしまいます。本居宣長を持ちだすまでもなく、日本文化では論理的な記述よりも感性的な表現が好まれる傾向があります。しかも、その感性に即した表現には日本の自然が深く関わっています。本居宣長は自己の内の「大和心」を山桜になぞらえました。道元禅師は中国での師である如浄に倣って禅定の深い体験の境地を雪の中の梅の花に例えています。もちろん、弘法大師も自然環境に即して自己の体験をさまざまに表現しています。『性霊集』の「後夜に仏法僧鳥を聞く」という詩は、まさしく仏教的世界観と自然環境の感性的把握が深い意識の中で統合されているように思えます。

日本の自然に即した宗教感情を筋道だって説明し、高度な世界観・人間観として合理化する言語、思惟方法は日本独自では準備されませんでした。宗教感情を思想として合理化するために仏教が最も適していたのだと思います。古代日本人の宗教には日本独自の信仰もありますが、道教なども大きな影響を与えていました。弘法大師にも道教は深く入り込んでいます。さまざまな要素が複雑にからみあって古代日本の宗教はできあがっていたと考えられますが、そのなかでも合理化された思想としてきわだってすぐれた世界観・人間観を提供できたのは仏教であったといえるでしょう。

日本においては、人々のさまざまな魂のあり方が高度な哲学で説明され、世界を直接把握する宗教感情は合理的に説明され、言語化されます。するとその言語化されたイマージュのなかで自然環境の情景を感性的に把握することができます。自然の世界を新たな宗教の眼差しをもって見つめるようになり、新たな宗教感情を引きおこします。このように宗教感情と、その合理化としての思想の言語をそこに付与すること、こういった一連のはたらきのために仏教は日本文化のなかで多大な貢献をしてきました。時々の合理的説明の言語が異なり、さまざまな宗派の言説が教理として成立しましたが、その根本にある宗教性を見落とすべきではありません。しかし、教理学中心の文献史学的研究はこのような問題圏においてはあまり有効ではないように思います。

ここで問題にしている宗教感情の合理化について、私にはR・オットーの『聖なるもの』が最も参考になります。R・オットーをどのように理解すべきか、さまざまな議論が必要かと思います。宗教哲学の立場から、感情をベースにすることを批判する研究者もいます。またR・オットーのいう宗教感情を心理学的に問題にする研究者もいます。しかし私は宗教感情と言語との関係を哲学的に理論化したことを評価しています。

カント哲学において経験を超えた人間の根本的なるものをアプリオリとして設定しました。このアプリオリは個人の経験に先んじて、経験を規制する機能です。哲学史においてはイギリス経験論との関係で人間理性を考えるカントの哲学の中心となる概念です。ところがカントの哲学の影響を受けたフリースという哲学者は、アプリオリを体験以前に発生する感情として、カント哲学を心理学的に解釈しました。ところがR・オットーはフリースの考えを受けいれつつ、人間が世界と関わる場合、その根っこにある宗教感情は日常の感情とは違うものであると強調します。その宗教感情をヌミノーゼといいます。このヌミノーゼの特徴は言葉で言いえないとされます。特に神秘主義者がいわく言い難い体験をしますが、その際に身体を貫くような感情です。

しかし、ヌミノーゼの感情だけでは宗教は成立しません。R・オットーはヌミノーゼ感情が神と人間との関係として言語化されている『旧約聖書』に注目します。根源にあったヌミノーゼ経験をユダヤの民の神との契約として説明し、合理化することでユダヤ教は成立します。このような感情と言語の関係は全ての宗教に見られると考えられます。宗教は感情だけでは成立しないわけです。感情を言語化＝合理化することで宗教は成立するといえます。このヌミノーゼという非合理的要素と言語の合理的要素の複合体として「聖なるもの」をR・オットーは想定します。この「聖なるもの」こそ、あらゆる宗教に見られる現象であると考えられます。

このようなR・オットーの考えを参考にすれば、日本において高度な世界観・人間観をそなえた思想をもつ仏教が、合理化の役割を果たしたのではないかと思います。合理化する言説はさまざまです。仏教でも宗派によって言説は相互に理解できないほど多様です。しかし仏教各宗派のどの言説も、日本的なる宗教感情を合理化するはたらきをしてきたと想定できないでしょうか。このような視点で葬送儀礼を生み出す宗教感情、そしてそのような感情が共有される文化を考えてみたいと思います。すなわち宗教哲学とも連動して日本文化論のなかで葬送儀礼をとらえてみたいと思います。

④　文化内で共有される宗教感情

a. 文化とは

そこで次に文化についてですが、文化とはどのように定義されるのでしょうか。文化はさまざまな生活において共有される様式をいう場合が多いかと思います。例えば食事のときに箸を使うとかナイフとフォークを使うなどの様式も文化として理解できます。そのような様式がある共同体では「常識」として共有される必要があります。その常識とは、木村敏の考えにもとづけば、「感覚の共有」と考えられます。すなわちコモンセンスというのはセンス（感覚）の共有（コモン）というわけです。感覚を共有するためには言語が必要です。したがって感覚した内容を言語でイメージ化（表象）し、そのイメージを共有することが文化の形成の基盤にあると思います。そこで私なりの定義として「言語体系を基盤とする表象の共有」としておきます。

私はよく知らないのですが、エスキモーやイヌイットでは日本語の「白」にあたる語がいくつもあるそうです。そうであるとすれば、日本人には真っ白な雪原に見える世界も、彼らにとってはもっと多様な世界に見えているかもしれません。また、次のような逸話があります。言語学者の丸山圭三郎が国際基督教大学で教えていた頃、各国から来ている留学生たちに虹を描いてもらったそうです。するとアフリカ北部から来た人は五色で、アメリカ人や日本人は七色で、その他さまざまな描き方があったそうです。このように同じ自然界の現象も色彩に関する語彙との関係で違って受けとめられるのですね。

こういった用例は限りなくあります。例えば、多くの人が指摘するように日本では水が豊富です。日本列島では山から海までの距離が短く、急勾配を水が流れますので川の水もきれいです。そのため「水に流す」といった観念が生み出されます。そして水や雨に関する語彙がとても豊富です。しかし英語などでは水に関する言語使用はかなり貧困です。そもそも「湯」という「水」とは全く違った単語をもつ日本語に対し、西洋の言語では「湯」は「熱い水」という表現をするわけです。ですから「水」自体にヒヤッとする冷たい感覚からくる表象がありません。水は液体の状態をいうにすぎません。

それとは逆に、西洋の言語では食肉に関する言語がきわめて豊富で、日本語では貧弱な感じがします。日本では牛にしろ豚にしろ、食肉になったら豚肉、牛肉といった動物の名前の下に肉という語をつけるだけです。ところが西洋の言語では牛や豚が食肉になると全く違った語で表象されます。ビーフやポークという動物名とは全く違った語で食肉が表象されます。さらに部位によってはサーロインやロースなどと、また違った食肉名があります。西洋では家畜の食肉文化はきわめて複雑です。

そして世界表象に関して自然環境も非常に重要な要因といえるでしょう。自然環境と文化の関連を「風土」という概念で考察した和辻哲郎の文化論もあります。私は和辻哲郎の『風土』をあまり評価しませんが、ハイデガーの思想への対抗意識としてあのように考えたことは興味深いのです。自然環境を世界として表象し、その世界のなかに自己と社会を位置づけることこそ、文化の基本的な営みといえるでしょう。日本的というよりもアニミスティックな世界観というべきでしょうが、私たちの先祖は自然環境の繊細で多様な変容を神と結びつけて表象し、神話的世界を生み出しました。そしてその神話的世界のなかに存在する自己、あるいは自己の所属する共同体の位置づけをします。日本の自然環境、山・川・水・海、そして動植物の生態系などが人間との関係において独特の文化を生み出しているといえるでしょう。

それから日本語の文法構造も文化論として考える場合、とても重要であると思います。文法というのは、大雑把に言えば人間の思考回路です。その文法という思考回路によって世界は把握されるのですが、さらに自己と他者を把握するという重要な役割がそこに働いています。そして、ここにも日本語独特の思考回路が見られます。

私たちが人称代名詞だと思っている「私」だとか「僕」というのは、はたしてヨーロッパ言語における人称代名詞と同じでしょうか。だいぶ違いますよね。日本語の「私」は英語の I やドイツ語の Ich などと同じ意味でしょうか。日本人は状況に応じて一人称や二人称を微妙に使い分けます。「私」「おれ」といった人称代名詞だけでなく、子供の前では自分を「お父さん」「お母さん」、孫の前では「じーじ」や「ばーば」と言います。その他、きわめて多くの言葉で自分を示しますが、それは状況に応じて自己を位置づける日本人の文化となっています。さらに言えば、いつも他人の目線を気にして行動しがちな日本人の文化を形成する根本は、この文法構造と関連すると思います。この一人称を変えて自己を示すというのは、日本独特の自己表象でしょう。ここから派生する自己を見失う精神疾患について、木村敏が大変おもしろい研究をしています。私は木村敏から学ぶところは大変多いし、仏教を学ぶ人には是非とも彼の本を読んでもらいたいと思いますが、脱線するからやめます。

さて、感覚し、その内容を言語で把握し、世界を表象することで、感覚が共有されているからこそ、文化が成立するといえるでしょう。そして世界表象とは感覚をある統一したイマージュとして言語で構成した世界をいうのです。そこに人間を位置づける神話をどの民族ももっています。日本文化でも例外ではありません。その場合の位置づけとは、私たちが何処から来て、何処に向かうのかという関心にもとづいて、各民族は天地開闢や神による世界創造の神話でそれを説明します。このように人類は世界を合理化し、そこに自己を定位するという習性をもっていると考えられます。

b. 魂の行方

そのような文化の形成にあって、「魂の行方」への関心と配慮はどの民族にも見られます。それは死者と生者との関係の合理化のために必要な文化の装置であると考えられます。そしてその「魂の行方」に自然環境の表象が重要な要素となっています。とりわけ日本の文化においては「魂の行方」は自然環境の表象と密接に関係しています。『古事記』や『日本書紀』でヤマトタケルが死後に白鳥となって飛んで行くというのも、「魂の行方」について象徴表現として注目できます。ヤマトタケルの場合には死後に白鳥となり山の彼方へと飛んで行き、ゆかりの土地へと向かうことになり、ついには天に飛翔します。しかし、その天がどのようなところであるかといった具体的イメージはありません。

ところが古代の儀礼や現代にまで伝承されている「魂の行方」についての表象では、多くの場合に死者の魂は山に入っていくというのが基本にあるかと思います。もちろんそれだけに限定できるものではありません。山折哲雄氏などはもっと海にも注目し、山だけでなくて、海に入っていく魂、あるいは海から山や川へと循環する魂ということも考えていますけれども、その基本はやはり魂が山へ入るという表象ではないでしょうか。信州の姥捨て信仰のみならず、至るところに山と死者の世界を結びつける表象があります。そしてそのような山は霊場になったりします。典型的なのは恐山でしょうか。山と死者の世界については、今までに色々なところで述べ、また文章にしてきましたのでそちらを参照していただきたいと思います。ただここで一言申しあげれば、私の考えでは、山に入った死者の霊魂が祖霊＝カミとなり、山を下りて田畑を潤し、穀物を実らせるという世界表象に、現世利益と祖先崇拝の元型があると思っています。その宗教感情を合理化することこそ、日本仏教に課せられた問題だったのではないか。死者の魂が集うとされる山についての宗教感情、そして自然環境としての山に関するさまざまな表象は、仏教が合理化する前から日本人にそなわっていた共有のものであったと思います。

しかしそれでは山に関する表象や観念が日本古来の独自のものであるかというと、そうともいえないようです。自然環境としての山を、ある文化体系の中で表象するということ自体が、文化的営みです。すなわち文化的規制のなかで自然が表象されるわけです。そのような文化規制として仏教以前に道教がどのように影響を与えていたのか、そのことは古代仏教を知る上で重要なのではないでしょうか。私はその辺りの文献をきちんと読んでいないし、自分なりの考えがあるわけでもありません。しかし日本の古代仏教研究では道教も視野に入っていないとだめなのだろうと思います。

このことについて私が思いついたのはもうはるか昔のことです。若い頃に『性霊集』を読んだときのインパクトが、いまだ私にこのようなことを考えさせているのです。それは『性霊集』巻第一の「喜雨歌　雑言」という文章です。弘法大師の文章は何しろ難しいのですが、また読む度に新たな発見があり、汲めども尽きない言葉の泉のようなものです。そしてこの「喜雨歌　雑言」もそうです。私が充分にこの文章を理解しているかどうか自信はありませんが、私の読書感想を聞いてください。

この文章は嵯峨天皇の時代に大干ばつがあったときのことが書かれています。弘法大師は、干ばつの惨状は人々が因果の理法を信じることもなく悪業を積み重ねた結果であると嘆きます。そのような状況で、智と仁の徳に秀でた嵯峨天皇が人々の罪過を一身に背負い、厳しく自己を律すると同時に雨乞いに頼るのです。そのことが次のように述べられています。

寺寺に僧を進めて妙法を開き、山山に使いを馳せて禱祈すること周《あま》ねし。老僧読誦して微雲起こり、禅客持観して雨の足優《ゆた》かなり。

弘法大師は文章をさまざまに飾る修辞学にも長けていたので、漢文に疎い私に理解できているか自信がないのですが、「寺寺」と「山山」の対句表現が私には象徴的に思えました。私には都市空間の寺院と、都市を囲む周辺部の山々のイメージでこの箇所を読みました。あるいは修辞的な技法で、寺と山を対比的に理解しなくてよいという意見もあるかもしれません。しかし私は、山を特別な空間と考える弘法大師は都市空間とそれを取り囲む山々の空間表象はあっただろうと思います。例えば「入山興　雑言」では日常空間と対比させた山での修行の意義が強調されています。

平地の都市空間の寺院が、例えば大般若のような法要を行ない、雨が降ることを祈る。しかしそのような寺院の祈りだけでなく、さらに強烈なパワーをもつと信じられていた山の修行者に雨乞いの効能を求めたのではないかと推測します。そのような山が都市を囲むというイメージは奈良や京都の盆地では常識的にもてると思います。この祈雨によって雨が降り、その雨を慈雨と解釈し、苦しんでいた人々の愁いが消されると仏教的に合理化し、そこに天皇の道徳的威厳がそなわっているという、呪術的パワーと政治が合体する古代社会のあり方が読みとれます。

このような合理化のなかで、都市空間の仏教とその都市を囲む山の宗教が対句的に表現されている。私が注目したのは、この二項が対比的に弘法大師の意識のなかで表象されていたという事実です。まさしく文化人類学における中心と周縁という概念が、ここに読みとれる典型例ではないかと思ったのです。そしてこの中心と周縁の関係が宗教として最も鮮明に機能したのは奈良時代から平安時代初期ではないかと推測します。後になると「市の聖」と言われる空也上人が登場するなど、都市空間の内部に周縁のエネルギーが注入される形式が異なるように思えるので、奈良時代から平安時代初期に想定されます。

さて、このようなことを考えていた頃に、信貴山でお話をさせていただく機会がありました。その折に信貴山の境内をご案内してもらいました。すこし舞台作りのようになっているところが見晴らしがよいので、そこで遠くを見渡していました。そして下の方、山と盆地の縁の辺りを指さして「あの辺りはどこになりますか」とうかがいました。すると大和郡山、法隆寺の近辺でした。信貴山と法隆寺がこれほど近いことに、私は大変驚きました。私は今まで法隆寺を地図上で思い浮かべるとき、奈良市内や西ノ京から離れた場所というイメージをもっていました。そして信貴山から近い寺というイメージを懐いたことはありませんでした。法隆寺から信貴山までは容易に歩いて通える距離なのです。

このことに驚いてからもう一度、遠景の山に目をやり、頭の中に関西の地図を思い描きました。皆さんも関西の地図を頭に思い浮かべてみてください。大阪湾が入り込んでその上に神戸があり、その斜め右下に大阪があります。そして大阪から東の方へ行くと奈良になります。おおよそ、その地形を描いたところは山が連なっている。姫路の方の書写山からどんどん東へと移って行くと、ほとんど山で線を結ぶことができます。その線がおおよそ大阪湾を囲んでいる。大阪と奈良の境には生駒山系があり、その南東の方には葛城山系や二上山などが眼につきます。そして山は万葉の里である飛鳥地方を囲むように長谷から吉野の方へと連なります。まさしく信貴山もそこに連なります。この地形を、私は山岳宗教ベルト地帯と考えます。

さて、先ほど申しあげたように、法隆寺は都市を囲む周縁の山との距離がきわめて近いのです。奈良の都市空間に点在する寺院から歩いて山へ行けるということは、とても重要だと思います。法隆寺もそうですが、多くの奈良の大寺院は仏教教理学が学ばれる場所です。そこで学ぶ正式の僧侶は、いわば国家公務員なわけです。仏教は国家のなかに制度的に位置づけられていました。いわば知の中心に位置します。しかしそこだけで仏教は機能しないようです。その知の周縁に山が求められたのだと思います。当時の知の仏教の極みは法相宗です。その法相宗の奈良時代の最高の学僧、いわば知のエリートである護命も一年の半分ほどは山に入って験を得る修行をしていました。『成唯識論』のような知的に構成された複雑な理論体系を学び、五位百法を学ぶことには非合理的な思惟は介入しませんし、呪術的要素はありません。それが都市空間の寺院の仏教教理です。しかし祈りはそのような教理学とは関係なく行なわれました。例えば法相宗の中心であった興福寺やその系列寺院である薬師寺にはいわゆる雑密の薬師如来が祀られ、国家を護持する祈りが行なわれていました。それは法相宗の唯識の理論とは全く関係がありません。寺院が呪術的力を都市のなかで発揮するためには、その呪術の力を獲得できる空間が必要です。それが山です。

奈良時代の仏教は学問仏教であるといった教科書的解説は真実の一部を伝えるのみです。呪術に充ち満ちた仏教の祈りが奈良仏教を特徴づけていました。それは、例えば東大寺三月堂の仏像群など奈良の寺院の仏像を見ればすぐに想像できることです。和辻哲郎『古寺巡礼』以来、呪術的要素を無視して「仏像鑑賞」の対象として奈良の仏像は見られ、語られてきました。和辻の言説は仏教学のみならず、仏教美術史においても再度批判されるべきでしょう。

c. 死者へのアンビヴァレントな感情

和辻批判はさておき、知の周縁にある「山」の問題に戻りましょう。弘法大師に見られた都市と山との二項対比的表象をさらに敷衍して考えたいと思います。

この両者の特徴を羅列的に次のように整理しておきました。

山――死者――周縁――非合理・呪術――意識の深層

都市――生者――中心――合理――日常の表層意識

先ほど申しあげましたように、日本では広い範囲で死者の魂は山に入ると信じられてきました。そこで山は死者の領域、都市は当然ながら生者の領域です。その境界線はとても複雑な宗教感情を惹起する場所でもあると想像できます。それは死者へのアンビヴァレントな感情の具象的な世界ともなります。私はその典型がイザナミの黄泉国にイザナギが訪う神話に見られるように思います。『古事記』に記されている黄泉比良坂伝説です。イザナギが、死んだイザナミへの追慕の情をもよおし黄泉に行き、そこで腐乱した死体を目の当たりにするのですね。恐ろしくなったイザナギが逃げようとすると、イザナミの手配下の鬼女たちが追いかけて来る。イザナギはその追っ手を防ごうとして桃の実を投げます。すでに道教の呪術信仰が組み込まれているようですね。最後まで追いかけてくるイザナミから逃れるために、イザナギは巨石でこの世と黄泉国の境界を塞ぎ、ようやくこの世に逃れきります。

この黄泉比良坂に想定される場所が松江市の南の方にあります。実は、昨年、中村元記念館で学会があったときに吉田宏晢先生と一緒に行ってきました。吉田先生は横山大観の絵を見に行こうと言ってましたが、私が無理に神話世界の旅に吉田先生を連れて行きました。レンタカーを借りて回ったのですが、その代金は吉田先生が持ち、私は運転手、隣のナビゲーターは高橋秀裕先生というコンビでとても興味深く神話伝説の地を回りました。横山大観にこだわっていた吉田先生には「今日の旅行、なかなかいいなあ」と喜んでもらいました。出雲や松江は興味尽きない場所がいろいろあります。学会よりもそういった地を廻る方が知的刺戟を受けることができます。

ついでに申し添えておきますと、『日本書紀』の伝承から、熊野の速玉神社の近くにはイザナミの墓といわれる場所があります。そちらもお勧めの場所です。両方を見ておくと、ここでの異界との境界のイメージが組み立てやすいと思います。『古事記』や『日本書紀』では死者の棲む異界がこの世の延長の地下の、それもそれほど深くなく洞窟のようなイメージの地下が山中に通じています。死者は山に集うようになります。

おそらく古代社会では死体を住居の近くの山に集めておいたのではないでしょうか。そこは死体を運べる場所で、歩いて行ける距離であったと思われます。

山に入った死霊は長い年月の間にだんだんと生前の個性をなくし、近親者の死者への記憶が曖昧になり、祖霊となっていくというわけです。祖霊というカミになり、山から下りて田畑を潤し、穀物を実らせるようになります。ですから、死者は私たちの日常から無縁になることはなく、山に集い、祖霊となり、カミとなって山を下り、また山に戻るという循環のなかで、生者の世界と密接に関係しています。死者の魂のはたらきにこの循環が表象できるのは日本の四季が見事な移ろいをするからでしょう。この自然現象や自然の景観に即した死者の世界のイメージ化と死者とのかかわり方は日本特有の宗教感情を生み出します。

ある人のエッセーを読んでいたら、なんとなく説得力のある説明に出会いました。カミが山から下りてきたのがどうして分かるかというと、花が咲くからだというのです。そこで日本人は花見をし、花の下で酒を飲んだりご飯を食べたり、あるいは踊ったりして、供食儀礼を行ないます。そしてカミが田に入るときには田植えの歌を歌って、田の神となって働いてもらうようにします。そして秋になって実ったら、感謝して山へと送り出します。最後に山が紅葉することで、カミが山に戻ったことが分かります。この説明はあまりにもうまくできすぎており、はたしてそれが妥当かどうか分かりません。しかし四季という季節のサイクルとそれにともなう自然の景観を死者の世界と生者の世界との交流として表象するという理解は魅力的です。しかも死者が生きている人たちの生活を助けるという、この発想はとても重要だと思います。死者は生者を見守り、生活を支えているという宗教感情が日本人には確実にあると思います。それは「日本的なるもの」といえるでしょう。

この死者と生者の交わりの表象は何にもとづくのでしょうか。具体的な自然の景観のなかにそれを求めるとしたら、それは水の流れではないかと推測しています。山で涌いた水が、だんだんと集まって川になり、田んぼに入って穀物を実らせるわけですよね。だから山の水が湧き出るところは大事なわけで、それを抽象化しカミとか、あるいは先祖とか霊というかたちで表象していると思われます。分水嶺を非常に重視するのは日本の信仰のなかにあります。あの水分神社というのはその象徴でしょう。吉野の水分神社が有名ですね。このミクマリの信仰に「日本的なるもの」を読み解くことができると思います。山から湧き出る水の流れが生者の生活を維持していることと、山を死者の魂の集う場所という表象が重なりあうと、死の世界が生の世界を維持する、死によって生が維持されるという独特の構図が日本の宗教の原型としてあると考えられます。この原型があるからこそ、日本における全ての宗教では「ご先祖さまのおかげ」を重視するのも、この原型の具体的展開であると思います。常にカミに見守られ、カミに助けられているという宗教感情が日本の文化の基層にあるといえるでしょう。

d. 山の宗教と都市の宗教

このような山の宗教と対比される都市の仏教が存在するという想定が、弘法大師の先ほどの文章から導き出せると思います。この構図は南都の仏教に典型があると思います。山が都市を囲む奈良が地理的にも考えやすいのです。山というのは死者の世界であり、文化人類学的に言えば文化の周縁です。それに対して都市は生の世界、生きている者の世界であり文化的中心です。しかもその中心が周縁によって支えられている。中心はそれだけで自立できず、周縁によって中心になり得るような文化構造になっていると考えられます。

このような二項対比のなかに合理と非合理の組み合わせも入れ込むことができるでしょう。生の世界は合理を中心に営まれます。社会秩序、経済活動などは合理的に営まれることを前提にしています。合理的な判断にもとづき日常生活が成立します。ここで合理というのは、別に科学的であるということではありません。人類が言語を使用することによって獲得した知的判断をともなう思考方法全般を意味します。

しかし人間は合理的思惟のみでは生きられないところに厄介な問題が生じます。言語を獲得した人類は知的能力を異常に発達させただけでなく、言語表象にともなうさまざまな感情を豊かにもつようになりました。動物たちと同じ自然環境のなかで、人間だけが周囲の自然の景観に意味づけをし、意味づけされた世界に感情豊かに反応します。暗い闇におびえ、明るい太陽の日差しに喜びを感じます。春に花咲けば誰もが喜び、秋の落葉に寂しさを感じます。人間は単なる自然環境を生きることができません。その自然環境に意味づけをし、意味づけされた世界での自分たちの位置づけを確認しながら生を営みます。その場合に、古代日本人にとって特に山に関する意味づけは重要であり、そこには宗教感情を惹起するさまざまな意味づけの世界が開かれていました。

先ほどから申しあげている山と死者の魂の関連づけもその一例です。そして山のカミが農業などに関わり生活を支えるという観念体系も宗教感情を引きおこします。総じて山には日常生活のなかで働く合理的思惟では理解できない神秘的エネルギーが潜んでいるということになります。死者の世界は恐ろしいが、しかしまた生きている者たちの豊かさの源でもあります。それは日常の合理を超えた世界です。その強いエネルギーを秘めた非合理の世界への関与は呪術的にのみ可能とされます。そのような山で呪術的パワーを獲得する修法として雑密がきわめて有効とされたのが奈良時代の仏教界の常識だったのでしょう。そのために都市の寺院で合理的な仏教教理学を学ぶ学僧も験を得るために山で雑密の修行をし、陀羅尼や真言を唱えることに集中したのでしょう。そして、そこで獲得した呪術的パワーは都市において放散され、国家鎮護や社会維持の機能をもつという理解が共有されていました。

このように考えると、奈良の寺院で祀られている天平時代の仏像が、その寺院の学問とは無関係に非合理な呪術的パワーをこめられたものとして拝まれていたことが分かります。東大寺や興福寺はそのような呪術的な祈りの空間として聖性を確保していたと思われます。私は奈良仏教の特徴を学問仏教と見なす考えに大いなる疑問を懐いています。それは仏像を見るとよく分かります。しかしそのように仏像を見なかった和辻哲郎たちがミスリードしたと思います。南都仏教の基本は呪術的祈りと教理学の併存であるといえるでしょう。

その一つの例として、私は興福寺の有名な阿修羅像を考えています。興福寺は藤原家の氏寺で、法相の学問の中心としても栄えました。そもそも創建の趣旨が藤原氏の病気平癒を願う現世利益にあったわけです。この現世利益は法相の学問から導き出すことはできません。雑密でのみ可能な祈禱が行なわれる場所であったわけです。そこに聖武天皇の后光明皇后が建立したのが西金堂《さいこんどう》です。皇后は藤原氏の出身で、藤原氏の権勢を揺るぎないものにするために聖武天皇と結婚したともいわれています。その光明皇后が悔過のための道場として建立したのが西金堂です。本尊は釈迦如来で、『法華経』にもとづき薬王・薬上菩薩を脇侍とし、天竜八部衆や十大弟子が侍り、本尊の前で一人のバラモンが鐘をたたいて悔過をするという尊像の配置をしていたようです。その鐘にちなんで有名な国宝の華原磬《かげんけい》が奉納されたようです。阿修羅像もこの仏像群のなかの天竜八部衆の一体として祀られていたわけで、今のように単独で仏像鑑賞の対象になるようなものではなかったのですね。

このような仏像群をなぜ光明皇后は発願したのでしょうか。私の推測では、すさまじい藤原氏の政治闘争のなかで多くの犠牲者が出たわけです。その犠牲の上に光明皇后の権勢もあるといえます。この呪われた血筋の藤原氏の一人として光明皇后が懺悔を引き受けたのかな、という思いがよぎります。そう言えば、光明皇后の創建とされる法華寺も滅罪の寺とされるわけですから、光明皇后には死者に対する鎮魂の思いが強かったように思われます。鎮魂は当然ながら呪術に満ちた儀礼によってこそ可能なのです。このように考えると、都市の仏教空間にも呪術的エネルギーは充ち満ちていたことでしょう。そして国家鎮護や病気平癒などの現世利益の呪術的儀礼も盛んに行なわれたようです。最も合理的な教学をそなえている法相宗において興福寺や薬師寺のように薬師如来が祀られている。学問仏教と呪術儀礼の非合理性との混在を南都の仏教に認めざるをえません。

そうであるとすれば、文化人類学的に中心と周縁と対比された合理と非合理は、実は、外部に構造として存在するのではなく、仏教の内部に組み込まれた構造であるということになります。都市の仏教も山の宗教も、全体として一つであり、弘法大師の対句的対比の文も、そのように読解すべきであろうと思います。

このように内部に合理と非合理として構造化されている意識のあり方について、私は井筒俊彦の問題意識と精神病理学の木村敏の考えを結びつけて解釈しようとしています。木村敏は精神疾患の観察から狂気を問題にし、日常の常識という虚構を反省し、狂気と常識との関係を人間の内部に見ようとします。その狂気的な、意識の深層の闇の部分から宗教感情も惹起されるのではないかと思います。根本的に宗教は狂気と深い結びつきがあるように思います。そして、その深層こそ井筒的に言えば、世界を分節化する以前の世界把握のあり方でもあるのではないでしょうか。そして、その深層意識から宗教のイマージュの世界へと表出する言語は呪術性を帯びるのです。それを体現できる空間が山であり、そこで験が得られるとされたのでしょう。それゆえ、都市の仏教と山の宗教は外部に表象されるだけでなく、意識の内部の構造としても理解されるべきでしょう。この全体構造を南都の仏教教理学では統合的に把握することはできなかったのです。この合理と非合理の複合体の全体をダイナミックな宗教の発動として把握する理論化は弘法大師によって行なわれた、というのが私の奈良仏教と平安仏教の基本構想です。

このように都市と山とが対比的であり、しかもそれは意識に内在するものでもあるということを前提にして、私は日本文化論を構想すべきであろうと思っています。有名な歴史解説書をつぎはぎしたような、そして神道や仏教の表層だけを記述するような日本文化論も見られますが、もっと深くとらえて構造化して行かねばならないと思います。少なくとも、和辻哲郎を超え行く視点が必要です。それを獲得しなければ和辻に基礎づけられた仏教学を、そしてそこから導き出される日本精神史研究を克服できません。

意識の内部構造に連動した山は現実には死者の魂の集う場所として表象されます。そしてそこは農業生産のエネルギーが凝縮している神秘的空間です。私はそこに、先祖霊というカミの活動と山を水源とする水の流れを重ね合わせ、宗教の原型を見ようとしました。それは現世利益と死者供養という日本仏教の基層をなすものとして理解すべきであろうと思います。そもそも山は水源として重視され、それがミクマリの信仰となっていることはすでに申しあげました。実際に水源と水流を大事にすることは治水として古代から重視されています。治水はいつの時代でも大事な政治的な事業でした。しかもそれは政治の事業や共同体の活動として重視されるだけでなく、宗教的表象をともないました。そもそも山は先祖霊が集うのですから、山を粗末にすることは先祖を大事にしないということになります。先祖を大事にしなければ祟りがあったり罰が当たります。そのようなことを避けるために、先祖を祀り尊ぶ行為は重視されます。そこに祖先崇拝がありま す。しかもそれは治水という行為とも関連します。先祖を大事にすれば水は豊かに、氾濫しないで流れ、田畑を潤し、穀物を実らせます。現世の利益とも直結します。山の宗教の原型は日本仏教の現世利益と死者供養という基層部分を形成していると思います。その基層の上に、高度な知的構築物としての仏教教理学があるという二重構造が日本仏教の特徴でしょう。

私は山を大事にしないと罰が当たるということを本気で信じています。そしてそれを広めたいと思っています。それは現代の日本社会が罰当たりなことになっているという実感があるからです。皆さんも東海道新幹線にはよく乗ると思います。新幹線の窓外に見える景色を見ていて、どのように感じますか。私は罰当たりな景色が沿線に続くのを見て、心が沈む思いになります。東京から京都までの間には点々と里山の景色が続きます。もともとはとても美しい景色だったと思います。しかしほとんどの里山は、今は手入れもされず荒れ放題になっています。それが遠くでもよく分かるのは竹の山になっているからです。里山というのはいつも手入れしなければ荒んでしまいます。人間が手を入れた山というのはずっと手入れをし続けなければなりません。しかし、今では山を大事にし、手入れする人がいなくなってしまいました。

そうなってしまった原因はいくつも考えられます。一つにはかつてのように燃料や肥料を里山に頼らなくなり、里山に依存する生活が失われたことも原因でしょう。そして実際に山の手入れをする人がいなくなってしまったということもあるでしょう。さまざまな要因が数えあげられるでしょうが、現実に山は見捨てられ、繁殖力のある竹が広まってしまうのでしょう。これは東海道新幹線の窓外の景色というだけでなく、東北以北を除く全国至るところで見られる現象です。四国や九州では一目見るだけでも山がさらに深刻な状態になっていることが分かります。

このように生活において山を見捨て、文化的にも山を意識から消し去っていることは罰当たりな所業であると私は思っています。それはご先祖さまを大事にしない文化とも連動していると思います。現代人の心のありようを自然の景観が映し出していると考えると、現代の日本人が荒んでいるとつくずく思います。

このように先祖を大事にする死者供養と現実の生活を支える現世利益が山の宗教として同根であることを想定したいと思っています。現世利益は密教系で天台・真言系、死者供養は浄土系と二分し、その二つは別系統の仏教であるかのような理解が広まっています。もちろん、類型として分けて考えることも可能だし、そのようにして理解する有効性も認めます。しかしこの死者供養と現世利益という現代まで最も日本人に浸透した仏教のあり方は、「日本的なるもの」として日本の自然の景観に即した同根のものであるという視点を確保することも大事ではないかという提起をしておきたいと思います。

さて、この「日本的なる」宗教の原型において死者の世界は生者の世界を支えるということが日本人の死者への観念に重要な意味をもっていると思います。死者は祖霊となり、カミとなり、常に生者の世界と関わりをもっています。死者の霊と生者との接触は頻繁に行なわれます。また死者の集う山は、先ほど信貴山の話をしたように、生者の生活圏から歩いて行ける距離にあります。この死者と生者の世界がとても近いということは「日本的なるもの」の特徴といえるでしょう。

死者の魂の行方である異界と生者の世界が近いという仏教的表現の一例を、私は鎌倉時代に制作された仏画の山越阿弥陀図に見ることができると思います。最も有名な禅林寺本では山越阿弥陀如来の上半身が描かれます。印相は説法印で、これは浄土での説法のままに阿弥陀如来が現れていることになります。そして山の斜面を滑るように、雲に乗った観音・勢至菩薩が死者を迎えに来ています。阿弥陀如来の右肩上には梵字の阿字がなかに描かれた満月が輝いています。下方には人物像が描かれています。言うまでもなく、浄土教は『阿弥陀経』や『観無量寿経』にもとづき、中国・日本では独自の展開をした仏教です。経典からイメージするかぎり、浄土とこの世は隔絶しています。相互に行ったり来たりできる距離にはありません。しかし山越阿弥陀図では歩いて行ける距離の山の向こう側に浄土がイメージされているのです。阿弥陀の来迎がイメージされた代表的な仏画は高野山霊宝館にある聖衆来迎図でしょう。この来迎がもっと動きを表現した山越阿弥陀図も制作されました。さらには知恩院の「阿弥陀二十五菩薩来迎図」では念仏行者の住居の縁側まで聖衆の乗る雲が伸びています。それからはっきり覚えていませんが、臨終を迎えた死者の部屋にまで雲が入り込んでいる来迎図があったように記憶しています。このように死者の霊魂が集う山はきわめて近く、その「日本的なるもの」が阿弥陀如来に救われるという仏教的救済論による合理化にともない、日本特有の来迎図の制作になったのであろうと思われます。

生者の生活圏の延長に山があり、死者の世界が表象されると、今度は浄土にもこの世のイメージが投影されるようになります。老いた夫婦がノンビリと冬の日向でお茶をすすりながら、浄土でも蓮の台で夫婦水入らずで生活できるイメージを描いたりするのも「日本的」な救済論の展開であろうと思います。このようなイメージを形成できるのも、山が近くて、死者との関係が密接である日本的自然景観に即した他界観念が影響しているのでしょう。このように日本的なる宗教感情の合理化として仏教は機能したと思います。そしてそれが仏教の日本的展開であったと考えられます。

e.　仏教による合理化

さて生と死、都市と山、中心と周縁、合理と非合理、表層意識と深層意識、これらの対比的なあり方を統合する理論がどのように形成されたのか、という問題が仏教の日本的展開において問われることになるでしょう。少なくとも、南都を代表する学問である法相宗の教理学からは都市と山を統合する理論は導けません。もちろん三論宗においても然りです。私は華厳と真言において統合理論が可能であると予想を立てています。なぜなら、華厳と真言を結ぶ教理学・思想は、まさしく対立するものがすべて同一レベルで動的に交わる存在の根拠をもとに構想されているからです。その存在根拠を私は華厳的な意味での法界であると思っています。それは一種の無時間的空間といった概念です。それを西田の場所的論理や井筒の非分節の存在根拠と重ね合わせることで、新しく教理解釈が可能かどうか、試みてみたいのです。

そして呪術的な色合いの濃い儀礼をそなえる宗教、とりわけ修験道も視野に入れて、日本仏教の基層と死者の関係について考えてみたいのです。今までに縷々述べてきた問題は、ほとんど修験道において典型的に見られると思います。修験道は山のなかで呪術的な儀礼を行ない神秘体験を得ることを眼目とします。この山での神秘体験というのが一種の死の疑似体験と思われます。いや、死の疑似体験というのは適切ではありません。そうではなく、擬似的な死者体験ということになるのでしょうか。

修験者は山という死者の世界に入るわけです。そのために死に装束をするのでしょう。死の世界は先ほどから申しあげているように、エネルギーが充ち満ちています。平地では想像できないような不思議な自然の景観が至るところに露出しています。例えば藪のなかに大きな奇岩があったり、突如開かれた空間に滝が落ちていたり、不思議な力が顕在化していると表象できる神々の世界が展開します。そういった日常性から離脱した世界での神秘体験は神々との霊的交流でもあります。そこでは神秘的なエネルギーが身体に充足されます。そのような自然の真っ只中での直接的な体験を日常世界を維持するカミのような働きに転換するというのが私は修験道の人たちのなかにあると思います。ですから修験道自体の教理学は呪術の説明であって、非合理を非合理のままに保証するもので構わないし、そこに都市の仏教のような高度な哲学的論理の展開は必要ないでしょう。あのエネルギーを獲得できる方法が大事なのであり、その説明は無理な合理化を重ねることになると思います。しかも山での神秘体験で獲得したエネルギーを都市空間で外にふり向け、救済の力に変換するところに宗教としての魅力があるのだろうと思います。まさしく、修験道で見られるその宗教の構造は、実は弘法大師の山での体験と重なるものであるといえるでしょう。

このように死者を力ある存在と把握し、その力を救済にまで転換するという論理が、この山の宗教において成り立つと思います。そしてこの、元来は仏教に起因する宗教体験ではなく、日本的なる自然の景観のなかでの神秘体験が仏教的言説を以て合理化されるところに特徴があります。そのような「日本的なる」宗教感情と論理において、死者の霊魂はカミであると同時にホトケにもなります。

このホトケへの鎮魂儀礼は供養の形をとることになります。供養とはブッダに対するプージャーのことで、それはインド以来さまざまな形式に展開しました。特に香華を供え、食物を捧げるのが供養の形式でしょうが、そのブッダへの供養の形式を死者に対しても行なうようになります。鎮魂というのは「日本的なる」宗教感情にもとづくものでしょう。それを儀式化するときに仏教的言説で合理化し、仏教の供養の儀礼が組み込まれたと考えられるでしょう。すなわち根本にあるのは死者への畏れの感情と結びつく鎮魂儀礼が仏教的に行なわれることで死者への態度が合理的に説明できたからこそ、死者と仏教は深いところで結びつくのでしょう。私は死者への態度として鎮魂は「日本的なるもの」として根本にあると思います。特に非業の死をとげた者の霊への恐れ、そして総じて死者の霊がこの世に災禍をもたらさないようにする工夫としての呪術儀礼は日本人の宗教感情の発露として特徴的なものであると思います。

この鎮魂を根本に考えようとしたときに、鎌田東二氏に鎮魂は仏教的な起源があるのかと質問されたことがあります。たしかに鎮魂は仏教語ではありません。原始神道の宗教感情が仏教と結びつき、仏教の高度な世界観のなかに死者の霊魂を位置づけることになったのでしょう。死者の霊が生者の世界にさまよい、安定した死霊としての位置づけを得られない状態を解消するために鎮魂儀礼はどうしても必要です。そして死者の霊魂が安定する場所として仏教的な他界観念を必要としたのでしょう。例えば「浄土」といった言説であの世を説明し、死霊を静めることも必要とされたのでしょう。

一般に平安時代後半期から浄土思想が広まり、それとともに死者の魂の行方に関しての仏教的関心が高まったと考えられています。とりわけ『往生要集』における地獄の描写は画期的なものであったと思います。死後の世界への恐怖が具体的なイメージで示されたことで他界観念と救済願望は著しい展開をしたと思います。

そして中世になるとこの世に未練をもった死霊が生者に語りかけるという仮面舞台劇が発達しました。お能です。これはきわめて「日本的なるもの」の特徴をそなえていると思います。死霊が生者に語りかける演劇は西洋にもありますが、謡曲のようにそれが定式化し、美的にも高度な仮面劇にまでなっている例はないでしょう。ここにも死の世界と生の世界がきわめて近い距離にあることが言えると思います。

以前、免疫学の世界的権威であった多田富雄先生と何度かお話をする機会がありました。多田先生の免疫学の構想自体が大変面白く、このなかにも先生の本を読まれた方もいらっしゃるかと思います。先生は仏教、特に唯識思想に関心が深く、それは専門の研究にも反映しているようです。しかも先生は学生時代から謡曲に親しみ、ついには自ら新作能を作られました。「無明の井」というお能で、評価の高い脚本です。その謡曲では臓器移植の提供者（ドナー）と、臓器をもらった患者のどちらも安らかな死を迎えられず、この世に彷徨って、旅の僧侶と語り合うという設定になっています。多田先生とご一緒になったある酒席で、先生に「無明の井」を書いた理由を尋ねたことがあります。先生の仰るには、ちょうど臓器移植や脳死判定について議論が盛んだった頃に、ほとんどの議論に疑問をもったそうです。そしてこの議論には脳死判定された死者の意見が反映されていないと考えたそうです。そこで死者にも言い分があるはずだから、死者が発言する謡曲を利用して問題提起をしたとのことです。この発想、すごいものだと思いました。死者に語らせる演劇が成り立つには、謡曲もそうですが、死者と生者との間に断絶がなく、二つの世界が近接しているという日本独特の宗教感情をもとにしていると思われます。このような死者の鎮魂、弔いこそ生者の最大の義務です。

この鎮魂は先ほど申しあげたように、神道に由来すると思われます。しかし東日本大震災の折りには、多くの僧侶がこの鎮魂の問題に具体的に関わったのです。その行為は仏教の教えにもとづくというよりも、恐ろしい自然の脅威のなかで思いがけずに非業な死をとげた人たちへの生者の切なる思いが鎮魂を求めたのだと思います。危機に直面し、ある者は生き残り、ある者は死にゆくと、生者は死者に対して強く鎮魂の思いを懐きます。今回の大震災は理屈抜きで人々が死者と向かい合う感情を強く懐き、鎮魂を求めたのだと思います。私たちは死者の霊に対する何らかの儀式を必要とします。儀式なしで死霊と向かい合うことはできません。仏教はその儀式を合理化するために求められたといえます。

ところが、南都仏教や天台・真言などの古代に成立した仏教はもともと葬送儀礼をそなえていません。南都仏教で葬儀が行なわれないのは、本来の仏教の形を保っているからだという考えがあります。『葬式は、要らない』の著者の島田裕巳氏は奈良仏教には死の影がないから明るいといった間違った解説をしています。しかし先ほど申しあげたように、奈良時代の仏教は呪術に充ち満ちていました。呪術的な観点から奈良時代のみならず平安時代前半期にも仏教は葬儀に関わらなかったのです。それは死のケガレが呪術的パワーを維持すべき僧侶に付着することを避けるということであったと思います。それゆえ南都仏教のみならず、天台・真言でも基本的には葬儀に関わらないのが基本的態度であろうと思います。天台・真言でも高位の寺院あるいは僧侶は葬儀に関わらないというのは近代までの伝統であったかと思います。これもケガレの呪術との関係で理解すべきであろうと思います。

しかし天台・真言での葬儀も近世まで全くなかったわけではなく、平安時代の天皇の葬送儀礼に関わっていたということを速水侑氏も書いていますね。たしか葬送儀礼に光明真言が唱えられるようになったということだったと思います。ケガレを駆除するために真言の呪術的力を必要とするように変化し、密教が葬送儀礼に関わったともいえます。そして死者の霊魂を静めるために光明真言の土砂加持が中世になって盛んに行なわれるようになるのでしょう。死とケガレは密接に結びついた観念です。このケガレを回避するということも、葬送儀礼の重要な要素です。このように鎮魂とケガレの除去が葬儀において重要であり、それを可能にするのは呪術的な儀礼であるといえます。それは浄土教が流行すれば、浄土教の言説で合理化しますが、根本にあるのは呪術的操作による鎮魂とケガレ除去の儀礼ということになるでしょう。速水侑氏によれば、平安時代に天皇の葬送儀礼に光明真言が唱えられ、それから光明真言の念仏が盛んになり、浄土教の広まりとともに光明真言にかわり南無阿弥陀仏の念仏が盛んになったということです。

このように呪術的効能として仏教がそれぞれの文化的背景のなかで求められていたのであり、極論を言えば日本仏教史はその呪術的効能を求める歴史でもあったのではないでしょうか。少なくとも各宗派の教理学が中心であったとは思えません。経典も陀羅尼も、それを唱えることで獲得される呪術的力が最も重視されたのでしょう。もちろんそこには経典読誦には呪術的効能があると説かれる般若経以来の大乗仏教の教理的伝統も影響を与えていたでしょう。しかし「日本的なる」宗教感情がさらにその呪術的効能を求めたと推測できます。呪術的パワーによる鎮魂とケガレの除去こそ、仏教に求められたといえます。そしてこの呪術的パワーによって死者の霊と関わることが日本文化においては仏教に要請されており、その要請に応えるべく仏教の高度な世界観と哲学によって合理化したのが日本仏教の基本であるということになります。このような視点で、仏教の葬送儀礼の意義を確認することが必要であろうと思います。

そのため、我々は学問の場において葬儀を中心とする日本の仏教というもののあり方を、論理の場に出さなければいけないと最初に申しあげたわけです。しかし従来の仏教研究は教理学史を中心に記述される傾向にあります。そして宗学においても近代仏教学の方法が浸透し、文献学史的研究が中心になります。そのような学問知において無視され続けたのが、ここで問題にした呪術や非合理な宗教感情といったものでした。したがって従来の仏教研究が無視したものを再解釈の場にもたらすためには、近代の仏教学のあり方が総体として批判的に検証されなければなりません。

もちろん近代の仏教学の成果を無視することはできませんし、文献史学を尊重しなければなりません。しかしその学問知が真言密教などに必然的な呪術などを汲みとらなかったことも事実です。そしてその無視の仕方に近代的学問知の限界があるということです。そのための方法を真言密教に関わる者が近代批判の形で提示することも必要であると思います。そのような意図をもって私は智山伝法院において『近代仏教を問う』（春秋社、二〇一四年）の刊行を試みたのです。真言密教こそ、ある意味では、近代を批判する思想的原理をもっていると思います。従って真言密教を従来の伝統教学から解放し、新たな視点で再解釈することも必要ではないかと思います。そのような試みをすると宗学の伝統をふまえていないといった批判があるかもしれません。しかし従来の宗学の伝統のなかに閉じこもれば、現代の新たな知の世界へと真言密教は開かれません。そのことをどうか真剣に検討していただきたいと思っております。

三　我々に問われる仏教のあり方

そこで私は「意識の深層（日常性にとっての闇の世界）を組み込んだ実践体系の確認」ということを提唱します。すなわち私たちの実践体系は言うまでもなく瑜伽観法にあります。それは四度次第などで実践されます。その実践を重視することです。このように言うと、当たり前のように思えますが、そこで反省してもらいたいのです。この瑜伽観法という実践がどれほど思想的問いかけの場に引き出されているでしょうか。

西田哲学を引き合いに出すまでもなく、宗教についての議論においては自己の体験を言語化する論理が求められます。私たちはそのような意味で自らの瑜伽観法の体験が思想のレベルで言説化されていないように思います。これは禅宗や浄土教などにおける体験を言語化し、現代の学問知と向かい合わせるという思想的営みを見習うべきでしょう。真言密教というきわめて深い体験、意識の深層部分へと達する体験を思想的に検証する営みです。そのためにも、先ほど述べた井筒俊彦の神秘主義理解の視点を私たちも学ぶべきであると思っています。

ややもすると、私たちは時代の風潮のなかで、仏教の社会貢献といったテーマが現代的意義をもつと思い込んでいます。たしかに社会に働きかける仏教を求めることも大事です。しかし自らが孤独に徹し瑜伽観法の深い体験もせずに、真言密教の社会的あり方などを議論するのは笑止千万であると思います。最近の『中外日報』は震災を中心に、社会貢献をテーマにした仏教の話題が満載です。各宗派がいかに社会貢献しているか、そして各仏教系大学が社会貢献を目指しているか、そういった記事が多すぎるように感じませんか。私は『中外日報』の記者の方に、ときどき批判めかして社会貢献する仏教ばかり記事にしていると皮肉を言っています。誤解していただきたくないのですが、社会貢献そのものはけっして悪いわけではないです。ボランティアも尊重すべき行動です。しかし、それは一人の市民としてやれることで、あえて仏教僧侶であるからという理屈づけをする必要はないでしょう。僧侶自身がもっている心の闇というものを自分たちがどのように受けとめているか。この問題を確認しないまま仏教は社会貢献が必要なんだということで宗派全体が動いたときには、一番重要な宗教の契機、僧侶の根本的なモチベーションを失うのではないかと危惧します。

それは意識の深層、あるいは日常性にとっての闇の世界という、これこそが宗教が取り組む根本的な問題だろうと思います。それを組み込んだ実践体系の確認、そのためには事相の担う役割がたいへん大きいと思います。いつもは意識されない自分のどうにもならない心を瑜伽観法のなかで確認することが大事でしょう。修法に専念しているときの、あのすっ飛んでしまっているような感覚は言語表現を超えています。その言語化できないという体験を言語化することで新たに仏教が語られることになると思います。体験を通じて仏教をもう一度見直すことになります。ですから、私は実践体系を確認しながら教理学は研究していく必要があるだろうと思います。

それから、「仏教のあり方」について、再度確認しておきたいのは、先ほどから申しあげている呪術的な力のあり方です。真言密教のアニミズム的な世界観を現代において論理化する教理学が確認されなければいけないだろうと思います。しかし、これは大変難しいと思います。真言宗は特にアニミズムの問題が重要だと思いますが、このことについては、私は文化人類学の岩田慶治氏から非常に多くのものを学んでおります。岩田慶治氏に倣って「アニミズムの復権」を主張し、現代の思想のなかにこれを組み込みたいと思っています。このことについて、かつて高野山大学に呼ばれて話をしたことがあります。アニミズムを再検討することを真言密教は教理学の上でやらなければだめだという話をしました。そうしたら松長有慶先生が大変示唆に富む指摘をしてくださいました。先生は「アニミズム」という言葉を使うから誤解されるので現代にふさわしい新しい言葉でアニミズムを説明する思想を準備してほしいと注文されました。それ以来、私はアニミズムという言葉を使うことに躊躇するのですが、松長先生に求められた新しい言葉が見つかりません。

このアニミズムの世界観を教理学と結びつけて研究すれば、当然ながら華厳思想の重要なパラダイムに逢着すると予測できます。そしてその華厳思想とアニミズムを組み込んだ思想を、私は西田哲学の場所的論理と結びつけたいのです。それは西田が自らの思想の地平の先に見届けようとした世界であるように思えるのです。西田は華厳に言及せずに場所的論理を主張し、その宗教論において一切の呪術的あるいは非合理的要素を排除します。しかしそこにこそ西田哲学の限界があり、西田が見ようとしなかった世界を場所的論理のなかに組み込むことで、西田が目指した西洋近代と対峙する仏教が見えてくるように思います。そのために有効なのが真言密教であると確信します。

こういったことを遂行するためには、先ほど申しあげた仏教の共時的な構造といいますか、思想の共時的構造というものでとらえてゆくことが必要であると思います。近代の仏教学が文献の歴史研究を中心に行なったことを解体する思想的営みが必要です。仏教学を近代的歴史主義から一度解放するという作業を、少なくとも教学研究のなかにおいてはやらないとまずいだろうと思われます。

それからもう一つは、神道とか道教など、東アジアにおける宗教感情の原理をもう一度再確認することが必要でしょう。そのためには木村清孝先生などの構想からも大いに学ぶものがあると思いますが、今回はそのことについて申しあげる時間がなくなりました。

いずれにしろ、今回の問題提起は真言密教研究から可能性が開ける視点の提供でもあります。こういったことをトータルに考えてゆくなら、そのなかで葬儀の問題、死者との関係の問題というのが考えられてくるだろうと思います。その場合に、近代仏教学においてマイナスに見られていた真言密教は、逆にある意味では思想的なアドバンテージをもってこれから思想レベルで語られることになると思います。

執筆者紹介（掲載順）

松尾剛次（まつお　けんじ）　昭和二十九年生れ　山形大学教授
村上興匡（むらかみ　こうきょう）　昭和三十五年生れ　大正大学教授
鈴木岩弓（すずき　いわゆみ）　昭和二十六年生れ　東北大学大学院教授
勝野隆広（かつの　りゅうこう）　昭和三十六年生れ　大正大学准教授
林田康順（はやしだ　こうじゅん）　昭和四十年生れ　大正大学教授
佐藤俊晃（さとう　しゅんこう）　昭和三十五年生れ　曹洞宗総合研究センター委託研究員
蓮見高純（はすみ　こうじゅん）　昭和二十一年生れ　身延山大学特別講師
日野慧運（ひの　えうん）　昭和五十六年生れ　武蔵野大学助教
山川弘巳（やまかわ　こうみ）　昭和四十年生れ　智山教化センター長
布施浄慧（ふせ　じょうえ）　昭和九年生れ　智山講伝所上座阿闍梨
廣澤隆之（ひろさわ　たかゆき）　昭和二十一年生れ　大正大学名誉教授

葬送儀《そうそうぎ》礼《れい》と現代社会《げんだいしゃかい》

平成二十九年(二〇一七)三月三〇日 第一刷発行

編　者　智《ち》山《さん》勧《かん》学《がく》会《かい》
(代表　廣澤隆之)

発行者　渡辺　清

発行所
青史出版株式会社
郵便番号一六二—〇八二五
東京都新宿区神楽坂二丁目十六番地
MSビル二〇三
電　話　〇三-五二二七-八九一九
FAX　〇三-五二二七-八九二六

印刷所　株式会社　三陽社
製本所　誠製本　株式会社

ISBN978-4-921145-60-6 C3014

智山勧学会編

論義の研究

Ａ５判・三八二頁／八、九二五円（税込）

本来は僧たちが経論の趣旨を対論して切磋琢磨することが目的だった論義は、時代とともに各寺院内で儀式化していく。古くから仏教各派で伝統のある論義について、南都興福寺、天台学、真言学の気鋭・第一線の研究者たちが、それぞれの実際を明らかにする。

〈内容〉

Ｉ興福寺の論義（慈恩会竪義と毎日講…多川俊映／法相の論義…楠淳證）　**Ⅱ天台の論義**（天台論義の形成過程…清原恵光／天台の論義—草木成仏—…野本覚成）　**Ⅲ真言の論義**（高野山の論義—山王院竪精の本講論義—…静　慈圓／新義真言の論義…①論義の概要…榊　義孝／②智山の論義…本多隆仁／③論議の意味と位置…栗山秀純）　**付編**＝冬報恩講論議の研究…高井観海／『塵塚』—新義方論議作法—…栗山秀純

青史出版

智山勧学会編

近世の仏教
―新義真言を中心として―

A5判・三九〇頁／八五〇〇円（税別）

新義真言の組織が、近世、主として江戸時代の社会組織とどのように関わり、その中でどんな役割を果たしてきたか。本書は仏教諸宗派とのつながりを視野に入れて、制度・組織・財政、地域社会との関わりなど、諸課題を究明する。仏教学だけでなく、歴史学など周辺分野の研究を刺激する労作。

〈内容〉

1近世の仏教―社会と国家の関わり―…高埜利彦／2葬式仏教の進展と真言寺院…高田陽介／3近世霊廟の荘厳―武家の祖霊供養と寺社―…久保智康／4『黄檗版』の利用―真言宗との関係を中心として―…松永知海／5江戸時代の触頭制度について―特に真言、天台、浄土宗を中心に―…宇高良哲／6新義真言宗における本末関係の特色…坂本正仁／7近世新義真言宗の寺院組織と制度―教団組織と寺院との関係―…朴澤直秀／8近世後期智積院教学財政について―大仲供料金を中心に―…村磯英俊／9近世新義真言宗における僧侶養成について…小笠原弘道／10智積院新文庫の聖教について…宇都宮啓吾／11近世多摩の地域社会と寺院―高尾山薬王院文書を中心に―…村上 直

青史出版